国家级职业教育规划教材
人力资源和社会保障部职业能力建设司推荐
高等职业技术院校汽车类专业教材

汽车涂装技术

（第二版）

人力资源社会保障部教材办公室 组织编写

主 编 胡小牛

中国劳动社会保障出版社

简介

本书主要内容包括汽车涂装与安全、涂装施工前准备、底涂层涂装、中间涂层涂装、面漆喷涂前准备、面涂层涂装、特殊涂装与新型涂装、涂膜处理与缺陷防治等。

本书由胡小牛任主编，丁国存、丁宏伟、徐武军参与编写。在编写过程中，还要感谢庞贝捷漆油贸易（上海）有限公司的支持与帮助。

图书在版编目（CIP）数据

汽车涂装技术 / 人力资源社会保障部教材办公室组织编写；胡小牛主编. -- 2 版. -- 北京：中国劳动社会保障出版社，2021

高等职业技术院校汽车类专业教材

ISBN 978-7-5167-4846-6

Ⅰ.①汽… Ⅱ.①人…②胡… Ⅲ.①汽车－涂漆－高等职业教育－教材 Ⅳ.①U472.44

中国版本图书馆 CIP 数据核字（2021）第 036575 号

中国劳动社会保障出版社出版发行

（北京市惠新东街 1 号 邮政编码：100029）

*

北京市白帆印务有限公司印刷装订 新华书店经销

787 毫米 ×1092 毫米 16 开本 22.25 印张 386 千字

2021 年 3 月第 2 版 2023 年 8 月第 4 次印刷

定价：53.00 元

营销中心电话：400-606-6496

出版社网址：http://www.class.com.cn

http://jg.class.com.cn

前　言

为了更好地适应全国高等职业技术院校汽车类专业的教学要求，全面提升教学质量，人力资源社会保障部教材办公室组织有关学校的骨干教师和行业、企业专家，在充分调研企业生产和学校教学情况、广泛听取教师对现有教材反馈意见的基础上，吸收和借鉴各地高等职业技术院校教学改革的成功经验，对现有全国高等职业技术院校汽车类专业教材进行了修订（新编）。

本次教材修订（新编）工作的重点主要体现在以下几个方面：

第一，合理更新教材内容。

根据企业岗位和教学实践的需求变化，确定学生应具备的能力与知识结构，调整部分教材内容，使知识点与技能点的深度、难度、广度与实际需求相匹配；根据相关专业领域的最新发展，淘汰陈旧过时的内容，补充新知识、新技术、新设备、新材料方面的内容；根据最新的国家技术标准编写教材内容，保证教材的科学性和规范性。

第二，加强实践技能的培养。

根据就业岗位对技能型人才所需能力的要求，进一步加强实践性教学内容，采用理论知识与技能训练一体化的编写模式，以体现“做中学”“学中做”的教学理念。

第三，精心设计教材形式。

在教材的呈现形式上，尽可能使用图片、实物照片和表格等将知识点生动地展示出来，力求让学生更直观地理解和掌握所学内容。

第四，提供全方位的教学服务。

本套教材配有习题册、电子课件、习题册答案和二维码微视频，电子课件和习题册答案可通过中国技工教育网（http://jg.class.com.cn）下载。

本次教材的修订（新编）工作得到了辽宁、吉林、江苏、山东、河南、广东等省人力资源社会保障厅及有关学校的大力支持，在此我们表示诚挚的谢意。

人力资源社会保障部教材办公室

2021 年 3 月

目 录

CONTENTS

模块一

汽车涂装与安全

任务1　汽车涂装的认知

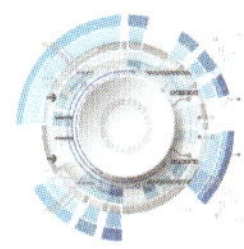

任务目标

- 了解汽车涂装的功能、特点、分类和新技术。
- 熟悉汽车修补涂装的涂装工艺、方法与要素。
- 能认识各种汽车涂装维修作业场景。

任务引入

汽车的外表往往给人以高档、绚丽（见图 1-1-1）的感受，同时也能激起人们对汽车涂装的赞誉。什么是汽车涂装？汽车涂装有哪些特点？汽车涂装应如何施工？汽车涂装有哪些新技术是人们想了解的呢？

图 1-1-1　外表绚丽的汽车

任务分析

要深入了解汽车涂装，必须系统地学习汽车涂装的功能、特点、分类、新工艺、新材料，熟悉汽车涂装工艺和汽车涂装基本要素，在掌握汽车涂装基本内容的前提下，认知涂装施工各工序的工作场景。

相关知识

一、汽车涂装的功能、特点与分类

汽车涂装是指将涂料涂覆于经过处理的汽车底材的表面，经干燥成膜的工艺。已经固化了的涂料膜称为涂膜，由两层以上的涂膜组成的复合层称为涂层。汽车表面涂装就是典型的多涂层涂装。

汽车外表的 90% 以上是涂装表面。涂层的外观、颜色、光泽等的优劣是人们对汽车质量的直观评价。因此，它将直接影响汽车的市场竞争力。同时，汽车涂装也是提高汽车产品的耐腐蚀性和延长其使用寿命的主要措施之一，无论是在汽车制造还是汽车维修行业，都将汽车的表面涂装列为重要的工作之一。

1. 汽车涂装的功能

(1) 保护作用

汽车用途广泛，运行环境复杂，经常会受到水分、微生物、紫外线以及其他酸碱性气体和液体等的侵蚀，有时会被磨、刮而造成损伤。如果在车身表面涂上涂料，就能保护汽车免受损坏，延长汽车的使用寿命。涂料对汽车保护的机理是使零件的外表面与大气环境隔绝，防止零件锈蚀；有些涂料还能与金属发生化学反应而生成一层保护膜，从而延缓对金属的腐蚀。

（2）装饰作用

汽车涂装可以使车身表面具有一定的色泽，给人以美的享受，主要体现在涂层的色彩、光泽、鲜艳程度和外观等方面。绚丽的色彩与优美的线形融为一体，从而使汽车具有更好的艺术美感，更具商业价值。

（3）标志作用

汽车涂装的标志作用由涂料的颜色来体现。用颜色做标志广泛应用在各个领域，目前已经逐渐标准化。例如，将消防车涂成大红色，将邮政车涂成橄榄绿色，将救护车涂成白色并有红十字标记，将工程车涂上黄色与黑色相间的条纹等。

（4）特殊作用

特殊作用是指应用涂料的特殊性能使汽车具有特殊功能，从而完成特种作业或适应特定的使用条件。例如，化工物品运输车辆要在车体表面或车厢、罐仓内部涂布耐酸和碱、耐油、耐热、绝缘的涂料，以防止化学品渗漏或腐蚀舱壁；军用汽车采用保护色达到隐蔽的作用等。

2. 汽车涂装的特点

（1）汽车涂装属于高级保护性涂装

汽车属于户外用品，所覆盖的涂层除对车身机体有极高的防腐蚀作用外，其自身也应具有很好的耐腐蚀性、耐候性、耐化学制剂性等，以适应不同的气候环境。

（2）汽车涂装属于中、高级装饰性涂装

汽车外观的装饰性主要体现在车型设计和涂装方面，而涂层的装饰性主要取决于色彩、光泽、鲜映性、丰满度等方面。色彩一般根据车辆类型、外形设计及时代流行色来选择。所以，汽车涂装必须进行精心设计和施工，才能得到平整、光滑，丰满度和鲜映性高的装饰性涂层。

（3）汽车涂装一般采用多涂层体系

因单涂层达不到上述高保护性和高装饰性要求，所以汽车涂装一般采用多涂层体系。例如，轿车涂层由底涂层、中间涂层、面涂层和罩光涂层组成。轿车涂层总体厚度一般控制在 100 μm 左右。轿车车身涂层的结构及各涂层的厚度如图 1–1–2 所示。

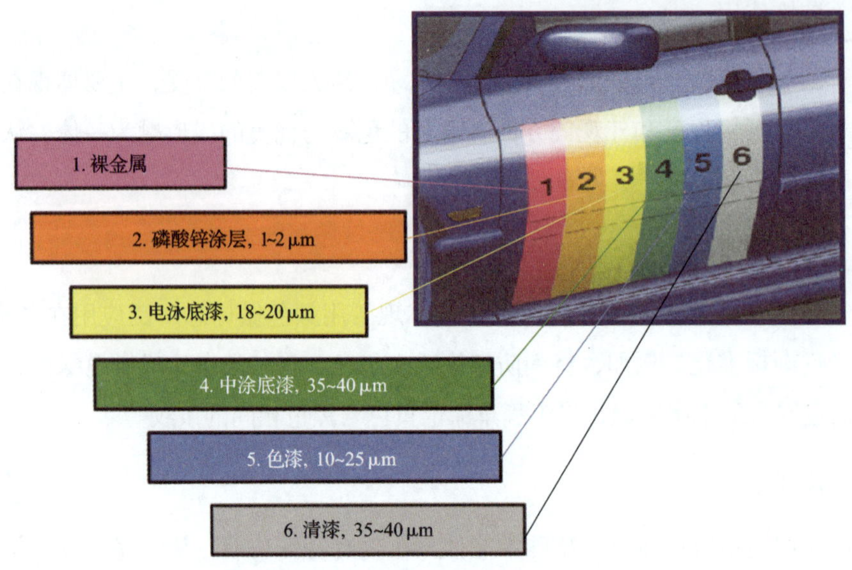

图 1–1–2　轿车车身涂层的结构及各涂层的厚度

（4）汽车涂装是典型的工业涂装

新车涂装的生产节奏快，一般为几十秒至几分钟。所以，必须选用高效、快速的涂装前处理、涂装、干燥及传输设备等组成涂装生产线。

3. 汽车涂装的分类

由于汽车涂装的对象不同，涂装的目的和要求千差万别，采用的涂料和涂装工艺也相差甚远。汽车涂装按照涂装的对象不同，大体可分为新车制造涂装和旧车修补涂装，如图 1–1–3 所示。

新车制造涂装根据汽车的结构分为车身外表涂装、车厢内部涂装、车身骨架涂装、底盘部件涂装、发动机部件涂装和电气设备涂装等。

旧车修补涂装是指恢复汽车原有的涂层技术标准，以达到无痕迹修补的目的。根据需要修补部位和修补面积的大小可分为重新喷涂（简称整车重涂）和局部修补（根据修补面积不同又可分为点修补和板件修补）。

本书从汽车修理行业实际情况出发，重点介绍现代汽车的修补涂装。

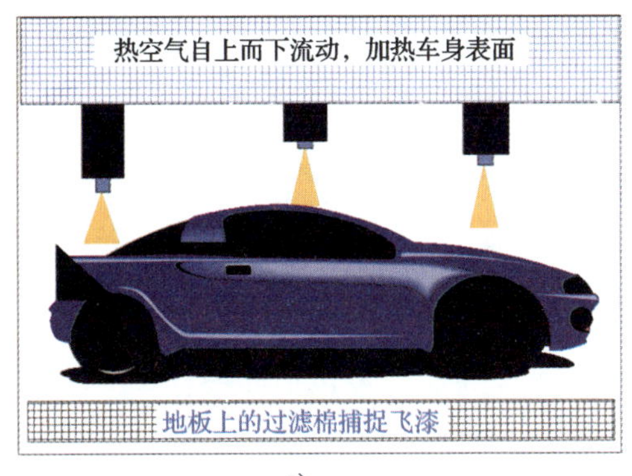

a)

b)

图 1-1-3 汽车涂装的分类

a）新车制造涂装 b）旧车修补涂装

二、汽车修补涂装的涂装工艺与要素

1. 汽车修补涂装的涂装工艺

现代汽车的修补涂装按照涂装工艺可分为 6 个基本工序，即涂装施工前准备、底涂层涂装、中间涂层涂装、面漆喷涂前准备、面涂层涂装、涂膜处理与缺陷防治，汽车修补涂装的工艺流程如图 1-1-4 所示。

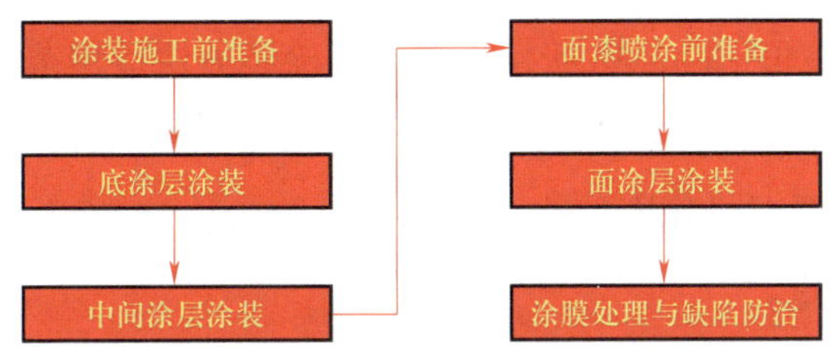

图 1-1-4 汽车修补涂装的工艺流程

在汽车修补涂装中，涂装施工前准备是整个涂装施工的前提和基础，其主要内容包括车身表面的清洁、修补涂装工艺的确定、车身原涂层材料的鉴别和车身表面的预处理等。

底涂层涂装的作用是增强车身底材与中间涂层或面涂层之间的附着力，防止底材腐蚀并提高底材的防腐蚀能力。进行车身底涂层涂装必须了解底漆选用和调制的方法，熟悉空气喷枪、压缩空气供给系统的使用以及底漆的喷涂方法。

中间涂层涂装可分为原子灰涂层的涂装和中涂底漆涂层的涂装两部分。原子灰涂层的涂装包括原子灰的选用和原子灰的刮涂与打磨；中涂底漆涂层的涂装包括喷涂设备和烘干设备的使用、中涂底漆的喷涂和砂眼的修补等内容。

面漆喷涂前准备是汽车修补涂装中难度最大的涂装工艺之一，涂料的选用是否合理、颜色的调配是否准确，都直接影响涂装工作的成败。面漆喷涂前准备的主要内容有面漆喷涂前遮盖、面漆的选用与用量估计、视觉比色、面漆涂料颜色的调配和面漆涂料的配制等。

面涂层涂装为车身提供美丽的外观，其装饰性是汽车的一个重要评价指标。因此，面涂层涂装是汽车涂装工艺中最为关键的环节。面涂层涂装包括面漆整车喷涂工艺、面漆局部修补喷涂工艺、塑料件涂装和特殊涂装等内容。

面漆喷涂结束后，由于喷涂环境和喷涂条件的影响，涂装表面或多或少存在一些涂膜缺陷。为了提高涂膜质量，防止涂膜缺陷的产生，往往需要进行涂膜处理和缺陷防治，其主要内容包括涂膜修饰、涂膜检测和涂膜缺陷防治等内容。

2. 汽车修补涂装的涂装方法

涂装工艺的选择在某种意义上来说也是涂装方法的选择，不同的涂装方法适用于不同条件下的涂装，因此，选择正确的涂装方法非常重要。汽车修补涂装的涂装方法主要有喷涂和刮涂两种。

喷涂是指用特制的喷涂设备（主要是空气喷枪）将涂料雾化，并将其涂布在被涂物表面的涂装方法，如图 1–1–3b 所示。喷涂的涂装方法应用范围很广，大多数零部件都可以使用喷涂的方法进行涂装。喷涂相对来说比较节省涂料，涂装质量较好，涂膜质量容易控制，但是对操作人员的技术水平要求较高，对喷涂设备的要求比较严格，对环境的影响比较严重。

刮涂是指用刮板将涂料刮于被涂物表面的涂装方法。刮涂对涂装设备的要求较低，对操作人员的技术水平要求较高，涂料浪费较少。刮涂多用于汽车修补涂装中的凹陷填充与外形修复。车身凹陷处原子灰的刮涂如图 1–1–5 所示。

图 1–1–5　车身凹陷处原子灰的刮涂

3. 汽车涂装的基本要素

汽车涂装的基本要素包括涂装材料、涂装工艺、涂装工具及设备、涂装技能和涂装工艺管理等。

（1）涂装材料

涂装材料的质量和作业配套性是获得优质

涂层的基本条件。常用汽车修补涂装材料有车用原子灰、汽车底漆、汽车面漆和溶剂（见图 1–1–6）等，在选择这些材料时，要从涂膜性能、作业性能和经济效果等方面综合衡量。例如，选择某车身涂料时首先要考虑面漆的装饰性和耐久性，然后考虑底漆、原子灰与面漆的配套性和施工性能，最后考虑材料的经济性能。

a)

b)

c)

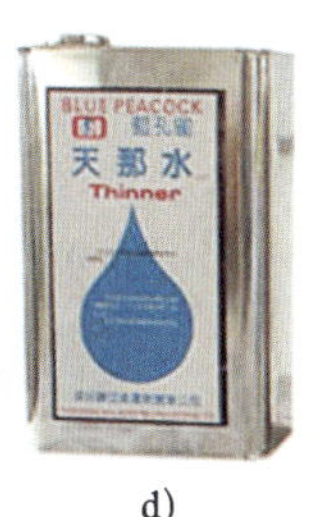

d)

图 1–1–6 常用汽车修补涂装材料

a）车用原子灰 b）汽车底漆 c）汽车面漆 d）溶剂

（2）涂装工艺

涂装工艺的合理性、先进性是获得优质涂层的必要条件，也是降低生产成本和提高经济效益的先决条件。例如，车身涂膜损伤面积很小，损伤部位在车身不太显眼的区域，一般采用点修补涂装工艺；在一块车身板件上，若涂膜损伤面积较大，一般采用整板修补涂装工艺。如果所有涂膜损伤都采用整板修补，这样即使能保证涂膜质量，但缺乏涂装工艺的合理性，使经济效益大大降低。

（3）涂装工具及设备

正确选择涂装工具及设备是提高涂装施工效率，减少人为因素对涂层质量影响的主要手段。汽车修补涂装常用工具和设备有空气喷枪、原子灰刮板、打磨机和烤漆房等，如图 1–1–7 所示。

（4）涂装技能

涂装作业人员的技能体现在涂装操作、涂装设备的使用和工艺参数的控制方面。汽车修补涂装以手工作业为主，对涂装人员的操作技能和实践经验要求很高。因此，涂装技能是汽车修补涂装质量的重要保证。

（5）涂装工艺管理

涂装工艺管理是保证涂装工艺得到正确实施不可或缺的环节。一般汽车产品的涂装，从涂装前表面预处理到最终成品要经过多道工序才能完成，每道工序都有几个甚至

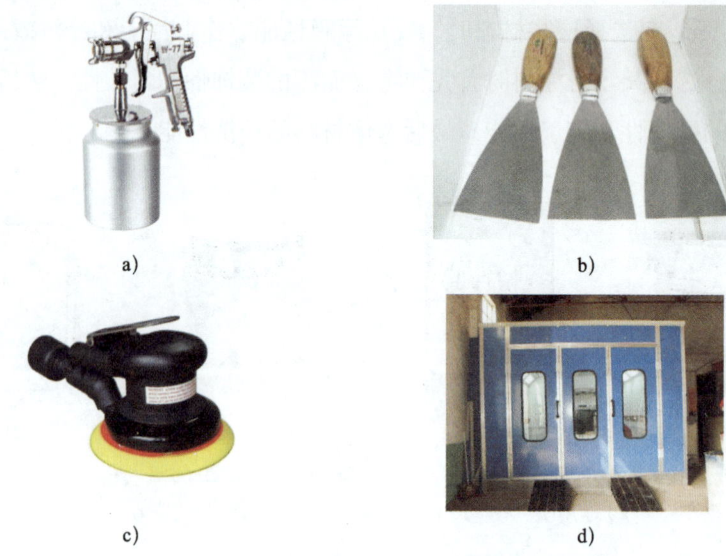

图 1–1–7　汽车修补涂装常用工具及设备

a）空气喷枪　b）原子灰刮板　c）打磨机　d）烤漆房

十几个因素或工艺参数直接影响涂层质量，要保证这些因素或参数满足要求，主要靠涂装工艺管理来实现。

上述五个基本要素是相互依存、相互制约的，忽视哪一个环节，都不可能达到预想的涂装效果和经济效益。

三、汽车涂装新技术

1. 新型汽车涂料

世界上各大涂料公司都在不断研发新型涂料，并努力朝着高装饰性、高保护性、低毒、低污染、高效节能等方向发展，已经取得了一定成效。如美国 PPG 公司为适应市场和环保的需要，在电泳涂料方面追求挥发性有机溶剂含量为零，超滤液排放量为零，重金属颜料含量为零，以及进一步提高抗石击性能，节能并降低烘干温度等方面均有所突破。

新型汽车涂料有新型电泳涂料、新型水性涂料、新型粉末涂料和新型高固体分溶剂型涂料等，如图 1–1–8 所示。

新型电泳涂料是超低温固化型涂料，具有节省能源、节约设备投资、提高生产能力和涂膜质量等特点。新型水性涂料是无污染、环保型涂料，在汽车涂装领域已经采用水性中涂层涂料和水性底色漆，水性罩光清漆也已经大量使用。新型粉末涂料主要

a)

b)

c)

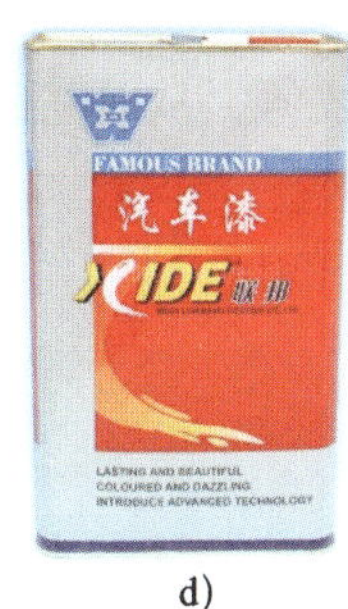

d)

图 1-1-8 新型汽车涂料

a）新型电泳涂料 b）新型水性涂料 c）新型粉末涂料 d）新型高固体分溶剂型涂料

是静电粉末涂料，更为新型的粉末涂料是可以自动同时形成底、面层复合涂层的热塑性环氧与丙烯酸混合粉末。新型高固体分溶剂型涂料主要包括氨基醇酸、氨基聚酯和丙烯酸类高固体分溶剂型涂料等。

2. 汽车涂装新工艺

近年来，国内外涂装技术的发展速度很快，新技术、新工艺层出不穷。目前，正在应用的汽车涂装新工艺和新技术有阴极电泳涂装工艺、静电喷涂工艺、粉末静电喷涂工艺、高红外快速固化技术、反渗透（RO）技术和机器人喷涂技术等。

阴极电泳涂装工艺（见图 1-1-9）主要应用于汽车底层防腐涂装，我国几大汽车制造厂均已采用阴极电泳涂装技术。静电喷涂工艺（见图 1-1-10）多用于手提式、圆盘式、旋杯式等静电喷涂法。静电喷涂在车身涂装修复中的应用很少，但随着涂料工业技术的发展和人们环境保护意识的不断增强，静电喷涂技术在涂层修复领域会得到广泛应用。粉末静电喷涂工艺是将静电喷涂和粉末涂料的优点糅合在一起的一种喷涂工艺，在国内粉末涂料的静电喷涂技术的发展速度很快，广泛应用于家用电器、仪器仪表、轻工产品和汽车零部件等方面。高红外快速固化技术特别适用于汽车工业中涂装各种不易干燥的涂膜，如阴极电泳涂料、粉末涂料、中涂涂料、PVC 车底涂料及密封胶等涂膜的烘干，其应用价值高，发展前途大。反渗透（RO）技术可降低涂装成本（用水量少、涂料回收率高），减轻废水排放带来的公害。机器人喷涂技术主要适用于汽车

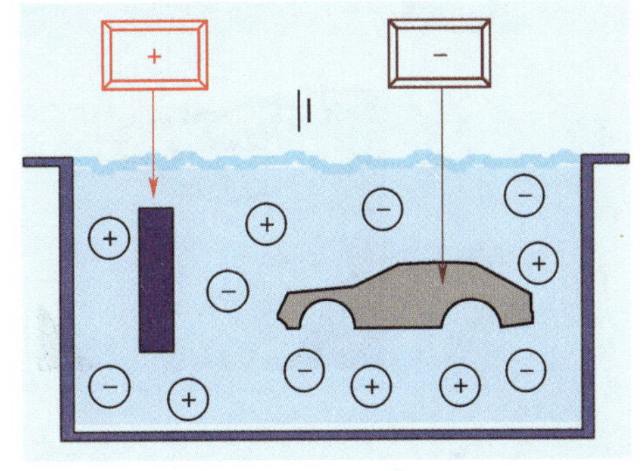
图 1-1-9 阴极电泳涂装工艺示意图

车身内、外表面的空气喷涂和静电喷涂，机器人可自动开关车门、发动机舱盖和行李舱盖等，从而完成车身的涂装作业。

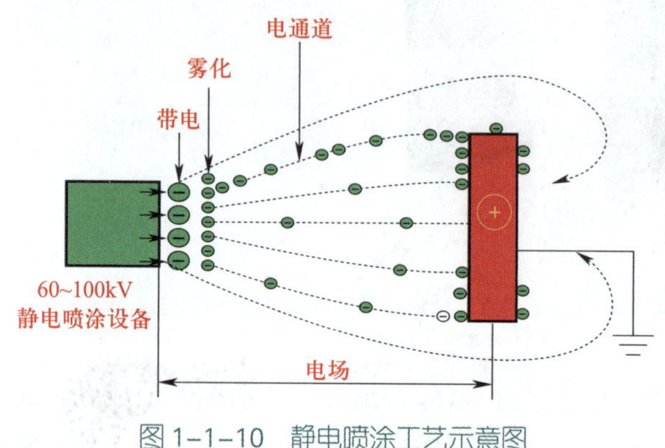

图 1–1–10 静电喷涂工艺示意图

任务实施

一、汽车修补涂装的目的

通过汽车修补涂装，恢复车身板件的形状，使车身涂膜的防腐蚀性能和装饰性能达到原厂技术状态。

二、汽车修补涂装的基本工作内容

对照表 1–1–1 中的场景图片，认知汽车修补涂装各工序的基本工作内容。

表 1–1–1 汽车修补涂装各工序的基本工作内容

序号	工序名称	场景图片		
1	涂装施工前准备	涂膜损伤评估	原涂层涂料类型鉴别	除旧漆与打磨羽状边

续表

序号	工序名称	场景图片		
2	底涂层涂装	 底漆喷涂前除油	 底漆喷涂	 底漆干燥
3	中间涂层涂装	 原子灰刮涂与打磨	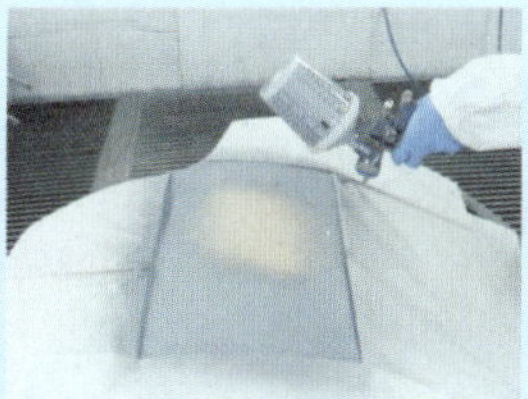 中涂底漆喷涂	 面漆喷涂前打磨
4	面漆喷涂前准备	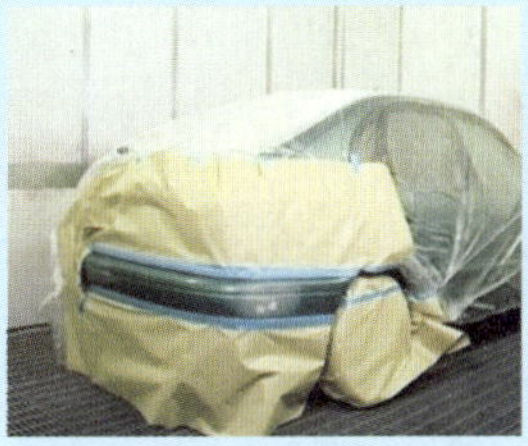 喷涂前遮盖	 面漆调色	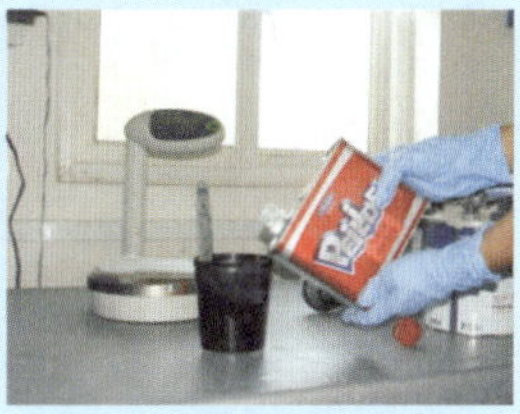 涂料配制
5	面涂层涂装	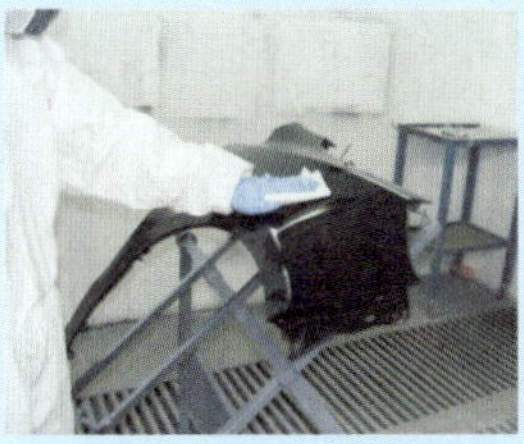 面漆喷涂前清洁	 面漆喷涂	 面漆干燥

续表

序号	工序名称	场景图片		
6	涂膜处理与缺陷防治	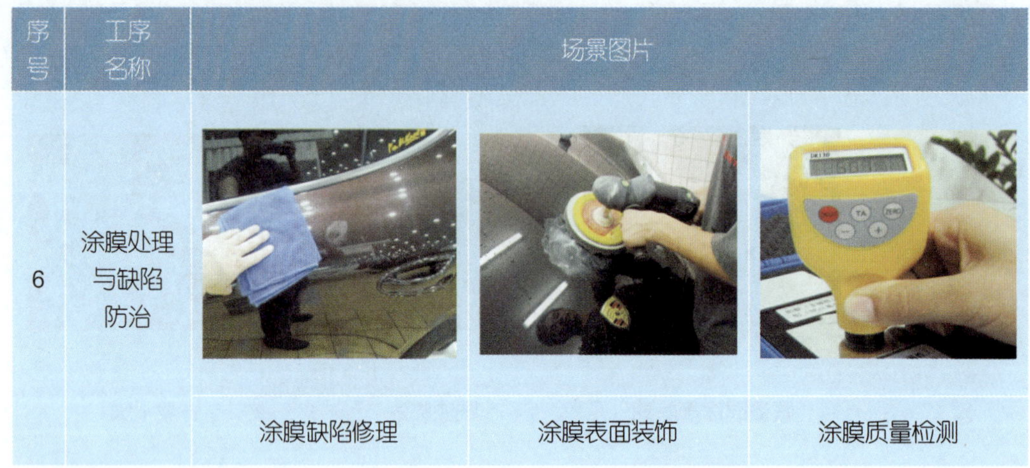		
		涂膜缺陷修理	涂膜表面装饰	涂膜质量检测

思考题

一、选择题

1. 汽车外表的________以上是涂装表面。

A. 70%　　B. 80%　　C. 90%　　D. 100%

2. 轿车涂层总体厚度一般控制在________μm 左右。

A. 80　　B. 90　　C. 100　　D. 105

3. 现代汽车的修补涂装按照涂装工艺可以分为________个基本工序。

A. 4　　B. 6　　C. 8　　D. 10

4. ________包括原子灰的选用和原子灰的刮涂与打磨。

A. 车身中间涂层的涂装　　B. 中涂底漆涂层的涂装

C. 原子灰涂层的涂装　　D. 面涂层涂装

5. 将工程车涂上黄色与黑色相间的条纹是利用涂装的________作用。

A. 装饰　　B. 保护　　C. 标志　　D. 特殊

二、判断题

1. 汽车涂装是指将涂料涂覆于经过处理的汽车底材的表面，经干燥成膜的工艺。（　　）

2. 车身中间涂层涂装的作用是增强车身底材与中间涂层或面涂层之间的附着力，防止底材腐蚀和提高底材的防腐蚀能力。（　　）

3. 面漆调色是汽车修补涂装中难度最大的涂装工序。 ( )
4. 刮涂是指用刮板将涂料刮于被涂物表面的涂装方法。 ( )
5. 即使涂料施工参数不合理，也可以得到满意的涂层。 ( )

三、实践与练习

参观汽车修理厂涂装车间，指出车间内的表面处理作业区、调色区、喷涂区和抛光区，并详细说出可以在这些区域进行的涂装作业内容。

任务 2 汽车涂装安全与防护处理

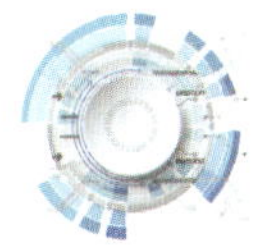

任务目标

- 了解汽车涂装作业对人体的危害及安全防护措施。
- 熟悉汽车涂装作业的安全操作规程和防火安全处理方法。
- 能做好汽车涂装个人安全防护，并正确使用灭火器。

任务引入

汽车油漆工小张最近经常出现咳嗽、容易疲劳、头疼、胸闷、四肢无力等症状，诊断结果是小张在从事汽车涂装作业时未采取任何防护措施，长期处于通风条件差的涂装环境，呼吸功能受到了一定损害。作为汽车涂装从业者，应该掌握哪些安全防护知识，采取哪些安全防护措施呢?

任务分析

在汽车涂装作业中，汽车涂料及挥发的气体、涂装作业的粉尘等都能对作业人员的身体产生不同程度的损害，使操作者出现急、慢性中毒，产生职业疾病。另外，汽车涂装用的空气压缩机、喷－烤漆房、红外线烤灯等机电设备均使用高压交流电，车辆、各种气动工具和设备本身也存在许多不安全因素，很容易引发事故。漆雾、有机溶剂蒸气、粉尘与空气混合达到一定浓度，接触明火会引起火灾或爆炸事故。因此，无论是汽车涂装的操作者还是管理人员，都有义务做好安全防护措施，严格遵守汽车涂装的安全操作规程，正确处理火灾，以减少人员伤亡和财产损失。

相关知识

一、个人安全防护

1. 汽车涂装作业对人体的危害

汽车涂装绝大部分涂料及溶剂都是易燃、有毒物质，这些有毒物质能使人体的神经组织麻醉，产生行动和语言障碍。汽车涂料中的主要有害物质是有机溶剂型混合物或挥发气体，如甲氧基醋酸丙酯乙醇、丁醇、二甲苯、醋酸乙酯和醋酸丁酯；含有苯乙烯的聚酯类，如中涂漆、原子灰和有色中涂漆；固化剂中的异氰酸盐和有机类过氧化物、水性涂料中的胺类化合物；侵蚀性防锈底漆以及含有重金属铬、铅、锌的涂料。另外，打磨区研磨产生的微细粉尘对人体呼吸系统的危害不容忽视。油漆中的苯蒸气达到一定浓度可致人死亡，从业人员长期接触苯会引起慢性中毒，形成白细胞减少、血小板降低、骨髓造血功能障碍等疾病。有害物质对人体的危害如图 1-2-1 所示。

2. 汽车涂装作业的安全防护措施

为保障操作人员的身体健康，涂装车间应有切实的安全防护措施，并对操作人员进行卫生教育和培训，使操作人员具备必要的卫生安全知识，同时也是涂装质量获得保证的必要措施。

（1）呼吸系统的安全与保护

磨料的粉尘、腐蚀性溶液和溶剂所挥发的气体、喷漆时的漆雾都会给呼吸系统带来危害。即使在通风良好的环境下，操作者仍需要佩戴呼吸保护器。汽车涂装作业使用的呼吸保护器有供气式呼吸保护器、滤筒式呼吸保护器和防尘呼吸保护器三种。

1）供气式呼吸保护器。供气式呼吸保护器是一种可以防止因吸入氰酸盐漆蒸气和喷雾而引起过敏的装置，其外形如图 1-2-2 所示。供气式呼吸保护器由一台小型无油空气泵向帽盔式呼吸保护器供给空气。该空气泵的空气入口必须置于空气清洁、远离涂装作业的场所。

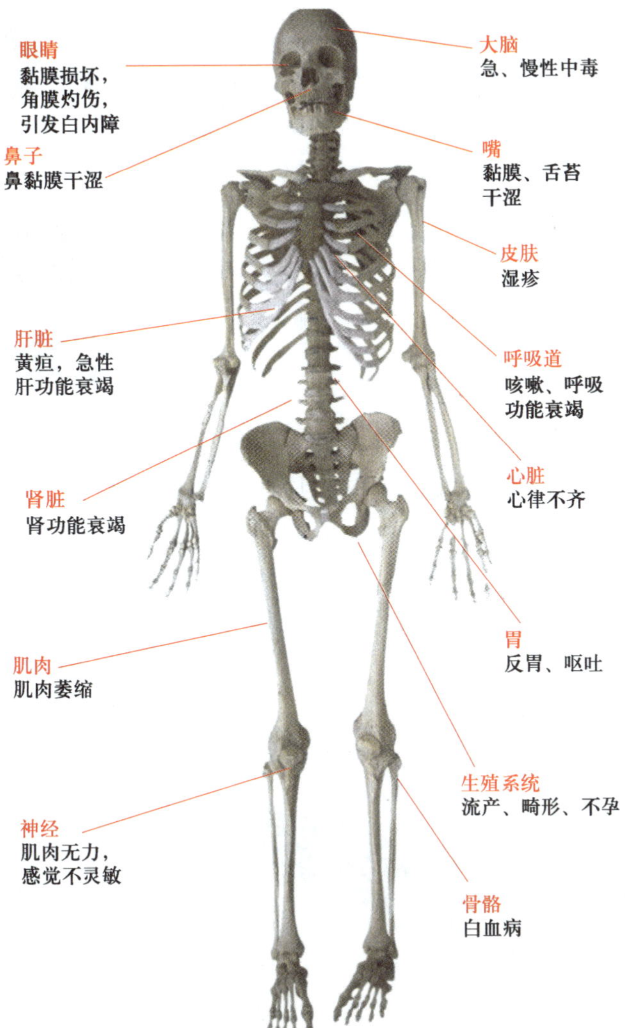

图 1-2-1 有害物质对人体的危害

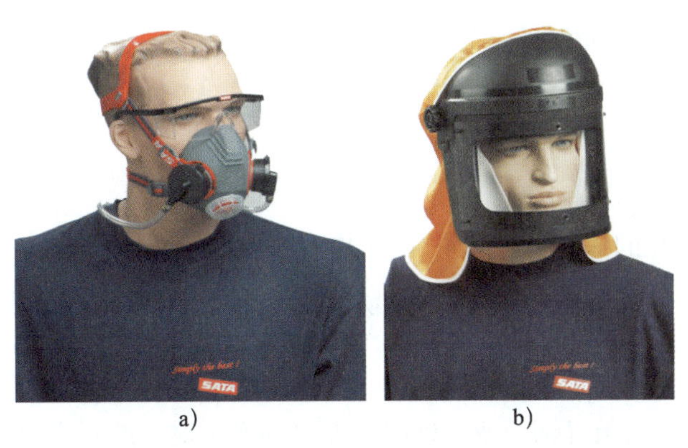

a) b)

图 1-2-2 供气式呼吸保护器

a）半面供气式呼吸保护器 b）全面供气式呼吸保护器

2）滤筒式呼吸保护器。喷涂磁漆、硝基漆以及其他非氰化物的涂料时可以佩戴滤筒式呼吸保护器，如图 1–2–3 所示。这种保护器由一个适应人的脸型并具有密封作用的橡胶面具构成。它包括可拆卸的前置过滤器和滤筒，可以滤除空气中的溶剂或喷雾。呼吸保护器还有进气和排气阀门，以保证呼吸顺畅。

图 1–2–3　滤筒式呼吸保护器

滤筒式呼吸保护器的维护主要是保持清洁，定期更换过滤器和滤筒。当出现呼吸困难时应更换前置过滤器；每周更换一次滤筒；定期检查呼吸保护器，应保持良好的密封性能。

3）防尘呼吸保护器。图 1–2–4 所示为防尘呼吸保护器，此类呼吸保护器可以防止喷砂灰尘被吸入，仅用于喷砂、打磨作业时佩戴。喷漆时不能用它代替前两种呼吸保护器使用。

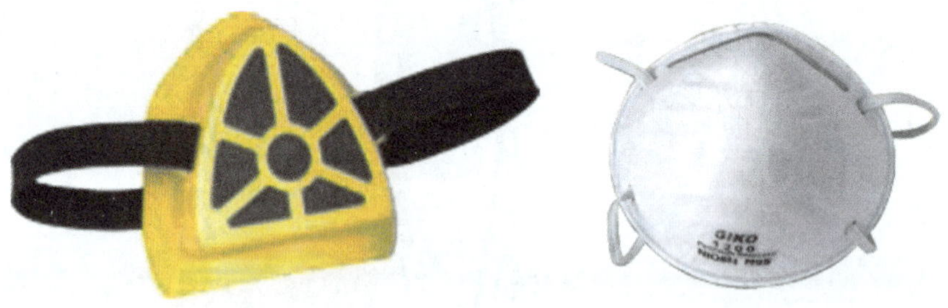

图 1–2–4　防尘呼吸保护器

（2）人体其他部位的保护

1）头部的保护——工作帽。从事涂装或其他修理作业时必须始终戴好工作帽。

2）眼睛和脸部的保护。企业内各处均有飞扬的灰尘和碎屑，可能会伤及眼睛。操作打磨机和在车底下工作时都要戴防尘镜、护目镜或防护面具，如图 1–2–5 所示。

3）耳朵的保护。敲打钢板或喷砂时所发出的噪声对人的听觉有不利影响，重者会损伤耳膜，因此应佩戴耳塞，如图 1–2–6 所示。

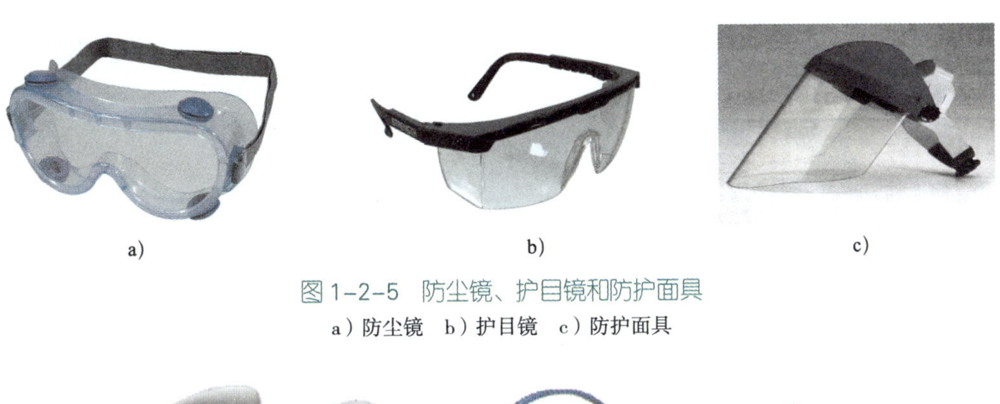

a) b) c)

图 1-2-5 防尘镜、护目镜和防护面具

a）防尘镜 b）护目镜 c）防护面具

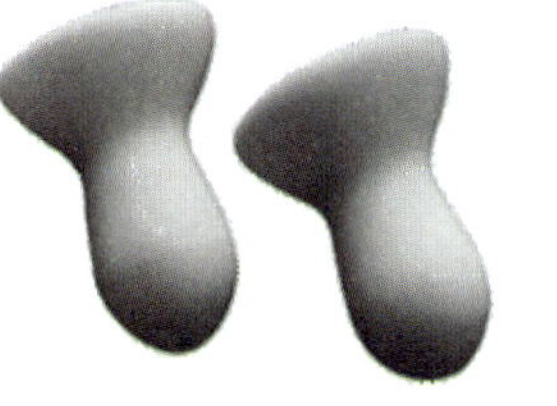

图 1-2-6 各式耳塞

4）手的保护。为防止溶液、底漆及外层涂料对手的伤害，应佩戴安全手套进行操作。汽车涂装作业常用的安全手套有棉纱手套、乳胶手套、防溶剂手套三种，如图 1-2-7 所示。洗手时应选用适合的清洁剂，不得使用稀料洗手。

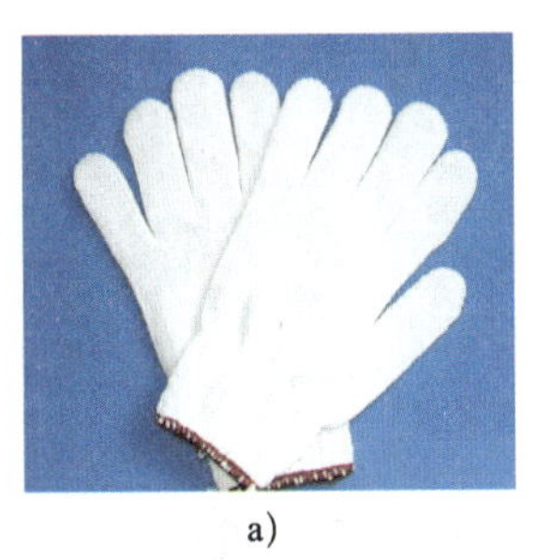
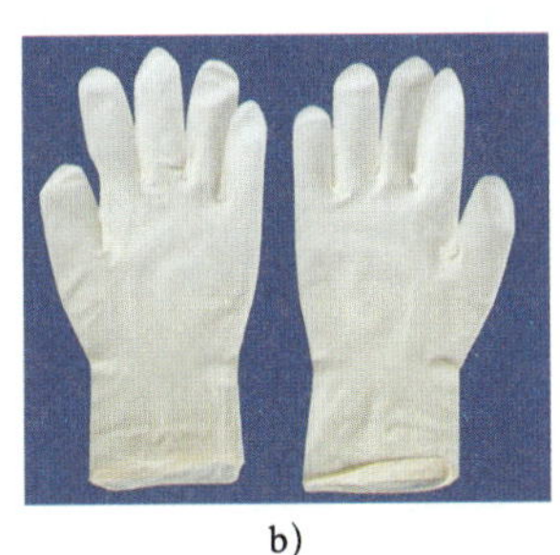

a) b) c)

图 1-2-7 安全手套

a）棉纱手套 b）乳胶手套 c）防溶剂手套

5）脚的保护。在进行涂装作业时，应穿带有金属脚尖衬垫及防滑的安全工作鞋。金属脚尖衬垫可以避免脚趾被落下的物体碰伤。

6）身体的保护。汽车涂装作业要按照规定穿工作服，常见的工作服有棉质工作服和防静电工作服两种，如图 1-2-8 所示。调色、喷涂场合应穿清洁的防静电工作服，此类工作服面料应不起毛，以免影响涂膜质量。工作服的上衣应是长袖的，工作裤要有足够的长度，以能盖到鞋头为宜。

a）

b）

图 1-2-8　工作服
a）棉质工作服　b）防静电工作服

（3）个人安全要求

1）了解汽车涂装作业的安全规程。

2）打磨时必须佩戴防尘呼吸保护器。

3）使用压缩空气吹除灰尘时，应佩戴防尘镜、护目镜或防护面具。

4）处理金属表面时，金属调节剂含有磷，它对皮肤有刺激作用，必须佩戴护目镜、防溶剂手套并穿工作服。

5）配制涂料时应佩戴护目镜和滤筒式呼吸保护器，并在通风环境下进行操作。

6）喷涂时应合理穿戴防护用品，正确使用喷涂设备。

二、涂装安全操作

1. 涂装工具与设备的安全使用

涂装车间使用的工具和设备有手动工具、电动工具、气动工具和一些大型设备等，正确使用这些工具和设备是安全生产的根本保证。使用涂装工具和设备的安全注意事项如下：

（1）手动工具要保持清洁和完好。应经常清洁工具，检查其表面是否有破损，以免使用时发生机械事故，伤及人身。

（2）使用锐利或有尖角的工具时应当小心，以免被划伤。

（3）不要将旋具、钻头、冲头等锐利工具放在口袋中，以免伤及本人或划伤汽车表面。

（4）专用工具只能用于专门的操作，不能挪作他用。

（5）使用电动工具之前应检查其是否接地，检查导线的绝缘是否良好。必须确认电动工具上的电路开关处于断开位置后，才允许接通电源。

（6）清理电动工具在工作时所产生的切屑或碎片时，必须让电动工具停止转动，切勿在转动过程中进行清理。

（7）用气动或电动工具从事打磨、修整、喷砂或类似作业时，必须佩戴护目镜。在小零件上钻孔时，禁止用手握持，必须用台虎钳将其夹住。

（8）气动工具必须在规定的压力下工作。当喷嘴处于末端时，用以吹除灰尘的压缩空气压力应保持在 200 kPa 以下。压缩空气的泄压装置如图 1-2-9 所示。

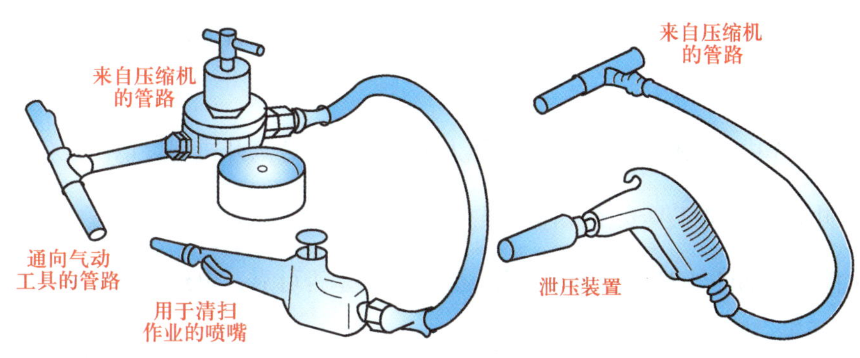

图 1-2-9 压缩空气的泄压装置

（9）使用液压机具时，应保持液压压力处于安全值以下，操作时应佩戴护目镜，并站立在液压机具的侧面。

（10）只有经过培训才能在涂装岗位上进行作业。

2. 涂装安全操作规程

安全操作规程是指在生产过程中安全使用工具设备的规定。汽车涂装工作条件较差，操作者大多在充满溶剂气体的环境中作业，不安全因素较多。为了保证生产安全，操作者必须熟知汽车涂装的作业特点及工具、设备的安全操作方法。

（1）涂装人员安全操作规程

1）操作前根据作业要求，穿好三紧或连裤工作服和工作鞋，戴好工作帽、口罩、手套、鞋罩和防护面具。

2）操作场所应通风良好。

3）在使用钢丝刷、锉刀、气动或电动工具进行表面处理时，需佩戴护目镜，以免眼睛受伤；粉尘较多时应戴防护口罩，以防呼吸道受损。

4）用碱液清除旧涂膜时，必须戴乳胶手套、护目镜，并穿戴涂胶围裙和鞋罩。

5）剩余涂料和稀释剂等应妥善保管，以防挥发。

6）喷涂结束后，将设备、工具清理干净并妥善保管，操作现场应保持清洁，用过的残漆、废纸、废砂纸等要放置到专用垃圾箱内。

（2）空气压缩机安全操作规程

1）空气压缩机应设专人使用和管理，非专管人员不得随意启动机器。

2）使用前应认真检查空气压缩机、电动机及其控制装置，启动后试运转片刻，一切正常无误后再投入使用。

3）在工作中，工作人员严禁与其他人员闲谈或随意离开机房，以防发生事故。

（3）电动、气动工具安全操作规程

1）检查各部件外部安装是否牢固，紧固连接是否可靠，电缆及插头有无损坏，开关是否灵活等。

2）使用前应检查电动工具所用电压是否符合铭牌规定。尽量使用 220 V 电源，并确保设备接地线连接可靠。接通电源空运转，检查有无异响。

3）使用中发现异常现象（如火花、异响、过热、冒烟或转速过低等）应立即停止使用，并由专业维修人员进行检修（不得擅自拆卸）。

4）使用气动工具时，应防止连接不牢固而造成压缩空气损失和人身事故。

5）电动、气动工具必须在关闭且完全停稳后才能放下，转动着的工具不得随处放置。

6）电动、气动工具应及时维护，以确保其清洁及可靠润滑。电气设备与元件应存放在干燥处，以防止受潮与锈蚀。

（4）照明装置安全操作规程

1）应使用防爆灯作为照明装置。

2）工作灯必须使用 36 V 以下的安全电压。

3）开关应为密封式，操作要灵活、轻便。

（5）喷－烤漆房安全操作规程

1）在喷－烤漆房内不得进行喷涂以外的作业。

2）应按说明书规定使用和保养喷－烤漆房，并应由专人管理。

3）定期更换过滤材料和清除风道内的漆尘及污物。

4）进行喷漆前应先启动喷－烤漆房风机。

三、防火安全处理

汽车修补涂装作业的火灾危险性大小与所使用的涂料种类、用量、涂装场所的条件等有关。爆炸和火灾事故的发生会造成生命财产的严重损失，影响生产的正常进行。从事涂装作业的单位和个人必须高度重视防火安全。

1. 涂装产生火灾和爆炸事故的外因

在汽车修补涂装作业时产生火灾和爆炸事故的主要外因有以下几个方面：

（1）气体爆炸

由于喷涂车间或喷－烤漆房空间有限，再加上换气不良，充满溶剂蒸气，在达到爆炸极限时遇明火（火星或火花）发生爆炸。

（2）电气设备选用不当或损坏后未及时维修

照明工具、电动机、开关及配线等在危险场合使用，在结构上防爆设计考虑不充分，有产生火花的危险。

（3）废料保管不善

涂装产生的废漆（或溶剂）、飞漆、废遮盖物、被污染的废抹布等堆积在一起产生自燃。

（4）不遵守防火规则

防火安全意识淡薄，在涂装现场使用明火。

2. 易燃性溶剂的危害

火灾危险性随溶剂的种类和溶剂在涂料中的含量而有所差异。衡量溶剂的爆炸危险性和易燃性时，可以从闪点、自燃点、蒸气密度、爆炸范围、挥发性、扩散性和沸点等特性来判断。

（1）闪点

可燃性液体蒸气与空气形成可燃性混合气体，遇明火而引起闪电式燃烧，这种现象称为闪燃，引起闪燃的最低温度称为闪点。在闪点以上可燃性液体就容易着火，因此，闪点在常温以下的液态物质具有非常大的火灾危险性。

根据闪点不同，可区分涂料和溶剂的火灾危险性等级，一般划分为以下三个等级：

一级火灾危险品：闪点在 21 ℃以下，极易着火。

二级火灾危险品：闪点在 21 ~ 70 ℃之间，着火性能一般。

三级火灾危险品：闪点在 70 ℃以上，难着火。

（2）自燃点

不需借助火源，仅加热达到自发着火燃烧的最低温度称为自燃点，它比闪点高得多。

（3）蒸气密度

蒸气密度用同体积的蒸气与空气的质量比来表示。易燃性溶剂的蒸气一般都比空气重，有积聚在地面或低处的倾向。因此，仅在屋顶上部设置自然换气装置效果不好，换气口必须设置在接近地面处。

（4）爆炸范围

由可燃性气体或蒸气与空气混合形成爆炸性混合气体，点火即爆炸。这种混合气体随可燃性气体、蒸气的种类不同，各自有不同的比例。产生爆炸的最低浓度（用体积百分比表示）称为爆炸下限，最高浓度称为爆炸上限。在爆炸上限和下限之间都能产生爆炸，爆炸范围越宽，爆炸下限越低，危险性越大。为确保安全，可燃气体和蒸气的浓度不应超过爆炸下限浓度的 75%。

除上述各特性外，在考虑危险性时还需注意挥发性、扩散性和沸点。

3. 粉尘爆炸

有些涂料（如铝粉和有机涂料等）、干飞漆粉尘以及各种粉末涂料等属于易燃性粉尘，正常情况下这些粉尘不易点燃，当这些粉尘的含量在空气中达到一定浓度时，遇上明火就能产生爆炸和火灾。粉末涂料还具有介电性质，粉末颗粒互相摩擦或与其他表面摩擦会产生静电荷，在一定条件下积聚的电荷进行放电会引起粉尘着火或爆炸。

一般粉末涂料中的粉尘爆炸下限浓度为 50 g/m^3，环氧树脂型粉末涂料为 30 g/m^3，聚乙烯粉末涂料为 25 g/m^3。粉末的粒度越细，粉尘爆炸下限浓度越低。因此，无论在调配粉末状涂料时，还是在涂装过程中，都要严格控制工艺规程和操作方法，避免粉末产生摩擦，防止高温、火花、明火、静电积聚及放电，以免引起爆炸事故。

4. 防火安全措施

进行汽车修补涂装时，一般采取下列防火措施：

（1）汽车修补涂装车间属于火灾危险区，应采取相应的消防隔离措施，一般应布置在厂房的一侧，并用防火墙将其与其他车间隔开。

（2）汽车修补涂装车间的所有构件的结构和材料应满足相应国家标准。

（3）所有的电气设备和开关都应设有防爆装置，电源应设置在防火区以外，如图 1-2-10 所示。

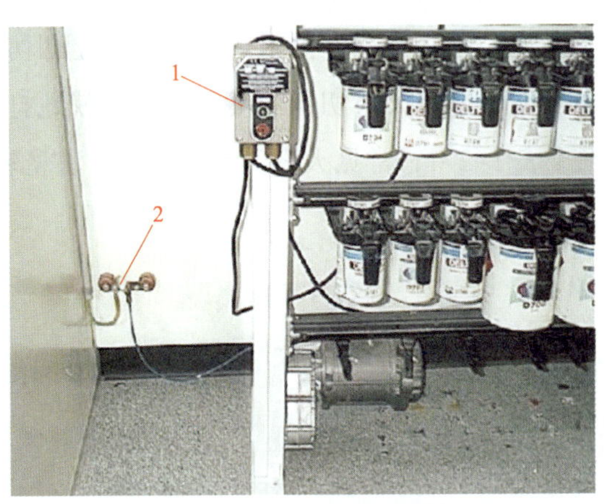

图 1-2-10 调漆机的防爆装置与接地柱

1—防爆装置 2—接地柱

（4）涂装车间的所有金属设备都应可靠接地，以防静电积聚和放电，如图 1-2-10 所示。

（5）涂装车间内严禁烟火，不许带火柴、打火机等火种进入车间。

（6）储存的涂料应放在远离工作区的地方，工作区内最多保留一天的用量。

（7）擦过溶剂和涂料的棉纱、抹布等应放在专用的带盖铁箱中，并及时处理掉。

（8）严禁向下水道倾倒易燃溶剂和涂料。

（9）在涂装过程中应尽量避免敲打、碰撞、冲击、摩擦等动作，以免产生火花或静电放电而引起着火燃烧。

（10）喷漆应在专门的喷漆房内进行，喷漆房、烘干室等应符合防火安全技术要求。

5. 汽车涂装车间的灭火方法

灭火的方法多种多样，但其基本原则有以下三个方面：

（1）移去或隔离火源，使之熄灭。

（2）隔绝空气（即切断氧气）使之窒息，如将二氧化碳气体直接喷射到燃烧物体上。

（3）用冷却法使被燃烧物体的温度降低到着火点以下。

涂装车间的技术工人应熟知防火安全技术知识、火灾类型及灭火方法，会使用各种消防工具，一旦发生火灾，尤其是在电器附近着火，应立即切断电源，以防火势蔓延和产生电击事故。当工作服上着火时切勿惊慌失措，应就地打滚将火熄灭。常用灭火器的类型及适用范围见表 1–2–1，常见火灾类型及灭火方法见表 1–2–2。

表 1–2–1　　常用灭火器的类型及适用范围

灭火器类型	药液化学成分	适用范围
酸碱式	硫酸、碳酸氢钠	适用于扑救非油类及电气一般失火
泡沫式	硫酸铝、碳酸氢钠	适用于扑救液体溶剂、涂料类失火
高倍数泡沫	脂肪醇、硫酸钠加稳定剂、抗燃烧剂	适用于扑救火源集中、泡沫容易堆积等场合的失火
二氧化碳	液态二氧化碳	适用于扑救电气失火
干粉灭火	碳酸氢钠等盐类，并加有适量润滑剂和防潮剂	适用于扑救涂料类、可燃气体和遇水燃烧等物品的初期失火
四氯化碳	液态四氯化碳	适用于扑救电气失火
1211	CF_2ClBr	适用于扑救油类、有机溶剂、高压电气设备和精密仪器等失火

表 1-2-2 常见火灾类型及灭火方法

燃烧物类型	火灾初起时的灭火方法	原理
有机纤维类普通燃烧材料（如擦漆用的废纱头和抹布之类）	1. 用沙子扑灭 2. 用水或酸碱泡沫式灭火器扑灭	起冷却降温、隔离空气的作用
有机溶剂、涂料类不溶于水的燃烧性液体（如稀释剂、清油、清漆、色漆之类）	1. 用二氧化碳灭火器扑灭 2. 用泡沫式灭火器和石棉毯压盖	隔绝空气
有机溶剂（如醇和醚类可溶于水的燃烧性液体、乙醇、丁醇、丁醚等）	用水扑灭	冲淡溶液而灭火，或将容器盖严而隔绝空气
在电气设备、仪器（如空气压缩机、静电设备等仪器、仪表）上或其附近燃烧	用四氯化碳或二氧化碳灭火器扑灭	蒸气比空气重，可在物体上形成隔绝空气的气体并冲淡氧气，但由于其蒸气有毒，只能用于通风之处

任务实施

一、汽车涂装防护用品的使用

1. 打磨、抛光作业防护

打磨作业的典型危害是打磨粉尘和噪声，操作者应佩戴工作帽、防尘镜、耳塞、防尘口罩、棉纱手套，穿棉质工作服、安全鞋，如图 1–2–11 所示。

2. 化学除旧漆、除锈、除油、清洗喷枪作业防护

进行化学除旧漆、除锈、除油、清洗喷枪等作业时，皮肤有可能直接接触化学物品，呼吸系统会吸入有机溶剂蒸气，因此，操作者应佩戴工作帽、护目镜、滤筒式呼吸保护器、防溶剂手套，穿防静电工作服、安全鞋，如图 1–2–12 所示。

3. 原子灰刮涂、涂料调色、非氰化涂料喷涂作业防护

在皮肤不直接接触有机溶剂的场合（如原子灰刮涂、涂料调色、非氰化涂料喷涂等），操作者应佩戴工作帽、护目镜、滤筒式呼吸保护器、乳胶手套，穿防静电工作服、安全鞋，如图 1–2–13 所示。

图 1-2-11　打磨、抛光作业防护

图 1-2-12　与有机溶剂直接接触场合的作业防护

4. 氰化涂料喷涂作业防护

氰化涂料毒性很强，操作者应佩戴全面供气式防毒面罩、乳胶手套，穿防静电工作服、安全鞋，如图 1-2-14 所示。

图 1-2-13　与有机溶剂不直接接触场合的作业防护

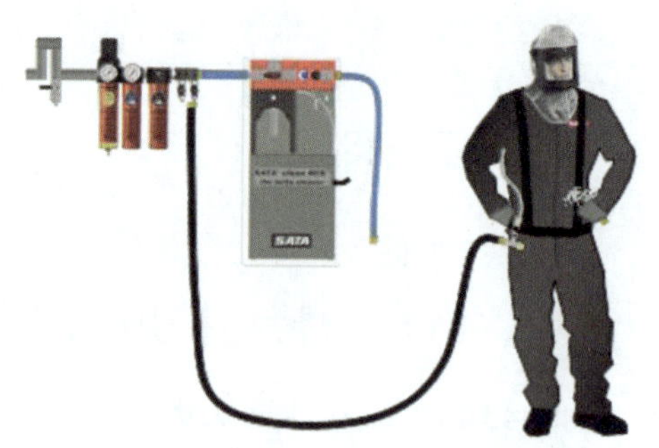

图 1-2-14　氰化涂料喷涂作业防护

5. 遮盖、涂膜测试作业防护

遮盖、涂膜测试作业场合的灰尘少，不与有机溶剂气体接触，操作者只需要佩戴工作帽、护目镜，穿棉质工作服、安全鞋就能确保作业安全。

二、灭火器的使用

1. 把灭火器手柄上的保险销拔出，如图 1-2-15 所示。

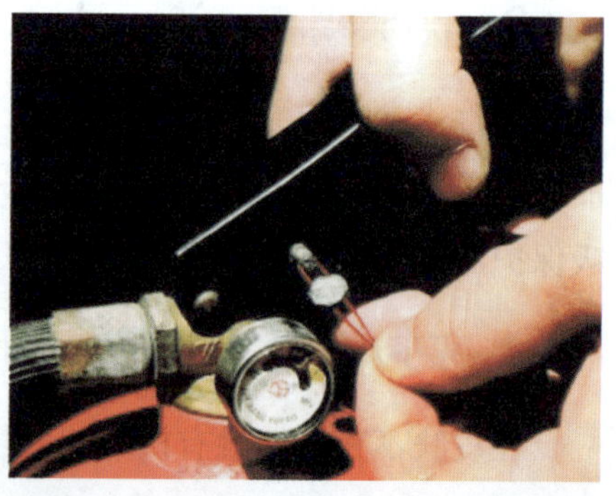
图 1-2-15　拔出灭火器手柄上的保险销

2. 将灭火器的喷嘴对准火焰的底部，距离火焰约 2 m，如图 1–2–16 所示。

3. 用力压下灭火器的手柄，喷射出灭火剂，如图 1–2–17 所示。如果松开手柄，灭火器就停止喷射。

图 1–2–16　喷嘴距离火焰约 2 m 的距离　　图 1–2–17　喷射出灭火剂

4. 移动喷嘴前后吹扫火焰的底部，如图 1–2–18 所示。火焰扑灭后，要仔细观察，防止复燃。

图 1–2–18　移动喷嘴前后吹扫火焰的底部

思考题

一、选择题

1. 喷涂磁漆、硝基漆以及其他非氰化物的涂料时可以佩戴________。

A. 供气式呼吸保护器　　B. 滤筒式呼吸保护器

C. 防尘呼吸保护器　　D. 窗式过滤呼吸保护器

2. 可燃性液体蒸气与空气形成可燃性混合气体，遇明火而引起闪电式燃烧，这种现象称为________。

A. 闪燃　　B. 自燃

C. 爆炸　　D. 爆燃

3. 下列选项中，闪点在21 ℃以下，极易着火的是________。

A. 一级火灾危险品　　B. 二级火灾危险品

C. 三级火灾危险品　　D. 四级火灾危险品

4. 通常粉末涂料中的粉尘爆炸下限浓度为________g/m^3。

A. 25　　B. 30

C. 50　　D. 60

二、判断题

1. 在涂装作业中，应将长发扎结在脑后，无须始终戴工作帽。（　）

2. 为防止溶液、底漆及外层涂料对手的伤害，应佩戴安全手套进行操作。（　）

3. 不需借助火源，仅加热达到自发着火燃烧的最低温度称为闪点。（　）

4. 喷漆应在专门的喷漆房内进行，喷漆房、烘干室等应符合防火安全技术要求。（　）

三、实践与练习

对照图1-2-19所示的汽车涂装操作实例，判断涂装工作人员的卫生安全防护工作做得是否合理，试指出错误之处。

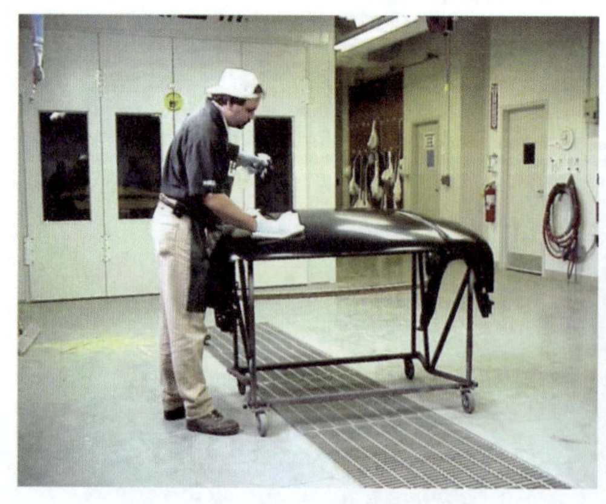

正确（　）　错误（　）

错误之处________________

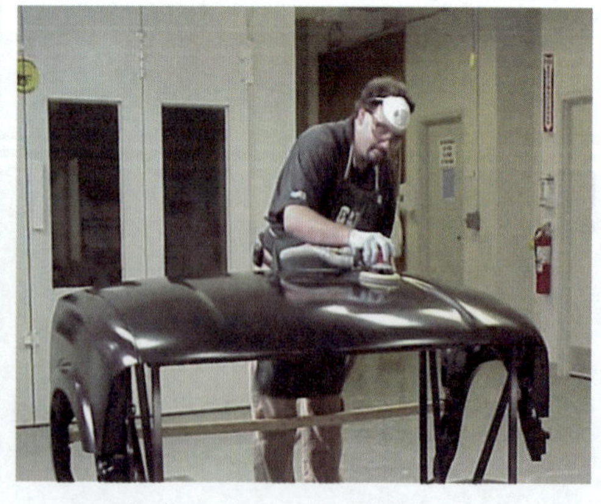

正确（　）　错误（　）

错误之处________________

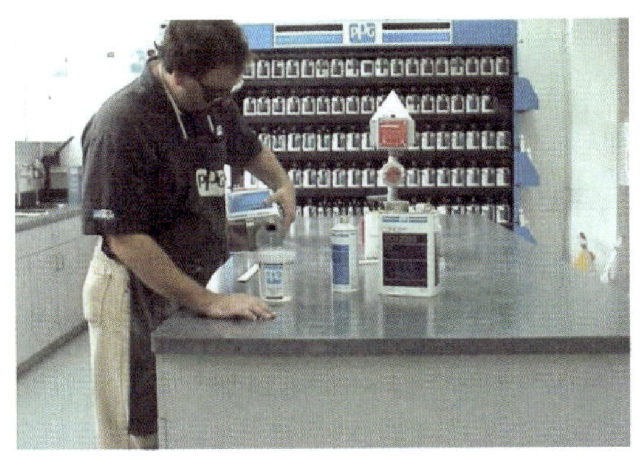

正确（ ） 错误（ ）

错误之处________________

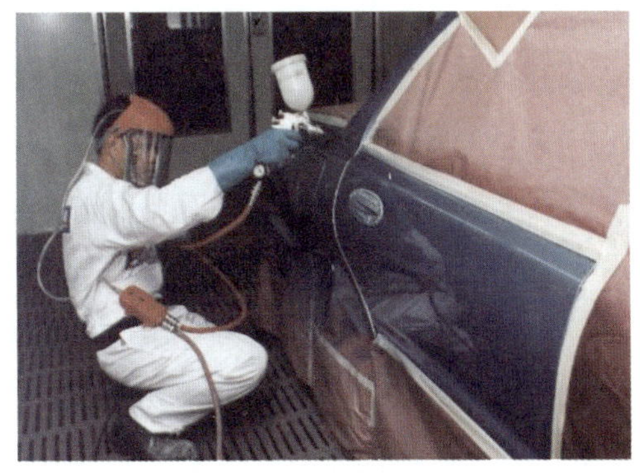

正确（ ） 错误（ ）

错误之处________________

图 1-2-19 汽车涂装操作实例

任务 3 汽车涂装车间安全与环境保护

任务目标

- 了解汽车涂装车间安全管理事项。
- 掌握汽车涂装车间的环保处理方法。
- 能对汽车涂装车间进行安全管理和环保处理。

任务引入

汽车涂装车间是汽车 4S 店和修理厂安全隐患最大、环境污染最重的区域，做好涂装车间安全管理，妥善进行涂料的保管与处理，采取合理的环保措施减少环境污染是汽车维修企业的一个永恒的话题。另外，涂料仓库也是汽车涂装车间安全隐患和环境污染最大的场所之一。作为汽车涂装车间人员，需要怎样进行安全管理和环保处理呢？

任务分析

汽车涂装车间安全主要有车间的车辆安全、易燃物品的保管与使用安全、场地人员安全和防火防爆安全等，严格进行车间安全管理是消除安全隐患的根本途径。汽车涂装车间的污染物是涂装过程中产生的废液、废气、废渣，为减少环境污染，必须对这些污染物进行科学的处理。汽车涂料仓库的设备配备、涂料管理和制度约束等的设计和实施，要根据安全与环保两大主题展开。

相关知识

一、涂装车间的安全管理

1. 车间车辆的安全管理

（1）在汽车上作业时，汽车的制动装置必须处于有效的制动位置，以防止其溜车。

（2）在汽车下面作业时，必须先将汽车支离地面。

（3）刚进厂的车辆不宜马上进行作业，以免被排气管和散热器等灼热物烫伤。

（4）在车间内移动汽车时一定要先查看四周。

2. 易燃物品的安全管理

（1）在存放易燃性液体的场所，应对火源实施严格的监控。

（2）输送桶装溶剂时，要用专用泵通过桶上的孔抽送，不允许侧倒装运。抽送完毕，应将容器盖盖紧。

（3）用散装容器运送易燃溶剂时要特别小心。溶剂桶应接地，以防止静电引起火灾。图 1-3-1 所示为将溶剂从溶剂桶装入手提式安全罐的两种方法。

（4）用于喷涂的涂料必须存放在金属柜中（切勿用木柜）。储存室内应充分通风。

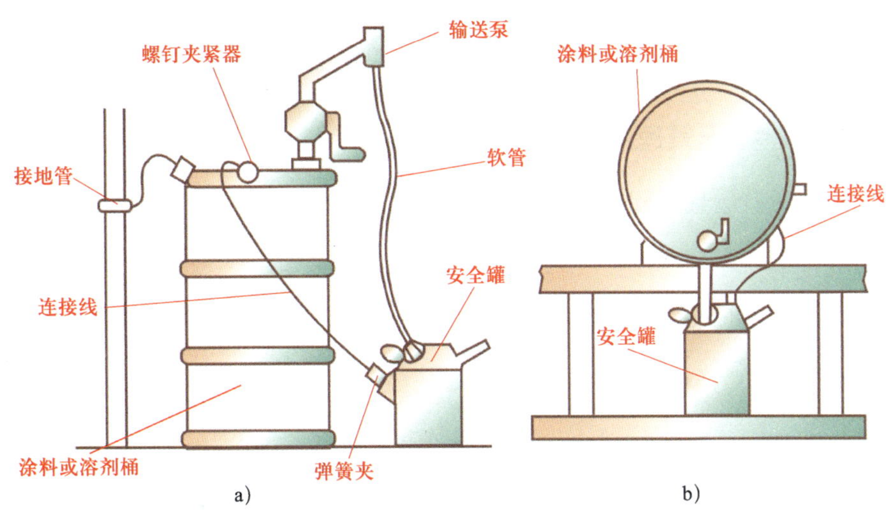

图 1-3-1 将溶剂从溶剂桶装入手提式安全罐的两种方法

a）用输送泵抽取溶剂 b）将溶剂倒入安全罐

（5）喷涂时按下列程序进行：喷涂之前打开通风系统→开启喷涂场地光源→清除可燃残余物→喷涂→涂料干燥（保持通风）。

（6）切勿在蓄电池附近进行打磨作业，以防蓄电池放出的氢气遇火星爆炸。

3. 防火设施的配备

（1）涂装车间的所有结构件都应采用耐火材料制成。

（2）使用易燃涂料的涂装车间属于火灾危险区，应采取相应的消防措施，一般应布置在厂房的旁边，并用防火墙将其与其他车间隔开。涂装现场、仓库等地应设置避雷装置。

（3）涂装车间的门应开在离外出口最近的地方，而且门要朝外开。通向安全门的通道要保持畅通无阻。

（4）在与相邻的车间有传送装置的情况下，出入口应安装防火门。

（5）供涂装车间、调漆房和涂料库用的消防灭火用具，每 30 m^2 应保证有两个泡沫式灭火器、一个容积为 0.3 ~ 0.5 m^3 的沙箱、一套石棉衣和一把铁铲。涂装车间顶棚应设置消防用的喷淋头。

（6）所用的各种电气设备（如照明灯、电动机、电气开关等）都应有防爆装置，电源应设在防火区域以外。

（7）涂装车间的所有金属设备都应可靠接地，以防静电积聚和静电放电。

（8）喷漆室、烘干室等涂装设备的设计应符合防火安全技术要求。

4. 车间其他安全管理

（1）车间所有场地应保持清洁、有序。地板上的油液和积水一定要及时清除干净。

（2）操作者的正规工作区要用防滑地板装修地面，并划分每个人的工作地段。

（3）报警电话应放置在明显的位置。

（4）确保有毒物质不会通过下水道排到公共水道中。

（5）任何擦拭过溶剂的抹布、纸等废料必须统一存放在金属容器内，以免引起火灾。

二、涂装车间的环保处理

1. 对有机物排放的处理

（1）通过选择固体含量高的涂料及水性涂料来降低涂料中有机溶剂的使用量。

（2）通过对喷涂设备的选择来降低涂料的浪费，如使用 HVLP（环保型）空气喷枪可以提高涂料的利用率，从而达到降低有害物排放量的目的。

另外，无气喷涂和静电喷涂能更好地降低有害物排放量，但是目前在一般轿车修理厂还不可能应用，在部分大客车或卡车修理厂已经采用。

2. 对废气的处理

常见的废气处理方法有活性炭吸附法、催化燃烧法、液体吸附法和直接燃烧法等。

（1）活性炭吸附法。利用活性炭作为物理吸附剂，将有机物吸附在活性炭表面，使废气得到净化。具有吸附能力的物质还有氧化硅、氧化铝等，但没有活性炭应用广泛。

（2）催化燃烧法。催化燃烧法是利用催化剂使废气中的可燃物质在较低温度下氧化分解成二氧化碳和水，使废气得到净化。

（3）液体吸附法。液体吸附法是用吸收液吸收废气中的有机溶剂，从而使废气得到净化。涂装作业产生的废气中含甲苯、二甲苯最多，可以用柴油或机油等洗涤吸收。

（4）直接燃烧法。直接燃烧法是将含有有机溶剂气体的混合气直接燃烧生成水和二氧化碳，放出的热量还可用于涂膜的干燥，是一种经济、简便的废气处理方法。

3. 对废弃物的处理

汽车涂装作业产生的废弃物有废涂料、废溶剂、废渣以及废涂料桶和溶剂罐、废抹布、废手套、废遮盖纸、废遮盖胶带等。根据我国有关法律规定，废涂料的处理禁止深埋和投入河流，必须进行焚烧处理。焚烧处理有以下几点注意事项：

（1）焚烧时可能产生有害气体，应在焚烧炉内设置有害气体吸收装置。

（2）焚烧后的残留物是否含有害物质，在一定程度上取决于残留物的处理方法。焚烧含有铅、铬化合物的涂料时，必须进行必要的有害物质分析和检查。含有害物质的废弃物应单独焚烧，进行最终处理。焚烧产生的粉尘对大气有污染，必须设置静电除尘装置或抽引式洗涤器。

（3）焚烧时要注意个人安全，穿戴好各种防护用具，尤其不要灼伤自己，做好防火安全准备工作，以避免事故的发生。

（4）应经常注意焚烧炉内的燃烧状况、炉内温度、废弃物投入炉内的均一性；异常燃烧会产生恶臭和黑烟，甚至发生爆炸事故。

焚烧后产生的残留物如果不含有害物质，可以直接深埋处理；如果含有害物质，应符合含有害物质的标准。

任务实施

要消除汽车涂料仓库的安全隐患，提高环保效能，可以从设施配备、涂料管理、制度约束三个方面来进行。

一、汽车涂料仓库的设施配备

1. 涂料仓库应设置醒目的防火标志，所有用电设备必须配备防爆装置，如仓库照明配备防爆灯、开关配备防爆装置、电气设备加装防静电接地线等。

2. 涂料仓库应配备一定数量的消防器材，并放置在明显和便于取用的地点，不准挪用，消防器材周围不准堆放物品和杂物。

3. 涂料仓库近地处应配备排气扇，中间和顶部应安装有机溶剂抽吸、处理设备。小型涂料仓库有机溶剂抽吸、处理设备，如图 1-3-2 所示。

二、汽车涂料仓库的涂料管理

1. 汽车涂料必须按照涂料的类别、性质、保管时间和消防要求分类存放，并贴好标签。常见的汽车涂料标签如图 1-3-3 所示。

图 1-3-2　有机溶剂抽吸、处理设备

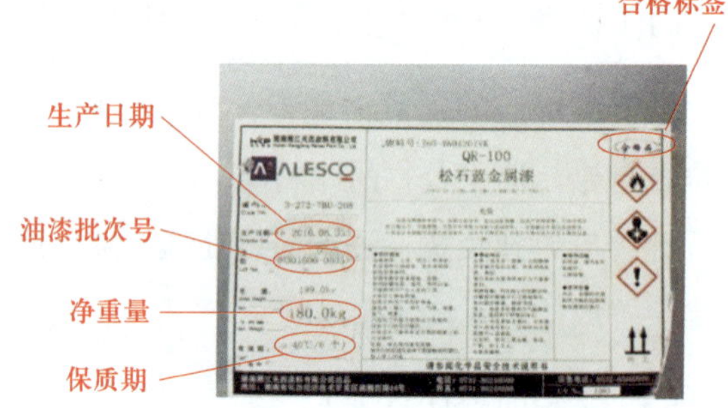

图 1-3-3　常见的汽车涂料标签

2. 涂料仓库内应保持干燥、阴凉和通风，切忌烈日暴晒。库房内温度一般保持在 18 ~ 25 ℃，相对湿度一般保持在 55% ~ 75%。

3. 涂料包装应严格密封，如发现泄漏应及时处理。涂料与溶剂开罐时不能用金属器械敲击，以免产生火花，造成火灾。

4. 涂料是挥发性物品，日久易变质，使用涂料时应做到先进库先出，后进库后出，不要积压过久，影响质量。一般涂料储存不能超过一年，储存时间太长，如果发现黏度增高，干性减慢或有混浊、沉淀现象，应及时加溶剂或催干剂补救并尽快用完。

5. 双组分涂料在储存时以两罐为一组，涂料进库时要特别注意组分配套。

6. 根据隔离储存要求确定储存数量和间距，平均单位面积储存量要小于 0.5 t/m^2；垛距限制在 0.3 ~ 0.5 m，通道宽度在 1 ~ 2 m 之间，墙距宽度应设置在 0.3 ~ 0.5 m。

7. 涂料存放区域严禁明火和热源，仓库内应设置安全标识、安全技术说明书和安全防火措施。

8. 剩余涂料退回库房时应加入适量的溶剂，并将涂料罐盖密封好，以防涂料中进入空气而结皮，如发现结皮和起粒时，应用 120 ~ 180 目的铜滤网过滤后才可以使用。

三、汽车涂料仓库的制度约束

1. 涂料仓库是车间重点防火区域，仓库作业员必须经过特殊岗位培训和消防知识培训，考试合格后才能上岗作业。

2. 涂料仓库的电气设备必须由持有合格证的电工进行安装、检查和维修保养，电工应严格遵守各项电器操作规程。

3. 涂料仓库禁止使用明火，进入涂料仓库的人员必须交出携带的火种和手机；涂料仓库不准使用移动式照明灯具，也不准使用电器器具加温。如需动用明火作业，必须经安全部门防火负责人批准，消防人员到场，并采取严格的安全保护措施。

4. 仓库作业员在操作时应做好劳动保护工作，戴好防护帽、防护眼镜、防毒口罩、防静电手套，穿好防静电工作服和工作鞋。

5. 在仓库内作业的作业工具必须用铜质材料，严禁用铁器敲打设备，严禁使用电动工具，在输送涂料过程中必须做好防静电工作。

6. 装卸涂料时，仓库作业员不得穿戴易产生静电的工作服、工作帽和易产生火花的工具，严防震动、撞击、重压、摩擦和倒置，对易产生静电的装卸设备要采取消除静电的措施。各类涂料容器应当牢固、密封，发现破损、残缺、变形等情况应及时进行处理，严防滴漏。装卸作业结束后应对现场进行检查，确认安全后方可离开。

7. 每天对涂料仓库内的涂料和设备等进行点检，做好记录，如发现异常，应及时报告给车间管理人员。

8. 在上班时间，涂料仓库有机溶剂的抽风处理设备必须保持在开启状态。

思考题

一、选择题

1. 利用活性炭作为物理吸附剂，将有机物吸附在活性炭表面，使废气得到净化的方法称为________。

A. 活性炭吸附法　　B. 催化燃烧法
C. 液体吸附法　　D. 催化转化法

2. 用吸收液吸收废气中的有机溶剂，从而使废气得到净化的方法称为________。

A. 活性炭吸附法　　B. 催化燃烧法
C. 液体吸附法　　D. 催化转化法

3. 利用催化剂使废气中的可燃物质在较低温度下氧化分解成二氧化碳和水，使废气得到净化的方法称为________。

A. 活性炭吸附法　　B. 催化燃烧法
C. 液体吸附法　　D. 催化转化法

4. 下列选项中不属于汽车修补涂装产生的废弃物的是________。

A. 废涂料　　B. 废溶剂
C. 废机油　　D. 废水

二、判断题

1. 刚进厂的车辆可以马上进行作业。（　　）

2. 涂装车间所用的各种电气设备（如照明灯、电动机、电气开关等）都应有防爆装置，电源应设在防火区域以内。（　　）

3. 焚烧时产生的粉尘对大气有污染，必须设置静电除尘装置或抽引式洗涤器。（　　）

4. 应经常注意焚烧炉内的燃烧状况、炉内温度、废弃物投入炉内的均一性；异常燃烧会产生恶臭和黑烟，甚至发生爆炸事故。（　　）

三、实践与练习

针对涂装车间的设备、设施和整体布局，找出不符合厂区安全、环保要求之处，并提出合理的整改方案。

模块二

涂装施工前准备

任务 1　车身修补涂装工艺的确定

任务目标

- 熟悉常见汽车修补涂装工艺流程。
- 掌握车身表面损伤程度的评估方法。
- 能根据车身表面的损伤程度确定车身的修补涂装工艺。

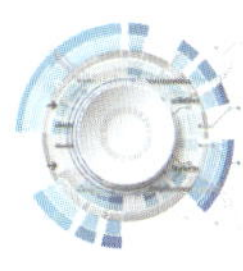

任务引入

如图 2–1–1 所示，一辆本田汽车后保险杠中部涂膜受损，车主要求修理。涂装人员接车后，首先要评估车身表面的损伤程度，确定修补涂装工艺。就这辆本田汽车而言，涂装人员应该怎样评估车身表面的损伤程度，进而选择合理的修补涂装工艺呢？

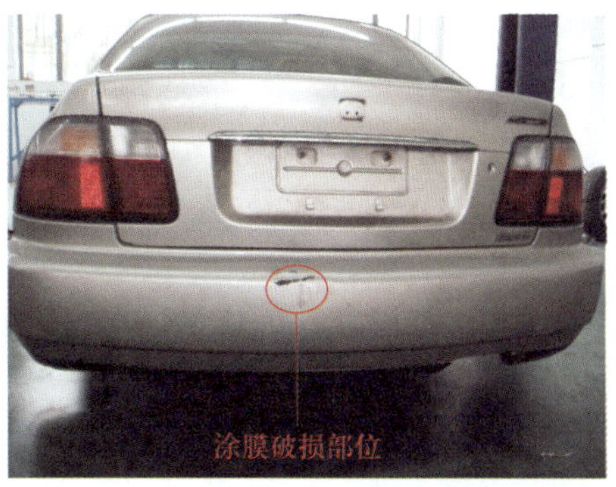

图 2–1–1　后保险杠涂膜受损的本田汽车

任务分析

正确选择汽车的修补涂装工艺是保证维修质量、节约材料和成本的前提。一般情况下，汽车修补涂装工艺的确定包括以下三个步骤：

1. 清洗整车，排除灰尘、污垢对车身损伤程度评估的干扰。

2. 检查车身表面受损情况，评估损伤程度。

3. 根据车身表面损伤的具体情况确定修补涂装工艺。

相关知识

一般情况下，在对汽车车身表面的损伤程度进行评估之前，要对汽车的表面进行清洗。根据汽车的受损程度和施工要求，可以进行全车清洗，也可以只对受损部分进行局部清洗。

一、车身表面的清洁

1. 全车清洗

虽然涂装施工可能只针对车身的某一板件或板件的某一部分，但通常需要彻底清洗整车上的灰尘、污垢或其他异物。在汽车车门、行李舱、发动机舱盖和轮胎挡泥板的边缘和缝隙等处积存着大量的灰尘和污垢，如不清除干净，新喷涂膜上就可能粘上很多污点，因此必须进行全车清洗。车身表面重点清洗部位如图 2-1-2 所示。清洗时，一般先用自来水冲洗，然后用车辆清洗剂清洗，最后用清水冲刷干净。

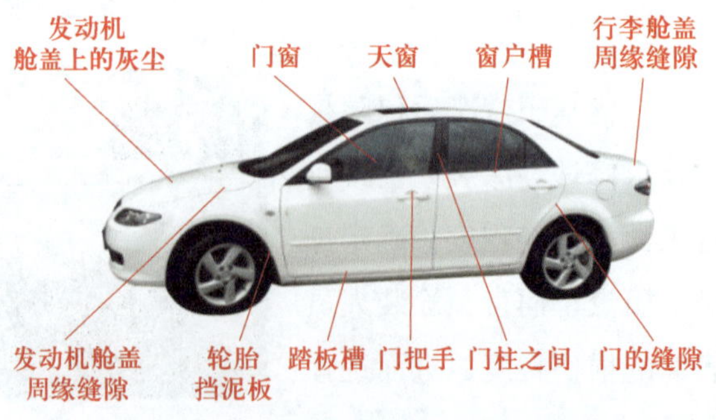

图 2-1-2　车身表面重点清洗部位

车身表面的清洗一般采用专用的清洗剂，汽车清洗剂具有超强的去污能力。车身表面清洗常用的工具有洗车机、洗车刷和标准洗车海绵等。常用的汽车清洗用品如图 2–1–3 所示。

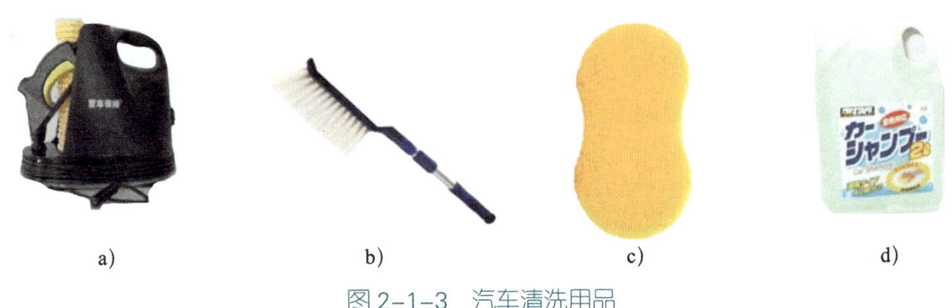

a) b) c) d)

图 2–1–3 汽车清洗用品

a）洗车机 b）洗车刷 c）标准洗车海绵 d）汽车清洗剂

2. 车身待修补区域的清洁

清洁车身待修补区域的目的是除去车身表面的油脂、污垢、石蜡和硅酮类化合物，以提高涂膜的附着力，防止涂装缺陷的产生。车身待修补区域主要采用有机溶剂清洗，清洁时，用干净抹布蘸上清洗剂擦洗待修补区域及其周围，溶解车身表面的油脂、石蜡和抛光剂，然后用另一块干净的抹布擦干，如图 2–1–4 所示。若需清洗硅酮类化合物，在擦干后用 500# 或 600# 砂纸打磨车身表面，再次重复上面的擦洗工作。

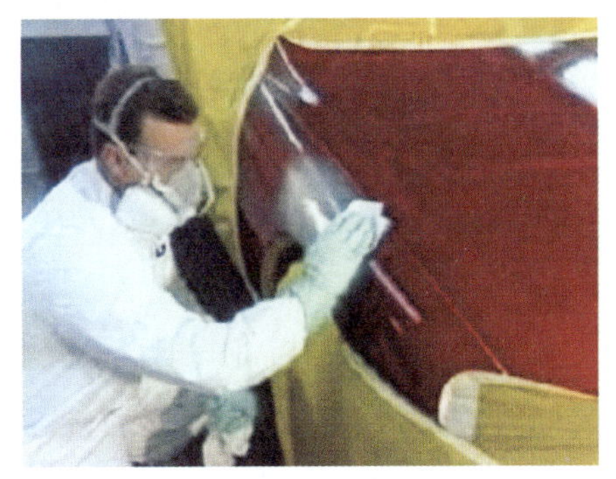

图 2–1–4 待修补区域的清洁

二、车身表面损伤程度的评估

正确地评估车身表面的损伤程度，是确定汽车修补涂装工艺的前提，也是保证涂装质量的关键因素之一。只有对车身表面损伤程度进行正确的评估后，才能确定修补范围，从而确定各道工序处理的范围，确定过渡区域、需遮盖保护的部位、需拆卸的零件等，为后续工序的正确实施奠定基础。常用评估车身表面损伤程度的方法有目测评估法、触摸评估法和直尺评估法。

1. 目测评估法

目测评估法是指根据光照射板件的反射情况，评估其损伤的程度及受影响面积的大小。要不断改变观察角度，以发现微小的变形。目测评估时，不能在强光下进行，因为强光会影响人的观察结果。

2. 触摸评估法

使用触摸评估法评估车身表面损伤程度时，应戴上棉质薄手套，从各个方向触摸受损的区域，如图 2–1–5 所示。注意：不要用任何压力，应将注意力集中在手掌上。为了准确地找到受影响区域的不平整部分，手的移动范围要大，要包括没被损伤的区域，而不是只触摸损伤的部分。此外，对于有些损伤区域，手在向某个方向移动时，可能比向另一个方向移动时更容易感觉到。

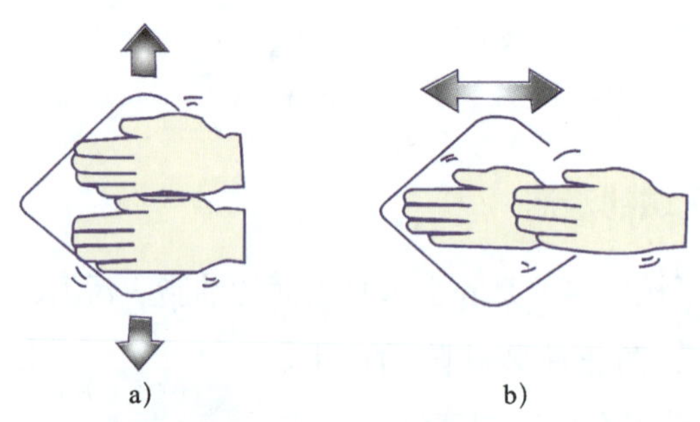

图 2–1–5　用触摸评估法评估车身表面损伤程度

a）不容易感觉　b）容易感觉

3. 直尺评估法

直尺评估法是指将一把直尺放在车身另一边没有被损伤的区域，检查车身与直尺之间的间隙，如图 2–1–6 所示，然后将直尺放在被损伤的车身钣金件上检查间隙，通过对比评估被损伤的车身钣金件变形量的大小。

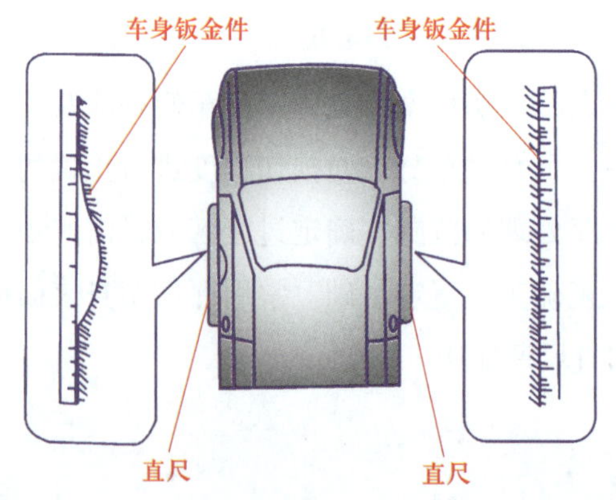

图 2–1–6　用直尺评估法评估车身表面损伤程度

在使用直尺评估法时，损伤件如果有凸出部分，将影响评估操作，此时可用冲子或鸭嘴锤将凸起的区域敲平或使其稍稍低于正常表面，如图 2–1–7 所示。

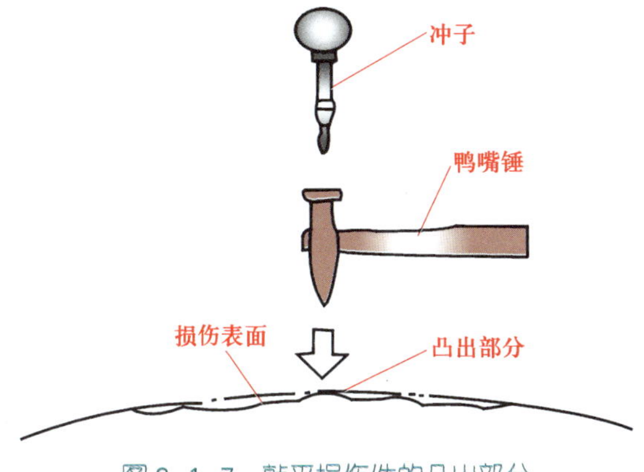

图 2–1–7 敲平损伤件的凸出部分

三、车身修补涂装工艺

由于涂层损伤的不规范性，修补涂装工艺几乎各不相同。因此，必须根据涂层损伤状态和现场的具体条件选择不同的修补涂装工艺。车身修补涂装工艺按照修补的面积不同分为点修补、局部部件修补和整车重涂。点修补是指车身某个部位由于小的划伤，需要进行微小的局部喷涂，其划伤面积一般在 10 cm^2 以内；局部部件修补是指车身部件损伤经钣金修复后，对车身局部部件进行大面积修补涂装，或损伤部件更换新件后进行的涂装处理；整车重涂是指面漆经多年使用后涂膜老化，以及汽车大修后进行的整车翻新。车身修补涂装工艺按照涂膜损伤的程度不同又分为从底材到面漆的修补和面漆的翻新两种。典型的汽车修补涂装工艺（包括点修补涂装、局部部件修补涂装和整车重涂）见表 2–1–1。

表 2–1–1 汽车修补涂装工艺一览表

工序号	工序名称	点修补涂装		局部部件修补涂装		整车重涂	
		从底到面	面漆修补	从底到面	局部翻新	从底到面	面漆翻新
一	修补涂装前的准备工作						
1	卸下影响钣金、涂装作业的部件	Y	Y	Y	Y	Y	Y
2	将车辆刷洗干净，按涂层状况及用户要求拟定修补工艺	Y	Y	Y	Y	Y	Y

续表

工序号	工序名称	点修补涂装		局部部件修补涂装		整车重涂	
		从底到面	面漆修补	从底到面	局部翻新	从底到面	面漆翻新
3	钣金整平，尽可能消除被修补面的凹凸缺陷	Y	Y	Y	Y	Y	Y
4	用胶带和遮盖纸或保护罩遮盖不需要涂装的表面和门窗玻璃	Y	Y	Y	Y	Y	Y
二	表面预处理工序						
5	铲除被修补面的旧涂层，局部露出底材，用打磨法或脱漆剂除去旧漆	Y		Y		Y	
6	擦净工作表面，去除污物和打磨灰	Y	Y	Y	Y	Y	Y
7	用被溶剂湿润的抹布擦净工作表面，去除油污和手印	Y	Y	Y	Y	Y	Y
8	在要求高的场合涂一层磷化底漆			Y		Y	
三	底涂层涂装工序						
9	刷涂或喷涂自干型合成树脂底漆			Y		Y	
10	自然干燥、60 ℃下烤漆房烘干或用红外线烤灯烘干			Y		Y	
四	中间涂层涂装工序						
11	在钣金修整部位和凹坑面刮涂原子灰	Y		Y		Y	
12	自然干燥、50 ℃下用红外线烤灯烘干	Y		Y		Y	
13	磨平原子灰	Y		Y		Y	
14	清除原子灰表面的灰尘和水分	Y		Y		Y	
15	用被除油剂湿润的抹布和干布擦净工作表面，去除油污和灰尘	Y		Y		Y	
16	喷涂一道中涂底漆（俗称“二道浆”，或用底漆与面漆按 1 : 1 的比例改制成中间涂料）	Y		Y		Y	
17	自然干燥、60 ℃下烤漆房烘干或用红外线烤灯烘干	Y		Y		Y	
18	局部补刮填眼灰，消除中涂底漆表面砂眼和砂纸痕迹等	Y		Y		Y	
19	填眼灰层干燥后，用 360# ~ 400# 干磨砂纸对整个表面进行打磨，并清洁表面	Y		Y	Y	Y	Y

续表

工序号	工序名称	点修补涂装		局部部件修补涂装		整车重涂	
		从底到面	面漆修补	从底到面	局部翻新	从底到面	面漆翻新
五	面涂层涂装工序						
20	将不需要涂面漆的表面用胶带和遮盖纸遮盖好	Y	Y	Y	Y	Y	Y
21	用被除油剂湿润的抹布、粘尘布擦净工作表面的油污和灰尘	Y	Y	Y	Y	Y	Y
22	喷涂面漆	Y	Y	Y	Y	Y	Y
23	自然干燥或 60 ℃下烤漆房烘干（在局部修补涂装时可用红外线烤灯烘干）	Y	Y	Y	Y	Y	Y
六	最终处理工序						
24	除去胶带和遮盖纸	Y	Y	Y	Y	Y	Y
25	检查涂装质量，标出涂膜缺陷	Y	Y	Y	Y	Y	Y
26	用打磨、抛光等方法修饰，消除涂膜缺陷	Y	Y	Y	Y	Y	Y
27	装上修补涂装前卸下的部件	Y	Y	Y	Y	Y	Y
28	清扫汽车表面、车内和轮胎	Y	Y	Y	Y	Y	Y

说明：“Y”表示选用该道工序。

四、车身修补涂装工艺的确定

车身修补涂装工艺的选择一般从涂膜损伤的部位、涂膜损伤的面积、车身凹陷的情况、颜色匹配的要求和车身底材的特性几个方面综合考虑。

1. 根据涂膜损伤的部位确定修理工艺

根据视觉的鲜明程度，一般将车身划分为 A、B、C、D 四个区域，如图 2-1-8 所示。A 区最为显眼，不能采用点修补工艺，通常要进行整板修补涂装；B 区显眼程度次于 A 区，在涂膜损伤范围小于 10 cm^2 的情况下可以采用点修补工艺，其他情况只能采用整板修补；C 区的视觉效果不太明显，适应各种颜色的局部修补；D 区通常是表面看不见的区域，各种修补工艺均能适应。

2. 根据涂膜损伤的面积确定修理工艺

一般情况下，涂膜损伤很小，损伤范围在 10 cm^2 以内或小凹坑的直径在 2.5 cm 范围内，采用点修补工艺。若不止一处损坏，但互相邻近，且总体覆盖面积不大，也可

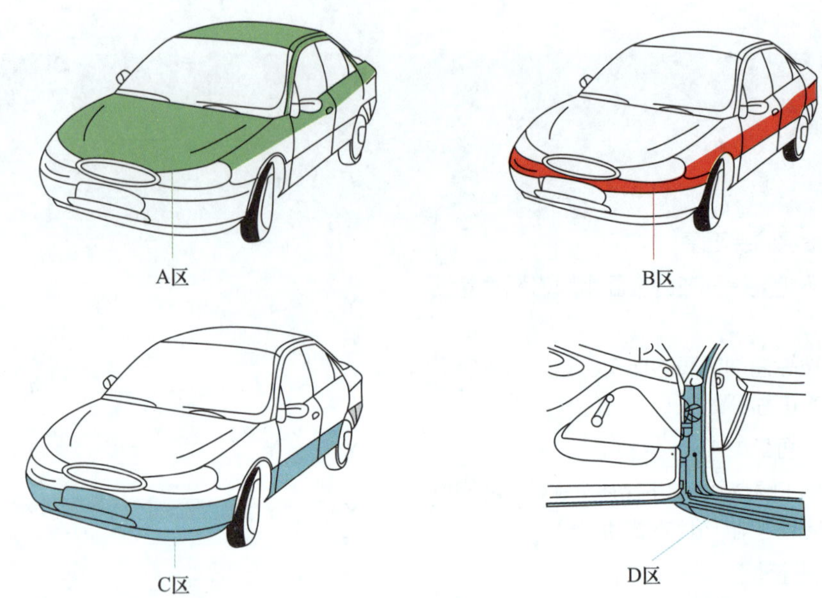

图 2-1-8　车身的四个区域

采用点修补工艺；若板面的中间和边缘有损坏，或板面的两侧有损坏，一般采用底色漆过渡喷涂，清漆整板喷涂的修补工艺。在一块钣金件上损伤较大时，采用整板重涂工艺；若车身涂膜大面积损伤或多处损伤，在局部修补不能解决的情况下，一般采用整车重涂工艺。

3. 根据车身凹陷的情况确定修理工艺

若车身板件没有凹陷，一般采用局部修补；板件凹陷直径在 2.5 cm 范围内，需要刮涂原子灰，可以采用点修补工艺解决；如果凹陷面积较大，底色漆局部修补完成后面积较大，整板喷涂是最好的解决方法。

4. 根据颜色匹配的要求确定修理工艺

所有底色漆的颜色都可以成功地进行过渡，但有些颜色需要准备较大的面积才能做到无痕修补。当修补区域在板面中间部位时，浅颜色底色漆不适于在小范围采用点修补工艺，当损坏部位位于板件的边缘时，这些颜色可以采用点修补工艺；对于半暗、较深颜色的底色漆以及双工序珍珠漆，在大部分区域都可以在小范围内采用点修补工艺。

5. 根据车身底材的特性确定修理工艺

对于不同底材，其涂装工艺有很大差别。例如，钢铁材料的涂装一般包括表面预处理（除锈、脱脂、除旧涂膜、磨缘等）、底涂层涂装、中间涂层涂装和面涂层涂装等工艺；铝材表面附着力小，必须进行脱脂、蚀洗、酸洗和粗化处理，然后才能进行底涂层、中间涂层和面涂层涂装等工艺；镀锌板必须进行钝化和磷化处理后才能涂装；硬质塑料表面一般不用喷涂底漆，但对于聚丙烯（PP）、聚对苯二甲酸丁二醇酯（PBT）、聚甲醛（PYM）和聚碳酸酯（PC）等则需要使用专用塑料底漆，以增强面漆对被涂物表面的附着力。

任务实施

结合相关知识，选择任务引入中本田汽车后保险杠的修补涂装工艺。

一、车身表面的清洗

1. 全车清洗

车身表面的清洗步骤见表 2-1-2。

表 2-1-2 车身表面的清洗步骤

序号	清洗步骤
1	关好车窗、车门和行李舱盖，防止水进入车体内部
2	用自来水将车身表面淋湿，使灰尘和污物得到浸润，以减少后面工序对车身表面的划伤
3	配制车身表面清洗液
4	用洗车海绵蘸上清洗液擦洗车身。擦洗顺序是：车顶→车身前部→车身右面→车身后部→车身左面
5	按照上述顺序冲洗车身，直至把清洗液冲刷干净为止
6	用干净毛巾擦干车身，如图 2-1-9 所示，并用压缩空气吹干

2. 车身待修补区域的清洗

用干净毛巾蘸取除油剂在待修补区域擦拭，除去车身表面的油脂、污垢、石蜡和硅酮抛光剂。

图 2-1-9 用干净毛巾擦干车身

二、涂膜损伤程度的评估

用直尺测量本田汽车后保险杠涂膜的损伤面积，发现涂膜的损伤面积为 16 cm × 23 cm，如图 2–1–10 所示。在涂膜损伤中心，塑料保险杠杠皮外露且有轻微划伤，如图 2–1–11 所示。

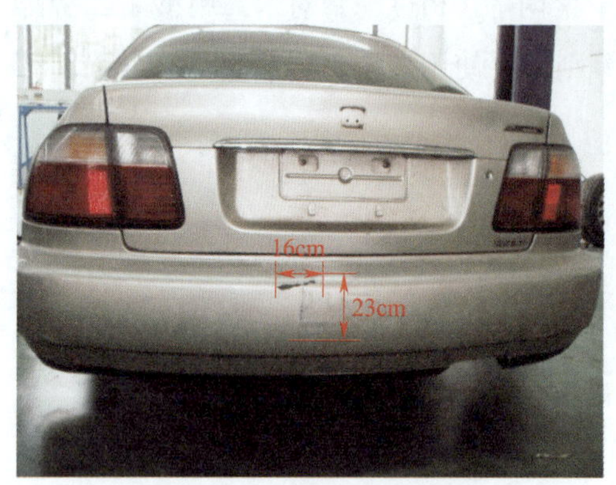

图 2–1–10　后保险杠涂膜的损伤面积

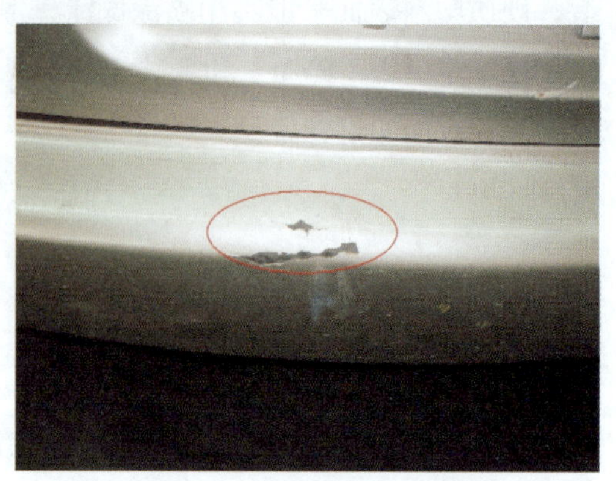

图 2–1–11　塑料保险杠杠皮划伤

三、修补涂装工艺的确定

本田汽车后保险杠的涂膜损伤部位属于车身上的 C 区，可以采用局部修补工艺。涂膜损伤面积为 16 cm × 23 cm，涂膜破损伤及底材不能采用点修补工艺。塑料保险杠的底材为聚丙烯材料，因此在涂装施工时要喷涂一层塑料底漆。针对这一具体情况，结合相关知识中“车身修补涂装工艺”的内容，确定该本田汽车的修补工艺为局部板件从底到面的修补。为了防止补漆产生颜色差异，此处采用局部补漆及整个保险杠罩光的修补工艺。其操作流程是：清洁、除油→打磨、除旧漆→喷涂塑料底漆→刮涂塑料原子灰→施涂中涂底漆→局部补漆→整个保险杠罩光。

思考题

一、选择题

1. 清洁车身待修补区域的目的是除去车身表面的________、污垢、石蜡等。

A. 水渍　　B. 油脂　　C. 酸液　　D. 裂纹

2. ________是指根据光照射板件的反射情况，评估其损伤的程度及受影响面积的大小。

A. 目测评估法　　B. 触摸评估法　　C. 直尺评估法　　D. 损伤评估法

3. 若车身表面有________，需要用砂纸打磨待修补表面。

A. 无机化合物　　B. 卤素化合物　　C. 硅酮类化合物　　D. 碱性化合物

4. 点修补是指车身划伤面积一般在________cm² 以内的修补涂装。

A. 5　　B. 10　　C. 15　　D. 20

5. 如果板件凹陷面积较大，________是最好的解决方法。

A. 整车修补喷涂　　B. 整板喷涂　　C. 点修补喷涂　　D. 过渡喷涂

二、判断题

1. 从各个方向触摸受损区域时要施加一定的压力。（　　）
2. 铝材表面附着力小，必须进行脱脂、蚀洗、酸洗和粗化处理。（　　）
3. 浅颜色底色漆适用于点修补工艺。（　　）
4. 车身 C 区的视觉效果明显，不适用局部修补工艺。（　　）
5. 中涂底漆的干燥可以采用自然干燥或用红外线烤灯强制烘干。（　　）

三、实践与练习

图 2-1-12 所示为后保险杠涂膜擦伤，图 2-1-13 所示为后翼子板涂膜损伤，试对照实物图片评估涂膜损伤程度，并确定其修补涂装工艺。

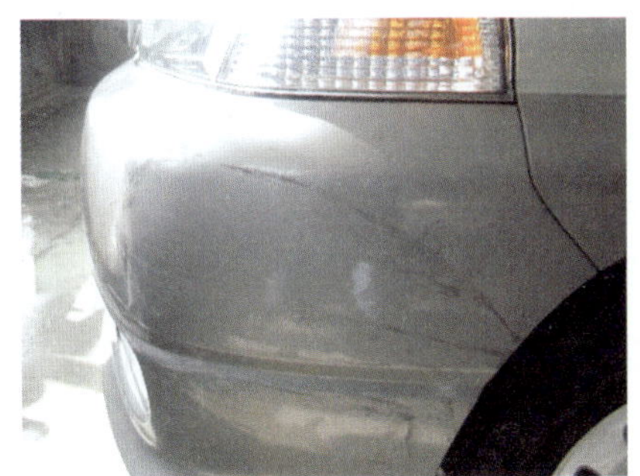

图 2-1-12　后保险杠涂膜擦伤

图 2-1-13　后翼子板涂膜损伤

任务 2　原涂层材料的鉴别

任务目标

- 熟悉汽车用涂料的基础知识。
- 掌握原涂层材料的鉴别方法。
- 能鉴别车身原涂层材料的类型。

任务引入

一辆本田汽车的车门受到撞击，表面涂膜破损（见图 2-2-1），需要进行涂装修复。在涂装施工之前，除了要确定修补涂装工艺，还要鉴别车身表面原涂层材料的类型，为车身修补涂料的选用做准备。本任务要求掌握车身修补涂料的基础知识，并能正确鉴别车身原涂层材料的类型。

图 2-2-1　汽车车门涂膜破损部位

任务分析

原涂层材料的鉴别是涂装施工前准备的一项基础性工作，也是车身涂层修复中的重要一环。本任务的教学目标是：

1. 学习汽车涂料的基础知识，掌握车身原涂层材料的鉴别方法。

2. 能够鉴别车身原涂层材料的类型。

相关知识

一、涂料的基础知识

1. 涂料的基本组成

涂料是涂装于汽车表面，形成具有保护、装饰或特殊性能的固态涂层的液体材料或固体材料的总称。现代汽车涂料大多为树脂涂料，其基本构成可以简单归纳为树脂、颜料和溶剂三大部分，有的还添加了一些调整涂料某种性能的辅助材料（统称添加剂），如图 2–2–2 所示。

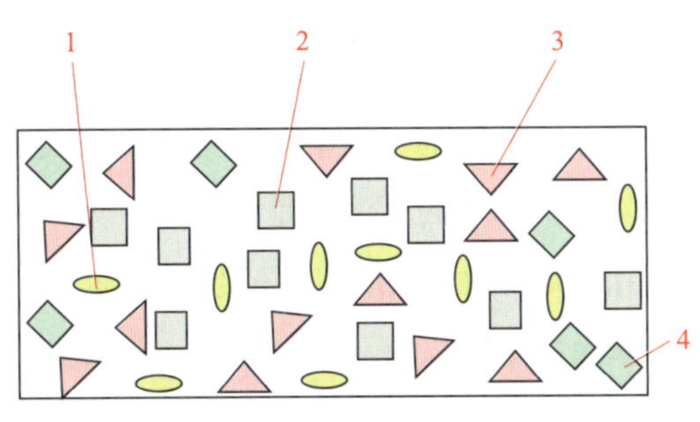

图 2–2–2 涂料的基本组成

1—树脂 2—颜料 3—溶剂 4—添加剂

（1）树脂

树脂是涂料最基本的组成物质，属于非结晶型半固态或固态有机化合物，其外观呈透明状。树脂分子量一般较大，多数可溶于有机溶剂（如醇、酯、酮等），而难溶于水或不溶于水。将树脂与有机溶剂制成的溶液涂在物体表面，待溶剂挥发后能形成一层连续的固体薄膜。树脂决定着涂膜的表面性能（如丰满度、光泽等）、耐候性能（如硬度、附着力、耐水、耐起泡等）和施工性能（主要指干燥特性）。树脂是涂料的主要成膜物质，对涂料的性能起着决定性的作用。因此，树脂的种类常被用于定义涂料的种类，如以丙烯酸树脂为基料的涂料被称为丙烯酸涂料。

根据其来源不同，树脂可分为天然树脂和合成树脂。天然树脂成膜机理一般为溶剂挥发或氧化，使用比较方便，但选择性较少且耐候性较差；合成树脂的使用使人们可以根据需要而选择树脂类型，以达到最好的性价比。

（2）颜料

颜料是白色或有色固体粉末，不溶于水及有机溶剂，是不挥发的成膜物质之一。颜料的作用是赋予颜色，遮盖基底，改善涂料性能，增强装饰及保护效果。

根据功能分类，颜料可分为着色颜料、体质颜料、防腐颜料及特殊效果颜料等。着色颜料是指底漆或面漆中提供颜色的部分；体质颜料又称填充颜料，一般是来源于矿物质的无机物，其作用是改进涂料的物理性能、力学性能并降低成本；防腐颜料是在涂料中所使用的具有防腐蚀特殊功能的颜料；特殊效果颜料的作用是使涂料具有特殊的装饰效果，常见的有铝粉、珠光颜料和干涉珍珠等。

（3）溶剂

溶剂的主要作用是溶解、稀释树脂。除此之外，它还能调整涂料的干燥特性，提高涂膜的表面平整度等。值得注意的是不同涂料使用的溶剂不同，不能混用。

溶剂按照其作用不同可分为真溶剂、助溶剂和稀释剂三类。真溶剂是起溶解树脂作用的溶剂，不同的树脂体系所使用的真溶剂是不同的，如丙烯酸需要使用芳香烃和酮类，硝基涂料则需要使用酮类和酯类；助溶剂是起促进真溶剂溶解能力作用的溶剂，例如，将醇类溶剂加入硝基涂料中可以提高溶解效果；稀释剂对于特定的树脂不会起溶剂的作用，但可以减少溶剂和产品的消耗，其作用为稀释树脂及分散颜料。

（4）添加剂

在汽车修补涂装中常用的添加剂有帮助涂料稳定储存、防止涂料沉淀的防沉淀剂，帮助涂料在施工过程中流平的流平剂，缩短涂料干燥时间的催干剂和提高涂料耐候性的稳定剂等。涂料配方中一般使用多种添加剂，以得到较好的储存稳定性、施工性及涂膜性能等，更好地满足涂装工艺需求。

2. 车身涂料的分类与命名

（1）涂料的分类

按照涂料中主要成膜物质的不同，涂料可分为17类，见表2-2-1。

表2-2-1　涂料的类别

序号	代号	类别	序号	代号	类别	序号	代号	类别
1	Y	油脂漆	7	Q	硝基漆	13	H	环氧树脂漆
2	T	天然树脂漆	8	M	纤维素漆	14	S	聚氨酯漆
3	F	酚醛树脂漆	9	G	过氯乙烯漆	15	W	有机硅树脂漆
4	L	沥青漆	10	X	乙烯树脂漆	16	J	橡胶漆
5	C	醇酸树脂漆	11	B	丙烯酸漆	17	E	其他漆
6	A	氨基树脂漆	12	Z	聚酯漆			

按其在涂膜中所起的作用不同，涂料可分为底漆、衬漆、面漆和原子灰等。

按照施工方法不同，涂料可分为刷漆、喷漆、烘干漆和电泳漆等。

按照使用功能不同，涂料可分为绝缘漆、防锈漆、防腐漆、耐酸漆和耐热漆等。

按是否含有颜料，涂料可分为清漆（透明漆）、色漆和含大量体质颜料的原子灰等。

按溶剂构成情况不同，涂料可分为溶剂型漆、水性漆、无溶剂漆和粉末涂料等。

按成膜机理不同，涂料可分为氧化聚合型漆、双组分（涂料 – 固化剂）反应型漆、烘烤聚合型漆和溶剂挥发干燥型漆等。

（2）涂料的命名

涂料的命名可用下式表示：

涂料全名 = 颜色或颜料名称 + 成膜物质的名称 + 基本名称

涂料的颜色位于名称的最前面，若颜料对涂膜的性能起显著作用，则可用颜料的名称代替其颜色名称。成膜物质的名称应适当简化，必要时可选取两种成膜物质命名，主要成膜物质名称在前，次要成膜物质名称在后（如环氧硝基磁漆）。

例如，白醇酸磁漆表示其颜色为白色，主要成膜物质为醇酸树脂，基本名称是磁漆；锌黄酚醛防锈底漆表示其颜料名称为锌黄，主要成膜物质为酚醛树脂，基本名称是防锈底漆。

常见涂料的基本名称及代号见表 2-2-2。

表 2-2-2 常见涂料的基本名称及代号

代号	基本名称	代号	基本名称	代号	基本名称	代号	基本名称
00	清油	09	大漆	19	晶纹漆	50	耐酸漆
01	清漆	11	电泳漆	20	铅笔漆	51	耐碱漆
02	厚漆	12	乳胶漆	22	木器漆	52	防腐漆
03	调和漆	13	其他水溶性漆	23	罐头漆	53	防锈漆
04	磁漆	14	透明漆	30	（浸渍）绝缘漆	54	耐油漆
05	粉末涂料	15	斑纹漆	31	（覆盖）绝缘漆	55	耐水漆
06	底漆	16	锤纹漆	32	（绝缘）磁漆	60	耐火漆
07	原子灰	17	皱纹漆	33	（黏合）绝缘漆	61	耐热漆
08	水溶漆	18	裂纹漆	34	漆包线漆	80	地板漆

3. 车用修补涂料选用的一般原则

汽车喷涂所用涂料的种类很多，各种涂料的组织及性能都存在一定的差异，为达到良好的防腐蚀和装饰效果，确保涂装质量，进行汽车喷涂时，不但要采用合理的喷涂方法和喷涂工艺，还要根据具体的情况合理选用涂料。车用修补涂料选用的一般原则如下：

（1）所选涂料必须与被喷涂板件的材质相适应

被喷涂板件的材质不同，其表面具有不同的物理性能，从而导致不同材质对涂料适应性的差异。对金属板件进行喷涂时，一般应选用具有较强的防锈能力及良好的附着力的涂料；对于非金属底材（如木材、塑料、橡胶、玻璃及纸张等），应根据具体材质进行选择。

（2）所选涂料必须与被喷涂板件的使用环境相适应

被喷涂零件所处的工作环境不同，要求涂层具有不同的性能。进行汽车喷涂时，必须根据当地的气候条件合理地选用涂料。对于在南方湿热地区使用的汽车，应选用抗湿热、耐盐雾及抗霉菌性良好的涂料；对于在寒冷地区使用的汽车，则应选用具有良好的耐寒性的涂料。此外，汽车用涂料还应考虑其装饰性、耐磨性、耐候性、耐腐蚀性、耐水性、保光性、保色性，以及具有较高的强度等。

（3）所选涂料应满足涂层间的适应性要求

目前，一般采用多层喷涂的方法进行汽车部件的涂装，这就要求各涂层之间必须具有良好的适应性。

1）底层、中间层及面层涂料的类型、品种及所用稀释剂应尽量一致，各层涂料的干燥机理应相同。选用不同类型及品种的涂料时，其性能必须保证能够控制在允许的范围之内。

2）选用涂料时应遵循底强上弱的原则，即底层涂料必须能够承受上层涂料对其产生的各种物理作用和化学作用，以防止产生“咬底”现象。必要时可采用合适的中间层涂料（如原子灰或衬漆等）对底层和面层进行过渡。

3）选择涂料时，应考虑各层涂料含油度、流平性及涂膜硬度的一致性，以防止涂层产生凹凸不平、流挂、龟裂、起皱及橘皮等现象。

4）各层涂料之间应有较强的结合力。

（4）选择涂料时必须考虑施工条件

各种涂料所适用的涂装方法、涂装设备及涂装技术要求不同，选择涂料时必须考虑其操作要求。例如，没有电泳浸涂设备时不能选用水溶性电泳漆，没有烘干设备时不能选用各种烘烤漆。

二、原涂层材料的鉴别方法

在对车身进行重新喷涂或补漆前，除了要确认涂膜颜色之外，还必须测定涂膜类型，以便在喷涂修复时合理地选择涂料，确保喷涂质量。

1. 判断车身是否经过重新喷涂的方法

进行涂膜类型确认时，应首先检查车辆是否重新喷涂过，常用的方法有打磨法和测量涂膜厚度法。

用打磨法进行确认时，是在需要重新喷涂的部位进行打磨，直到露出金属为止，然后通过观察涂膜的结构进行确认，如图 2–2–3 所示。

用测量涂膜厚度法进行确认是指利用电磁测量仪或机械厚度测量仪对涂膜厚度进行测量，如果测得的涂膜厚度大于新车标准厚度，表明车身被重新喷涂过。美国、欧洲和日本新车涂膜的标准厚度参考值如下：

美国汽车：76 ~ 127 μm；

欧洲汽车：127 ~ 203 μm；

日本汽车：76 ~ 203 μm。

2. 车身原涂层材料类型的鉴别方法

没有重新喷涂过的车辆可通过车身颜色代码确定汽车的涂膜类型。如果车辆已被重新喷涂过，可以用下述方法对原车涂膜类型进行判断。

（1）打磨法

用细砂纸或粗蜡打磨漆面，根据具体情况判断原涂层材料类型，见表 2–2–3。

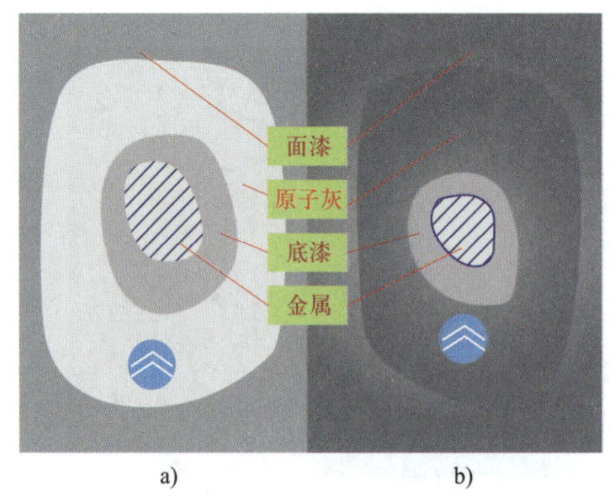

图 2–2–3 用打磨法确认车身是否重新喷涂过

a）面漆单一均衡，未曾重新喷涂过

b）面漆明显分层，或因曾喷涂过与原车不一样的涂料，呈现不同颜色的两层面涂层，由此可以判断为曾重新喷涂过

表 2-2-3　　用打磨法鉴别原涂层材料类型

序号	打磨时的现象	原涂层的类型
1	打磨后，砂纸或抛光布上粘有原涂层面漆的颜色	单工序面漆
2	打磨后，砂纸或抛光布上没有原涂层面漆的颜色	双工序面漆（色漆 + 清漆）
3	涂膜粗糙，经粗蜡摩擦后产生一种类似抛光的效果	抛光型漆
4	打磨后出现一种聚丙烯尿烷特有的光泽	聚丙烯型漆
5	用砂纸打磨漆面，漆层有弹性且砂纸黏滞	未完全固化的烘烤漆

（2）溶剂处理法

用一块在稀释剂中浸泡过的白色抹布摩擦旧涂膜，如果涂膜被溶解并在抹布上留下涂料痕迹（见图 2-2-4），则表明上次喷涂所用的是挥发干燥型涂料；如果涂膜不溶解，则为烤干型或双组分反应型涂料；丙烯酸氨基甲酸乙酯的涂膜不像挥发干燥型涂料那样容易溶解，但稀释剂会使涂层失去光泽。

（3）加热处理法

用 800# ~ 1 000# 砂纸对涂膜表面进行湿打磨，降低涂膜的光泽后用红外线烤灯加热，如果涂膜表面恢复光泽（见图 2-2-5），表明所用涂料为树脂磁漆；反之，光线暗淡者为清漆。

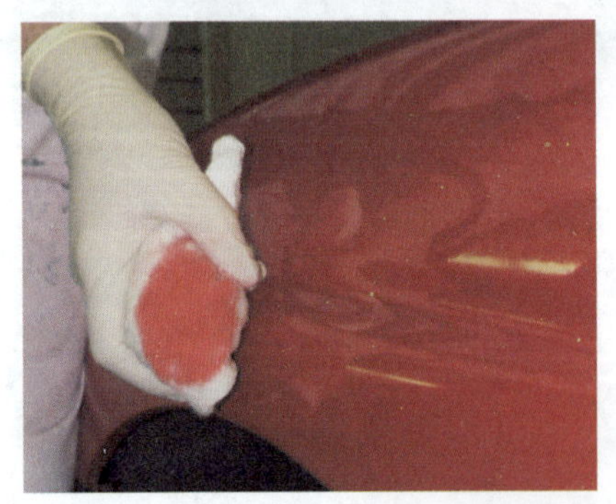
图 2-2-4　抹布上有涂料的颜色

图 2-2-5　加热后涂膜表面恢复光泽

（4）测量硬度法

不同涂料形成的涂膜具有不同的硬度，双组分反应型和烘干型涂料干燥后形成的涂膜硬度高，挥发干燥型涂料干燥后形成的涂膜硬度低。

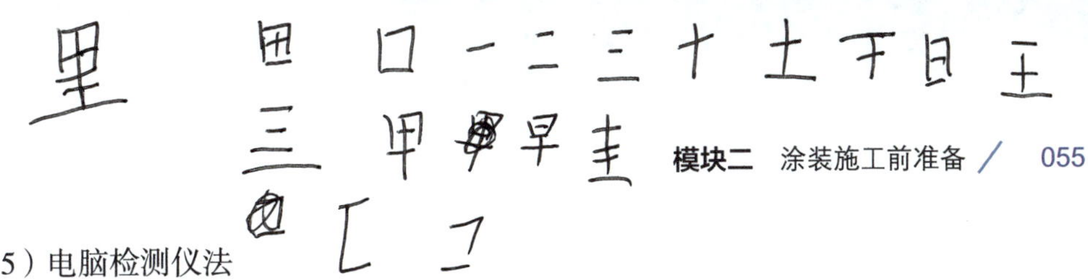

（5）电脑检测仪法

利用电脑调色系统可直接获得原车面漆的有关资料，这是目前修补涂装行业中最为便捷的鉴别方法。操作时只需要将原车车身加油口盖板取下，利用仪器就能准确无误地判断面漆的类型。

任务实施

结合相关知识，鉴别本田汽车车身表面涂层材料的类型。

一、车身表面原涂层结构类型的鉴别

1. 在涂膜破损的部位用单作用打磨机配合 60# ~ 80# 砂纸进行干打磨，直到露出金属底材为止，如图 2-2-6 所示。

2. 观察打磨后的涂层断面（见图 2-2-7），发现原涂层有三个红色面涂层（色漆层）、一个中涂底漆层和一个电泳底漆层，说明该车曾经重新喷涂过。

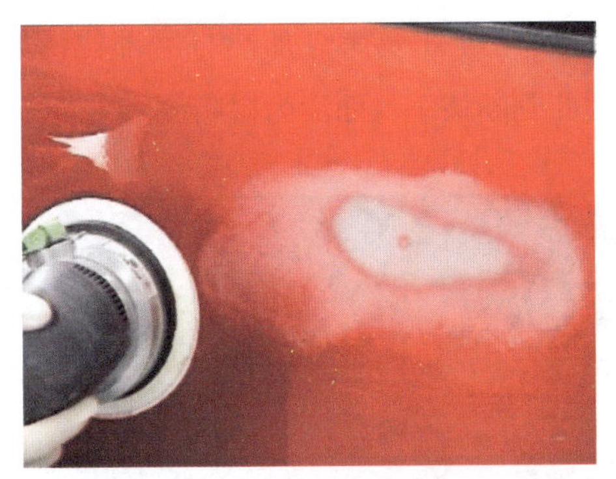

图 2-2-6 用打磨机打磨受损涂层

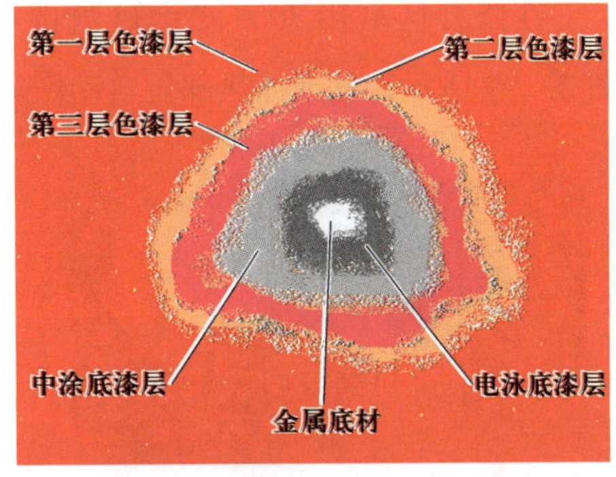

图 2-2-7 打磨后的涂层断面

二、原涂层材料的鉴别

一辆汽车如果从未经过重新喷涂，则很容易根据出厂资料或手册确定涂层材料的类型。任务引入中的本田汽车经过重新喷涂，所以必须利用相关知识中的鉴别方法对原涂层材料进行鉴别。

1. 原涂层修理工艺分析

由于车身原涂层已经重新喷涂过，修理厂低温烤漆房的温度一般不超过 70 ℃，

而烘烤型漆的固化温度在 100 ℃以上，因此可以推断车身原涂层面漆不是烘烤型漆。

2. 观察打磨断面

观察打磨断面，最外层面漆为红色，没有透明层，说明车身最外层面漆不是清漆。

3. 用溶剂处理法鉴别

将稀释剂倒在一块白色抹布上，在旧涂膜破损区域反复擦拭，发现白色抹布上没有该车身面漆的颜色（见图 2–2–8），说明原涂层材料不是溶剂挥发干燥型涂料。

4. 用铅笔硬度法判别

选取硬度为 H 的中华牌绘图铅笔，将铅笔笔芯削成长约 3 mm 的扁平状，先将扁平面置于修补区的涂层表面，然后倾斜约 45°，用大约 1 kg 的力匀速向前推动铅笔，涂膜未被划穿，则判定原涂层材料为烘烤型或双组分反应型涂料。

5. 用加热处理法判别

在修补区域用 800# 水磨砂纸进行打磨，然后用红外线烤灯加热打磨部位，如图 2–2–9 所示，发现加热部位自动恢复光泽，因此判断该车身面漆为树脂漆。

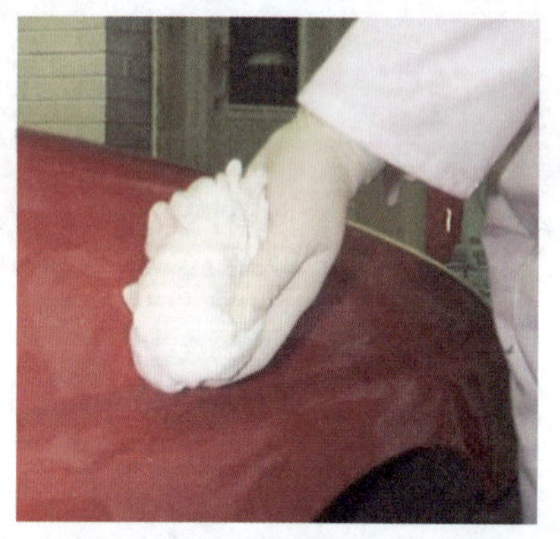

图 2–2–8　抹布上没有该车身面漆的颜色

图 2–2–9　用红外线烤灯加热打磨部位

综合上述各种鉴别操作的结果，可以确定该本田汽车原涂层面漆为双组分固化型树脂漆。

思考题

一、选择题

1. 在涂料的组成中，________决定着涂膜的性质。

A. 树脂　　B. 颜料　　C. 溶剂　　D. 添加剂

2. 车身表面涂覆涂料的主要目的是为了________。

A. 装饰　　B. 显示特殊用途

C. 保护　　D. 防水

3. 涂料的稳定性、施工性、挥发性和流平性等性能是由具有各种作用的________所提供的。

A. 树脂　　B. 颜料　　C. 溶剂　　D. 添加剂

4. ________和烘干型涂料干燥后形成的涂膜硬度高。

A. 双组分反应型　　B. 挥发干燥型　　C. 自然干燥型　　D. 氧化聚合型

5. 涂料的命名可用“颜色或颜料名称＋________的名称＋基本名称”表示。

A. 涂层要求　　B. 固化方式　　C. 溶剂　　D. 成膜物质

二、判断题

1. 根据来源不同，树脂可分为天然树脂和合成树脂。（　　）

2. 溶剂按照其作用不同可分为真溶剂、助溶剂和稀释剂三类。（　　）

3. 体质颜料的作用是改进涂料的化学性能。（　　）

4. 在测定涂层硬度时，可以用任何一种硬度为 HB 的铅笔。（　　）

三、实践与练习

已知如图 2-2-10 所示的 A、B、C 三块样板上分别涂有同一颜色的挥发干燥型涂料、烘烤型涂料和双组分聚丙酯－丙烯酸涂料，试鉴别出这三块样板上涂料的类型。

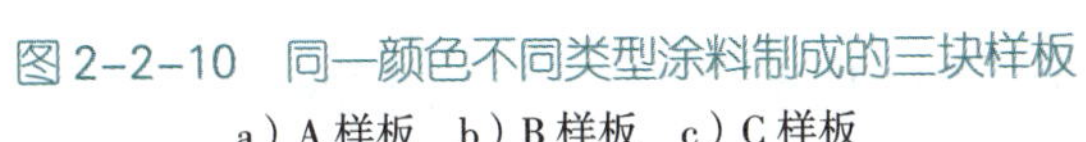

a)　　b)　　c)

图 2-2-10　同一颜色不同类型涂料制成的三块样板

a) A 样板　b) B 样板　c) C 样板

任务 3　表面预处理

任务目标

- 熟悉表面预处理工具和材料的使用方法。
- 掌握不同车身表面的预处理方法。
- 能进行实际生产中车身表面的预处理。

任务引入

针对图 2-3-1 所示的表面涂膜受损的车门，涂装人员准备进行表面的预处理操作。目前，车身所使用的底材有钢材、铝材、塑料等，对于这些不同的底材，应该怎样进行预处理呢?

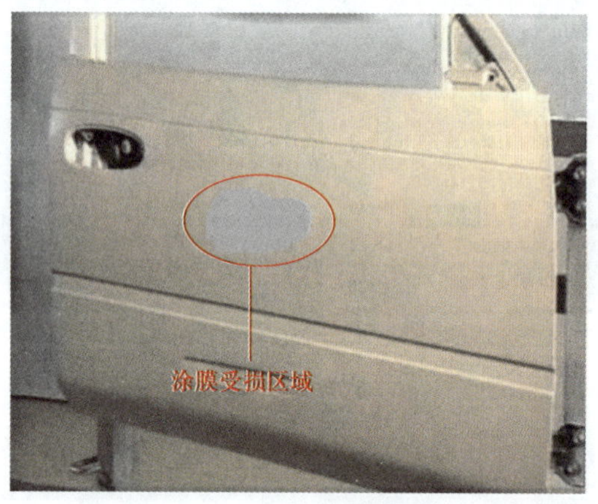

图 2-3-1　表面涂膜受损的车门

任务分析

对车身底材表面的预处理是汽车修补涂装工作的基础，其目的是提高涂层的附着力并防止金属锈蚀，它是决定涂层使用寿命的重要因素。因此，对车身底材表面的预处理操作也是一项重要技能。要掌握这一技能，必须熟悉车身底材表面预处理的工具和材料，掌握车身不同底材表面预处理的方法。

相关知识

一、车身表面预处理工具和材料

1. 车身表面预处理常用的工具和设备

（1）手工清除工具

常用手工清除工具主要有铲刀、毛刺刮刀、尖尾锤、粗锉刀、钢丝刷和刮铲等，如图 2–3–2 所示。铲刀用于剥落和铲除车身表面的涂层，粗锉刀和钢丝刷等手工工具用于清除板件表面黏结较结实的旧涂膜。手工清除的效率低，劳动强度大，但设备简单，不受施工条件和工件形状的限制，一般用于批量小、形状不规则的金属件表面铁锈或旧涂层的清除。

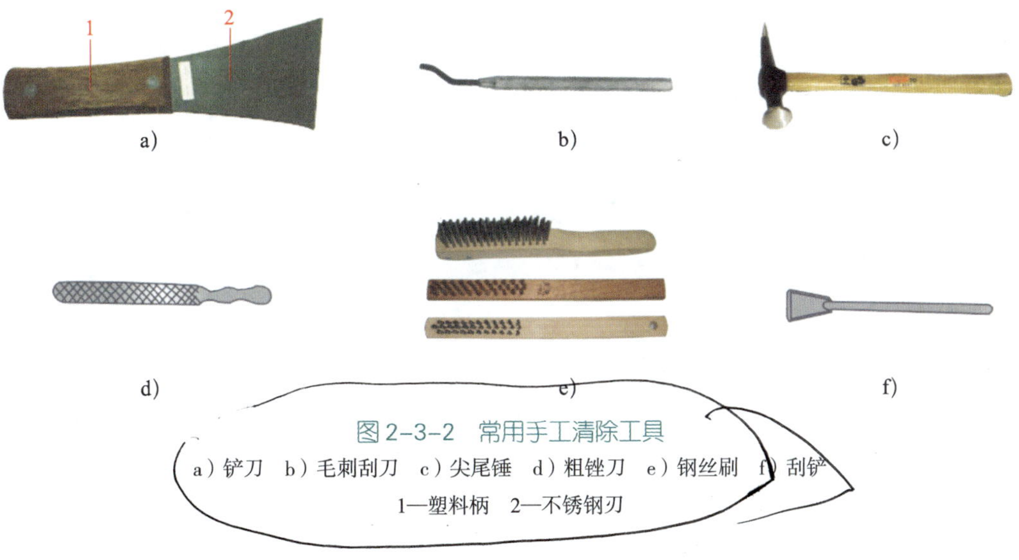

图 2–3–2 常用手工清除工具

a）铲刀 b）毛刺刮刀 c）尖尾锤 d）粗锉刀 e）钢丝刷 f）刮铲

1—塑料柄 2—不锈钢刃

（2）机械清除工具

机械清除工具以压缩空气或电力作为动力源，驱动打磨头旋转或移动，与砂轮、圆形钢丝刷、砂纸等磨具配合使用，实现对表面旧涂层或铁锈的清除。机械清除工具包括气动打磨机、喷丸机和电动打磨机等。

1）气动打磨机。气动打磨机主要用于在手工难以打磨的部位打磨毛刺、清除旧涂层和修整焊缝等，其磨头是不同形状的砂轮。汽车涂装中常用的气动打磨机有单作用打磨机、双作用打磨机和轨道式打磨机三种。单作用打磨机的运动轨迹是简单的圆周运动（见图 2–3–3），因其打磨时不易掌握，容易产生较明显的打磨痕迹。双作用（复合式）打磨机及其运动轨迹如图 2–3–4 所示，其打磨时的运动是两个方向，可打磨出非常光滑的表面，在车身修理中应用最广泛。轨道式打磨机及其运动轨迹如图 2–3–5 所示，它主要用于粗打磨面积较大的区域。各种气动打磨机的用途见表 2–3–1。

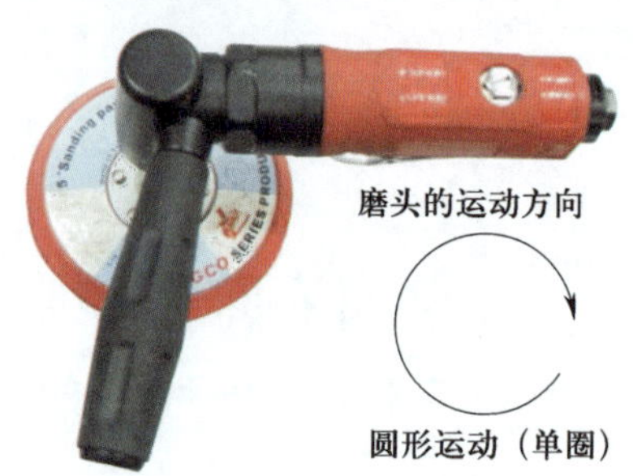

图 2–3–3　单作用打磨机及其运动轨迹

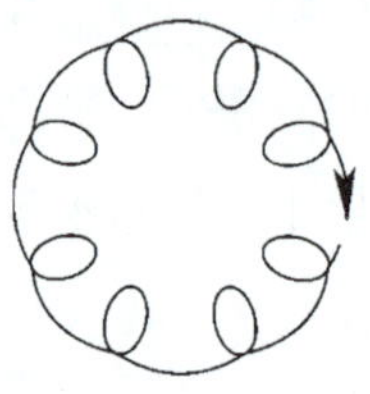

图 2–3–4　双作用打磨机及其运动轨迹

图 2–3–5　轨道式打磨机及其运动轨迹

表 2–3–1　各种气动打磨机的用途

打磨机类型	适用范围	一般用途				
		清除旧漆	打磨薄边	粗磨钎焊表面	粗磨聚乙烯油灰层	打磨金属油灰层
单作用打磨机	适用于狭窄部位	A	C	B	C	C
双作用打磨机		B	A	C	A	A
轨道式打磨机		B	B	C	A	A

注：A——优先选用；B——可以选用；C——尽量不用。

使用气动打磨机打磨时，首先应戴好手套，握紧打磨机，以 5° ~ 10° 角置于待加工表面，然后打开开关。打磨机向右移动时，以打磨机砂轮左上方的 1/4 处对准加工表面，其操作方法如图 2–3–6 所示；打磨机向左移动时，以打磨机砂轮右上方的 1/4 处对准加工表面，其操作方法如图 2–3–7 所示；打磨较为平整的表面时，其移动方式如图 2–3–8 所示；打磨较小的凹穴处时，应按照图 2–3–9 所示的方法进行。打磨过程中应经常检查磨料是否清洁，这是保证打磨效果的最简单、最有效的方法。如果磨料上有打磨粉尘黏结，则应及时用毛刷、钢丝刷或除尘枪进行清理。

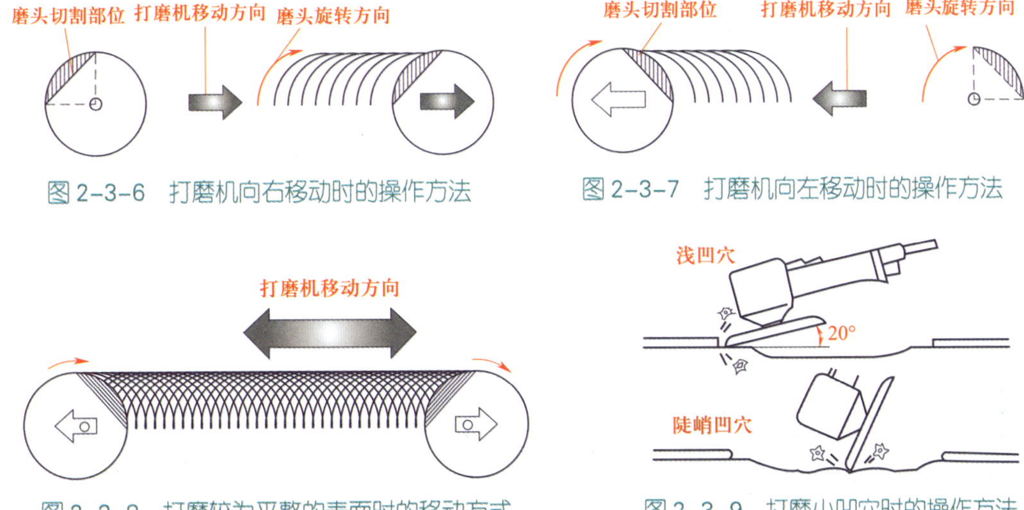

图 2-3-6 打磨机向右移动时的操作方法

图 2-3-7 打磨机向左移动时的操作方法

图 2-3-8 打磨较为平整的表面时的移动方式

图 2-3-9 打磨小凹穴时的操作方法

2）喷丸机。喷丸机是利用压缩空气将一定粒度的砂或钢丸喷向带铁锈或旧涂层的表面，使铁锈或旧涂层在冲击力的作用下脱落。此法仅适用于清除较厚的铁锈或面积较大的旧涂层，且必须在专用的喷丸（砂）室内进行，该项操作噪声较大。喷丸机示意图如图 2-3-10 所示。

喷丸机有标准喷丸机和可回收型喷丸机两种基本类型。标准喷丸机一般用于室外作业，可回收型喷丸机用于室内作业。喷丸机使用的砂子粒度为 30#，在清除旧涂层或铁锈困难时可使用粒度为 50# 甚至 90# 的砂子。

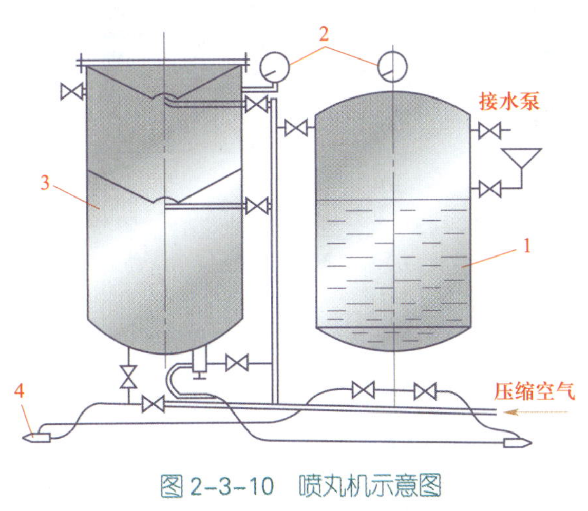

图 2-3-10 喷丸机示意图

1—水罐 2—气压表 3—砂罐 4—喷头

3）电动打磨机。电动打磨机在汽车涂装作业中应用很少，这里不做详细介绍。

2. 车身表面预处理常用的材料

车身表面预处理常用的材料有砂轮、砂纸、去除剂和清洁剂。

砂轮主要用于除去坚硬的旧涂膜和铁锈，汽车涂装中常用的砂轮如图 2-3-11 所示。砂纸（布）是采用黏结剂把磨料颗粒粘在纸、布或纤维表面而制成的，汽车涂装中常用的砂纸如图 2-3-12 所示。砂纸的粗细是由磨料颗粒的大小决定的，用粒度编号表示，编号越大，表示粒度越小，砂纸越细。车身表面预处理常用砂纸的型号有 60#、80# 和 120# 三种。

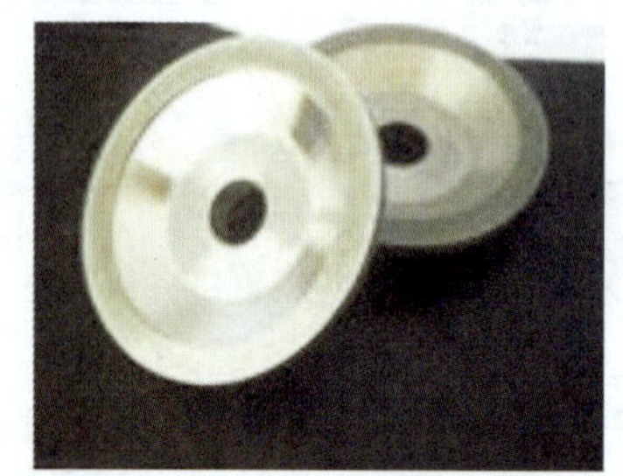

图 2-3-11　汽车涂装中常用的砂轮

图 2-3-12　汽车涂装中常用的砂纸

去除剂和清洁剂包括除锈水、脱漆剂、除油剂和防腐材料等，用于处理车身底材的常用材料如图 2-3-13 所示。

a）

b）

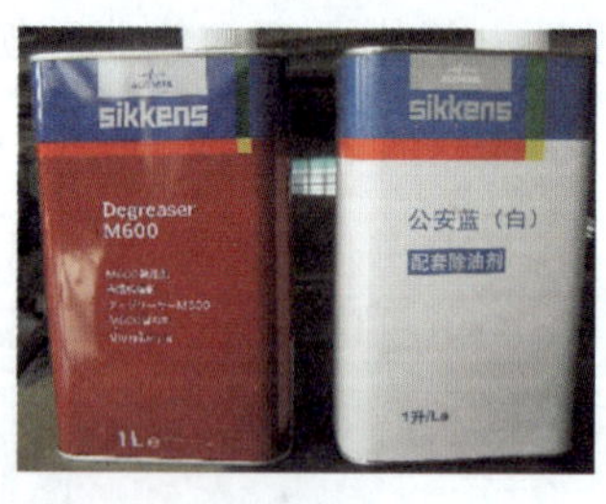

c）

d）

图 2-3-13　用于处理车身底材的常用材料

a）除锈水　b）脱漆剂　c）除油剂　d）防腐膏

除锈水的作用是清除底材表面的锈渍，提高黏附性。除锈水只能用于裸铁板上，不能用于镀锌铁板上。脱漆剂包括有机溶剂脱漆剂和碱液脱漆剂。有机溶剂脱漆剂毒性大、易挥发、成本高、易燃，已逐渐被汽车修补涂装行业淘汰；碱液脱漆剂对皮肤有强烈的腐蚀作用，要注意劳动保护。除油剂包括有机溶剂除油剂、化学除油剂和表面活性剂。防腐材料的范围相当广泛，车身修补涂装常用的防腐剂有防腐膏、车身表面密封剂和防锈剂等。

二、车身表面的预处理方法

进行车身表面预处理时，应根据被涂物的用途、材质、要求和表面状况采取与之相适应的处理方法。根据被处理表面材质的不同分为裸露金属表面的预处理、塑料表面的预处理和旧涂层表面的预处理三种。

1. 裸露金属表面的预处理方法

（1）对钢铁底材的预处理

钢铁产生锈蚀的主要原因是钢铁本身发生氧化。为了增强金属的耐腐蚀能力，底材应用酸性金属处理液进行处理，形成化学处理涂层（如经过磷化或钝化处理后的涂层），以提高其耐腐蚀能力。钢铁底材的预处理方法如下：

1）除锈。对质量较好或经过钣金修复后的裸露金属表面进行打磨，除去表面的锈蚀。打磨以机械干磨为宜，以防止金属的二次锈蚀。打磨时多采用轨道式打磨机配合 80# ~ 120# 干磨砂纸，将金属表面打磨到完全裸露出白亮的金属层，然后用压缩空气或吸尘器将打磨下来的锈渣和金属屑清理干净。

2）脱脂。用一块干净抹布蘸取脱脂除蜡剂在底材上擦洗，每次擦洗面积为 0.2 ~ 0.3 m^2，一小块一小块地进行；当底材还湿润时，用另一块干净抹布擦干，以便有效清除油污和蜡质。

3）使用金属磷化底漆（金属调节剂）进行清洗。按使用说明将磷化底漆和磷化液混合好，然后用抹布涂抹或用喷雾器进行喷涂。在磷化底漆未干时用抹布把金属表面擦干净。磷化的目的是为了增强底材的附着能力。

4）涂抹金属转换剂。将适量的金属转换剂倒入容器中，用刮板、刷子或喷雾器涂抹在金属表面。让金属转换剂干燥 2 ~ 5 min，然后再用清水冲洗，用干净抹布擦干，保持表面干燥。金属转换剂的作用是增强防腐蚀能力。

（2）对镀锌金属底材的预处理

锌是一种活泼金属，它与涂料的基料发生反应会生成破坏镀锌板表面与涂层附着力的锌皂。为使涂层与镀锌板表面结合牢固，使镀锌板的表面粗糙并形成一层防止锌与基料发生反应的保护膜，必须对镀锌金属表面进行预处理。镀锌金属表面的预处理方法如下：

1）脱脂处理。

2）用铬酸盐处理。将含铬的酸性溶液涂在镀锌金属表面，处理 1 min 左右，生成一层无色、黄色或橄榄色的无机铬酸盐膜。

3）锌材表面的磷化处理。磷化前的锌材由于不像钢材那样耐腐蚀，因此，磷化清洗液的成分多含硅酸盐和磷酸盐。处理方法与钢材的磷化处理一样。

（3）对铝及铝合金底材的预处理

铝及铝合金底材比钢铁表面光滑，涂膜附着不牢，必须进行化学处理，以提高铝材表面的附着力。铝材的预处理方法如下：

1）表面清洗。铝制品不能使用强碱清洗液清洗，一般采用有机溶剂脱脂法，或采用由磷酸钠、硅酸钠等配制的碱性液清洗。

2）化学处理。将铝或铝合金置于含碳酸钠、铬酸盐等的碱性溶液内，在高温下处理 5 ~ 20 min，使其表面生成一层氧化膜，氧化处理后要进行钝化处理，使氧化膜稳定，并中和残留在零件表面的碱性溶液，以进一步提高防腐蚀能力。

多数汽车制造企业所提供的零部件的金属板面上已经涂上了底漆，若更换此类零部件则不必再进行特殊处理，即可施涂中间涂层。

2. 塑料表面的预处理方法

尽管塑料制品不会生锈，易着色，本身就有防腐蚀能力和装饰性能，但在塑料制品上加涂一层合适的涂层，可以延长外涂层的使用寿命，提高涂层的各项性能。对裸露塑料板件表面进行预处理的步骤包括脱脂处理、化学处理、退火处理和静电除尘。

（1）脱脂处理

脱脂处理是指用溶剂或碱液进行清洗，以除去塑料表面的油污和脱模剂。

（2）化学处理

化学处理是指用酸、氧化剂、聚合物单体等涂抹在塑料件的表面，通过化学变化使塑料表面呈多孔状态，以提高涂料在塑料表面的附着力。

（3）退火处理

退火处理是指在脱脂处理以后，将塑料件加热到低于热变形的温度下并维持一定时间，以消除内应力。

（4）静电除尘

静电除尘是指利用电晕放电使空气电离，将离子化的压缩空气喷到塑料表面，使塑料表面灰尘的电性被中和，以达到静电除尘的目的。

注意：进行脱脂和化学处理时，一定要控制好处理时间，时间过长易使塑料损伤。退火处理时要严格控制加热温度，以免烧伤塑料。

3. 旧涂层表面的预处理方法

旧涂层表面可能基本完好，只需稍加整理就可重新喷涂；也可能存在裂纹、锈蚀等缺陷，处理起来比较复杂。

（1）对良好旧涂层的表面预处理

若旧涂层表面状况良好，涂层稳定，而且新喷涂层与旧涂层无化学反应，可以按照清洁车辆后→用去蜡、除油脂清洗剂进一步清洗→修理原有涂层上缺陷的步骤进行处理。

（2）对不良旧涂层的表面预处理

如果旧涂层已经严重褪色或存在明显伤痕，就不应在旧涂层上再喷涂新涂层，而应将旧涂层全部或部分清除掉，然后再按规范重新喷涂。常用的除漆方法有打磨、喷砂和化学除漆三种。

1）打磨。对于较小的平坦部位可用打磨机清除原有旧涂层。先用 60# 砂纸进行打磨，磨去旧涂层，露出金属，然后用 80# 砂纸进行打磨，消除粗砂纸打磨造成的划痕，随后用轨道式打磨机或双作用打磨机配合 120# 砂纸进行打磨，清除金属表面的划痕，最后用 180# 砂纸精磨。

损伤区域
旧涂膜的清除

2）喷砂。采用喷砂法清除旧涂层对于所有类型的车身结构都是适用的。经过喷砂处理、清洁和干燥后的表面，适宜重新喷涂。

3）化学除漆。化学除漆适用于清除大面积旧涂层。在涂抹脱漆剂之前，要将不需要脱漆的部位遮盖起来，以确保脱漆剂不进入这些部位。

（3）对边缘接口的预处理

对边缘接口的预处理可采用手工打磨或用打磨机进行打磨。打磨机多采用双作用打磨机，使用的磨头是硬磨头，使用的砂纸粒度一般为 80# ~ 120#，所用气压一般为 600 ~ 700 kPa。打磨时将打磨机置于需要打磨的部位，略微提起打磨机的一端，用手掌轻轻压下启动开关，让打磨机沿着需打磨区域的边缘做圆弧移动。边缘接口的打磨如图 2-3-14 所示。

图 2-3-14　边缘接口的打磨

边缘接口部位处理后的最终形状如图 2-3-15 所示。被打磨表面应没有粗糙的划痕和不整齐的形状，新、旧涂层的交接处过渡平滑。

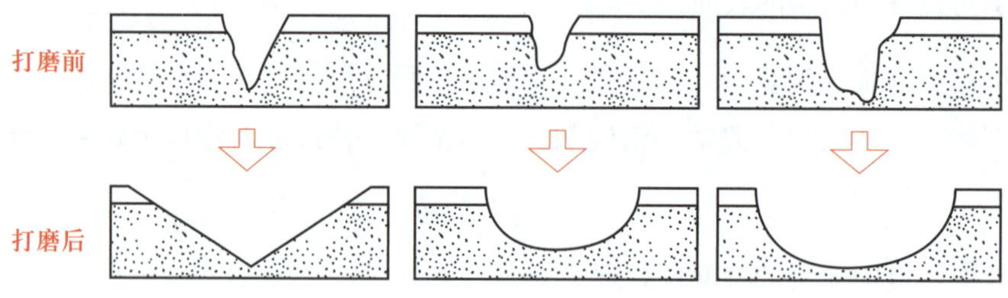

图 2-3-15　边缘接口部位处理后的最终形状

任务实施

针对任务引入中表面涂膜受损的车门，进行旧涂层表面的预处理操作。

一、清除车门损伤区域的旧涂膜

1. 准备打磨工具

如图 2-3-16 所示，在单作用打磨机上安装 60# 砂纸，根据作业面的尺寸和形状调节转速范围，以使工作顺畅。

注意：如果工作面形状复杂或面积过小，应降低转速。

2. 清除旧涂膜

将打磨机轻轻压在打磨表面上，然后打开开关，在受损区域（受损区域通常为圆形）内打磨，以除去旧涂膜，如图 2–3–17 所示。打磨后，除去打磨机上的砂纸，用压缩空气吹掉打磨机上的灰尘并给打磨机上油。

注意：如果将受损区域打磨成方形（见图 2–3–18），将会给原子灰的刮涂带来困难。

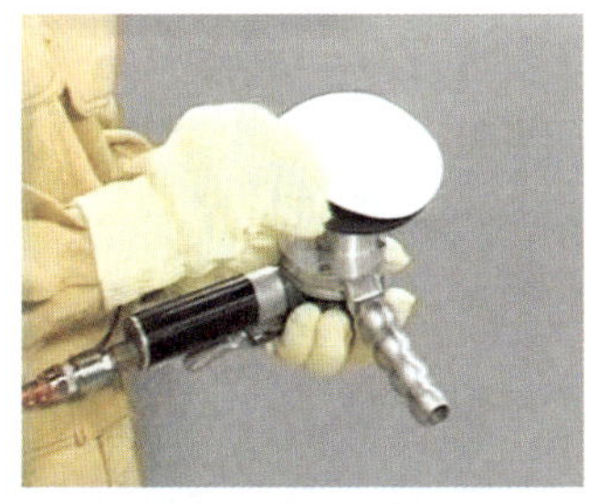

图 2–3–16 将 60# 砂纸安装在单作用打磨机上

图 2–3–17 在受损区域内除去旧涂膜

图 2–3–18 将受损区域打磨成方形

二、打磨羽状边

1. 用手触摸打磨边缘，以感受平滑度，如图 2–3–19 所示。打磨涂膜边缘，使边缘形成平缓过渡的斜坡，如图 2–3–20 所示。

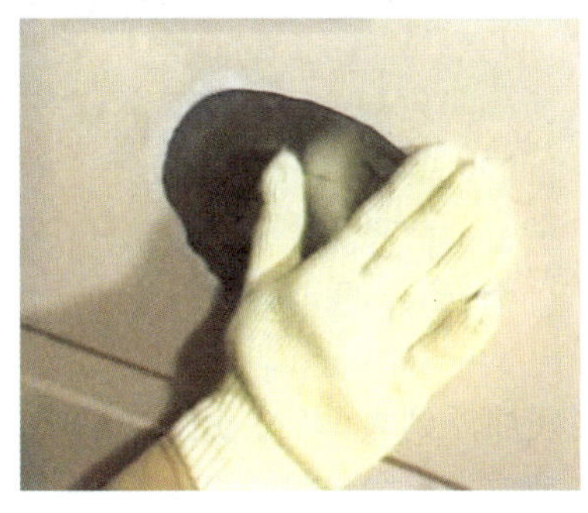

图 2–3–19 用手触摸打磨边缘

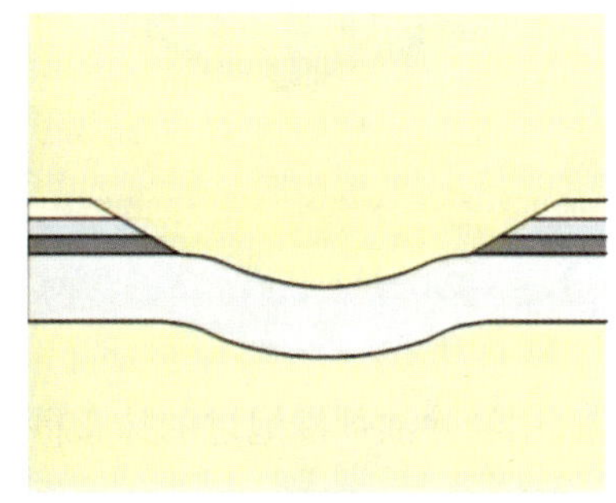

图 2–3–20 打磨边缘的过渡斜坡

2. 将 120# 砂纸装到双作用打磨机的托盘上，如图 2–3–21 所示，对齐托盘上的集尘孔，然后连接空气软管和灰尘收集管，调节打磨机的转速。注意：如果转速调得太慢，将耗费很长的打磨时间；如果转速调得太快，将导致板件振动而无法形成光滑的表面。

3. 将打磨机轻轻压在板件上，沿涂膜边缘移动进行打磨，如图 2–3–22 所示。如果直线移动打磨机，将使涂膜边缘无法形成羽状边。为了形成一个精心打磨的原子灰过渡区域，羽状边宽度应为 20 ~ 50 mm。涂膜边缘形成的羽状边如图 2–3–23 所示。

三、清洁和除油

1. 用除尘枪吹掉打磨表面的灰尘，如图 2–3–24 所示。

图 2–3–21　将 120# 砂纸装到双作用打磨机上

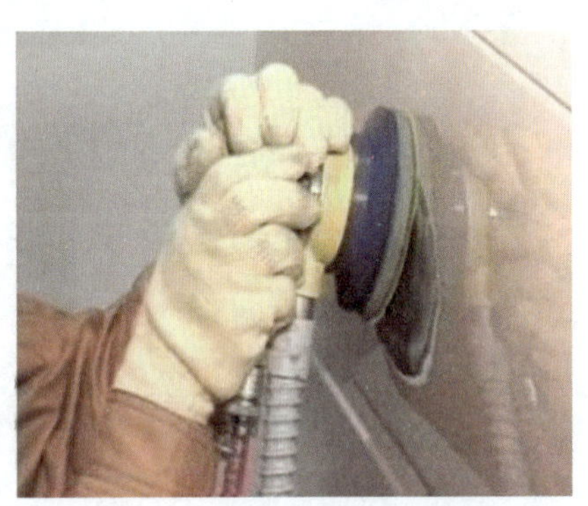

图 2–3–22　打磨涂膜边缘

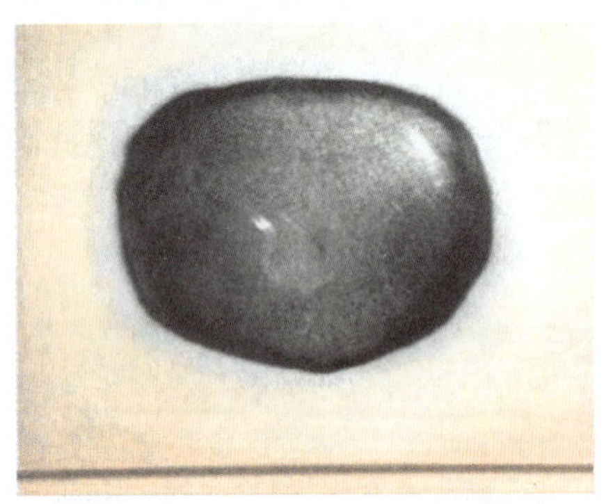

图 2–3–23　涂膜边缘形成的羽状边

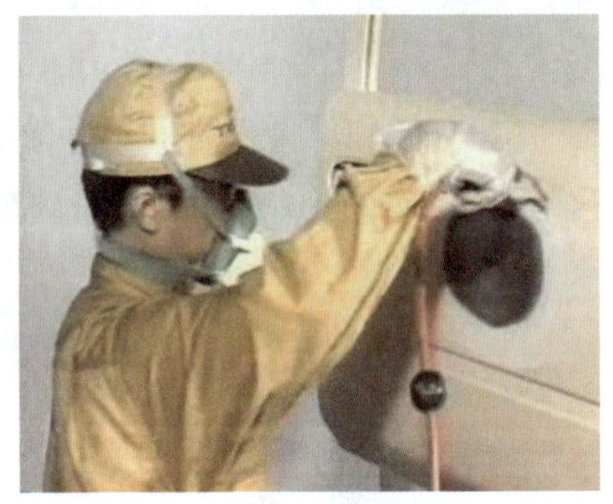

图 2–3–24　用除尘枪吹掉打磨表面的灰尘

2. 用经除油剂浸泡过的抹布擦拭打磨表面，当残油浮到表面后，用洁净的抹布擦干，如图 2–3–25 所示。

四、喷涂磷化底漆

1. 将磷化底漆按照 4 : 1 的比例进行调配，静置一段时间后，用空气喷枪将其喷涂在经打磨后的裸露金属区域，如图 2–3–26 所示。

2. 趁磷化底漆未干时，用干净的抹布擦除磷化底漆。至此，车门表面的预处理完成。

图 2-3-25 除去打磨表面的残油

图 2-3-26 在打磨表面喷涂磷化底漆

思考题

一、选择题

1. 在打磨羽状边时，一般采用________干磨砂纸。

A. 80# B. 120#

C. 180# D. 240#

2. 在底材上进行脱脂时，每次擦洗面积为________m^2。

A. 0.1 ～ 0.2 B. 0.2 ～ 0.3

C. 0.3 ～ 0.4 D. 0.4 ～ 0.5

3. 车身表面预处理常用砂纸的型号有 60#、80# 和________三种。

A. 30# B. 100#

C. 120# D. 240#

二、判断题

1. 打磨羽状边时，压缩空气压力应在 0.8 MPa 以上。 ( )

2. 喷丸机使用的砂子粒度为 100#。 ( )

3. 塑料件本身就具有防腐蚀能力和装饰性能，因此无须进行表面预处理。( )

4. 在打磨羽状边时，打磨机应平放于打磨面上。 ( )

5. 为了确保新、旧涂层的结合力，进行表面预处理时必须将旧涂层完全打掉。 ( )

三、实践与练习

某汽车在行驶过程中，路边飞石将左前翼子板上的涂膜击伤，可见金属底材，如图 2-3-27 所示。试对该部位进行车身表面的预处理。

图 2-3-27　涂膜受损的左前翼子板

模块三

底涂层涂装

任务1　底漆的选用与调制

任务目标

- 熟悉车用底漆的特性及选用原则。
- 掌握车用底漆的调制方法。
- 能进行车用底漆的选用与调制。

任务引入

一块多处锈蚀的发动机舱盖经过脱漆及去锈处理后，需要进行底漆的喷涂。在喷涂底漆之前，首先必须进行底漆的选用和调制。常用的底漆如图3-1-1所示。用于车身涂装的底漆种类很多，选用哪种底漆最为妥当，底漆选定后怎样进行调制等问题是本任务需要解决的关键。

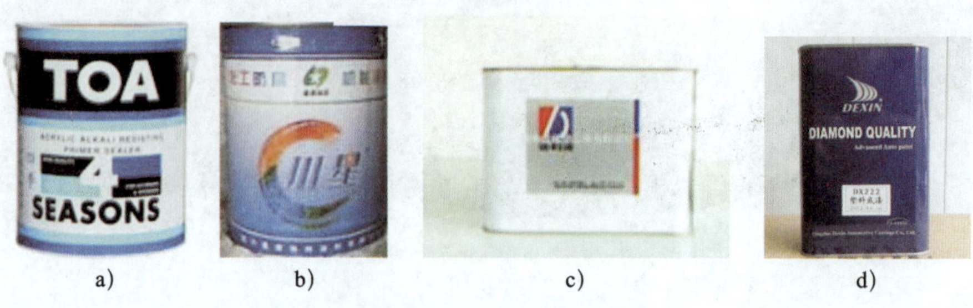

a) b) c) d)

图 3-1-1 常用的底漆

a）丙烯酸底漆 b）磷化底漆 c）环氧底漆 d）塑料底漆

任务分析

底漆的选用和调制是喷涂底漆的前提和基础，底漆选用是否恰当，底漆的调制是否符合要求，将直接影响涂装质量。要选用合适的底漆，必须了解底漆的类型、性质、使用范围及其与面涂层的配套性，然后结合被涂物的材料、使用环境和施工条件等因素进行综合选择。

相关知识

一、底漆的基本知识

底漆是指直接涂布在已经过底材处理的物体表面上的第一道漆，它具有增强金属表面与原子灰、原子灰与面漆之间的附着力，防止金属表面氧化腐蚀，提高金属防腐蚀能力的作用。

1. 底漆的分类

车身常用底漆根据其用途不同可分为普通底漆和特殊用途底漆。普通底漆根据其使用目的不同又分为头道底漆、二道底漆、表面封闭底漆等。头道底漆颜料含量最低，填充性能较弱，具有较强的附着力，较难被砂纸打磨。由于头道底漆含胶黏剂较多，上层涂料容易与之牢固地结合，一般情况下直接涂在裸露底材上。二道底漆具有最高的颜料含量，它的功能是填塞针孔、砂眼等，具有良好的打磨性。二道底漆的附着力较差，在涂二道底漆后，必须把表面的二道底漆大部分磨去，否则会影响面层涂料的附着力，使面层涂料产生浮脆、气泡等现象。表面封闭底漆含颜料成分较低，主要用于填平打磨的痕迹，给面层涂料提供最大的光滑度，使面层涂料丰满，并可防止产生失光、斑点等现象。特殊用途底漆常见的有磷化底漆、带锈底漆和塑料底漆等。

2. 车身常用底漆

（1）普通底漆

车身普通底漆有醇酸底漆、硝基底漆、环氧树脂底漆、聚氨酯底漆和丙烯酸树脂底漆等，其中环氧树脂底漆在现代汽车涂装中最为常见。

环氧树脂底漆简称环氧底漆，是物理隔绝防腐底漆的代表。环氧树脂是线型高聚物，以环氧丙烷和二酚基丙烷缩聚而成。它具有极强的黏结力和附着力、良好的韧性和优良的耐化学品腐蚀性，因此环氧底漆具有以下优点：

1）附着力极强，对金属、木材、玻璃、塑料、陶瓷和纺织物等都有很好的附着力和黏结力。

2）涂膜韧性好，耐挠曲，硬度比较高。

3）耐化学品腐蚀性优良，尤其是耐碱性更为突出。因为环氧树脂的分子结构内含有醚键，而醚键在化学上是最稳定的，所以对水、溶剂、酸、碱和其他化学品都有良好的抵抗力。

4）良好的电绝缘性、耐久性和耐热性。

环氧树脂类涂料也存在一定的缺点，如表面粉化较快，这也是它主要用于底层涂料的原因之一。环氧底漆使用胺类作为固化剂，胺类对人体和皮肤有一定的刺激性，因此在使用时要加以注意。

国产常用汽车底漆的性能及用途见表 3-1-1。

表 3-1-1 国产常用汽车底漆的性能及用途

涂料名称	用途	配套的面漆和稀释剂	特性
C06-1 铁红醇酸底漆	在汽车修补涂装中多用作底漆	多用于涂装要求高的汽车。能与硝基、过氯乙烯、醇酸等面漆及氨基烘烤漆配套使用。使用的稀释剂为 200 号溶剂汽油、二甲苯或松节油	附着力强，除锈性能及力学性能好，能自干也能烘干。耐硝基、过氯乙烯漆。缺点是耐潮湿性差
C06-12 锌黄醇酸烘干底漆	多用于铝、镁合金等有色金属物的表面打底		
C06-17 铁红醇酸底漆	在汽车修补涂装中多用作底漆		

续表

涂料名称	用途	配套的面漆和稀释剂	特性
Q06-4 各色硝基底漆	用作硝基面漆打底，适用于汽车上耐油部件表面，也是汽车修补涂装中常用的底漆	与硝基磁漆配套使用。使用 X-1 或 X-2 硝基漆稀释剂	涂层干燥快，容易打磨
B06-1 锶黄、锌黄丙烯酸树脂底漆	对高温情况下使用的金属设备及轻金属，如铝、镁合金等有良好的附着力和高温防腐蚀性能	与硝基、过氯乙烯、热塑性丙烯酸树脂等磁漆配套使用。稀释剂为 X-5 丙烯酸漆稀释剂	附着力强，耐候、耐热、防潮、防锈、防腐蚀和防霉变性好
B06-2 锶黄丙烯酸树脂底漆			
H06-2 铁红、铁黑、锌黄环氧底漆	适用于沿海或潮湿地区的金属件表面打底，其中，铁红、铁黑环氧底漆适用于钢铁件表面打底	与面漆结合力差，常在两者之间加喷一层硝基或氨基底漆作为结合层；常与 X06-1 磷化底漆配套使用。稀释剂是二甲苯、丁醇混合液	涂层坚硬、耐磨、强度高，若烘烤干燥，可以提高涂层的三防性①、耐化学品性及防锈性能
H06-4 环氧高锌底漆	具有阴极保护作用，能渗入焊缝处，常用于防腐蚀构件电弧焊后焊缝处的涂装		
H06-10 环氧高锌底漆	具有阳极保护作用，常用于汽车底盘部分金属表面		
7609 铁红聚氨酯底漆 7609 锌绿聚氨酯底漆（双组分）	—	与 7182、7583 聚氨酯清漆和 N-12 丙烯酸聚氨酯清漆配套使用。稀释剂为 7002 聚氨酯专用稀释剂	具有良好的附着力、耐水性、耐热性、耐化学品性及三防性

①三防性是指防潮性、防腐蚀性和防霉变性。

（2）特殊用途底漆

1）磷化底漆。磷化底漆是以聚乙烯醇缩丁醛树脂为主要成膜物质，并加入防锈颜料四盐基锌铬黄而制成的底漆，常与分开包装的磷化液调配使用。

磷化底漆的防锈原理：将调配好的磷化底漆涂于金属表面后，磷化液中的磷酸与四盐基锌铬黄发生反应，生成不溶性的磷酸盐覆盖膜，同时生成铬酸使金属表面钝化。另外，由于聚乙烯醇缩丁醛树脂具有很多极性基团，也参与了锌铬颜料与磷酸的反应，转变为不溶性的铬合物膜层，与磷酸盐覆盖膜共同起到防腐蚀和增强附着力的作用。

涂布磷化底漆可代替对金属表面的磷化处理工序，使用方便。涂层的防腐蚀性、附着力和绝缘性高，使用寿命长。但因磷化底漆涂膜很薄（10 ~ 15 μm），故不能代替底涂层，因此，在涂布磷化底漆后还应使用普通底漆打底，以增强防腐蚀性和涂装效果。

2）带锈底漆。带锈底漆是一种新型的防锈涂料。将其直接刷涂在带锈的钢铁表面，既可抑制锈蚀，又可逐步使厚度在 80 μm 以下的铁锈转变为具有保护功能的薄膜，干燥后呈蓝黑色。带锈底漆有转化型、稳定型和渗透型三种形式。

①转化型（双组分）带锈底漆。转化型带锈底漆是黄血盐反应底漆，它由转化液和成膜物质分开包装构成。成膜物质为各种树脂，转化液为亚铁氰化钾和磷酸的混合物。其防锈原理是转化液将铁锈转化为亚铁氰化铁，变铁锈为蓝色颜料而起到保护作用。

②稳定型带锈底漆。稳定型带锈底漆是由防锈颜料（如磷酸锌、铬酸盐、氧化铁）及抑制剂二苯胍（含氮有机混合物）等与醇酸或酚醛树脂涂料组成的。其防锈原理主要是铬酸锌能使钢铁表面生成钝化膜，提高钢铁表面的防锈能力，二苯胍起到抑制生锈的作用。该底漆的渗透性较好，能把疏松多孔的锈层密封，适合于在有薄锈的钢铁表面上使用。

③渗透型带锈底漆。渗透型带锈底漆以二聚脂肪酸为主要基料，采用渗透能力极强的溶剂，通过溶剂的物理渗透作用进入锈蚀层，把多孔的铁锈团团围住，使铁锈与外界隔绝，从而达到锈蚀不再继续发展的目的。

使用带锈底漆时，只需除去钢铁表面的浮锈和氧化皮后即可涂刷，减轻了劳动强度，提高了生产效率。

3）塑料底漆。塑料制品的涂装是为了提高外表的装饰性（如车身外装饰件的外观装饰性和耐候性要与车身涂层相同），消除表面缺陷和改善表面性能（提高耐候性和耐化学品腐蚀性等）。但因塑料的材质、性能、软硬等不同，除部分品种外，一般不耐高温。另一方面，由于聚合系列塑料的表面能比较低，表面极性小，涂料的湿润性差，往往造成涂膜附着力达不到要求。

在品牌漆中都有独立的塑料底漆，它主要针对车上的聚丙烯类塑料制品和收缩、膨胀比较大的较软的塑料件在涂装修复时与面涂层黏结能力差的现象，增强塑料底材和面涂层的黏合能力。对于 BS 等质地比较坚硬的塑料，常用面漆与它们的黏结能力比较好，一般不使用塑料底漆也可达到令人满意的附着力。

塑料底漆通常为单组分，开罐即可使用，直接喷涂一薄层，等待 10 min 左右（常温下），待稍微干燥后就能继续喷涂中间涂层或面漆。

除专用塑料底漆外，各品牌还有专门的塑料面漆，多为双组分聚氨酯基产品，性能优良，但颜色比较单一。为了达到良好的装饰效果，使车身外部塑料部件与车身没有色差，通常在使用塑料底漆的基础上可以直接使用普通的中涂底漆或面漆。

二、底漆的选用原则与调制方法

1. 底漆的选用原则

选用底漆时应遵守以下原则：

（1）底漆与底材应有良好的附着性，并与中间涂层或面涂层有良好的结合力。所形成的涂层应具有极好的力学性能（如耐冲击性、一定的硬度和弹性等）。

（2）底漆必须具有极好的耐腐蚀性、耐水性和耐化学品腐蚀性，对金属无腐蚀作用，并能防止金属表面的电化学腐蚀。

（3）底漆应具有填平纹路、针眼和孔洞的作用，并具有良好的打磨性能。

（4）底漆与底材表面、中间涂层和面漆应有良好的配套性，以防止出现涂装缺陷。各种金属与常用底漆、面漆的配套情况见表 3-1-2。

表 3-1-2　　各种金属与常用底漆、面漆的配套情况

面漆类型	黑色金属	铝、镁及铝合金	锌及锌合金	铜及铜合金
酚醛漆	酚醛底漆 醇酸底漆	锌黄纯酚醛底漆 磷化底漆	锌黄环氧底漆 锌黄环氧醇酸底漆	酚醛底漆 磷化底漆
沥青漆	沥青底漆 酚醛底漆	沥青底漆	沥青底漆	沥青底漆
醇酸漆	醇酸底漆 环氧底漆	锌黄纯酚醛底漆 锌黄醇酸底漆	醇酸底漆 磷化底漆	酚醛底漆

续表

面漆类型	黑色金属	铝、镁及铝合金	锌及锌合金	铜及铜合金
氨基漆	醇酸底漆 氨基底漆 环氧底漆	锌黄环氧底漆	酚醛底漆 磷化底漆	环氧底漆
硝基漆	酚醛底漆 硝基底漆 环氧底漆 醇酸底漆	锌黄纯酚醛底漆 锌黄醇酸底漆 锌黄环氧底漆	酚醛底漆 醇酸底漆 环氧底漆	酚醛底漆 环氧底漆
过氯乙烯漆	酚醛底漆 醇酸底漆 过氯乙烯底漆 丙烯酸底漆 磷化底漆	锌黄纯酚醛底漆 锌黄醇酸底漆 锶黄、锌黄丙烯酸底漆 磷化底漆	酚醛底漆 醇酸底漆 环氧底漆 磷化底漆	酚醛底漆 过氯乙烯底漆 丙烯酸底漆 磷化底漆
丙烯酸漆	酚醛底漆 醇酸底漆 环氧底漆 丙烯酸底漆 磷化底漆	锌黄纯酚醛底漆 锶黄、锌黄丙烯酸底漆 磷化底漆	酚醛底漆 环氧底漆	酚醛底漆 环氧醇酸底漆
环氧漆	环氧底漆	锌黄环氧底漆	环氧底漆	环氧底漆
聚氨酯漆	聚氨酯底漆 硝基中涂底漆	锌黄聚氨酯底漆	聚氨酯底漆	聚氨酯底漆

（5）底漆应有良好的施工性能，应能适应汽车修补涂装工艺的要求。

2. 底漆的调制方法

（1）底漆调制的基本知识

1）混合比例。底漆的调制是指将底漆、稀释剂及添加剂等按照一定比例进行混合。在没有特别说明的情况下，混合比例一般采用体积比。对于单组分底漆，一般只需要加入稀释剂；对于双组分底漆，要加入稀释剂和固化剂。不同品牌的底漆，其混合比例的表示方法也有所不同，如 100 : 50 和 4 : 1 : 1 等。100 : 50 的混合比例是百分数表示法，即该底漆为单组分底漆，100 份底漆必须用 50 份稀释剂来稀释；4 : 1 : 1 是比例数表示法，一般第一位数字表示涂料数量，第二位数字表示固化剂或其他添加剂的数量，第三位数字表示溶剂（或稀释剂）的数量，即用 4 份底漆、1 份固化剂和 1 份稀释剂进行混合。

2）涂料黏度。涂料黏度是指涂料的稀稠程度。涂料黏度的高低直接影响施工质量，黏度过高将使表面粗糙、不匀，产生针孔和气孔等缺陷；黏度过低则会造成流挂、失光或涂膜形成不丰满。不同涂层对涂料的黏度要求也有所不同，车身涂装作业要根据技术要求调整黏度。黏度计是测量涂料黏度的主要仪器。

（2）底漆的调制方法

底漆调制的方法和步骤如下：

1）将所需要调制的底漆进行充分搅拌。

2）按照底漆的混合比例依次加入各组分，用搅拌杆搅拌均匀。对于双组分和多组分涂料的混合调制，或对涂料黏度要求很高时，应采用调漆尺进行调制。

3）检查混合后底漆的黏度是否符合要求。

4）选用合适的涂料滤网对底漆进行过滤。过滤底漆是为了减少对空气喷枪的堵塞，提高喷涂施工质量和涂层的表面光洁度。

任务实施

一、底漆的选用

任务引入中的发动机舱盖多处锈蚀，其材料为钢板。对裸钢板喷涂底漆前，必须进行磷化处理，使钢板表层覆盖一层磷酸盐，并使金属钝化，因此选用磷化底漆。磷化底漆层的防腐蚀性、附着力和绝缘性高，但涂膜很薄，不能代替底涂层，在其表面还要喷涂一层普通底漆。

环氧底漆具有极强的黏结力和附着力，柔韧性和耐化学品腐蚀性优良，与面漆的配套性能很好，同时考虑到施工进度和环保的要求，在磷化底漆表面应喷涂快干无铬环氧底漆。

二、底漆的调制

1. 磷化底漆的调制

（1）磷化底漆一般采用双组分包装，使用时按规定的比例 4 : 1 调制，即 4 份底漆加 1 份磷化液。注意：磷化液不是稀释剂，其用量不得随意增减。

（2）调制前应将底漆搅拌均匀，放入非金属容器内，边搅拌边加入磷化液，调制好并放置 30 min 后再使用。注意：调制好的磷化底漆必须在 12 h 内用完。

（3）调制好的磷化底漆的黏度应为 16 ~ 18 s（秒）。若黏度过高，不得加入磷化液，应加入 3 份无水乙醇和 1 份丁醇的混合物进行稀释。

2. 快干无铬环氧底漆的调制

（1）快干无铬环氧底漆是双组分底漆。根据说明书，其调制比例为 4∶1，稀释率为 5% ~ 20%。

（2）涂料的加入顺序是底漆→固化剂→稀释剂，加入过程中要不断搅拌，使各组分混合均匀。

（3）调节涂料的黏度。逐次加入稀释剂，不断检查涂料的黏度，如图 3–1–2 所示，按照说明书的要求，将涂料的黏度调整到 17 ~ 20 s。注意：调制好的快干无铬环氧底漆必须在 4 h 内用完。

3. 底漆的过滤

为了防止堵塞空气喷枪并提高涂层表面的光洁度，底漆必须经过过滤。将底漆滤网放在支架上，将空气喷枪置于滤网下方，然后把底漆倒入滤网，直到所有底漆流入空气喷枪中，如图 3–1–3 所示。

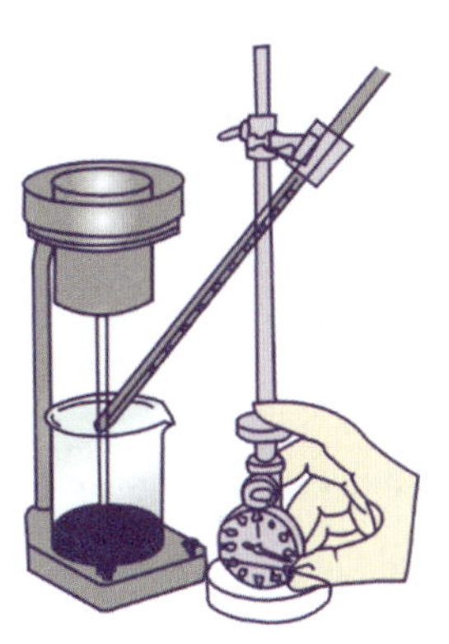

图 3–1–2 检查涂料的黏度

图 3–1–3 底漆的过滤

思考题

一、选择题

1. 普通底漆根据其使用目的不同分为头道底漆、二道底漆、________等。

A. 环氧底漆　B. 表面封闭底漆　C. 醇酸底漆　D. 聚氨酯底漆

2. ________使面层涂料丰满，并可防止产生失光、斑点等现象。

A. 丙烯酸树脂底漆　B. 环氧底漆　C. 头道底漆　D. 表面封闭底漆

3. ________具有极强的黏结力和附着力。

A. 磷化底漆　B. 环氧底漆　C. 醇酸底漆　D. 氨基底漆

4. 带锈底漆可使厚度在________μm 以下的铁锈转变为具有保护功能的薄膜。

A. 20　B. 50　C. 80　D. 100

5. 调制好的磷化底漆的黏度应为________s。

A. 16 ~ 18　B. 14 ~ 16　C. 17 ~ 20　D. 22 ~ 26

二、判断题

1. 调制好的磷化底漆必须在 24 h 内用完。（　）

2. 调制好的快干无铬环氧底漆必须在 4 h 内用完。（　）

3. 若磷化底漆的调制比例为 4∶1，即表示 4 份磷化液加 1 份底漆。（　）

4. 过滤底漆的目的只是防止堵塞空气喷枪。（　）

5. 若稀释率为 25%，即表示 4 份底漆用 1 份稀释剂来稀释。（　）

三、实践与练习

图 3-1-4 所示为汽车前保险杠，试选用涂装该保险杠的底漆，并将其调制成可喷涂的涂料。

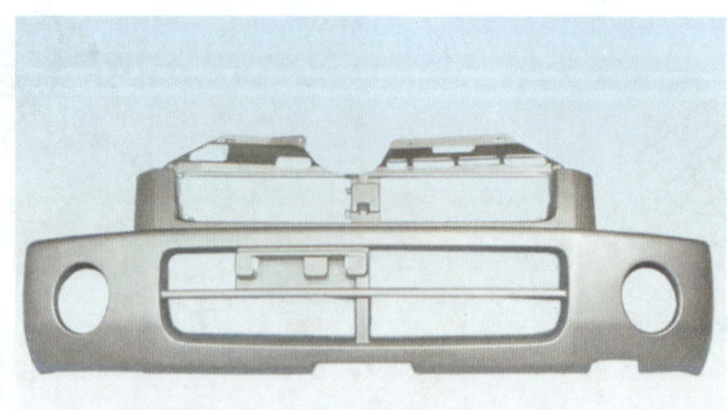

图 3-1-4　汽车前保险杠

任务 2　空气喷枪的使用

任务目标

- 熟悉空气喷枪的结构、工作原理和类型。
- 掌握空气喷枪的使用和维护方法。
- 能正确使用空气喷枪进行喷涂操作。

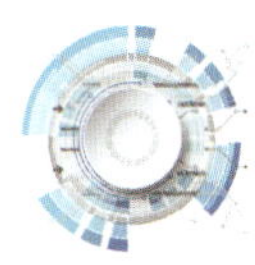

任务引入

在喷涂练习的实践课上，一部分学生总是掌握不了喷涂要领，板件上经常出现涂膜流挂、漆面粗糙和涂膜分布不均匀等缺陷（见图 3-2-1），产生这些缺陷的根本原因是学生不能掌握空气喷枪操作的基本规范和技巧。本任务要求掌握空气喷枪的操作规范、使用方法和操作技巧。

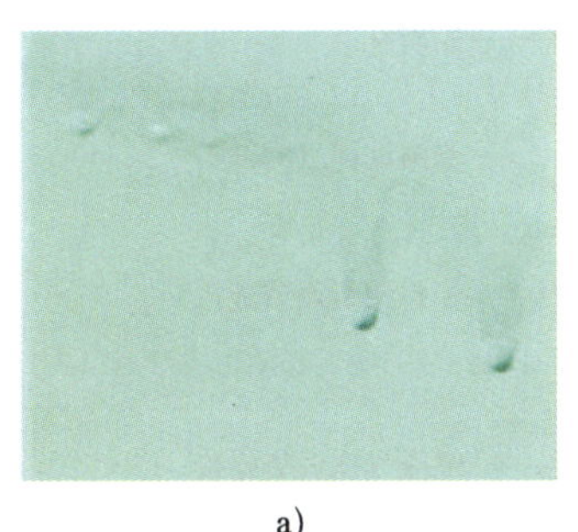

a)

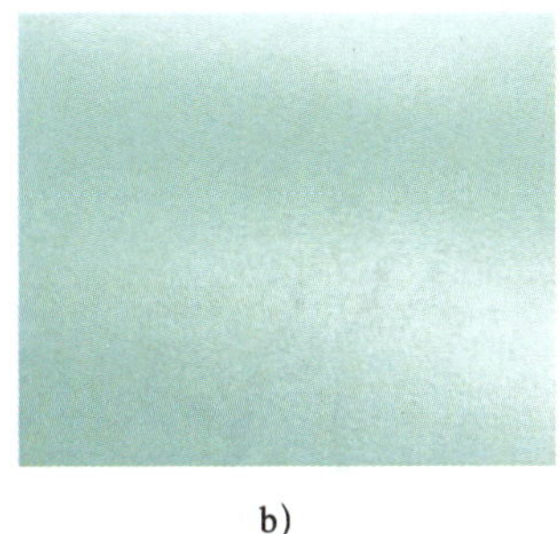

b)

c)

图 3-2-1　喷涂质量不合格的板件

a）涂膜流挂　b）漆面粗糙　c）涂膜分布不均匀

任务分析

优质的空气喷枪和熟练的喷涂技巧是获得优质涂膜的根本保证。为了获得良好的喷涂质量，不妨从以下两个方面入手：

1. 学习空气喷枪的基本知识，掌握空气喷枪的结构、工作原理、使用和维护等知识要点。

2. 反复练习空气喷枪的喷涂规范，掌握空气喷枪的操作技能。

相关知识

空气喷枪是汽车修补涂装的关键设备，其性能的好坏对修补涂装的质量影响很大。空气喷枪的类型和规格较多，适用于不同部位的喷涂，但其基本功能和原理是一致的。

一、空气喷枪的结构

空气喷枪主要由空气帽、喷嘴、针阀、扳机、空气阀、调节旋钮和手柄等组成，其结构如图 3-2-2 所示。

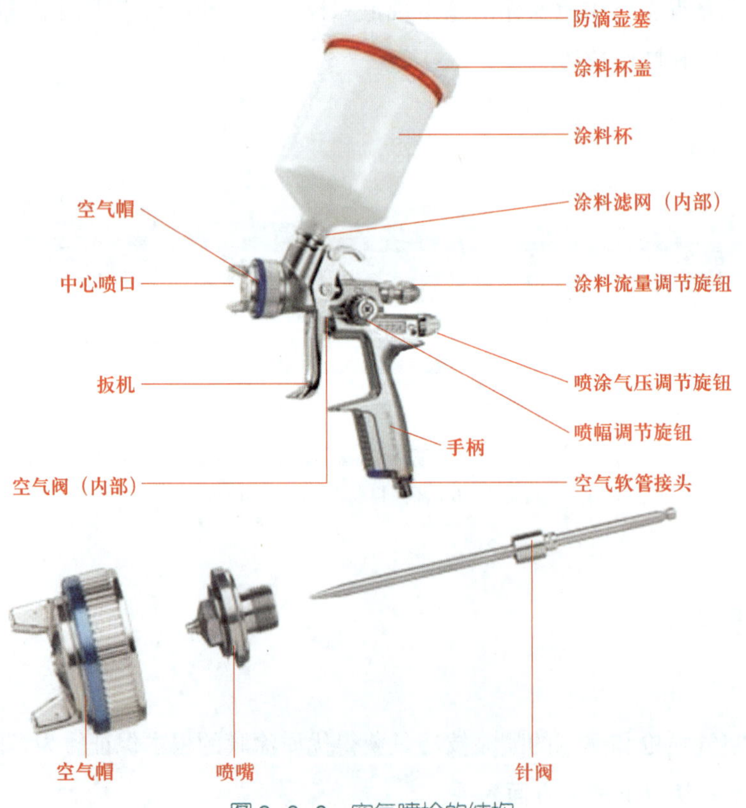

图 3-2-2　空气喷枪的结构

空气帽引导压缩空气撞击涂料，使其雾化，并形成有一定直径的飞漆团。空气帽上有三类小孔，分别是中心孔、辅助孔和侧孔，如图 3-2-3 所示。中心孔位于喷嘴末端，产生喷出涂料所需的负压。辅助孔可促进涂料的雾化，喷出空气量的多少与涂料雾化好坏有很大关系，图 3-2-4 所示为辅助孔的大小、数目与空气喷枪工作性能的关系。侧孔喷出的气流可控制喷雾的形状。

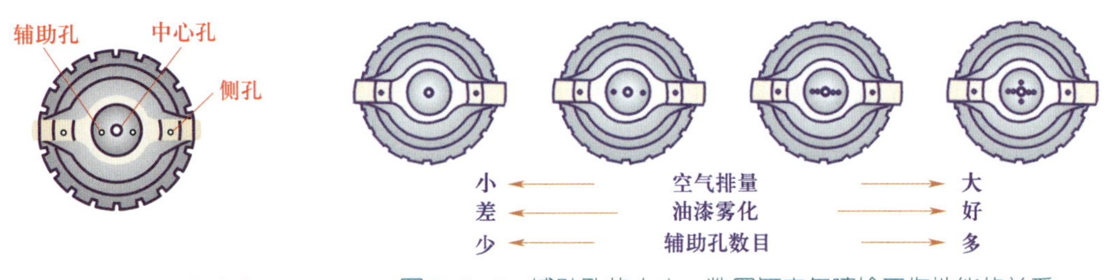

图 3-2-3 气孔的名称

图 3-2-4 辅助孔的大小、数目与空气喷枪工作性能的关系

针阀直接控制涂料的吸入量。从空气喷枪前端喷出涂料的实际数量取决于针阀控制的喷嘴开口的大小。不同涂料应选用不同规格的喷嘴。涂料流量调节旋钮可调节喷嘴的实际开度。

二、空气喷枪的工作原理

空气喷枪是指利用空气压力将液体转化为小液滴的喷涂工具，其工作过程就是涂料的雾化过程。雾化使涂料成为可喷涂的细小而均匀的液滴，当这些小液滴被以正确的方式喷在汽车表面后会结合成一层厚度极薄、均匀、平整的涂膜。

涂料雾化的三个阶段如图 3-2-5 所示。

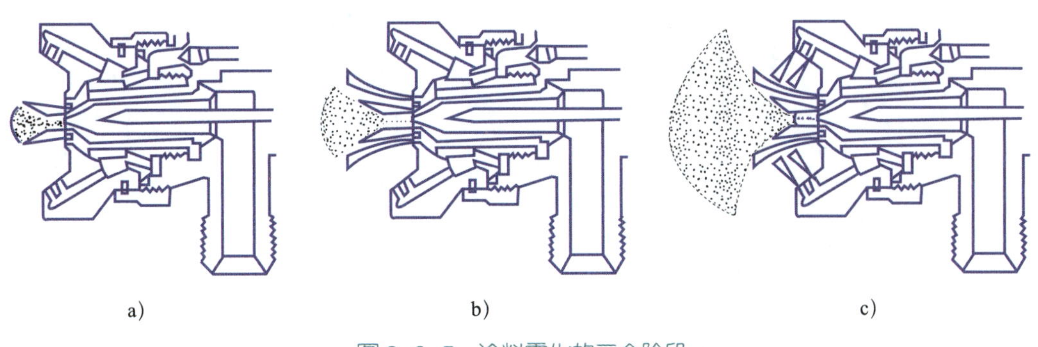

图 3-2-5 涂料雾化的三个阶段

a）第一阶段 b）第二阶段 c）第三阶段

第一阶段，涂料从空气喷枪喷嘴喷出后，被从环形口喷出的气流包围，气流产生的气旋使涂料分散。

第二阶段，涂料的液流与从辅助孔喷出的气流相遇时，气流控制液流的运动，并进一步使涂料分散。

第三阶段，涂料受从空气帽喇叭口喷出的气流作用，气流从相反的方向冲击涂料，使涂料成为扇形的液雾。

三、空气喷枪的类型

1. 普通空气喷枪

普通空气喷枪主要是按照涂料的供给方式来分类的，如吸力进给式空气喷枪、重力进给式空气喷枪和压力进给式空气喷枪等。普通空气喷枪的类型、结构、工作原理和用途见表 3-2-1。

表 3-2-1　　普通空气喷枪的类型、结构、工作原理和用途

类型	结构	工作原理	用途
吸力进给式空气喷枪	9 10 11 12 13 14 8 7 6 5 4 3 2 1 1—壶盖　2—空气接头　3—扳机 4—自压紧空气阀门密封件（内部）　5—空气阀门（内部） 6—空气压力调节器　7—喷幅调节旋钮 8—涂料流量调节旋钮　9—自压紧涂料针阀（内部） 10—套装（枪针、喷嘴、空气帽）　11—连接螺母 12—壶盖锁　13—防滴漏膜片（内部）　14—涂料滤网（内部）	吸力进给式空气喷枪的涂料置于罐底，扣动扳机，压缩空气冲入空气喷枪，气流经过空气帽开口时形成局部真空，罐中的涂料被真空吸往已开启的针阀，形成雾状喷射流	吸力进给式空气喷枪主要用于喷涂黏度较低的涂料，广泛应用于汽车修补涂装、家具涂装、建筑装潢行业及批量较小的产品涂装

续表

类型	结构	工作原理	用途
重力进给式空气喷枪	 1—空气接头 2—空气阀门（内部） 3—压缩空气调节旋钮 4—涂料流量调节旋钮 5—喷幅调节旋钮 6—防滴漏壶盖 7—涂料滤网（内部） 8—喷嘴组合（喷嘴、枪针、空气帽） 9—自压紧针阀套件（内部） 10—空气阀密封套件（内部）	重力进给式空气喷枪是利用涂料自身的重力流入喷嘴进行雾化喷射的	重力进给式空气喷枪适用于喷涂较稠的涂料，如喷涂中涂底漆、油灰等车身填料
压力进给式空气喷枪	 1—耐压容器 2—压力容器安全阀 3—涂料输入导管 4—压缩空气输入导管 5—空气喷枪 6—压力表 7—压力罐空气输出接口（接空气喷枪） 8—压缩空气输入控制球形阀门 9—压缩空气输入口	压力进给式空气喷枪利用压缩空气进入涂料罐中，推动涂料从涂料输入管进入喷嘴中雾化，形成雾状喷射流	压力进给式空气喷枪适用于大面积的喷涂

2. 专用空气喷枪

专用空气喷枪有双嘴空气喷枪、带搅拌器的空气喷枪、长杆空气喷枪和微型空气喷枪四种。专用空气喷枪的类型、结构、特点和用途见表 3-2-2。

表 3-2-2　　专用空气喷枪的类型、结构、特点和用途

类型	结构	特点	用途
双嘴空气喷枪	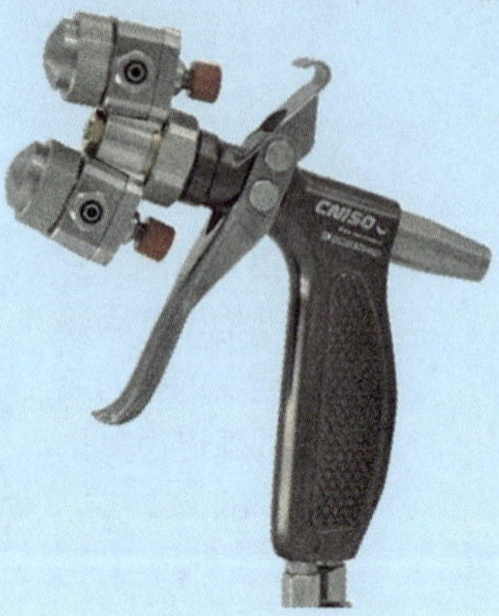	双嘴空气喷枪采用了将涂料的两种组分在枪体内混合的方式喷出，无须在喷涂前将涂料预先混合均匀	双嘴空气喷枪专门用于喷涂双组分涂料，日本旭化公司开发的 AGW110 和 AGW200 型空气喷枪就适合于使用期较短的双组分涂料的喷涂
带搅拌器的空气喷枪	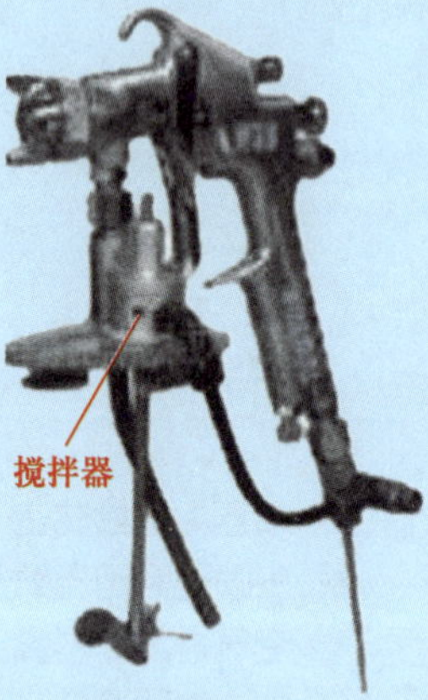 搅拌器	进入空气喷枪的压缩空气分成两路，一路进入空气帽使涂料雾化后喷出；另一路则驱动气动装置，使杯内的搅拌器不断旋转进行搅拌	带搅拌器的空气喷枪可使涂料中的云母、铝粉等密度较大的颜料在施工过程中混合均匀
长杆空气喷枪	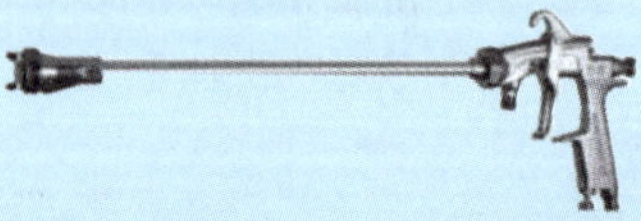	长杆空气喷枪由特制的喷杆和高压设备向构件的内表面压送涂料	长杆空气喷枪主要用于通过小孔向封闭构件内部喷涂防腐涂层
微型空气喷枪	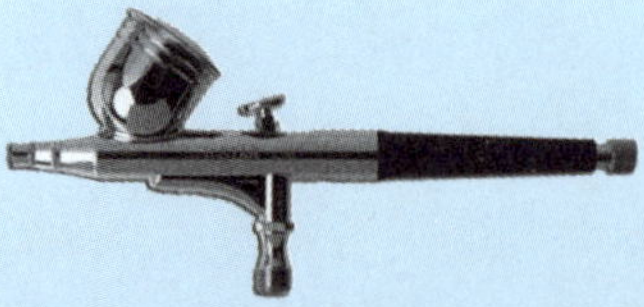	微型空气喷枪主要有单功能式和双功能式两种。单功能式的特点是喷嘴不可更换，出漆量是不可调的；双功能式的特点是可以更换喷嘴，也可以调整空气喷枪的出漆量	微型空气喷枪是对车身漆面划痕进行处理的专用喷涂修复工具

3. 环保型空气喷枪

环保型空气喷枪又称 HVLP 喷枪（见图 3-2-6），意为高流量低气压式空气喷枪，即使用大量空气，在低气压下将涂料雾化成低速的小液滴。它与传统空气喷枪的区别在于其喷涂效率非常高。环保型空气喷枪与普通空气喷枪的比较见表 3-2-3。

图 3-2-6 环保型空气喷枪

表 3-2-3 环保型空气喷枪与普通空气喷枪的比较

类型	工作原理	涂料的利用率	喷涂距离 /mm	喷涂特点
环保型空气喷枪	环保型空气喷枪将涂料分解成小液滴的气压不超过 70 kPa，当涂料流进入气流后，由于没有反弹现象，减少了弥漫的喷雾	65% 以上	130 ~ 170	工作时非常安静，工作效率高，适用于任何可用空气喷枪雾化的液体溶剂材料
普通空气喷枪	普通空气喷枪主要利用高压气体将涂料“吹”成小液滴，在这一过程中，将产生大量多余的喷雾，喷雾反弹会出现“回喷”现象	35% ~ 40%	200 ~ 300	工作时噪声大，工作效率低，适用范围小

任务实施

结合相关知识，进行空气喷枪使用、维护方面的技能训练。

一、空气喷枪的使用

空气喷枪的使用

1. 空气喷枪的调整

（1）最佳喷涂压力的调整

严格按照涂料产品说明书所提供的施工参数调整空气喷枪的喷涂压力。最佳的喷涂压力是指能使涂料获得最好雾化的最低空气压力。空气压力的调节包括空气主压力调节阀的调节和空气喷枪上的喷涂气压调节旋钮的调节。空气主压力调节阀（简称调压阀）用于喷涂压力的调整，如图 3–2–7 所示。顺时针转动调压阀，喷涂压力减小；逆时针转动调压阀，喷涂压力增大。空气喷枪上的喷涂气压调节旋钮（见图 3–2–8）也用于喷涂压力的调整，顺时针旋紧旋钮，喷涂压力减小，反之增大。反复调节空气主压力调节阀和空气喷枪上的喷涂气压调节旋钮，直到获得理想的喷涂压力为止。注意：喷涂压力的调整只有在空气喷枪扳机完全拉紧的状态下才能进行。

图 3–2–7　压力表上的空气主压力调节阀

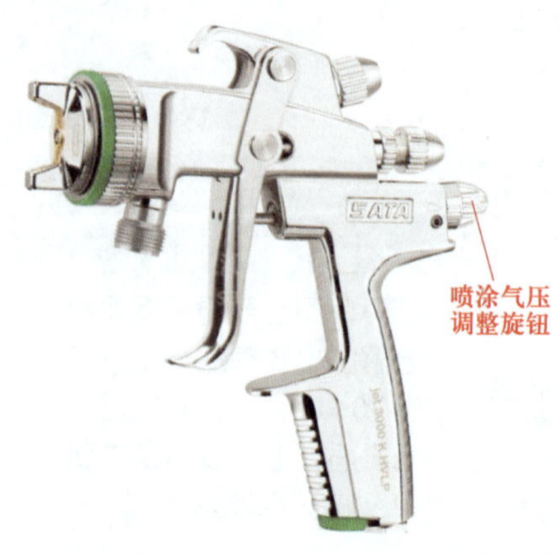

图 3–2–8　空气喷枪上的喷涂气压调节旋钮

（2）最佳喷幅图形的调整

如图 3–2–9 所示，喷幅图形的调整方法是转动喷幅调节旋钮，拧进旋钮喷幅变宽，拧出旋钮喷幅变窄、变圆。经反复调整，直至获得最佳的喷幅为止。

（3）最佳出漆量的调整

出漆量的调整方法如图 3–2–10 所示，旋转涂料流量调节旋钮，观察涂料的雾化程度。拧进旋钮出漆量少，拧出旋钮出漆量大。

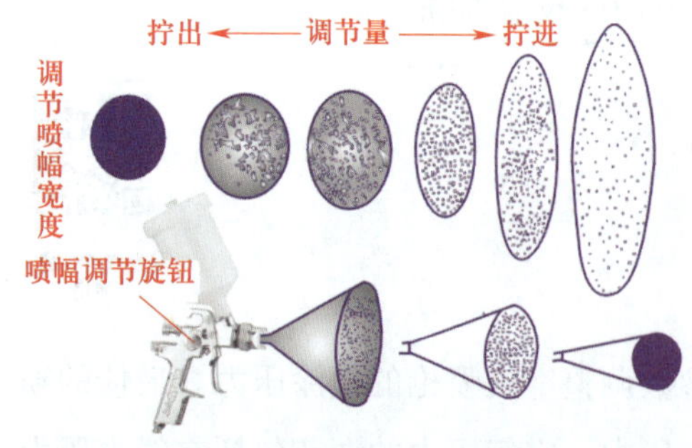

图 3–2–9　喷幅图形的调整方法

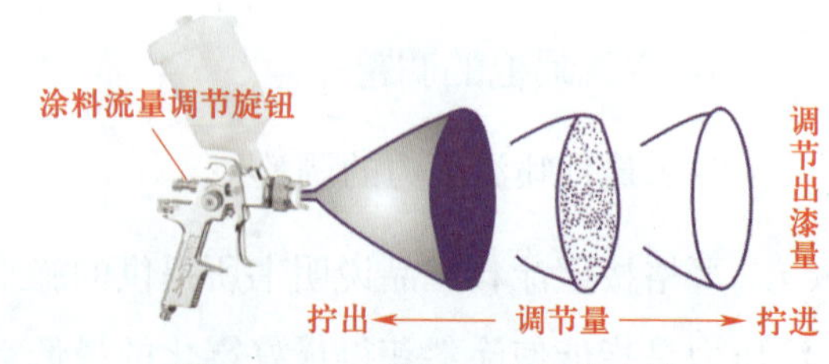

图 3–2–10　出漆量的调整方法

（4）雾束方向的调整

调整空气帽可以改变雾束的方向。将空气帽的“犄角”调整成与地面平行，喷出的雾束呈平面且垂直于地面，称为垂直雾束，这种方式用得最多。如果空气帽的“犄角”与地面垂直，喷出的雾束呈平面且平行于地面，则称为水平雾束，如图 3–2–11 所示。

（5）雾化质量的检查

通常通过雾形的流挂情况来检查涂料的雾化质量，如图 3–2–12 所示。如果流挂呈分开状态，是因为喷束太宽；如果流挂中间多而两侧少，则是因为喷束太窄或出漆量太大。通过反复调整喷幅调节旋钮和涂料流量调节旋钮，最终使喷束各段的流挂长短均匀为止。

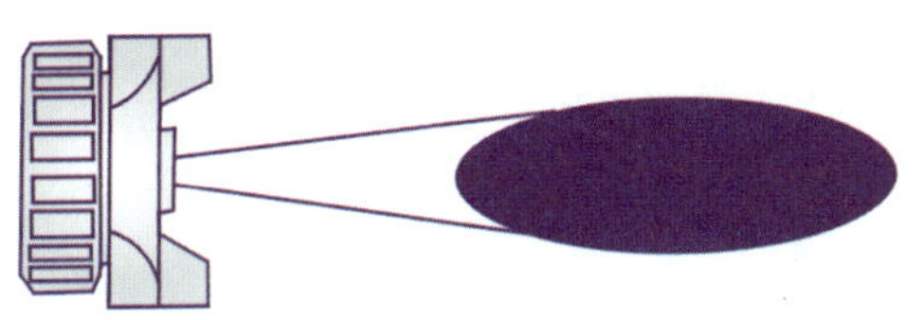

图 3–2–11 空气帽调整后的水平雾束

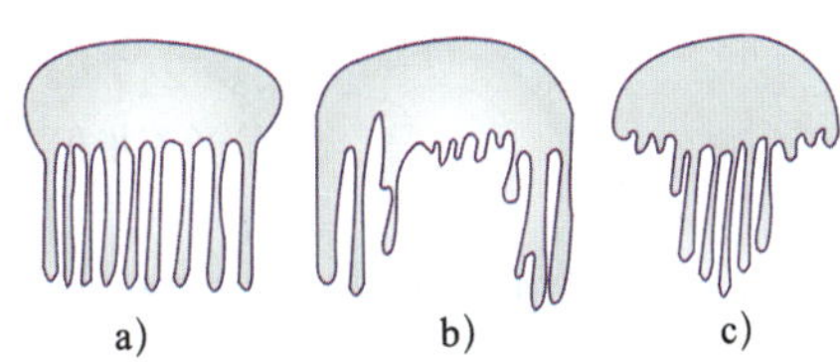

图 3–2–12 雾化质量的检查

a）合适的喷涂图形 b）分离的喷涂图形

c）中间过重的喷涂图形

2. 空气喷枪的操作要领

（1）空气喷枪与工件表面的角度

空气喷枪与被涂工件表面之间的角度应始终保持垂直，绝不可由手腕或手肘做弧形摆动，如图 3–2–13 所示为空气喷枪与工件表面的角度。

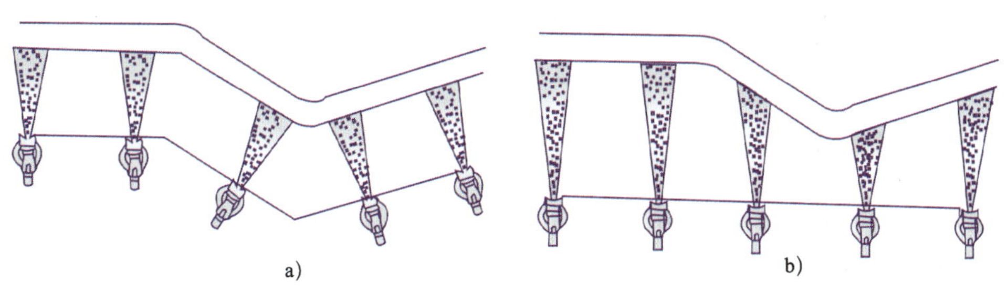

图 3–2–13 空气喷枪与工件表面的角度

a）正确 b）不正确

（2）空气喷枪与被涂表面的喷涂距离

空气喷枪与被涂表面的喷涂距离如图 3–2–14 所示。使用 PQ–1 型空气喷枪（又称对嘴式空气喷枪，适用于小面积工件的喷涂）时，喷涂距离一般为 150 ~ 250 mm；使用 PQ–2 型空气喷枪（又称扁嘴式空气喷枪，适用于较大面积工件的喷涂）时，喷涂距离一般为 200 ~ 300 mm。

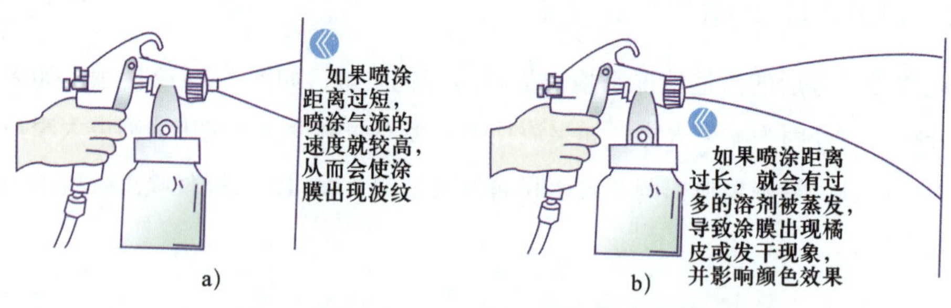

图 3–2–14　空气喷枪与被涂表面的喷涂距离

a）涂料堆积　b）喷雾落到喷涂表面时已经无力

（3）空气喷枪的移动速度

空气喷枪的移动速度应保持在 300 ~ 600 mm/s 范围内，或根据涂料的黏度、喷涂距离等来确定空气喷枪的移动速度，以获得最佳的涂膜质量为准。

（4）空气喷枪扳机的控制

空气喷枪在移动状态下才能扣动扳机，即在每次喷涂开始时扣动扳机，终了时松开扳机。若在空气喷枪静止时扣动扳机，就会产生过喷现象。空气喷枪扳机的控制如图 3–2–15 所示，扣动扳机的正确操作分为四部分：先从遮盖纸开始走，扣下扳机的一半，仅放出空气；当走到喷涂表面边缘时，完全扣下扳机，喷出涂料；当走到另一头时，松开扳机的一半，涂料停止流出，再向前移动几厘米；然后反向喷涂，重复上述操作步骤。

（5）喷涂边缘的搭接

喷涂边缘的搭接包括喷幅搭接和两次喷涂面积搭接。喷幅搭接是指前后两次喷幅重叠区域的大小。一般重叠区域的大小为幅宽的 1/2 ~ 2/3，如图 3–2–16 所示。

两次喷涂面积搭接是指由于手提式空气喷枪每次有效的移动距离为 500 ~ 900 mm，如果需喷涂的长度大于 900 mm，就需要分段喷涂，每次喷涂应有 100 mm 的

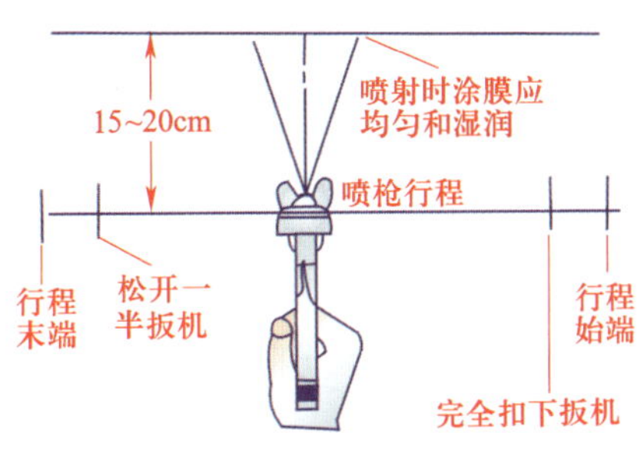

图 3-2-15 空气喷枪扳机的控制

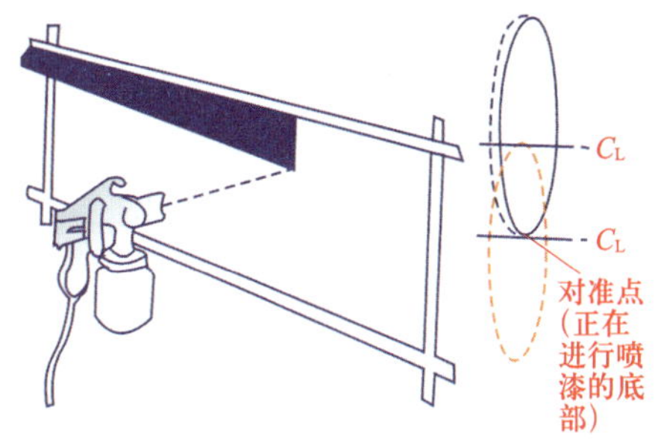

图 3-2-16 喷幅搭接

“湿边缘”重叠。在重叠区操作时，要注意扣动扳机的时机和程度，以防止出现双涂层或厚边带。

3. 使用空气喷枪的注意事项

（1）使用前，应检查涂料杯盖上的空气孔是否堵塞，涂料杯盖上的密封圈有无渗漏。

（2）按照施工参数要求调整好出漆量、喷幅大小和方向，若有故障，应及时排除。

（3）在喷涂过程中，若需暂停工作，应将空气喷枪头浸入溶剂中，以防止涂料干燥、结皮，堵塞喷嘴而影响工作。

（4）喷涂结束后应立即清洗空气喷枪，并进行必要的维护和保养。

（5）避免空气喷枪碰撞物体或摔落在地上，以防止造成永久性损坏。

（6）空气喷枪一般不要大拆大卸，以防止损坏零件。若必须拆检时，应注意各锥形部位不能粘有异物，密封垫、喷嘴、空气帽等不能损坏。安装完成后，应正确调整和试验，使拆检后的空气喷枪达到技术要求。

为了获得最佳的修补效果，在不同的情况下要使用不同的空气喷枪。建议每人配备 4 把空气喷枪，一把用于底漆、中涂层的喷涂，一把用于面漆、清漆层的喷涂，一把用于银粉漆的喷涂，还有一把微型修补空气喷枪在点修补时使用。如果这些空气喷枪严格执行清洗和工作顺序，就会节省大量换枪时的调整和清洗时间。

二、空气喷枪的日常维护

空气喷枪的保养

1. 空气喷枪的清洗

空气喷枪的清洗步骤如下：

（1）松开涂料杯，涂料管仍留在杯内不要撤出。

（2）将空气帽旋出 2 ~ 3 圈，用手指顶住空气帽，然后扣动扳机，迫使空气喷枪中的涂料回流到涂料杯中，如图 3–2–17 所示。

（3）将杯中涂料倒回原来的容器中。将喷嘴重新旋紧，用溶剂和小毛刷清洗涂料杯和杯盖，如图 3–2–18 所示，并用蘸有溶剂的抹布抹去残留物。然后将干净的溶剂倒进杯中，扣动扳机喷射溶剂，清洗空气喷枪内部的通道。

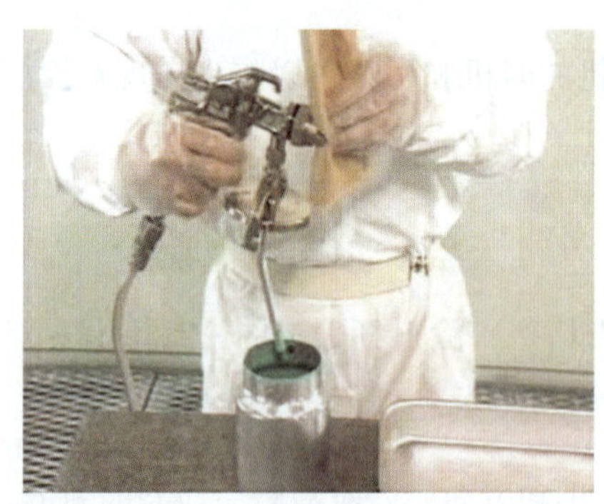

图 3–2–17　迫使涂料回流到涂料杯中

图 3–2–18　清洗涂料杯和杯盖

（4）卸下空气帽并将其放入溶剂内清洗，如图 3–2–19 所示。对于堵塞的孔应予以疏通。切忌用金属丝疏通小孔，以免破坏喷孔。

（5）用毛刷和溶剂清洗喷嘴，如图 3–2–20 所示。

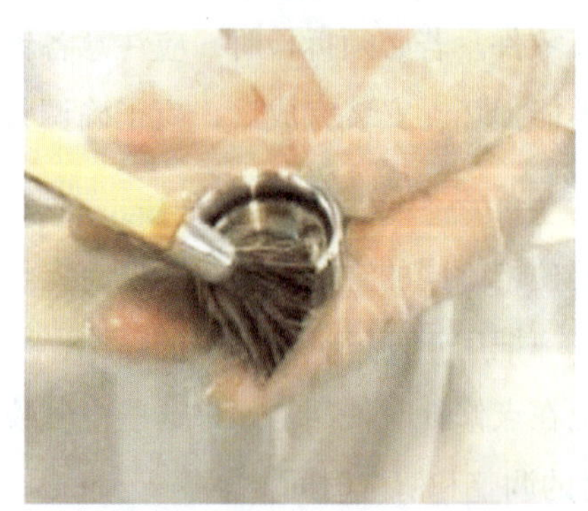

图 3–2–19　清洗空气帽

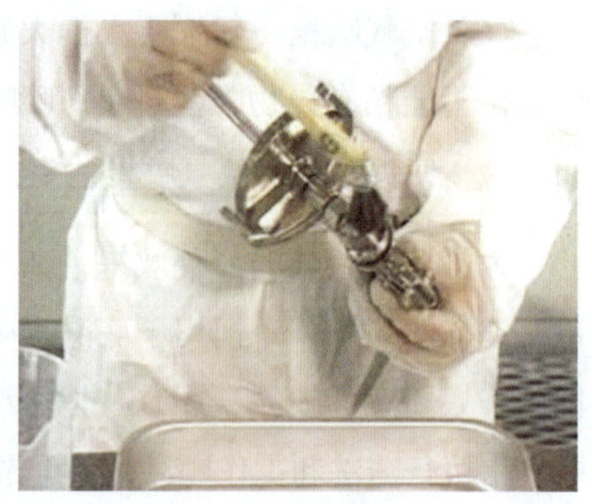

图 3–2–20　清洗喷嘴

（6）用蘸有稀释剂的抹布擦拭空气喷枪外表，除去所有涂料的痕迹。

目前，在一些地区和单位已开始使用空气喷枪自动清洗机（见图 3–2–21），结合人工手洗来清洗空气喷枪，清洗效果非常好。清洗方法是：先将空气喷枪放到清洗机中，盖上桶盖，然后打开气动泵使清洗桶内的清洗液旋转，从而清洗各部件的内部和外部。不到 1 min，该设备就能将各部件清洗干净。

图 3-2-21 空气喷枪自动清洗机

2. 空气喷枪的保养

空气喷枪保养的主要内容有：空气喷枪各部件之间有相对运动的部位，在每次清洗之后，应在这些部位加滴少许润滑油进行润滑；空气喷枪内的密封圈、弹簧、针阀和喷嘴必须定期更换等。

思考题

一、选择题

1. 空气喷枪主要由空气帽、喷嘴、________、扳机、空气阀、调节旋钮和手柄等组成。

A. 空气压力调节器　　B. 滤网

C. 针阀　　D. 气压表

2. 空气喷枪的辅助孔越多，其空气排量越________，油漆雾化越________。

A. 大；差　　B. 小；差　　C. 小；好　　D. 大；好

3. 空气喷枪的移动速度应保持在________mm/s 的范围内。

A. 100 ~ 200　　B. 200 ~ 300　　C. 300 ~ 600　　D. 600 ~ 1 000

4. 前后两次喷幅重叠区域的大小一般为幅宽的________。

A. 1/2 ~ 2/3　　B. 2/3 ~ 3/4　　C. 1/8 ~ 1/6　　D. 1/4 ~ 1/3

二、判断题

1. 如果需喷涂的长度大于 900 mm，就需要分段喷涂。（　　）

2. 普通空气喷枪涂料的利用率在 60% 以上。（　　）

3. 环保型空气喷枪工作时非常安静，但工作效率低。（　　）

4. 若在空气喷枪静止时扣动扳机，就会产生过喷现象。（　　）

5. 重力进给式空气喷枪适用于喷涂较稀的涂料。 （ ）

三、实践与练习

现需喷涂如图 3-2-22 所示的车身门板，试根据如图 3-2-23 所示的空气喷枪移动的 4 个要点进行练习，掌握空气喷枪移动时的操作规范。

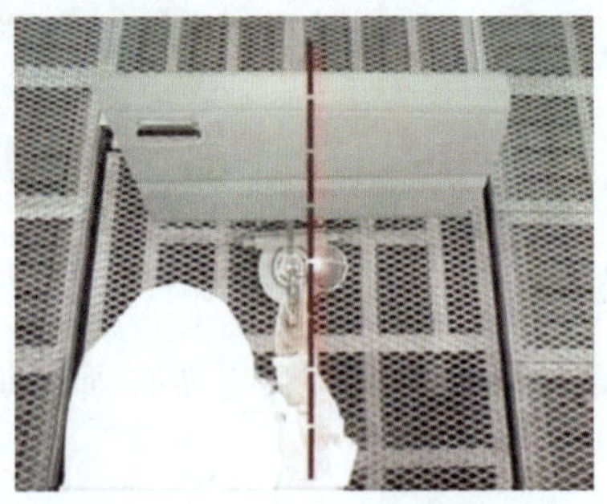

图 3-2-22 需喷涂的车身门板

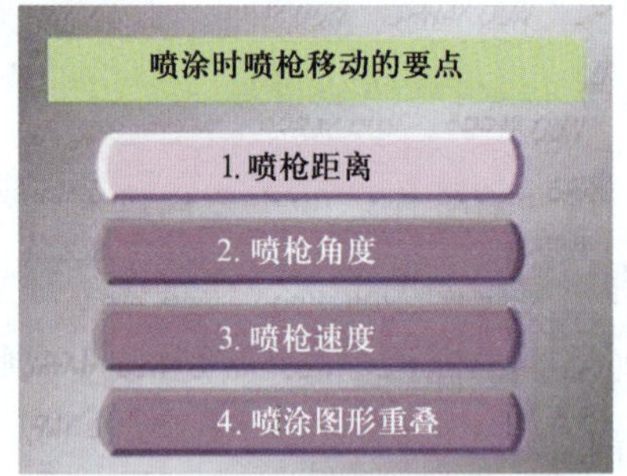

图 3-2-23 空气喷枪移动的 4 个要点

任务 3 压缩空气供给系统的使用

任务目标

- 掌握空气供给系统的组成、使用和维护方法。
- 熟悉压缩空气供给系统故障对喷涂质量的影响。
- 能结合喷涂的实际情况解决压缩空气供给系统故障。

任务引入

某涂装人员在喷涂面漆的过程中发现涂料不能均匀附着，涂膜表面产生收缩现象，出现火山口状的空洞和凹痕，如图 3-3-1 所示。涂装人员仔细回顾其操作步骤，没有疏忽和遗漏，唯一可能的是压缩空气供给系统出现了问题。本任务要求掌握压缩空气供给系统的组成、使用和维护方法，以及系统故障对涂膜质量的影响。

图 3-3-1 喷涂过程中产生缺陷的涂膜

任务分析

压缩空气供给系统的好坏对喷涂质量的影响很大。为了找到影响涂膜质量的根本原因，首先必须熟悉压缩空气供给系统的组成和工作原理，其次针对具体问题分析影响喷涂质量的因素，最后根据分析的结果排除压缩空气供给系统故障。

相关知识

一、压缩空气供给系统的组成与使用

压缩空气供给系统一般由空气压缩机、储气罐、空气压力调节和处理装置、空气输送装置及各种辅助元件等组成，其主要作用是保证喷涂设备和各种气动工具高效、稳定工作。喷涂车间的压缩空气供给系统如图 3–3–2 所示。

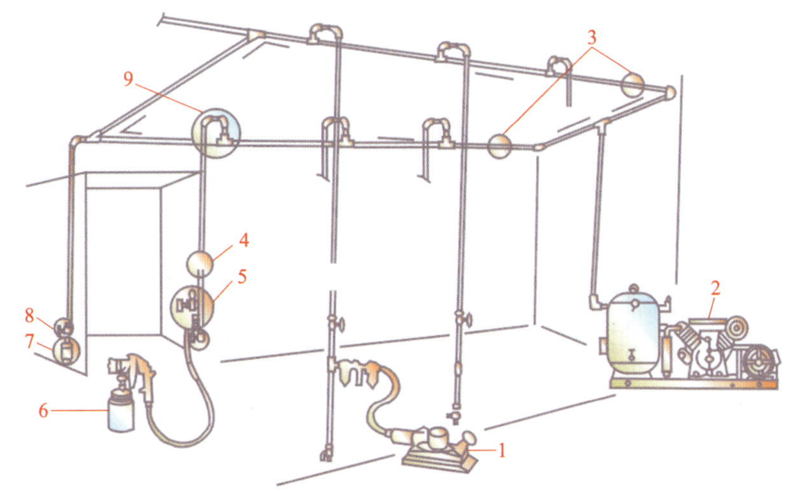

图 3–3–2 喷涂车间的压缩空气供给系统

1—打磨机 2—空气压缩机 3—总管（应向末端倾斜 1/100，以便于排水） 4、8—截止阀 5—空气转换阀 6—空气喷枪 7—自动排水器 9—支管（应由总管向上分支）

1. 空气压缩机

空气压缩机是一种以电动机为动力，提升空气压力的机械。它除了向空气喷枪供气外，还可向维修喷涂车间中的其他气动设备（如气动打磨机、气压举升器等）提供

压缩空气。

（1）空气压缩机的类型

空气压缩机按工作原理不同可分为活塞式、膜片式、双螺杆式及“Z”旋转螺杆式等，其中，活塞式空气压缩机被广泛使用。典型活塞式空气压缩机的外形如图 3–3–3 所示。

图 3–3–3　典型活塞式空气压缩机的外形

1—排污阀　2—出气管　3—压力开关　4—压力表　5—自动卸荷器（安全阀）　6—压缩机　7—传动带防护罩　8—电动机　9—电源线　10—储气罐　11—加油口　12—放油阀

空气压缩机按压缩的次数不同可分为单级、双级和多级三种。双级空气压缩机的工作原理如图 3–3–4 所示。

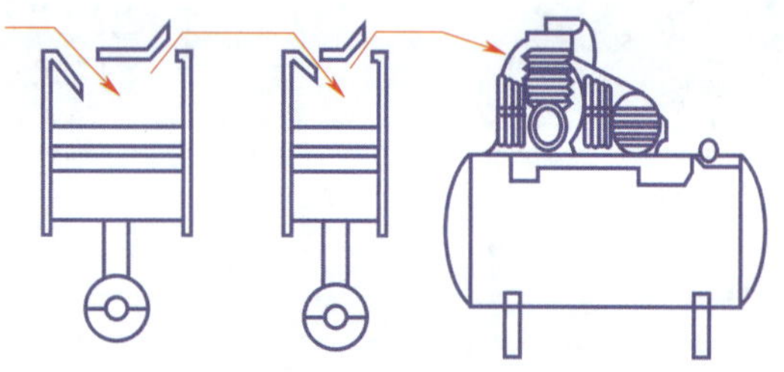

图 3–3–4　双级空气压缩机的工作原理

空气压缩机按固定方式不同可分为移动式和固定式。

（2）活塞式空气压缩机的结构及工作原理

1）活塞式空气压缩机的结构。活塞式空气压缩机由曲轴箱、气缸、曲轴、活塞组件、配气阀、空气滤清器、气压自动控制机构及附属装置等组成，如

图 3–3–5 所示。

2）活塞式空气压缩机的工作原理。活塞由曲柄连杆机构驱动向下移动，在气缸内部形成低压，外界空气在大气压力的作用下打开进气阀片进入气缸内，同时出气阀片关闭。活塞由上止点移动到下止点，完成了进气行程；曲轴继续旋转，活塞向上移动，气缸内的空气被压缩，使进气阀片关闭。当气缸内的气体压力达到一定值时，出气阀片被推开，使压缩空气进入储气罐内，完成压缩过程。

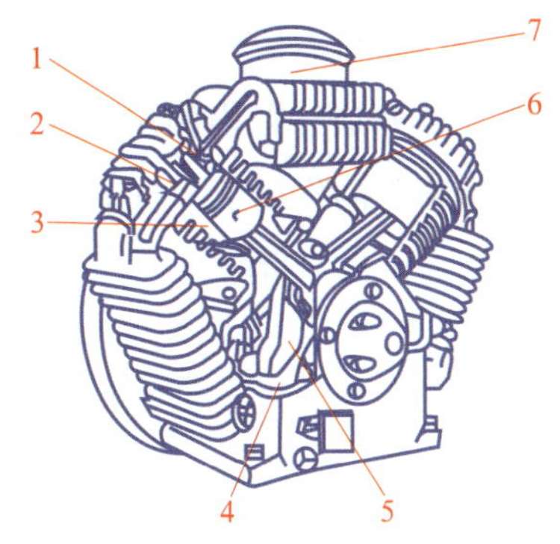

图 3–3–5 活塞式空气压缩机的结构

1—出气阀 2—进气阀 3—气缸 4—曲轴箱 5—曲轴 6—活塞 7—空气滤清器

（3）空气压缩机的自动控制装置

空气压缩机的自动控制装置的作用是自动控制空气压缩机的工作，使储气罐内的压力始终保持在规定的范围内。当压力超过规定值时，自动控制装置使压缩机停机或空运转；当压力低于一定值时，又使压缩机恢复工作。

空气压缩机的自动控制装置包括压力开关和自动卸荷器两大元件。

压力开关是利用空气压力控制电源开闭的开关。一般情况下，当压力达到所需的最大值时，电源断开，电动机停止转动，压缩机不工作；当压力低于最小值时，电源接通，电动机重新启动，带动压缩机工作。调整压力开关的弹簧弹力，可以改变电动机断开和接通电源时的压力值。常见压缩机启动和断开时的压力见表 3–3–1。

表 3–3–1 常见压缩机启动和断开时的压力

压缩机	功率 /kW	启动压力 /kPa	断开压力 /kPa	压缩机从启动到断开的时间 /s	储气罐容积 /L
一级	0.745	560	700	83	135
一级	1.5	500	700	69	270
一级	2.2	560	700	51	270
二级	0.745	980	1 225	284	270
二级	2.2	980	1 225	115	300
二级	3.7	980	1 225	75	300
二级	7.5	980	1 225	56	455
二级	11.0	980	1 225	42	455
二级	15	980	1 225	36	758
二级	18	980	1 225	30	758

自动卸荷器俗称安全阀。如图 3-3-6 所示，当储气罐内的压力达到最大值时，自动卸荷器开启，罐内的压缩空气排向大气，使压缩机空转；当压力降低到一定值时，在弹簧弹力的作用下，自动卸荷器关闭，压缩机恢复正常的工作状态。自动卸荷器的卸荷压力可以通过螺钉进行调整，其调整方法如图 3-3-6a 所示。

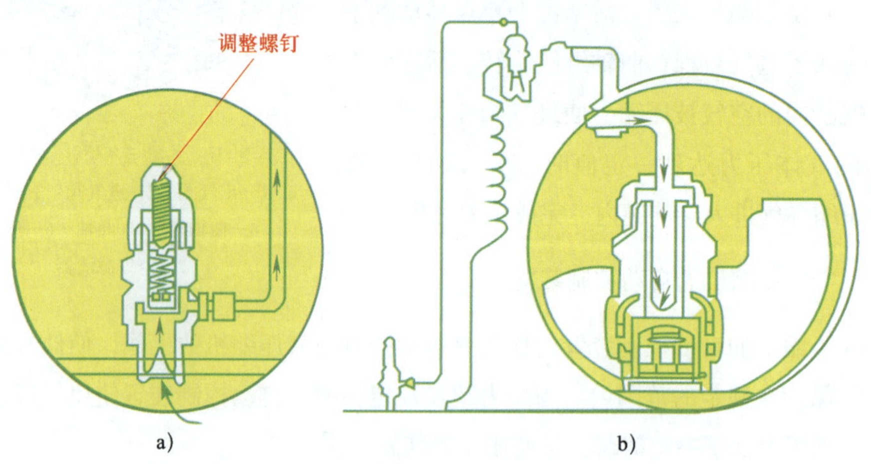

图 3-3-6 自动卸荷器的原理及调整方法

a）安全阀开启 b）压缩空气与大气相通，达到卸载、保护压缩机的作用

（4）使用空气压缩机的注意事项

1）空气压缩机应置于空气流动、干净及阴凉的地方，不要在空气污浊、尘土飞扬及溶剂蒸发量大的环境中工作。

2）在启动空气压缩机前，应检查曲轴箱中的润滑油并按规定添加。

3）夏季一般使用 SH-19 号空气压缩机机油，其他季节使用 SH-13 号空气压缩机机油，或选用说明书中要求的润滑油。空气压缩机使用 500 h 后要更换空气压缩机机油。

4）若使用纸质空气滤芯，应在规定时间内更换滤芯。若使用金属滤芯，250 h 后应对其进行清洗，且在清洗完成后使用压缩空气将其吹干，随后再进行安装。

5）使用过程中应时刻注意空气压缩机的工作情况，如有异响应立即停机检查。

6）对于经常使用的空气压缩机，应注意排除储气罐内的污水。一般每两班或 16 h 排除一次。若空气湿度较大，应缩短排污的间隔时间。

7）为了保证安全阀工作正常，每三个月必须检查一次。

2. 压缩空气的储存、处理与输送系统

（1）储气罐

储气罐的作用是把空气压缩机产生的高压气体储存起来。在储气罐壁上安装有压力表（见图 3–3–3），以显示储气罐内的压力。为了防止因储气罐内的压力过大而爆炸，在储气罐上还装有安全阀，即当压力超过规定值时，安全阀自动排气，使储气罐内的最高压力不超过规定值。另外，在储气罐的下部还装有用于排除罐内油、水等污物的排污阀，以便定期排除储气罐内的污物。若空气湿度大时，应缩短排污周期。

储气罐安全阀的排气压力的调整方法是：松开锁紧螺母，旋进调整螺钉，使安全阀完全关闭（弹簧处于被完全压紧状态），接通电源使压缩机工作。当储气罐上压力表显示的压力达到规定（要求）值时，断开电源，使压缩机停机。缓慢旋松调整螺钉直至排气时停止，然后旋紧锁紧螺母即可。

值得注意的是，安全阀的排气压力不能超过制造商的规定值。将安全阀装在排污阀处，同时起到排污和安全作用的方法是绝对不允许的，因为一旦污物堵住排气孔，安全阀将不起作用而发生危险。

（2）空气处理装置

1）油水分离器。油水分离器的作用是把压缩空气中的油和水过滤掉，使输出的空气干燥、洁净；否则将产生涂装缺陷，如水泡、麻点等。油水分离器在压缩空气输送线路中的安装位置如图 3–3–7 所示。

2）空气干燥器。常见的空气干燥器有化学式、除湿式和冷冻式三种。冷冻干燥机（见图 3–3–7）主要用于降低压缩空气的温度，它既可以吸收气流的热量，又可以清除杂质和残余的油、水。若没有将空气中的油、水清除干净，在喷涂时会产生“鱼眼”等缺陷。

空气处理装置能消除压缩空气中直径大于 0.1 μm 的颗粒，水净化率可以达到 100%，油污净化率可以达到 99.99%。

图 3–3–7　油水分离器的安装位置
1—空气压缩机　2—油水分离器　3—出气管
4—进气管　5—冷冻干燥机　6—储气罐

（3）压缩空气的输送系统

压缩空气的输送系统由管路组成，管路可

以采用硬管，也可以采用软管。对于固定工位的设备，一般先用硬管输送到固定位置，再用软管接到气动设备上。空气硬管一般是钢管或 PVC 管。空气软管是用织物包覆的橡胶软管，其结构如图 3–3–8 所示，多数软管的表面是红色的。

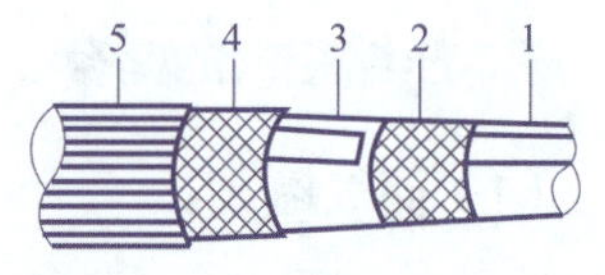

图 3–3–8　空气软管的结构

1—软管　2、4—织物　3、5—外壳层

二、压缩空气供给系统故障对喷涂质量的影响

压缩空气供给系统故障对喷涂质量的影响见表 3–3–2。

表 3–3–2　压缩空气供给系统故障对喷涂质量的影响

弊病现象 供气故障		排粒	不干	附着不良	污染	雾化不良	流平性差	过量喷涂	流挂	爆裂	喷涂缓慢	银粉变色	喷涂不均匀	干喷	污物	纠正方法
未能按时排除油、水，空气湿度过大或压缩空气供给系统密封性差	空气喷枪内有油、水	A	C	A	C											定期排除油、水，选用密封性好的空气压缩机或无油空气压缩机，定期更换或清理油水分离器
空气管道过长，内径不当或压力调节器调整不当	喷涂气压下降					B	C	C	A	A	C	A				确定用长为 9 m、内径为 8 mm 的空气管，并配用相应的压力调节器
空气压缩机排量不足，没有压力调节器或压力调节器损坏	压力波动							A	A	A		A	A	A		更换空气压缩机或停止其他气动工具工作，调整压力调节器
空气压缩机的空气滤清器破损或空气压缩机置于多灰尘场地，油水分离器损坏	压缩空气内有灰尘	A													A	更换空气压缩机的空气滤清器，清洗或更换油水分离器

注：A—影响大；B—可能产生影响；C—影响小。

任务实施

一、压缩空气中存在大量油、水的故障排除

1. 故障分析

任务引入中的涂膜缺陷是因为压缩空气中的油、水造成的。压缩空气中存在大量的油和水可能有以下三种原因：

（1）储气罐中的油、水和污物没有被及时排除。

（2）没有及时维护油水分离器或油水分离器失效。

（3）空气干燥器失效。

2. 故障排除

（1）储气罐中油、水和污物的清理

断开空气压缩机电源，打开储气罐上的排污阀，让压缩空气将储气罐底部的油、水和污物冲出，直至罐内污物排除干净为止，关闭排污阀。

（2）油水分离器的维护

油水分离器的维护步骤如下：

1）打开排污阀，将储存在滤杯中的油、水放掉。

2）对滤杯和存水杯进行清洗，并用低压空气将其吹干。

3）安装油水分离器。油水分离器必须竖直安装，放水阀朝下。注意：油水分离器与气压调节器配合使用时，油水分离器应接在气压调节器的前端。

4）按照阀体上气流方向的箭头安装并配接气管。

5）定期检查油水分离器，失效时要进行更换。

（3）空气干燥器的检查

打开冷冻干燥机的电源，检查冷冻干燥机的工作情况，如果发现工作不良或失效，应马上进行修理。

二、压缩空气供给系统的维护

为了使压缩空气供给系统有效地工作，延长系统部件的使用寿命，要按规定的维护方案进行维护。一般而言，压缩空气供气系统的维护分为日维护、周维护和月维护。

1. 日维护

放掉储气罐、油水分离器内的冷凝水，特别是在空气湿度较大时，每天要多放几次；检查曲轴箱的润滑油面，油面应保持在充足的位置，也不要过高，以避免机油消耗过多。

2. 周维护

（1）拉开安全阀上的拉环，使安全阀处于打开位置。若安全阀装在储气罐或单向阀上，则在罐内存有高压气体时排气；若安全阀装在压缩机内置冷却器上，则在压缩机工作时排气。

（2）关闭安全阀。注意：当安全阀不能正常工作时，应立即维修或更换。

（3）清洗空气滤清器。用防爆溶剂将空气滤清器清洗干净，晾干后重新装好。

（4）清洗或吹掉气缸盖、内置冷却器、后置冷却器及其附属设备上的灰尘和污物。

3. 月维护

（1）添加或更换曲轴箱内的机油。在干净的工作环境下，机油应每工作 500 h 或 6 个月更换一次（满足两个条件之一就应更换）。如果工作环境恶劣，应增加更换的频度。

（2）调节压力开关的关机 / 开机设定点。

（3）检查每次关掉电动机时安全阀或单向阀（CPR）的排气压力是否正常。

（4）检查并调整传动带的松紧程度，注意：操作时必须取下传动带防护罩的前半部分。

（5）紧固压缩机上所有阀芯或气缸盖，以免损坏气缸或活塞。

（6）检查压缩机附件和供气管道系统有无空气泄漏。

（7）关闭储气罐排气阀，检查泵气时间是否正常。

（8）检查空气压缩机是否有异响和漏油现象。

思考题

一、选择题

1. ________式空气压缩机被广泛使用。

A. 双螺杆　　B. 活塞

C. 膜片　　D. “Z”旋转螺杆

2. ________是利用空气压力控制电源开闭的开关。

A. 自动卸荷器　　B. 安全阀

C. 压力开关　　D. 排污阀

3. 压缩空气内有灰尘将会导致涂膜________。

A. 流平性差　　B. 流挂

C. 产生痱粒　　D. 爆裂

4. 涂膜表面产生痱粒的主要原因是________。

A. 喷涂气压下降　　B. 压缩空气压力波动

C. 压缩空气中有油、水　　D. 以上都不对

二、判断题

1. 油水分离器应安装在空气压缩机气流出口处。（　　）

2. 目前使用的空气压缩机有膜片式、活塞式和双螺杆式。（　　）

3. 空气压缩机机油应每工作 500 h 或 6 个月更换一次。（　　）

4. 喷涂气压过低会导致涂膜附着不良。（　　）

三、实践与练习

1. 参照压缩空气供给系统月维护的要点，对涂装车间的压缩空气供给系统进行维护。

2. 涂膜流挂现象是由压缩空气供给系统的哪些故障造成的?

任务 4　底漆的喷涂

任务目标

- 熟悉底漆喷涂的一般步骤。
- 掌握不同车身底材用底漆的喷涂方法。
- 能熟练地进行车身底漆的喷涂。

任务引入

为了完成表面锈蚀的丰田汽车发动机舱盖（见图 3-4-1）底涂层涂装的任务，前面已经学习了底漆的选用与调制、空气喷枪和压缩空气供给系统的使用方法，现在需要进行底涂层涂装的实质性操作。那么，进行车身底涂层涂装必须掌握哪些涂装知识和涂装技能呢？

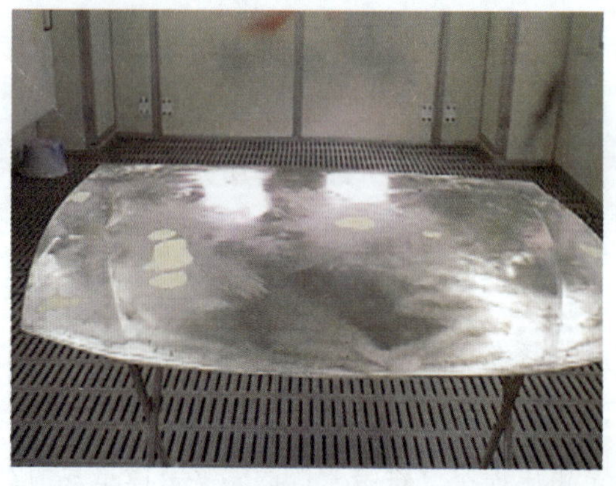

图 3-4-1　表面锈蚀的丰田汽车发动机舱盖

任务分析

喷涂底涂层可以使涂膜获得良好的附着力，填平细微的缺陷，对于裸金属还可以起到防腐蚀作用。底涂层是整个涂层的基础。底漆的喷涂涉及喷涂的步骤和不同底材的涂装方法等知识。在掌握这些知识的基础上，学生应针对不同车身底材，练习底漆喷涂的操作技能，完成底涂层的喷涂操作。

相关知识

一、底漆喷涂的一般步骤

喷涂底漆之前，应先将需要喷涂的区域用清洁剂清洁干净，去除油污、蜡脂及灰尘，经适当遮盖后再进行喷涂。

喷涂底漆时，底涂层的涂膜厚度可根据不同情况进行安排，一般情况下，如果底涂层上还要喷涂中涂层，则可将底漆喷涂得薄一些，只要能够达到防腐蚀和提高黏附能力的目的就可以了；如果在底涂层上直接进行面漆的喷涂，则需要喷涂得厚一些，根据不同的要求可以进行打磨。总的涂膜厚度以不超过 50 μm 为宜。需要注意的是：在修补旧涂层并喷涂底漆时，要选用与原涂层无冲突的底漆。

底漆在常温下干燥一般需要 45 ~ 60 min。强制干燥需先静置 5 ~ 10 min，然后在 60 ℃下烘烤 30 min 即可。

底漆干燥后要经过适当的打磨，以便为下一步喷涂工作做好准备。打磨时为更好地判断打磨的程度，应使用“打磨指导层”。打磨指导层即在需要打磨的涂层上薄薄喷涂或擦涂一层其他颜色的涂料，意在使打磨时打磨到的区域与未打磨的区域在颜色上有一定的差异，以利于观察打磨的程度（指导层被磨掉的部位就是高点，而未被磨掉的部位就是低点，指导层全部被磨掉后，需要打磨的区域就比较平滑了）。可用于指导层的材料有很多，对于涂膜表面的打磨，一般用单组分硝基漆作为指导层；对于原子灰的打磨，一般用炭粉作为指导层。指导层的颜色以反差大一些为好，但应尽量使用黑、灰、白等容易遮盖的颜色。

二、不同车身底材用底漆的喷涂方法

1. 对大面积裸金属喷涂底漆

对大面积裸金属喷涂底漆时，一般首先进行磷化处理后再喷涂隔绝底漆。磷化处

理通常用喷涂磷化底漆（磷化底漆属于侵蚀性底漆中的一种）的方法来进行。喷涂时要根据不同的底材选用不同的底漆。对于钢板喷上一层薄薄的磷化底漆即可；对于铝合金板材需要喷涂含有铬酸锌的底漆进行钝化处理；对于镀锌板等底材通常不用喷涂侵蚀性底漆，直接喷涂隔绝底漆即可。

侵蚀性底漆一般不单独使用，在其上还要喷涂隔绝底漆共同组成底涂层，所以侵蚀性底漆的涂膜要薄一些，以 15 μm 左右为好。喷涂侵蚀性底漆时须选用塑料容器，按照使用说明进行调配，喷涂时所用的空气喷枪最好使用塑料枪罐，并在喷涂完毕马上进行清洗，以避免枪身受到侵蚀。侵蚀性底漆的喷涂面积不宜过大，以遮盖住裸露的金属区域即可。待侵蚀性底漆干燥后就可以直接喷涂隔绝底漆，其间不必进行打磨处理。

隔绝底漆以环氧树脂型居多，因底漆的施工黏度比较高，在选择空气喷枪时需要比较大的口径。以环保型空气喷枪为例，喷涂时应选用 1.7 ~ 1.9 mm 口径的底漆空气喷枪。隔绝底漆的喷涂方法为：薄喷 1 ~ 2 遍，间隔时间为 5 ~ 10 min（常温下），涂膜厚度一般为 30 ~ 35 μm。底漆喷涂完毕静置 5 ~ 10 min，待溶剂挥发一段时间，然后加热至 60 ℃烘烤 30 min。

2. 对旧涂层喷涂底漆

旧涂层经过打磨后如果没有裸露出金属底材，可以不喷涂底漆，而直接喷涂中涂底漆或施涂原子灰；如果旧涂层打磨后有部分区域露出了金属底材，只需对裸露的金属部位喷涂底漆，而不必全面喷涂；对小部分裸露金属的处理也可以适当简化，可以不必喷涂侵蚀性底漆。

注意：被喷涂底漆的部位必须经过打磨后才能喷涂中涂底漆或面漆，打磨时必须将所喷涂的底漆打磨平整、光滑，边缘接口必须磨出羽状边。

3. 对塑料件喷涂底漆

塑料件在喷涂底漆时需要使用专用的塑料底漆，首先用塑料专用清洁剂清洁塑料件表面，然后用 1.3 ~ 1.7 mm 口径的空气喷枪喷涂 1 ~ 2 遍，间隔时间为 5 ~ 10 min。在塑料底漆未干燥时直接喷涂中涂底漆或面漆，其黏附效果会更好，但如果需要刮涂原子灰等，则必须等其完全干燥。

任务实施

一、发动机舱盖表面的磷化处理

1. 用去蜡除油剂清洗工作表面

在发动机舱盖表面涂上去蜡除油剂，趁除油剂未干时用干净的抹布擦拭干净。每次处理的面积为 20 ~ 30 cm^2。

2. 涂抹金属磷化底漆

按照 4 : 1 的比例将磷化底漆与磷化液混合好，盛装在塑料容器内，静置 30 min。用抹布蘸取磷化底漆在发动机舱盖上涂抹，在磷化底漆未干时用抹布擦拭干净。注意：涂过磷化底漆后的发动机舱盖，在 20 ℃下，须经过 2 h 才能进行其他涂层的施工。

3. 涂抹金属转换剂

将适量的金属转换剂倒入容器中，用刷子涂抹在金属表面，如图 3–4–2 所示。让金属转换剂干燥 2 ~ 5 min，然后再用清水冲洗，用干净抹布擦干，保持金属表面干燥。

说明：金属转换剂的作用是增强防腐蚀性能，也可以用洗涤底漆取代金属转换剂对金属表面进行处理。

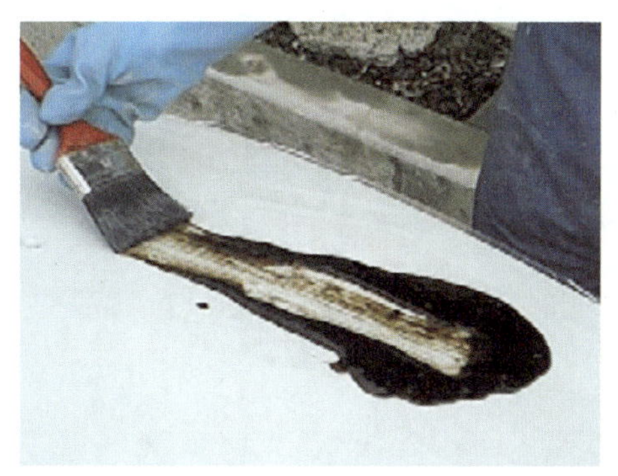

图 3–4–2 涂抹金属转换剂

二、底漆的喷涂

1. 喷涂前的遮盖

本任务需对丰田汽车发动机舱盖整块重涂，采用将发动机舱盖整体拆下，整个钣金件喷涂的方式，因此不需要进行喷涂前的遮盖工作。

2. 空气喷枪的选用和调整

底漆的施工黏度比较高，在选择空气喷枪时需要比较大的口径。以环保型空气喷枪为例，喷涂时选用 1.7 ~ 1.9 mm 口径的底漆空气喷枪，喷涂压力为 294 ~ 392 kPa。空气喷枪的调整按照本模块任务 2 中的“空气喷枪的调整”进行。

3. 底漆的喷涂

底漆的喷涂采用薄喷的方法，如图 3-4-3 所示。一般喷涂 1 ~ 2 遍，间隔时间为 5 ~ 10 min，底漆涂膜的总体厚度为 30 ~ 35 μm。

图 3-4-3 底漆的喷涂

4. 底涂层的干燥与打磨

底漆在常温下干燥一般需要 45 ~ 60 min。强制干燥需先静置 5 ~ 10 min，然后在 60 ℃下烘烤 30 min 即可。底涂层干燥时的指示示意如图 3-4-4 所示。

底涂层完全干燥、凝固后，可用 240# ~ 360# 干磨砂纸配合打磨机打磨，如图 3-4-5 所示，或用 600# 水磨砂纸湿磨。打磨时尽量不要将底涂层磨穿，如果磨穿则需要对磨穿部位重新喷涂底漆。

图 3-4-4 底涂层干燥时的指示示意

图 3-4-5 底涂层的打磨

思考题

一、选择题

1. 喷涂侵蚀性底漆时，其涂膜厚度应控制在________μm 左右。

A. 10　　B. 15　　C. 30　　D. 45

2. 打磨指导层的颜色应尽量使用________等容易遮盖的颜色。

A. 红、黄、绿　　B. 红、黄、蓝　　C. 黑、灰、白　　D. 黑、蓝、黄

3. 打磨原子灰时，一般用________作为指导层。

A. 硝基漆　B. 聚氨酯漆　C. 炭粉　D. 磷化底漆

4. 对于铝合金板材需要喷涂含有铬酸锌的底漆进行________。

A. 钝化处理　B. 磷化处理　C. 防锈处理　D. 粗化处理

5. 底漆涂膜的总体厚度为________μm。

A. 20 ~ 30　B. 30 ~ 35　C. 35 ~ 40　D. 40 ~ 50

二、判断题

1. 不可以用洗涤底漆取代金属转换剂对金属表面进行处理。（　）

2. 在喷完底漆后，在 60 ℃下强制干燥 30 min 即可。（　）

3. 底涂层完全干燥、凝固后，可用 240# ~ 360# 水磨砂纸打磨。（　）

4. 喷涂环氧底漆一般选用 1.7 ~ 1.9 mm 口径的环保型底漆空气喷枪。（　）

5. 对于镀锌板直接喷涂隔绝底漆即可。（　）

三、实践与练习

对图 3-4-6 所示的保险杠进行底漆的喷涂。

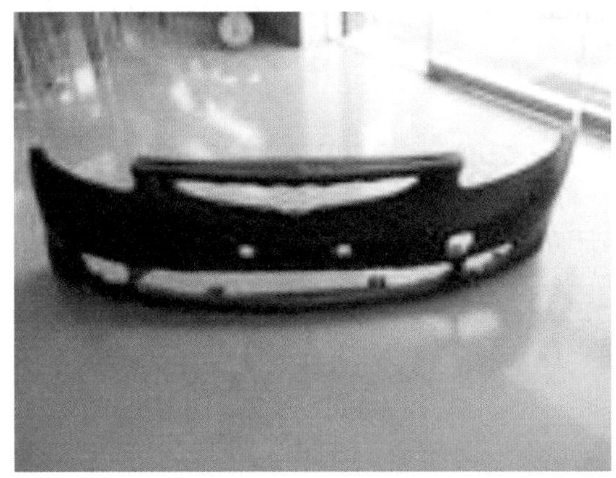

图 3-4-6　保险杠

模块四 中间涂层涂装

任务1　原子灰的选用

知识目标

- 熟悉车用原子灰的作用、组成、性能和用途。
- 掌握车用原子灰选用的一般原则。
- 能根据车身底材正确选用原子灰。

任务引入

一辆丰田汽车车身翼子板的底涂层已经完成施工，现在需要刮涂原子灰进行修补，如图4-1-1所示。在刮涂原子灰前，必须先正确选用原子灰。因此，本任务的主要内容就是原子灰的正确选用。

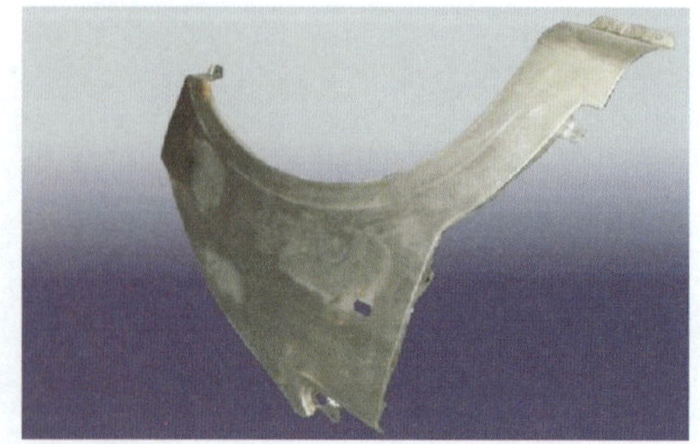

图4-1-1　待刮涂原子灰的车身翼子板

任务分析

原子灰选用不当会导致涂层开裂、漆面粗糙和失光等缺陷，从而使涂装工作失败。所以，原子灰的正确选用是不可忽视的一环。要正确选用原子灰，必须了解原子灰的作用、组成，车身常用原子灰的种类和性能等知识，然后结合车身底材的具体情况和施工要求合理选用，以确保车身表面的修补质量。

相关知识

一、车用原子灰的作用与组成

1. 原子灰的作用

原子灰是一种膏状或厚浆状的涂料，容易干燥，且干燥后坚硬，适合打磨。原子灰一般使用刮具刮涂于底材的表面（根据使用的场合不同可分为刮涂、刷涂和喷涂三种），用来填平底材上的凹坑、缝隙、孔眼、焊疤、刮痕以及加工过程中所造成的表面缺陷等，以使底材表面平整、匀顺，使面漆的丰满度和光泽等能够充分地显现。

原子灰俗称“腻子”，但与通常所指的腻子有区别。通常所指的腻子一般是用油基漆作为黏结剂，以熟石膏粉等作为填充料，并加入少量的颜料和稀释剂调和而成的。这种腻子干燥时间长，干燥后质地比较软，而且会出现不同程度的凹陷，对其上面的涂料具有一定的吸收作用，不利于修补涂装和面漆的美观，现已不再使用。20 世纪 80 年代，我国研制出了水性原子灰，用水作为稀释剂调和后使用。这种原子灰在一定程度上相对于油性腻子的性能有所改善，但仍存在塌陷、吸收、质软等缺点，现在也已经不常用。现在常用的原子灰硬化时间短，常温下半个小时就可以干燥硬化；经打磨后的原子灰表面细腻、光滑、坚硬，基本无塌陷，对其上面的涂料吸收很少；附着能力强，耐高温，正常使用时不出现开裂和脱落现象。因此，被广泛应用于汽车制造和修补工作中。

2. 原子灰的组成

原子灰由树脂、颜料、溶剂和填充材料等组成。现在常用的原子灰树脂有环氧树脂和聚酯树脂等。环氧树脂型原子灰具有较高的附着力、良好的耐水性和耐化学品腐蚀性，但涂层坚硬，不易打磨。由于其附着力优良，可以刮涂得较厚而不脱落、开裂，多用于涂有底漆的金属或裸金属表面。聚酯树脂型原子灰也有优良的附着力、耐水性和耐化学品腐蚀性，而且干后软硬适中，容易打磨，经打磨后表面光滑、圆润，适用于很多底材表面（但不能用于经磷化处理的裸金属表面），经多次刮涂后，涂膜厚度可达 20 mm 以上而不开裂、脱落，所以是应用最为广泛的一种，现在常用的原子灰基本上都是聚酯树脂型原子灰。

原子灰中的颜料以体质颜料为主要物质，配以少量的着色颜料。填充材料主要使用滑石粉、碳酸钙、沉淀的硫酸钡等，起填充作用并能提高原子灰的弹性、抗裂性、硬度以及施工性能等。着色颜料以黄、白两色为主，主要是为了降低鲜艳度，提高面涂层的遮盖能力。

原子灰多为双组分产品，需要加入固化剂后方能干燥固化，以提高硬度并缩短干燥时间。环氧树脂型原子灰多用胺类作为固化剂，聚酯树脂型原子灰多用过氧化物作为固化剂。

二、车身常用原子灰

原子灰的种类很多，车身常用原子灰有普通原子灰、合金原子灰、纤维原子灰、塑料原子灰和幼滑原子灰等。

1. 普通原子灰

普通原子灰（见图 4–1–2）多为聚酯树脂型，其膏体细腻，操作方便，填充能力强，适用于大多数底材，但不宜刮涂得过厚。普通原子灰不适用于镀锌板、不锈钢板、铝板和经磷化处理的裸金属表面，但在这些金属表面喷涂一层隔绝底漆（通常为环氧基）后可以正常使用。

2. 合金原子灰

合金原子灰也称金属原子灰，如图 4–1–3 所示。它与普通原子灰相比性能更加良好，除可用于普通原子灰所用的一切场合外，还可以直接用于镀锌板、不锈钢板和铝板等裸金属表面，而不必先施涂隔绝底漆，但不适用于经磷化处理的裸金属表面。合金原子灰因其性能卓越，使用方便，所以应用很广泛，但价格要高于普通原子灰。

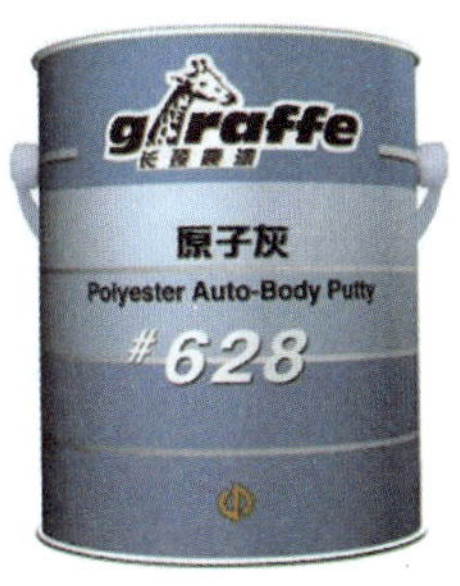

图 4-1-2 普通原子灰

图 4-1-3 合金原子灰

3. 纤维原子灰

纤维原子灰（见图 4-1-4）的填充材料中含有纤维物质，干燥后质轻，附着能力和硬度很高，因此能够一次刮涂得很厚。它可以直接填充直径小于 50 mm 的孔洞而无须钣金修复，对孔洞的隔绝及防腐蚀能力也很强，对比较深的金属凹陷部位的填补效果非常好，但表面呈现多孔状，需要用普通原子灰做填平处理。

4. 塑料原子灰

塑料原子灰（见图 4-1-5）专用于柔软塑料制品的填补工作。其调和后呈膏状，可以刮涂也可以刷涂；干燥后像软塑料一样，质地柔软，与底材附着良好，打磨性很好，可用机器干磨也可用水磨。

图 4-1-4 纤维原子灰

图 4-1-5 塑料原子灰

5. 幼滑原子灰

图 4-1-6 幼滑原子灰

幼滑原子灰（见图 4-1-6）是一种快干原子灰，也称填眼灰，有双组分的也有单组分的，以单组分产品较为常见。硝基原子灰是单组分幼滑原子灰的一种，在汽车修补涂装中应用非常广泛。幼滑原子灰的膏体极其细腻，一般在打磨完中间涂层后喷涂面漆之前使用，主要用于填补极其微小的凹坑、砂眼，以提高面漆的装饰性。但其填补能力比较差，且不耐溶剂，易被面漆中的溶剂“咬起”，不能作为大面积刮涂使用。幼滑原子灰干燥时间很短（仅需几分钟），干燥后较软，易于打磨，用在填补小凹坑时非常适合，是涂装中常见的用品。

三、原子灰的选用

汽车修补涂装中常用的原子灰有自干型、烘干型及双组分型三种，应结合具体的施工对象（如损伤程度、涂装质量和底材）以及原子灰的性能和工艺特点灵活选用，特别要注意与底漆、面漆的配套性。

汽车常用原子灰的性能及用途见表 4–1–1，各种车用原子灰的工艺特性见表 4–1–2。

表 4–1–1　汽车常用原子灰的性能及用途

品种	类型	性能	用途
硝基原子灰	快干型	干燥速度快，附着力强，易打磨。但因其固体分含量低，干燥后收缩较大	常用于客车、轿车修补时填补砂眼、孔隙或喷涂一层面漆后填平砂痕等
醇酸原子灰	常温自干型	原子灰膜坚硬，耐候性好，附着力强，不易脱落和龟裂。但一次刮涂不能太厚，以免影响干燥。可自干，也可烘干	用于填补客车、轿车上涂覆醇酸底漆的金属表面
环氧自干原子灰	常温自干型	原子灰坚硬，耐潮湿性好，与底漆有良好的结合力	涂装高级轿车时的配套用料
过氯乙烯原子灰	快干型	干燥速度快，打磨性、耐油性好，附着力强，施工时不宜来回多次重复刮涂	适用于已涂有醇酸底漆或过氯乙烯底漆的金属和木制表面
聚酯原子灰	双组分固化型	硬化时间短，附着力强，不受天气影响，刮涂操作方便，干燥后收缩小，易打磨且表面光滑，能与多种底漆、面漆配套使用，但不能在酚醛底漆、醇酸底漆上刮涂，以免脱落、起泡	在汽车修补涂装中使用量最大

表 4–1–2　各种车用原子灰的工艺特性

特性＼种类	不饱和聚酯原子灰	聚氨酯原子灰	氨基原子灰	环氧原子灰	油性原子灰	硝基原子灰
一次刮涂厚度 /mm	数毫米	<1.5	<0.3	<0.5	<0.3	<0.2
干燥收缩量 /%	接近 0	10 ~ 20	10 ~ 20	10 ~ 20	10 ~ 20	30 ~ 40

续表

特性＼种类	不饱和聚酯原子灰	聚氨酯原子灰	氨基原子灰	环氧原子灰	油性原子灰	硝基原子灰
干燥形式	自干，烘干	自干	烘干	烘干	自干	自干
干燥时间 /h	100 ℃以下 0.5	4 ~ 7	120 ℃时 0.5	120 ℃时 0.5 ~ 1	6 ~ 8	1 ~ 2
打磨的难易程度	稍难	稍难	稍易	难	稍难	难
对钢铁的附着力	略好	好	略好	好	稍差	差
耐水性	良好	良好	稍好	好	差	稍差
耐热性	中	中	好	好	好	中
耐久性	好	好	中	中	差	差
强度	高	高	中	高	低	低

任务实施

在选择修补翼子板表面的原子灰时，可以从以下几个方面考虑：

一、从被涂物（翼子板）的具体情况考虑

1. 翼子板底材是薄钢板，现在已经喷涂好环氧底漆。

2. 从实物图片中可以看出翼子板凹陷程度不大，不需要一次刮涂得很厚。

3. 翼子板的修补质量要求很高。

二、从原子灰的性能考虑

对照表 4–1–1，得知聚酯原子灰具有硬化时间短，附着力强，不受天气影响，刮涂操作方便，干燥后收缩小，易打磨且表面光滑，能与多种底漆、面漆配套使用的良好性能，因此选用聚酯原子灰比较合适。

三、从原子灰的工艺性能考虑

对照表 4–1–2，得知聚酯原子灰具有施工性能优良、强度高、涂层耐久等优点，是汽车修补涂装中使用最为广泛的涂料。

基于以上几个方面的考虑，丰田汽车翼子板的修补选用聚酯型普通原子灰最为合适。

思考题

一、选择题

1. 硝基原子灰一次刮涂厚度必须小于________mm。

A. 10　　B. 1.5　　C. 0.2　　D. 0.3

2. ________原子灰干燥后的收缩量接近于零。

A. 不饱和聚酯　　B. 聚氨酯　　C. 氨基　　D. 环氧

3. ________原子灰施工时不宜来回多次重复性刮涂。

A. 硝基　　B. 过氯乙烯　　C. 环氧　　D. 聚酯

4. ________原子灰主要用于填补极其微小的凹坑、砂眼。

A. 硝基　　B. 过氯乙烯　　C. 环氧　　D. 聚酯

5. ________原子灰具有较高的附着力，但涂层坚硬，不易打磨。

A. 硝基　　B. 过氯乙烯　　C. 环氧　　D. 聚酯

二、判断题

1. 醇酸原子灰常用于填补砂眼和凹坑。（　）

2. 幼滑原子灰干燥时间很短，干燥后较软，易于打磨。（　）

3. 塑料原子灰不适合水磨。（　）

4. 原子灰中的颜料以体质颜料为主要物质。（　）

5. 原子灰由树脂、涂料、溶剂和填充材料等组成。（　）

三、实践与练习

如图 4-1-7 所示，某发动机舱盖严重锈蚀，经脱漆及去锈处理后，表面出现许多小孔洞，试选择合适的原子灰，并为修补刮涂做准备。

图 4-1-7　表面严重锈蚀的发动机舱盖

任务 2　原子灰的刮涂与打磨

任务目标

- 熟悉原子灰刮涂与打磨所需要的工具和材料。
- 掌握原子灰的刮涂、干燥与打磨方法。
- 能熟练进行原子灰的刮涂与打磨操作。

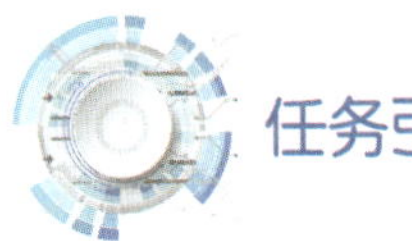

任务引入

一汽车车门被路边飞石击伤，表面出现较大面积的凹陷，涂膜破损，如图 4-2-1 所示。涂装人员已经进行了底材处理和底涂层的涂装，现在需要进行原子灰的刮涂，以填补凹坑。

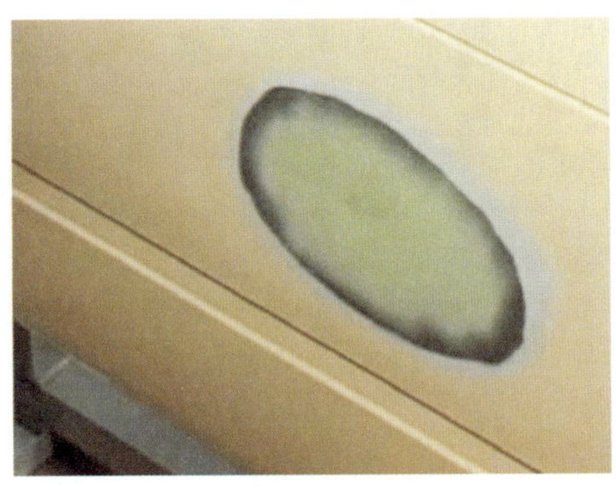

图 4-2-1　待刮涂原子灰的车门

任务分析

原子灰的刮涂是填补底材凹坑、获得良好表面质量的重要工序。要完成上述任务，首先必须掌握原子灰刮涂与打磨所需工具和材料的使用方法，练习原子灰刮涂、打磨的方法和技巧，然后针对车门涂膜的损伤情况，结合相关知识，进行原子灰刮涂与打磨操作。

相关知识

一、原子灰刮涂与打磨所需要的工具和材料

1. 原子灰刮涂与打磨工具

常用的原子灰刮涂工具有刮板、混合板、铲刀、调拌原子灰盒和原子灰托板等，如图 4–2–2 所示。刮板有钢片刮板和橡胶刮板，钢片刮板由木柄和刀板组成，刀板要求刃口平直。橡胶刮板采用耐油、耐溶剂的橡胶板制成，其外形尺寸和形状根据需要确定。橡胶刮板有很好的弹性，适用于刮涂形状复杂的表面，尤其是刮涂圆角、沟槽等处时特别适用。

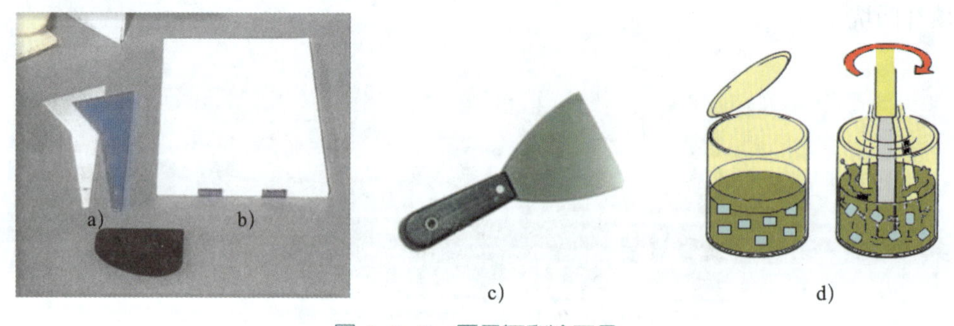

图 4–2–2　原子灰刮涂工具

a）刮板　b）混合板　c）铲刀　d）调拌原子灰盒

原子灰打磨工具分为手工打磨工具和机械打磨工具。手工打磨工具与砂纸配套使用，主要的打磨工具有手刨和打磨垫块，常用的手工打磨工具如图 4–2–3 所示。机械打磨工具可以利用电力驱动，也可以利用压缩空气驱动。由于喷漆间内有易燃物品，要尽量减少电动工具的使用，所以主要采用压缩空气驱动的气动打磨机。气动打磨机有单作用打磨机、双作用打磨机和轨道式打磨机等，如图 4–2–4 所示。气动打磨机常与吸尘器配套使用。

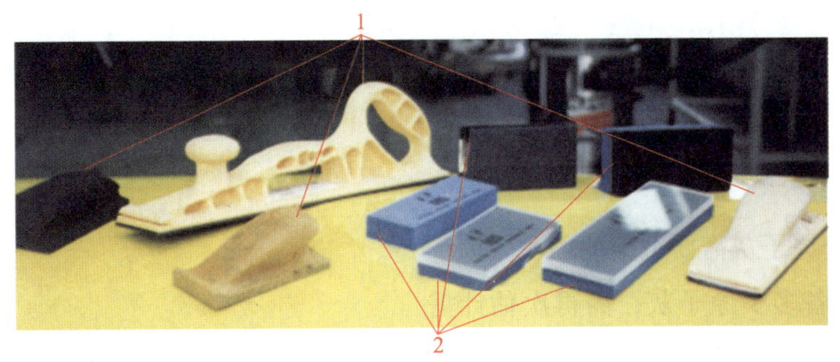

图 4-2-3 常用的手工打磨工具

1—手刨 2—打磨垫块

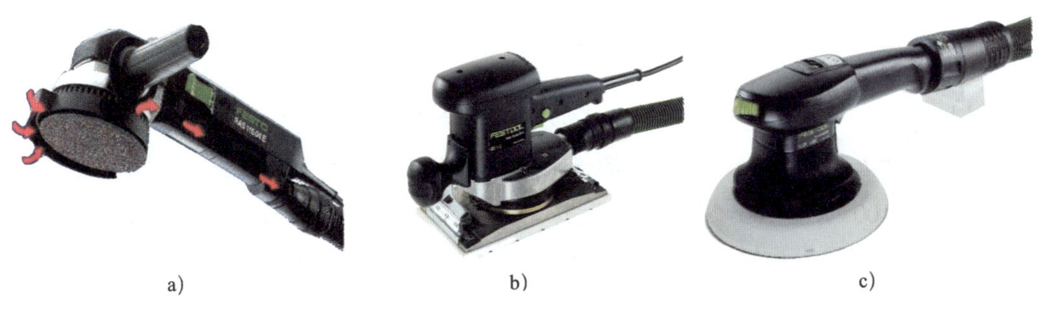

图 4-2-4 气动打磨机

a）单作用打磨机 b）双作用打磨机 c）轨道式打磨机

2. 车身常用打磨材料

车身常用打磨材料有砂纸和合成纤维毡垫（俗称菜瓜布）。砂纸是采用黏结剂把磨料颗粒粘在纸表面上而制成的。砂纸的粗细是由磨料颗粒的大小决定的，用粒度编号表示。编号越大粒度越小，砂纸越细。砂纸的编号及适用范围见表 4-2-1。合成纤维毡垫具有挠性，所以非常适合打磨外形比较复杂的、不易触及的工件表面。在汽车修补涂装中经常用到的是红色、绿色、灰色三种合成纤维毡垫，其中红色合成纤维毡垫相当于 360# 砂纸，绿色合成纤维毡垫相当于 320# 砂纸，粗灰色纤维毡垫相当于 800# ～ 1 200# 砂纸，细灰色纤维毡垫相当于 1 500# ～ 2 000# 砂纸。

表 4-2-1 砂纸的编号及适用范围

砂纸的编号	60# ～ 80#	120#、180#、240#	320# ～ 600#	1 000#、1 200#、1 500#、2 000#
适用范围	清除涂料	打磨羽状边和原子灰	打磨中涂底漆和旧涂膜	在施涂面漆后的表面上清除颗粒或消除打磨痕迹

二、原子灰的刮涂、干燥与打磨方法

1. 原子灰的刮涂方法

（1）原子灰刮涂前的准备工作

1）检查原子灰需要覆盖的面积。为了确定需要准备多少原子灰，需再次估计需要修补部位的损伤程度。图 4–2–5 所示为汽车保险杠擦伤的范围，刮涂原子灰时不能超出该范围，否则会加大不必要的施工面积。

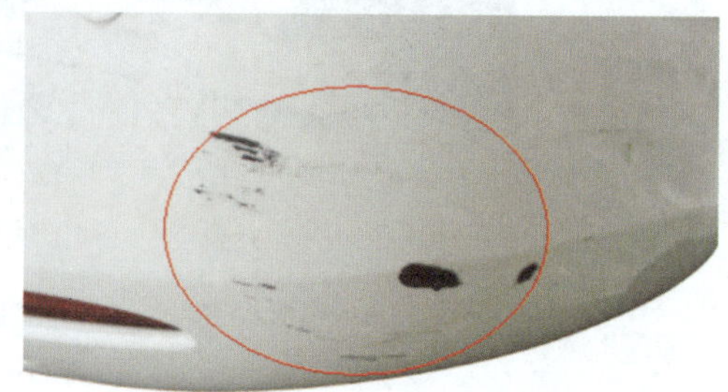

图 4–2–5　检查原子灰需要覆盖的面积

2）原子灰的混合。原子灰与固化剂如图 4–2–6 所示。将适量的原子灰基料放在混合板上，然后按规定的混合比添加一定量的固化剂，如图 4–2–7 所示。原子灰与固化剂一般以 100 : 2 ~ 100 : 3 的比例混合。若固化剂过多，干燥后会开裂；若固化剂过少，难以固化干燥。原子灰与固化剂混合时，固化剂的使用量可以随气温的变化适当调整，具体数值应以产品说明书为准。

a)　　b)

图 4–2–6　原子灰与固化剂

a）原子灰　b）固化剂

图 4–2–7　添加固化剂

原子灰的混合步骤如图 4–2–8 所示。

步骤 1：用刮板的尖端舀起固化剂，将其均匀散布在原子灰基料的整个表面上。

步骤 2：抓住刮板，轻轻提起其端头，再将它压入原子灰下面，然后将它向混合板的左侧提起。

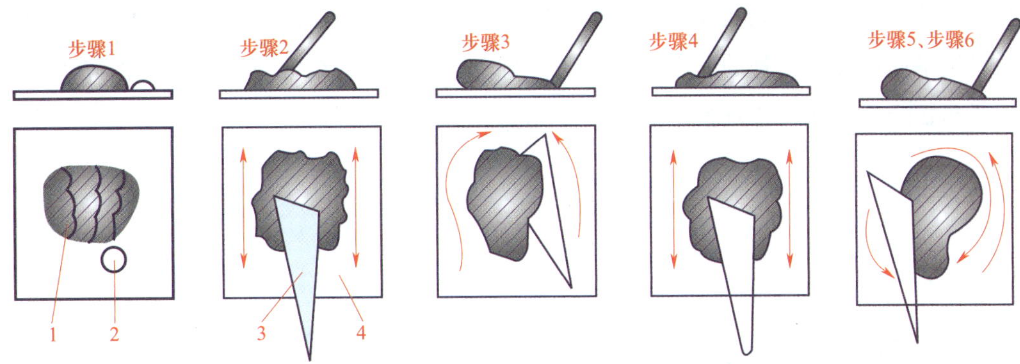

图 4-2-8 原子灰的混合步骤

1—原子灰基料 2—固化剂 3—刮板 4—混合板

步骤 3：在刮板舀起大约 1/3 原子灰后，以刮板右边为支点，将刮板翻转。

步骤 4：使刮板基本上与混合板持平，并将它向下压。用刮板在混合板上刮削，刮板上不能留有原子灰。

步骤 5：拿住刮板，稍稍提起其端头，并将上述在混合板上混合好的原子灰全部舀起。

步骤 6：将原子灰翻身，翻转的方向与步骤 3 中的方向相反。

步骤 7：与步骤 4 相同，使刮板基本上与混合板持平，并将它向下压，从步骤 2 开始重复。

步骤 8：在进行步骤 2 到步骤 7 时，原子灰往往向上朝混合板的顶部移动。在原子灰延展至混合板的边缘时，舀起全部原子灰，并且将它向混合板的底部翻转。重复步骤 2 到步骤 7，直到原子灰充分混合为止。

混合好的原子灰有可用时间的限制（所谓可用时间是指原子灰基料和固化剂混合后保持不硬化，能进行刮涂的时间），通常在 20 ℃条件下可以保持 5 min 左右。因此，应根据混合所需时间和刮涂所需时间决定一次混合的量。如果总是混合不好或反复长时间混合，留给涂刮的时间过短，就会使其固化而不能使用，所以混合的关键是速度要快，动作要熟练。

（2）原子灰刮涂的一般知识

对裸露的底材，经底材处理和喷涂底漆后，即可进行刮涂原子灰的操作；对于破损涂膜的修补，一般经过底材处理后就可以直接刮涂原子灰，如图 4-2-9 所示；对于非常平整的板件，喷完底漆后无须刮涂原子灰即可进行面漆的涂装。刮涂原子灰的目的是填平底漆无法填补的凹面，从而获得与表层漆光滑的结合面，如图 4-2-10 所示。原子灰施涂的厚度一般为 2 ~ 3 mm，不可过厚。

图 4-2-9　在破损涂膜上直接刮涂原子灰

面层
原子灰层
基底

图 4-2-10　原子灰与表层漆光滑的结合面

1）原子灰的刮涂方法。原子灰的刮涂有以下几种方法：

①填刮。刮涂时主要依靠刮具上部有弹性的部位与手配合操作，目的是利用较稠的原子灰分多次将工件表面的凹陷填平，填刮的操作技法如图 4-2-11 所示。

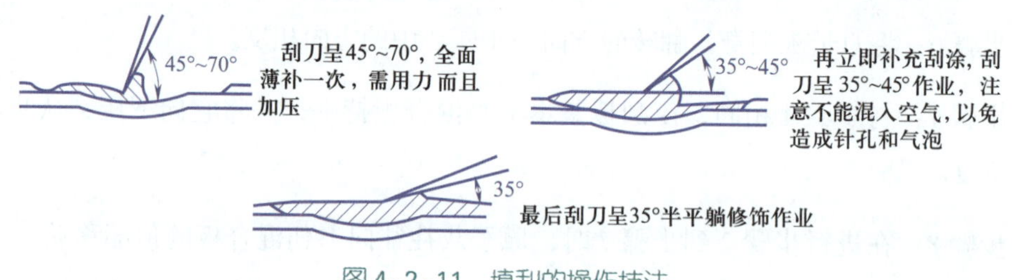

图 4-2-11　填刮的操作技法

②靠刮。靠刮是指刮涂时主要依靠硬刮具的刃口以刮涂区外的表面为导向刮涂较浅、较小的凹陷，刮涂的原子灰层较薄且光滑。图 4-2-12 所示为刮板的运动方向。靠刮所用的原子灰稠度稍低，一般用于最后一二道的刮涂或用于平滑表面的刮涂。

③先上后刮。先将原子灰逐一填满或刮平，然后再用刮具将其收刮平整。这种刮涂方法一般适用于较大面积的刮涂。

④上带刮。上带刮是指边上原子灰边将其刮平，一般适用于对较浅、面积较小或形状较复杂部位的刮涂。

⑤软上硬收。软上硬收是指先用软刮具把原子灰刮涂在垂直表面上，再用硬刮具将原子灰收刮平整，这样原子灰不易掉落。

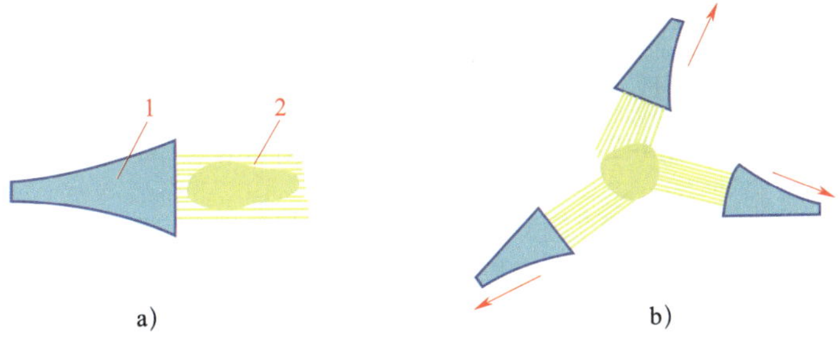

图 4-2-12 刮板的运动方向

1—刮板 2—原子灰

⑥硬上硬收。硬上硬收是指上原子灰和收刮原子灰都采用硬刮具，主要适用于刮涂既有平面又有曲面的构件表面。

⑦软上软收。软上软收是指上原子灰和收刮原子灰均采用软刮具，以便于按照构件的表面形状刮出曲面，主要适用于刮涂单纯的曲面构件。

2）不同工作面原子灰的刮涂技巧。原子灰混合结束后，用刮板刮涂，如图 4-2-13 所示。原子灰的刮涂要领是仔细地刮出平面，同时尽量避免气孔的产生。

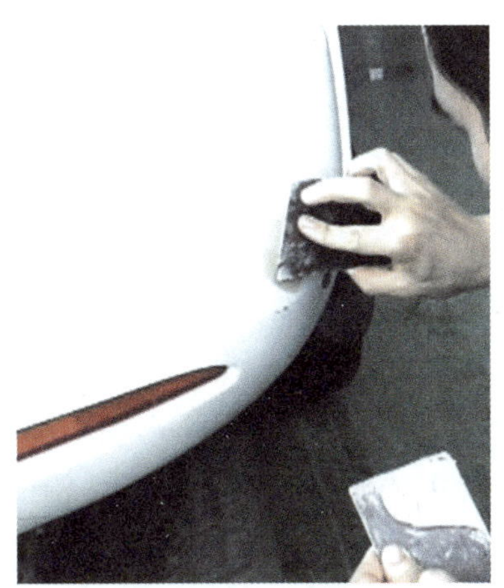

图 4-2-13 刮涂原子灰

局部修补时原子灰的刮涂方法如图 4-2-14 所示。

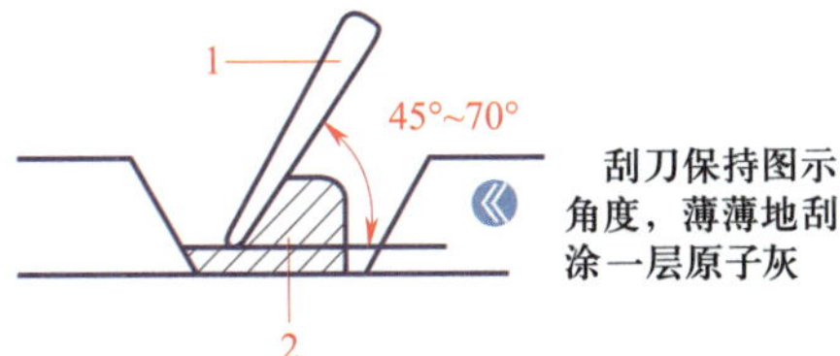

第一步：先将原子灰往金属表面上薄薄地涂抹一层，刮刀上要施加一定的力，以提高原子灰与金属表面的附着力

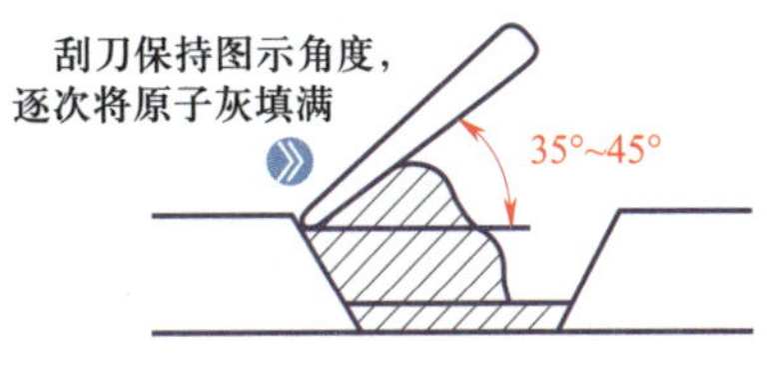

第二步：逐渐用原子灰填满凹坑，刮涂时刮刀的倾斜角度随作业者的习惯而存在差异，通常以35°~45°为宜

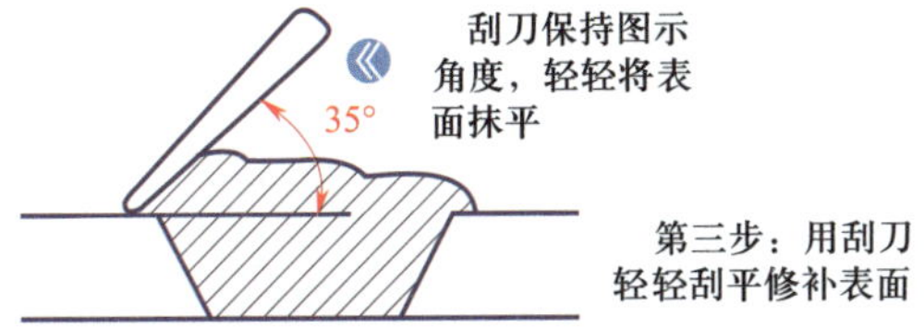

第三步：用刮刀轻轻刮平修补表面

图 4-2-14 局部修补时原子灰的刮涂方法

1—原子灰刮板 2—原子灰

大面积刮涂原子灰时，使用宽刮板比较方便，如车顶、发动机舱盖、行李舱盖和车门等，使用宽的橡胶刮板可以提高刮涂速度。另外，刮涂曲面时应使用曲面刮板。曲面刮板的使用方法如图 4–2–15 所示，还可以根据被刮涂面的形状使用不同弹性的刮板，这样可以使作业更加合理，如图 4–2–16 所示。

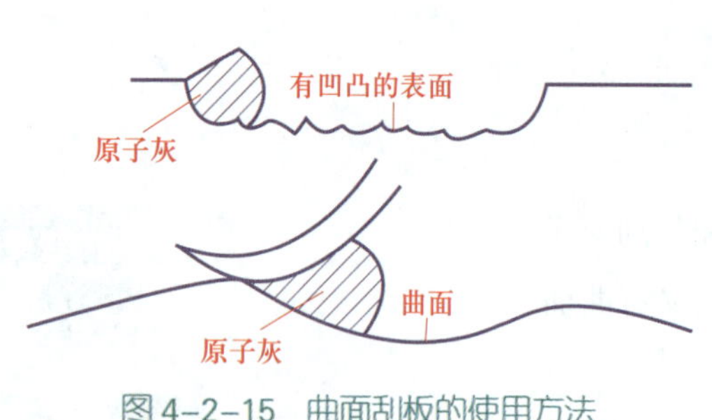

图 4–2–15　曲面刮板的使用方法

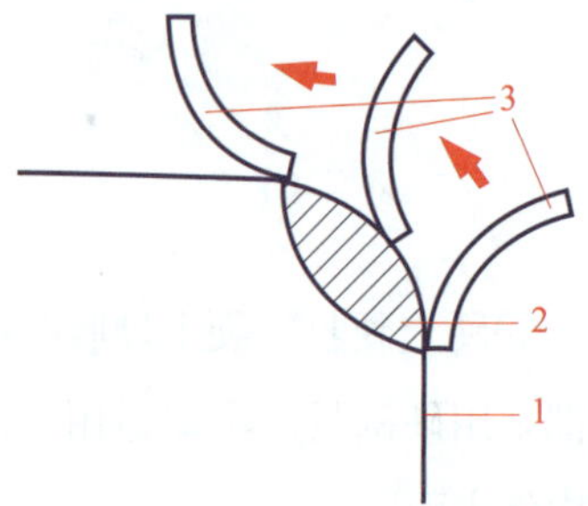

图 4–2–16　根据被刮涂面的形状使用不同弹性的刮板

1—底板　2—原子灰　3—橡胶刮板

对于冲压形成的按一定角度交接的两个面，若需要在冲压线部位刮原子灰，其刮涂方法如图 4–2–17 所示。沿交接线贴上胶带遮盖住冲压线的一侧，刮好另一侧的原子灰；待原子灰干燥后，揭下胶带，再在已刮好的一侧贴上胶带遮盖，接着刮涂余下的一侧。如此进行，修补后的冲压线才会清爽。

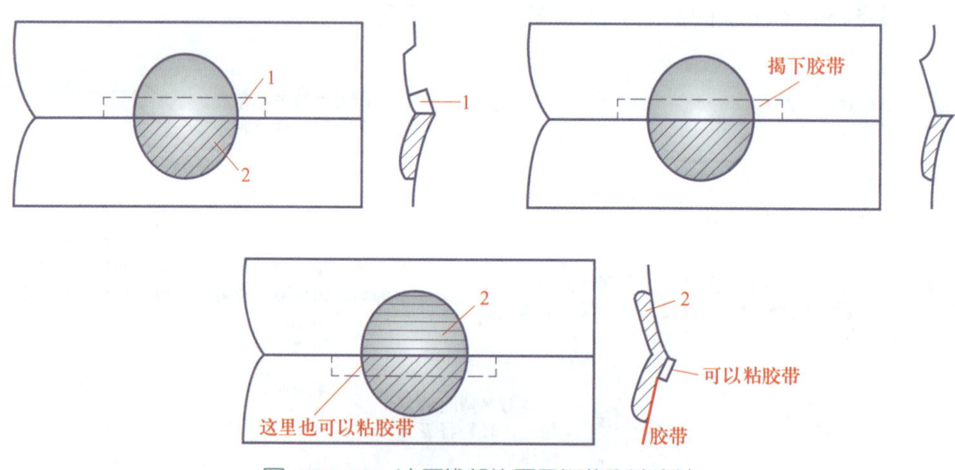

图 4–2–17　冲压线部位原子灰的刮涂方法

1—胶带　2—原子灰

注意：一定要掌握好揭去胶带的时机。过早，则会带下大量原子灰；过晚，则原子灰已经干透，胶带难以揭下，即使强行揭下也可能破坏已刮好的原子灰表面。

3）刮涂原子灰时的注意事项

①刮涂前被涂装表面必须干透，以防止产生气泡或龟裂。若被涂装表面过于光滑，可先用砂纸打磨，以使底面具有良好的附着性能。

②原子灰的刮涂应在一两个来回中刮平，手法要快、要稳，不可来回拖拉。若拖拉刮涂次数太多，原子灰容易被拖毛，表面不平、不亮，还会将原子灰里的涂料挤到表面，造成表干内不干的现象，影响性能。

③板件的洞眼和缝隙之处要用刮板尖将原子灰挤压填满，但一次不宜刮涂得太多、太厚，以防止干不透。

④刮涂时，四周残余的原子灰要及时收刮干净，否则表面会留下残余的原子灰块粒，干燥后会增加打磨的工作量。

⑤如果需刮涂的原子灰层较厚，需多层刮涂时，每刮一道都要充分干燥，每道原子灰不宜过厚，一般要控制在 0.5 mm 以下，否则容易因收缩而开裂或干不透。

⑥原子灰刮涂工具用完后，要清洗干净再保存。

⑦夏季天气炎热，温度较高，原子灰容易干燥，成品原子灰可用稀料盖在上面；冬季原子灰应放在暖和处，以防止冻结，用时可加些清漆和溶剂，但不宜存放太久。

⑧原子灰不能长期存放于敞口的容器中，以免胶黏剂变质，溶剂挥发，造成粘挂不住，出现脱落或不易刮涂等问题。

2. 原子灰的干燥方法

新施涂的原子灰会因为其自身的反应而产生热量，从而加速固化反应。一般在施涂后 20 ~ 30 min 即可打磨。但在气温低而湿度高的情况下，原子灰的内部反应速度降低，需要较长的时间才能使原子灰固化。为了加快固化，可以采用外部加热的方法，实际生产中使用红外线烤灯或干燥机加热，以促进原子灰的干燥，如图 4-2-18 所示。

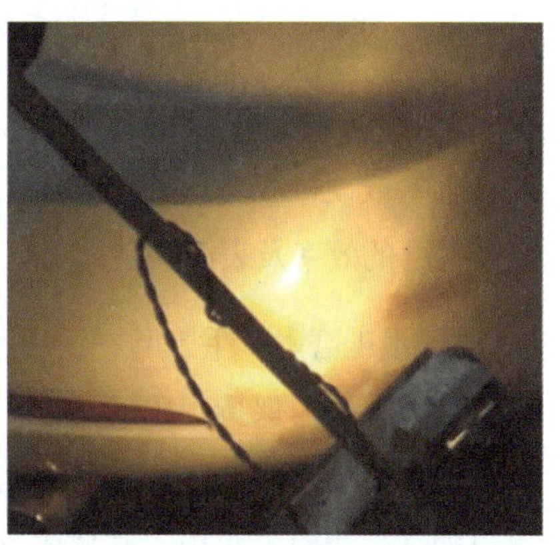

图 4-2-18 原子灰的干燥

在使用红外线烤灯或干燥机来加热和干燥原子

灰时，一定要使原子灰的表面温度控制在 50 ℃以下，以防止原子灰分离或龟裂。如果表面热得不能触摸，则说明温度太高了。

3. 原子灰的打磨方法

（1）打磨方法的分类

原子灰完全干燥后，一般采用干式或湿式打磨法打磨，使涂层平整并为下一涂层提供良好的附着力。原子灰打磨作业方法有用打磨机磨平、用软木或硬橡胶垫块辅助磨平和手工磨平三种。

1）用打磨机磨平。打磨机适用于磨平平坦或柔和弯曲的部位，特别适用于大片平面的打磨。打磨时，将打磨机轻压在原子灰层表面，左右轻轻移动打磨机。打磨时应注意，打磨头的工作面应保持与原子灰层表面平行，如图 4-2-19 所示，打磨时不能施力过大，应将打磨机轻轻压住，靠旋转力进行打磨。若施力过大，就不能形成平整的表面。打磨机的移动方向如图 4-2-20 所示。

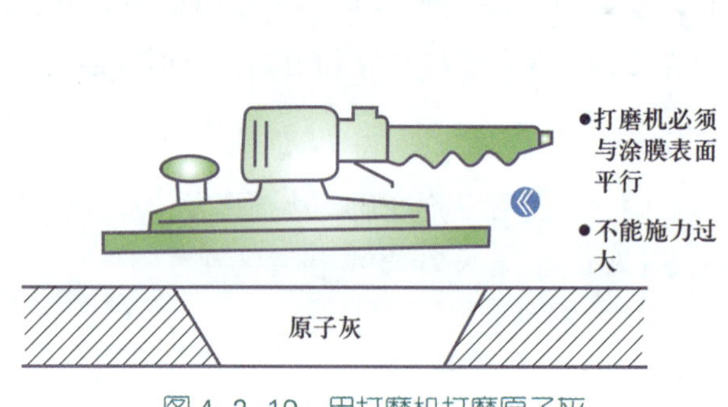

图 4-2-19　用打磨机打磨原子灰

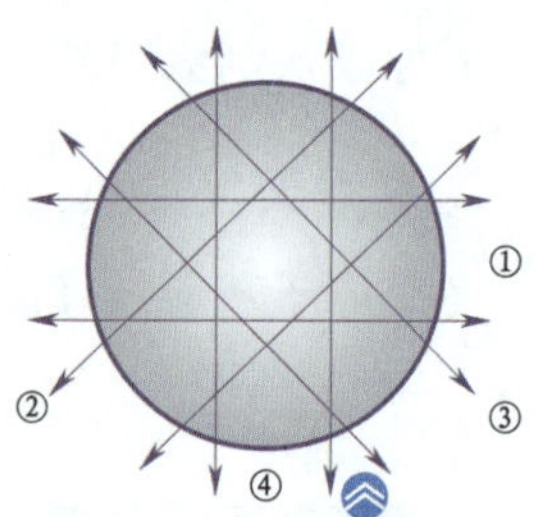

先沿①所示方向左右运动，再沿②和③方向斜向运动，然后沿④方向上下运动，这样可以基本消除变形。如果最后再沿①方向左右运动一次，消除变形效果更好

图 4-2-20　打磨机的移动方向

2）用软木或硬橡胶垫块辅助磨平。用软木或硬橡胶垫块作为助力工具，把砂纸包裹在软木或硬橡胶垫块外面的手工打磨适用于平面区域较大的表面磨平。这种方法能提高打磨的效率及表面平整度。

3）手工磨平。手工磨平适用于有拐角和外形复杂的表面，打磨时不仅是手指尖的动作，手腕也需保持正确的动作，手的位置使手指与打磨的方向成一角度，以防止出现“指状磨痕”。打磨时，手指顺着车体外形进行短促、平行的打磨，压力不可过重，以免砂纸黏滞而不耐用，并形成过深的擦痕和“指状磨痕”。如图 4-2-21 所示，手工打磨修整可以彻底清除细小的凹凸不平。手工打磨所用砂纸粒度为 150# ~ 180#。由于用气动打磨机不可能完全消除变形，因此用手工打磨修整是必不可少的环节。

图 4-2-21 手工打磨修整

（2）注意事项

原子灰干燥后的打磨以干磨为好，因为干燥后的原子灰涂层是一种多孔组织。如果采用水磨法，原子灰涂层会吸收大量的水分而很难蒸发掉，给以后的涂装工作带来很多困难，甚至出现喷涂缺陷。干磨作业时应注意以下几点：

1）估计需要刮几次原子灰才能填平的，前几次打磨可选用粒度编号较小的砂纸（粒度编号越小表示砂纸粒度越大，砂粒越粗）粗磨，最后一道原子灰选用粒度编号较大的砂纸精磨。

2）在原子灰与原有漆层接合处要磨出羽状边。先从原有漆层向原子灰方向磨，待磨到羽毛状模样稍微显现时再交叉全方位研磨。需磨出 20 ~ 30 mm 宽的羽状边。打磨羽状边时，一定要去除前一道工序留下的砂痕，这样才能避免喷涂面漆后产生接合边缘收缩的缺陷。

（3）检测方法

打磨过程中应不断地检查打磨后被涂表面的质量是否达到工艺要求，并不是磨得越多越好。由于原子灰层无光，很难目测其表面缺陷，通常用以下几种方法检测：

1）显影层法。在磨平、清洁过的涂面上喷涂一薄层有光的面漆，使涂面的凹坑、打磨痕迹、孔洞等显现出来，比较容易检视并显现出需补平的区域。采用 9 份溶剂与 1 份漆混合，调成显影涂料，选用明显的对比色，但需避免用红色或黄色，因为这些颜色可能会渗入后面的喷漆涂层。

2）水膜法。水膜法是指在湿打磨时借助水洗时的水膜来检视涂面的平整质量。湿打磨后水洗时，在涂面上泼水，借助涂面的水膜来显现涂面的缺陷。

3）手摸法。用手摸涂面应平顺、光滑，指尖也感觉不出粗糙和不平。尤其是接口边缘，由被涂面向牢固漆面的逐渐变化处应非常细腻和平顺。

打磨结束后，若发现气孔和小伤痕，应马上修补，其修补方法如图 4-2-22 所示，否则，会带来很多麻烦。因此，应尽可能在该工序使表面平整，消除引起缺陷的原因。

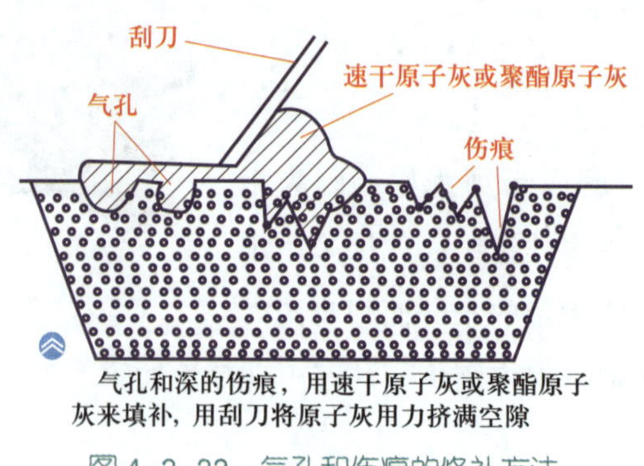

图 4-2-22　气孔和伤痕的修补方法

任务实施

针对车门表面刮涂原子灰的施工步骤是：原子灰刮涂前的准备→原子灰的施涂→原子灰的干燥→原子灰的打磨→原子灰表面质量的检查与缺陷的修补。

一、原子灰刮涂前的准备

1. 确定车门上所需要刮涂的面积

对施涂原子灰的区域进行评估，如图 4-2-23 所示。一般情况下，原子灰的施涂面积是从裸金属周边向外扩展 10 ~ 20 mm，如图 4-2-24 所示。

图 4-2-23　对施涂原子灰的区域进行评估

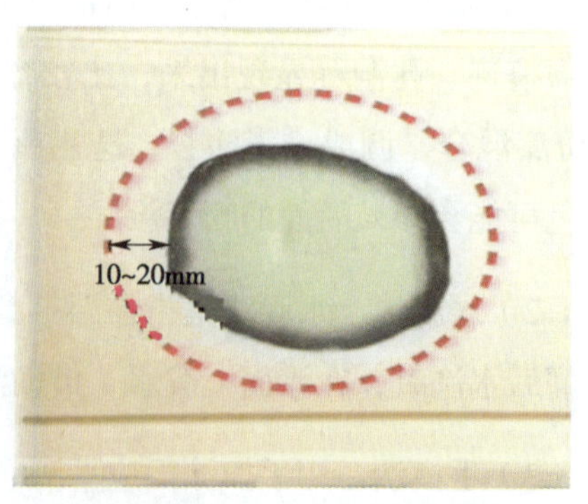

图 4-2-24　原子灰的施涂面积

注意：施涂原子灰时应避免超出打磨羽状边时的受损范围。

2. 原子灰的混合

将适量的原子灰基料放在混合板上，按照 100∶2 的比例添加固化剂，如图 4–2–25 所示，随后用刮板对原子灰进行充分混合，如图 4–2–26 所示。

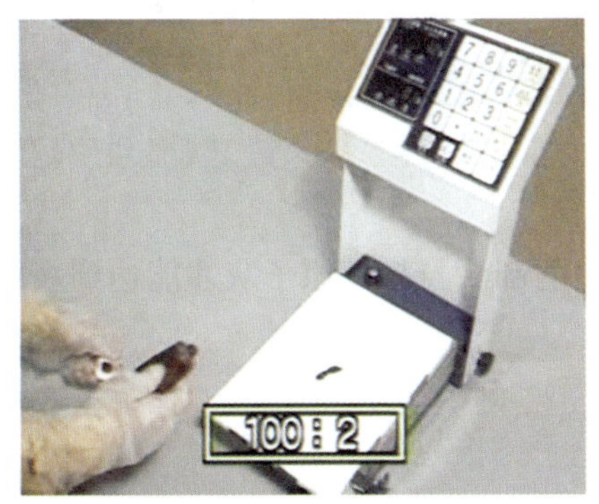

图 4–2–25　添加固化剂

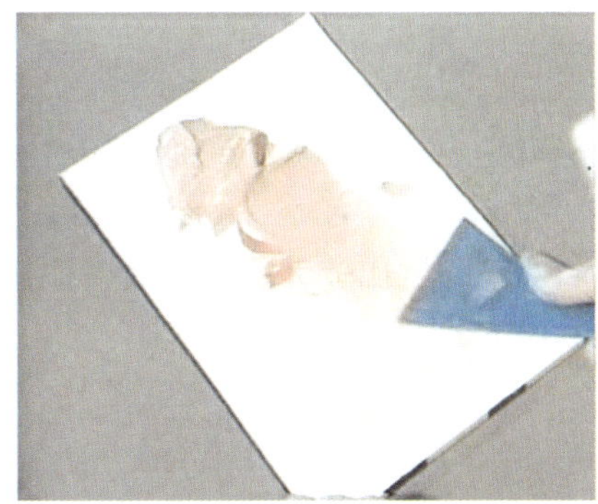

图 4–2–26　混合原子灰

注意：为了增加原子灰的可用时间，原子灰的混合要在大约 30 s 的时间内完成。

二、原子灰的施涂

1. 原子灰的压涂

第一次施涂原子灰时，将刮板拿得几乎垂直于车门，将原子灰刮在车门受损区域，施涂一薄层，以保证原子灰压入最小的划痕和针孔，增大附着力，如图 4–2–27 所示。

2. 原子灰的刮涂

第二次、第三次施涂原子灰时，将刮板倾斜 35° ~ 45°，原子灰的施涂量要略多于所需要的量，如图 4–2–28 所示。在每一次施涂以后，都要逐步扩大原子灰的施涂面积。施涂边缘要求很薄，最好形成斜坡，不要产生厚边。

3. 原子灰刮涂区域的修整

在修整原子灰刮涂区域时，稍微倾斜刮板角度，按照与原先相反的方向移动刮板；在原子灰和涂层表面的边缘刮擦刮板，以形成光滑、平坦的表面，如图 4–2–29 所示。注意：如果在施涂原子灰过程中花费的时间太多，原子灰有可能在未施涂完毕就已固化，这时只能从头再来一次。一般来说，原子灰的施涂必须在混合后大约 3 min 内完成。

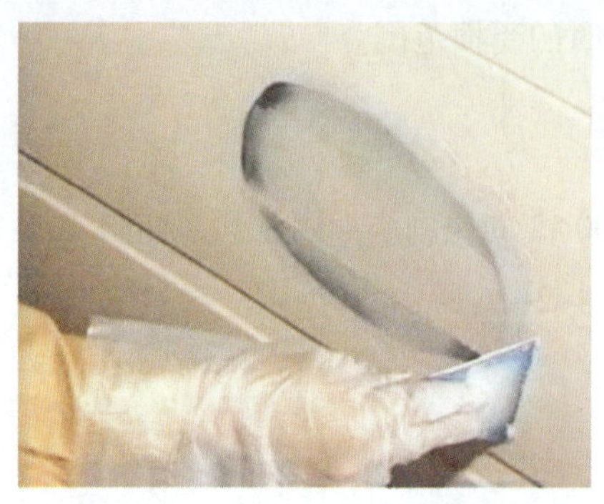
图 4-2-27　第一次施涂原子灰

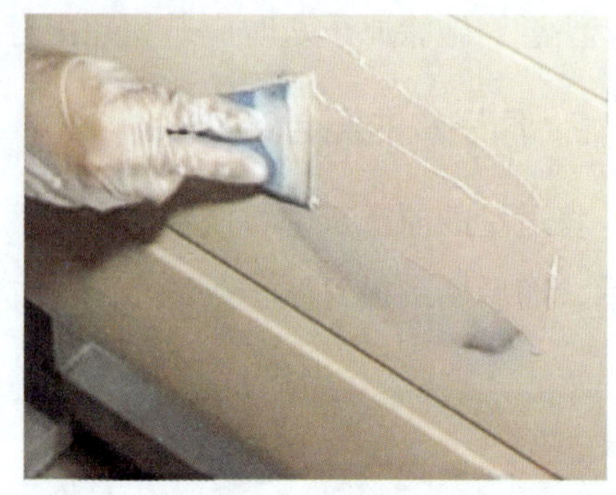
图 4-2-28　第二次、第三次施涂原子灰

对于凹坑比较大的工作面，往往需要通过多次的刮涂与打磨原子灰才能达到表面质量要求。

三、原子灰的干燥

为了加快施工进度，本任务采用红外线烤灯加热，以加速原子灰的干燥，如图 4-2-30 所示。注意：原子灰表面温度要控制在 50 ℃以下，否则会引起原子灰的分离或龟裂。

图 4-2-29　原子灰的修整

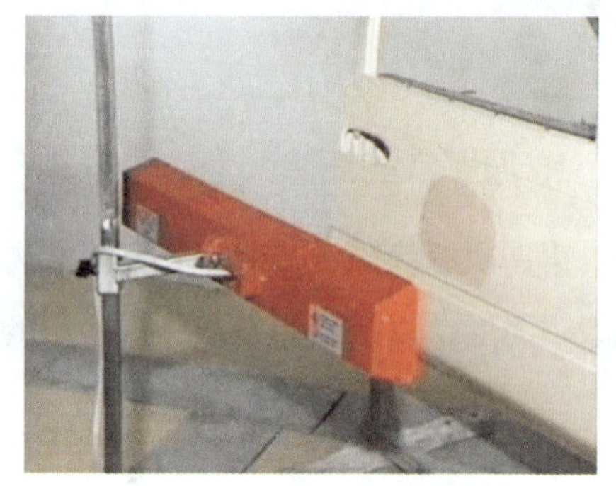
图 4-2-30　原子灰的干燥

四、原子灰的打磨

1. 将一块 80# 砂纸装在轨道式打磨机上，并将打磨机按前后、左右、对角的方式移动，打磨原子灰表面，如图 4-2-31 所示。

原子灰的打磨

注意：为了防止在周围的旧涂膜中产生新的磨痕，要将打磨工作限制在原子灰所覆盖的区域内。

2. 将一块 120# 砂纸装到打磨垫块上，一边打磨，一边用触摸的方法检查表面平整度，如图 4-2-32 所示。

图 4-2-31　用打磨机打磨原子灰表面

图 4-2-32　用触摸的方法检查表面平整度

3. 将一块 180# 砂纸装到打磨垫块上，轻轻打磨原子灰区域及边缘，以调整原子灰区域与周边的高度差，形成平滑过渡的羽状边，如图 4-2-33 所示。

注意：在打磨原子灰区域与周边的羽状边时，要防止产生划痕。

五、原子灰表面质量的检查与缺陷的修补

1. 表面质量的检查

在原子灰表面施涂指导层，如图 4-2-34 所示，然后用 240# 砂纸打磨指导层，指导层未被磨去的部分即原子灰表面的划痕和砂眼缺陷。

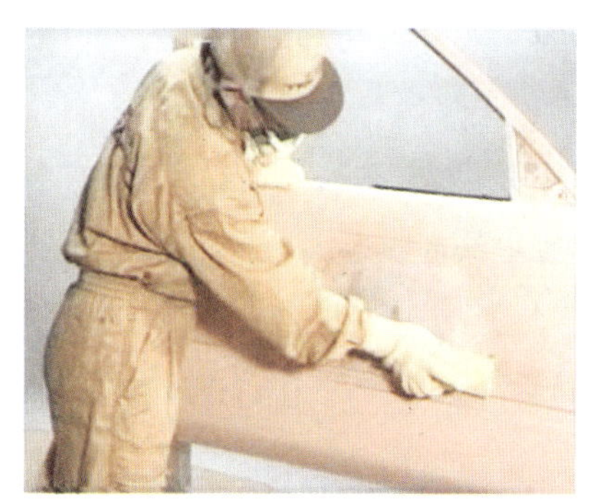
图 4-2-33　调整原子灰区域与周边的高度差

图 4-2-34　在原子灰表面施涂指导层

2. 缺陷的修补

用刮板施涂原子灰以填补针孔，干燥后对涂膜破损边缘进行整体打磨，如图 4-2-35 所示。

3. 清除砂纸痕迹

将一块 320# 砂纸装到打磨垫块上，消除表面的打磨痕迹，如图 4-2-36 所示。

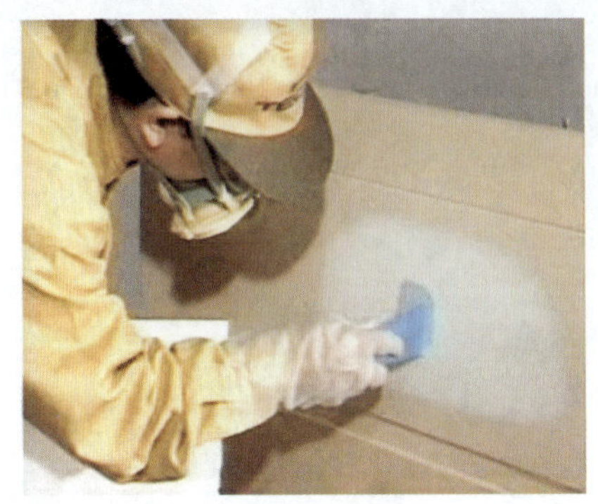
图 4-2-35　填补针孔

图 4-2-36　消除表面的打磨痕迹

思考题

一、选择题

1. 下列适用于圆角、沟槽等处原子灰刮涂的刮板是________。

A. 铲刀　　B. 钢片刮板　　C. 橡胶刮板　　D. 硬质刮板

2. 红色合成纤维毛垫相当于________砂纸。

A. 180#　　B. 240#

C. 360#　　D. 400#

3. 320# ~ 600# 的砂纸用于________。

A. 去除涂膜　　B. 打磨羽状边

C. 打磨原子灰　　D. 打磨中涂底漆

4. 原子灰与固化剂一般是以________的比例混合。

A. 12.5∶1　　B. 25∶1　　C. 50∶1　　D. 100∶1

5. ________主要用于刮涂单纯的曲面构件。

A. 软上软收　　B. 硬上硬收　　C. 软上硬收　　D. 先上后刮

二、判断题

1. 消除打磨痕迹一般用 120# 砂纸。（　　）

2. 原子灰干燥时，其表面温度要控制在 60 ℃以下。（　　）

3. 原子灰的施涂面积是从裸金属周边向外扩展 10 ~ 20 mm。（　　）

4. 原子灰的施涂必须在混合后大约 3 min 内完成。（　　）

5. 一般情况下，在原子灰施涂 20 ~ 30 min 后就可以打磨。（　　）

三、实践与练习

在图 4–2–37 所示的汽车翼子板轮廓线上刮涂原子灰。

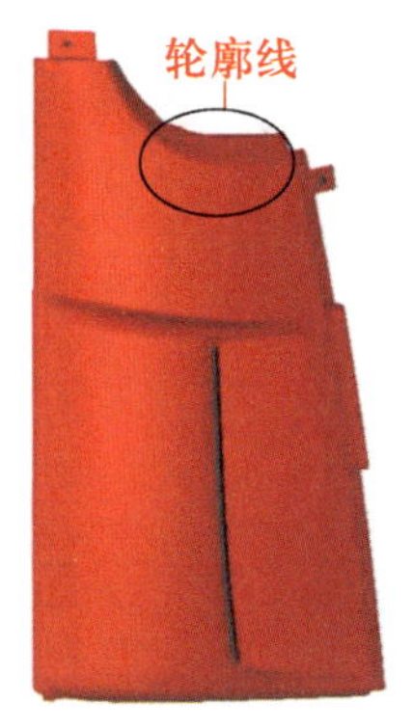

图 4–2–37　汽车翼子板

任务 3　喷漆房、烤漆房和其他烘干设备的使用

任务目标

- 了解喷漆房、烤漆房和其他烘干设备的结构、类型和特点。
- 掌握喷漆房、烤漆房和其他烘干设备的使用和维护方法。
- 能正确使用喷漆房、烤漆房和其他烘干设备进行涂装操作。

任务引入

某涂装车间的喷漆房（见图 4–3–1）在日积月累的使用过程中，涂装人员发现喷漆房的性能很差，房内灰尘很多，喷涂工件的表面经常出现大量灰尘，如图 4–3–2 所示，有时还不如在室外的喷涂效果好。对喷漆房使用不当，没有做好相关的维护工作是喷漆房出现这种情况的主要原因。本任务要求掌握喷漆房、烤漆房和其他烘干设备的正确使用和维护方法。

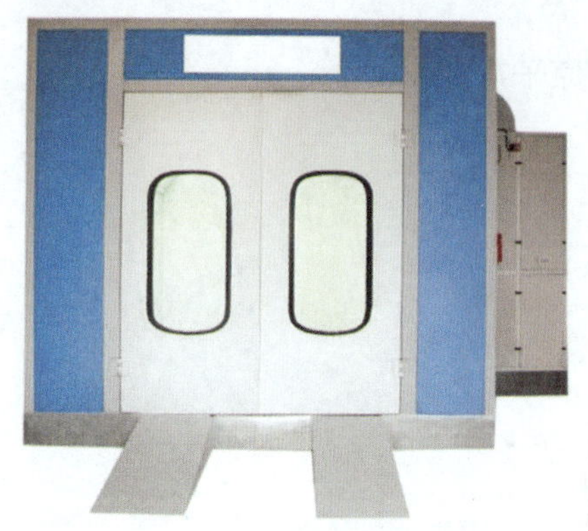
图 4-3-1　某涂装车间的喷漆房

图 4-3-2　喷涂工件的表面出现大量灰尘

任务分析

喷漆房、烤漆房和其他烘干设备性能的优劣直接决定喷涂质量的好坏，因此，这些设备的正确使用与维护是涂装工作中的一项重要内容。要做好这一工作，必须熟悉喷漆房、烤漆房等设备的结构、类型和特点，掌握其使用和维护方法，然后针对具体的设备类型，进行合理的使用和正确的维护。

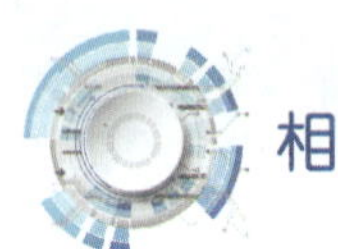
相关知识

一、喷漆房

喷漆房为喷涂施工提供一个清洁、安全、照明良好的封闭环境，既可以防止其他工序对喷涂过程的影响，也可以使喷涂过程所产生的污染物得以控制和治理。

1. 喷漆房的基本要求

（1）喷漆房内的空气必须经过过滤，空气的温度、湿度可以调节。

（2）喷漆房内的空气应自上而下流动，流速应在 0.3 ~ 0.5 m/s 范围内。这样可以保证不会产生气流死角、飞漆回落和涂膜的流平性不良等问题。

（3）喷漆房内的照度应在 800 lx 以上，照明灯具不得接触飞漆。

（4）喷漆房的排风量应稳定，排风量要略小于供风量，能防止外界空气进入和飞漆外逸。

（5）喷漆房内产生的气体应在处理后排出，以免污染环境。

2. 喷漆房的结构

喷漆房主要由墙体、换气系统、过滤系统、照明装置和废气处理系统组成，如图 4–3–3 所示。喷漆房有两种形式，一种是单室式的，只具有喷漆功能；另一种是双室式的，同时具有喷漆和烘干功能。风机和过滤器都设置在喷漆房外，换气系统应达到每小时全换气两次或更多次的要求。现代维修行业常用的是单室喷 – 烤漆房（见图 4–3–4），俗称烤漆房，即可以在其中进行喷涂施工，等涂膜闪干后，再实施烘烤工序。

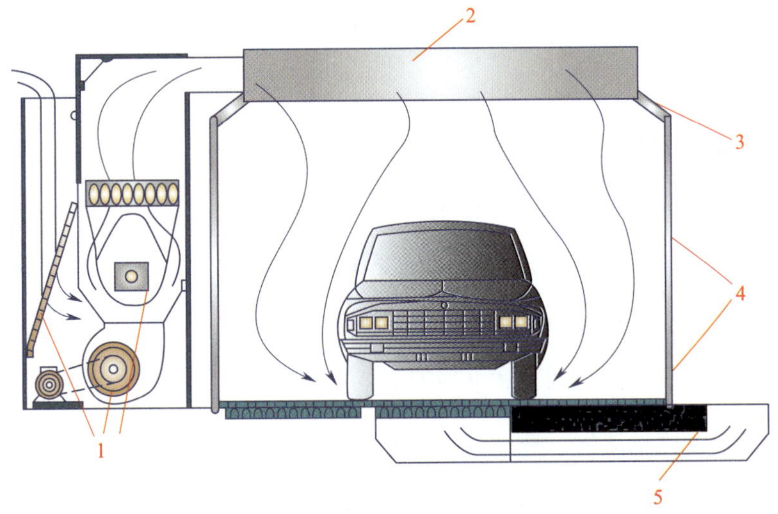

图 4–3–3 喷漆房的整体结构

1—换气系统 2—过滤系统 3—照明装置 4—墙体 5—废气处理系统

（1）换气系统

根据换气系统不同，喷漆房可分为正向流动喷漆房、反向流动喷漆房和下向通风喷漆房三种形式。目前，喷漆房的换气系统普遍采用下向通风式，从天花板向下流动的空气在走向排气道的过程中，在汽车表面形成一层包围层，把沉积在新喷漆面上的污染物和过多的漆沫清除掉，保证喷涂作业的清洁，

图 4–3–4 单室喷 – 烤漆房

防止涂料的过喷。

（2）过滤系统

过滤系统是喷漆房最重要的安全设施，其作用主要是将混杂在喷漆房空气中的飞漆粒子和其他污染物过滤掉，使排出的气体不至于污染大气。目前使用的过滤系统有两种，即湿式过滤系统和干式过滤系统。典型的下向通风喷漆房采用水过滤系统（属于湿式过滤系统），喷漆房内污浊的空气经过水幕的冲洗，将飞漆粒子和其他杂物带走，由排污水系统收集。干式过滤系统就像一个筛子，在气流通过时将飞漆粒子和污物截住，只允许干净的气体通过。干式过滤网的结构如图 4–3–5 所示。

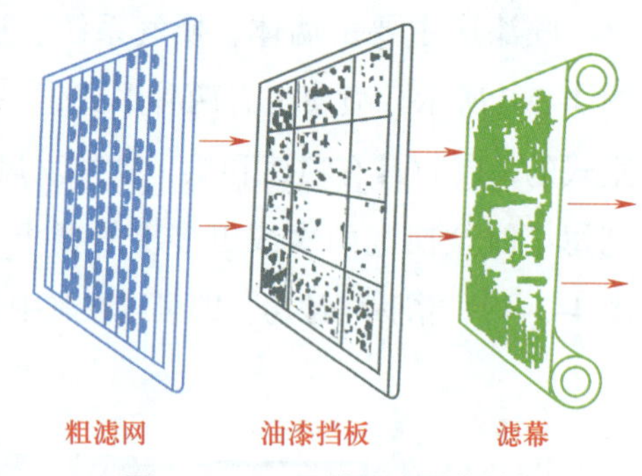

图 4–3–5　干式过滤网的结构

3. 喷漆房的正确使用和维护

喷漆房的主要功能是为喷漆工序提供良好的工艺环境。影响喷漆质量最重要的因素是周围的环境，如空气的清洁程度、温度和湿度等。一般来说，进入喷漆房的人员和物品都会带来污染，进入房内的空气则是主要的污染源。

正确使用和维护喷漆房的注意事项如下：

（1）定期清洗内部墙体、地板等表面上的灰尘、油污，做好例行保洁工作。

（2）喷漆房内不准存放零件、涂料、包装纸和衣物等，以防影响涂装质量。

（3）不要在喷漆房内进行涂装工作面的打磨、清洁及涂料的调制等工序，以防止打磨粉尘弥漫而影响空气质量。

（4）清洗地板时，应防止水飞溅到车身上，并及时对污水进行处理。

（5）定期检查、更换干式过滤系统中的滤网。湿式过滤系统中的水位应保持正常，并在水中加入添加剂。

（6）定期对喷漆房的排风扇和电动机进行维护与保养。

（7）定期检查喷漆房周围的密封情况，以防止灰尘进入。

（8）汽车进入喷漆房前应清洗干净，并用压缩空气对车身上的缝隙、沟槽等不易清洗的地方进行彻底清洁。

二、烤漆房

汽车车身上有塑料件、橡胶件等非金属材料，这些材料经不起高温烘烤，所以汽车修补涂装中一般使用的是自干型或双组分型涂料。为了提高涂装效率和涂层质量，也可以采用低温烘烤，烤漆房就是最为常见的低温烘烤设备。上面提到的单室喷－烤漆房可以满足修补涂装中的低温烘烤要求，但工作效率低，飞漆粒子难以清除干净。在修补涂装产量大的场合，一般都独立设置一套低温烘干室。

低温烤漆房是指被烘干件的金属底材温度在烘烤过程中不超过 80 ℃的烘干室。低温烤漆房的作用是加快涂膜的干燥固化，保持工作环境干净，缩短操作工序之间的等待时间，提高工作效率和工作质量。低温烤漆房按加热方式不同分为热空气对流干燥型烤漆房（见图 4–3–6）、红外线辐射干燥型烤漆房（见图 4–3–7）和紫外线辐射干燥型烤漆房。

图 4–3–6 热空气对流干燥型烤漆房

图 4–3–7 红外线辐射干燥型烤漆房

1. 对低温烤漆房的要求

（1）烤漆房内空气的温度应均匀、可调且控制准确。

（2）烤漆房的热空气对流为密闭式循环系统，单独的低温烤漆房的循环风速应不低于 3.3 m/min，但不能过高；喷－烤两用烤漆房的风速较低。

（3）为保证烤漆房内空气清洁，排出的废气污染小，供给的循环空气必须经过过滤，排出的废气必须经过相应的处理装置处理。

（4）低温烤漆房内必须配置防爆泄压装置。

（5）烤漆房的绝热、保温性能必须良好，保温层厚度一般在 100 mm 左右。

2. 低温烘干室的正确使用

（1）新喷车辆在进入烘干室前应留有充足的晾干时间，以防止烘干过程中溶剂蒸发量过大而影响安全。

（2）烘干时应按照烘干规范进行操作，控制好升温的时间、保温时的温度和时间以及降温的速度等。

（3）将烘干室内的风速控制为 3.3 m/min，以避免风速过高或过低对涂膜质量产生影响。

（4）烘干过程中必须持续排出和补给 10% 的空气，以防止因溶剂蒸气积累而引发爆炸。

（5）烘干室内不允许存放任何物品，特别是涂料、溶剂、稀释剂等挥发性材料。

三、其他烘烤设备

1. 红外线烤灯

红外线烤灯（见图 4-3-8）是一种辐射式干燥设备，用于车身涂膜的局部干燥。电加热式红外线干燥设备以其结构简单、布置方便、污染小等优点，在汽车修补涂装中被广泛使用。

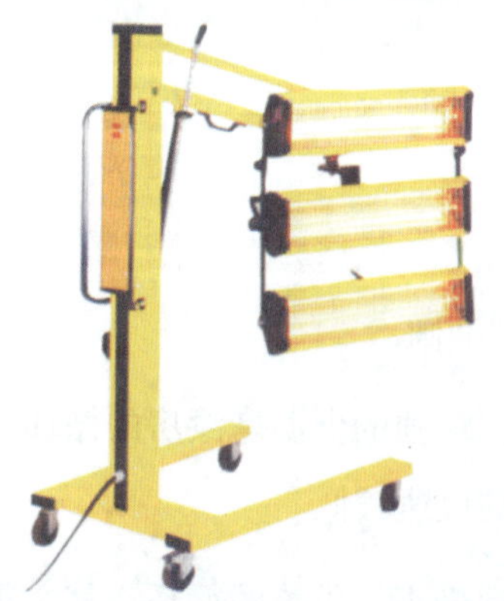

图 4-3-8　红外线烤灯

（1）高红外加热固化原理

高红外加热技术是在红外辐射光谱和被照射物吸收光谱相匹配的理论基础上发展起来的。红外线烤灯的辐射元件是由钨丝作为热源、石英管作为热源外罩和定向反射屏组成的，其最大的特点是能反射出红外区的短波、中波和长波，达到全波辐射，使辐射的能量增大，热响应速度快。

（2）高红外快速固化技术的特点

1）升温速度快、输出功率大、烘干速度快。传统的红外线元件的启动时间为5 ~ 15 min，元件表面功率为3 ~ 5 W/cm^2；而高红外元件的启动时间只需1 ~ 3 s，元件表面功率为15 ~ 25 W/cm^2。在试验室采用高红外烘干设备烘干阴极电泳底漆样板时，其烘干时间仅为130 ~ 150 s，且与常规方法在70 ℃下干燥30 min后的涂膜一样，能够完全固化。

2）加热范围容易控制。

3）高效、节能、投资少。采用高红外快速固化技术可对旧的干燥设备进行改造，提高产量，节省设备投资。

4）对烘干温度较高的粉末涂料、蒸发潜热大的水溶性涂料以及质量大的工件，应用该烘干设备最好。

2. 烘箱

烘箱在喷涂作业中多用于喷涂样板的烘干，一般为柜式结构，加热方式一般为电加热和红外线加热。它的特点是保温性能好，占地面积小。

任务实施

通过相关知识的学习，了解了喷漆房、烤漆房和红外线烘烤设备的性能和特点，针对实际生产中经常使用的单室喷 - 烤漆房，练习其使用和维护方法。

一、喷 - 烤漆房的使用

1. 喷涂前，检查喷涂气压是否正常，同时确保空气过滤系统的清洁。

2. 检查空气压缩机和油水分离器，使喷漆软管保持洁净。

3. 空气喷枪、输气软管和调漆罐要存放在干净的地方。

4. 除了用除尘枪和粘尘布除尘外，其他所有喷涂前的工序都应该在喷－烤漆房外完成。

5. 在喷－烤漆房只能进行喷涂和烘烤工序，而且喷－烤漆房的房门只可在车辆进出时开启。开启房门时必须开动喷涂时的空气循环系统以产生正压，确保喷－烤漆房外的灰尘不能进入房内。

6. 应穿着指定的喷漆服并佩戴安全防护用具进入喷－烤漆房进行操作。

7. 在进行烘烤作业时，必须将喷－烤漆房内的易燃物品拿出房外。

8. 非工作人员不得进入喷－烤漆房。

二、喷－烤漆房的维护

1. 每天清洁喷－烤漆房内的墙壁、玻璃及地台底座，以免积聚灰尘和漆尘。

2. 每星期清洁进风隔尘网，检查排气隔尘网是否被堵塞，如房内气压无故增加时，必须更换排气隔尘网。

3. 每工作 150 h 应更换地台隔尘纤维棉。

4. 每工作 300 h 应更换进风隔尘网。

5. 每月清洁地台水盘，并清洗燃烧器上的柴油过滤装置。

6. 每个季度应检查进风和排风电动机的传动带是否松弛。

7. 每半年应清洁整个喷－烤漆房及地台网，检查循环风活门、进风及排风机轴承，检查燃烧器的排烟通道，清洁油箱内的沉积物，清洗喷－烤漆房水性保护膜。

8. 每年应清洁整个热能转换器，包括燃烧室及排烟通道，每年或每工作 1 200 h 应更换喷－烤漆房顶部过滤棉。

三、维护后喷－烤漆房的性能检测

1. 明亮度检测

喷－烤漆房内照度需达到 800 ～ 1 000 lx，使用接近 D65 荧光灯管光源的灯光，内墙壁应为哑光白色。

2. 空气流量检测

喷－烤漆房内空气由上至下均匀流动，流速为 0.3 ～ 0.5 m/s。

3. 过滤效果检测

在喷－烤漆房正常运行的情况下，用太阳灯向上照射，观察光线中漂浮的灰尘，每平方米范围内细小灰尘应不多于 5 颗。

4. 墙壁密封效果检测

喷－烤漆房必须是密封的，接缝处不应有漆尘的积聚。

5. 保证正压检测

检测喷－烤漆房的进风量是否略大于出风量，喷－烤漆房是否处于正压状态。

6. 加热系统密封效果的检测

燃烧器和烟筒周围应密封良好，无燃烧后的油灰。

7. 升温速度检测

喷－烤漆房从 20 ℃升至 60 ℃所用的时间应为 10 ~ 15 min，测量温度时要以喷－烤漆房内金属车身的温度为准。

思考题

一、选择题

1. 合格的喷－烤漆房从 20 ℃升至 60 ℃所用的时间应为________min。

A. 1 ~ 5　　B. 5 ~ 10

C. 10 ~ 15　　D. 15 ~ 20

2. 喷－烤漆房内空气由上至下均匀流动，流速一般为________m/s。

A. 0.1 ~ 0.2　　B. 0.2 ~ 0.3

C. 0.3 ~ 0.5　　D. 0.5 ~ 0.6

3. 每工作________h 应更换进风隔尘网。

A. 150　　B. 300　　C. 450　　D. 600

4. 高红外元件的启动时间只需________s。

A. 1 ~ 3　　B. 3 ~ 5

C. 5 ~ 10　　D. 10 ~ 15

5. 低温烤漆房是指被烘干件的温度不超过________℃的烘干室。

A. 60　　B. 80　　C. 100　　D. 120

二、判断题

1. 喷－烤漆房内的空气应自上而下流动，以保证涂膜的流平性良好。（　）

2. 进入喷－烤漆房内的空气是污染涂膜的主要污染源。（　）

3. 低温烤漆房内必须配置防爆泄压装置。（　）

4. 低温烤漆房按加热方式不同分为热空气对流干燥型烤漆房和辐射干燥型烤漆房。（　）

三、实践与练习

1. 对车间里的喷－烤漆房进行一次系统维护。

2. 用红外线烤灯对刚刮涂的原子灰进行干燥。

任务4　中涂底漆的喷涂

任务目标

- 了解中涂底漆的一般知识。
- 掌握中涂底漆的涂装方法。
- 熟悉有特殊要求的中间涂层的涂装方法。
- 能熟练进行中涂底漆涂层的涂装操作。

任务引入

模块四任务2中的汽车车门因被路边飞石击伤，涂装人员已经进行了原子灰的刮涂处理，按照车身修补涂装的工作程序，现在要进行中涂底漆涂层的涂装，该车身门板如图4–4–1所示。本任务要求掌握中涂底漆涂层的涂装技能。

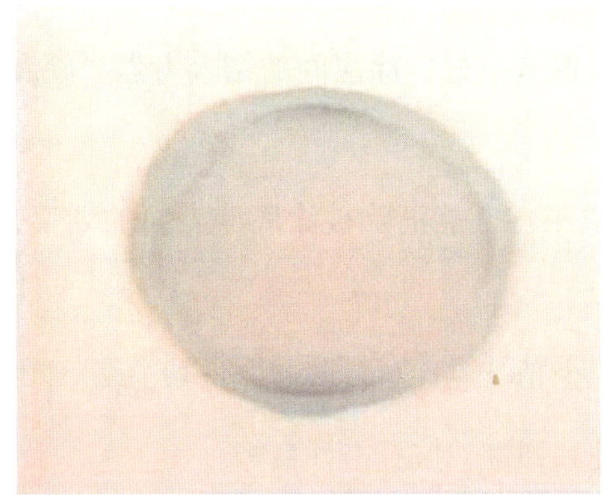

图 4-4-1 待进行中涂底漆涂层涂装的车身门板

任务分析

中涂底漆涂层的涂装是提高面涂层表面质量的重要工序，是中、高档轿车涂装过程中不可缺少的环节。正确进行中涂底漆涂层的涂装必须具备以下知识和技能：

1. 具备车身常用中涂底漆的功能、特性、组成和用途等相关知识。

2. 掌握中涂底漆涂层的涂装方法和技巧，具备中涂底漆涂层的涂装技能。

相关知识

一、中涂底漆的一般知识

1. 车用中涂底漆的功能和特性

所谓中涂底漆是指介于底涂层和面涂层之间所用的涂料，也称底漆喷灰，俗称“二道浆”。中涂底漆的主要功能是改善被涂工件表面和底涂层的平整度，为面涂层创造良好的基础，以提高面涂层的鲜映性和丰满度，提高整个涂层的装饰性和抗石击性。对于表面平整度较好、装饰性要求又不太高的载货汽车和普通乘用大客车，在制造和涂装修理时有时不采用中涂底漆；对于装饰性要求很高的中、高档轿车，则都采用中涂底漆。

中涂底漆应具有以下特性：

（1）应与底漆、面漆配套良好，涂层间的结合力强，硬度配套适中，不被面漆的溶剂所“咬起”。

（2）应具有足够的填平性，能消除被涂底漆表面的划痕、打磨痕迹、微小孔洞、砂眼等缺陷。

（3）打磨性能良好，不粘砂纸，在打磨后能得到平整、光滑的表面。

（4）具有良好的韧性和弹性，抗石击性良好。

中涂底漆所使用的漆基与底漆和面漆使用的漆基相仿，并逐步由底漆向面漆过渡，这样有利于保证涂层间的结合力和配套性，常用的漆基有环氧树脂、聚酯树脂、聚氨酯树脂等。用这些树脂制成的中涂底漆均为双组分低温固化底漆，所得到的涂膜硬度适中，耐溶剂性能好，适宜与各种面漆配套使用。

2. 车身常用中涂底漆

车用中涂底漆的颜料多为体质颜料，具有良好的填充性能，其固体成分一般在60% 以上，喷涂两道后涂膜的厚度可达 60 ~ 100 μm。着色颜料多采用灰色、白色和黄色等易于遮盖的颜色，另外也有可调色中涂底漆。在中涂底漆中可以适量加入面漆的色母（一般为 10% 左右），以调配出与面漆基本相同的颜色，用于提高面漆的遮盖力，避免造成色差。这类可调色中涂底漆的漆基一般都与面漆基本相同，在漆基不同时不可加入面漆的色母调色。汽车常用中涂底漆见表 4–4–1。

表 4–4–1　汽车常用中涂底漆

型号	特性	用途	施工方法
Q06–5 灰硝基中涂底漆	涂层干燥快，易打磨光滑，填孔性较好，硬度较高，但柔韧性较差，耐老化性不好	专用于填平原子灰孔隙及用砂纸打磨后留下的痕迹	喷涂
C06–10 醇酸中涂底漆	涂层细腻，干燥速度快，易打磨光滑，与原子灰和面漆附着力强，对面漆的烘托性较好	用于填平原子灰层表面的砂眼、痕迹等	刷涂或喷涂
C06–15 白醇酸中涂底漆	干燥速度快，易打磨光滑，与底涂层和面涂层的附着力强	喷涂面漆前用于填平原子灰层表面的砂眼、痕迹	刷涂或喷涂

续表

型号	特性	用途	施工方法
G06-5 各色过氯乙烯中涂底漆	涂层干燥速度快，填补性好，有一定的强度，与原子灰配套使用可增强面漆的光洁度和附着力	主要用于填平针眼和打磨痕迹	喷涂
G06-8 灰过氯乙烯中涂底漆	干燥速度快，打磨性好，并能封闭原子灰层而防止“返花”	可用于过氯乙烯底漆和原子灰间的过渡层用漆	喷涂
H06-12 环氧醇酸中涂底漆	将环氧树脂、醇酸树脂、添加剂、溶剂及颜料混合后制成，常温下干燥，填充性好，易打磨	可用于已涂过底漆和原子灰，并经过打磨后的金属表面的填平，能增强面漆的装饰性	喷涂
A06-3 氨基烘干中涂底漆	附着力强，与原子灰层和面涂层结合力较好，涂层细腻，易打磨，耐油性好	用于已涂底漆和已打磨平滑的原子灰层的填平	喷涂

二、中涂底漆的涂装方法

1. 中涂底漆的喷涂

喷涂前，先用压缩空气清除车身表面的粉尘。若进行过湿打磨，应进行除湿处理，使被涂表面干燥。车身常用中涂底漆的种类不同，其作业方式也有一定的差异。下面以硝基类和丙烯酸类中涂底漆为例讲述其喷涂方法。

配制中涂底漆时，首先将中涂底漆充分搅拌，使颜料均匀分布于其中，然后将搅拌好的中涂底漆用滤网过滤并装入空气喷枪罐，再用制造商指定的稀释剂稀释到适合的黏度。一般情况下，中涂底漆都可采用硝基类稀释剂，但丙烯酸类中涂底漆必须使用专用的稀释剂。加入稀释剂时，要用搅拌杆边搅拌边添加。中涂底漆的喷涂黏度随制造商不同也有差异。

喷涂之前，应再次确认被涂装表面是否清洁，调整喷涂气压、喷涂距离、喷束直径和喷涂流量。硝基类和丙烯酸类中涂底漆的喷涂参数见表 4–4–2。

中涂底漆的喷涂顺序如图 4–4–2 所示。喷涂时，先在修补涂膜边缘交接部位进行薄薄的喷涂，使旧涂膜与原子灰的交界面溶接。待其稍干后，接着对整个原子灰表面薄薄地喷涂一层，喷涂后形成的表面应平整、光滑，取适当的时间间隔，分几次薄薄地喷涂，一般要喷涂 3 ~ 4 次。

表 4-4-2　　硝基类和丙烯酸类中涂底漆的喷涂参数

涂料＼参数	空气喷枪口径 /mm	涂料黏度（4号福特黏度）/s	喷涂气压 /kPa	喷涂距离 /mm	喷束直径和喷射流量
硝基类	1.3 ~ 1.8	16 ~ 20	245 为宜	150 ~ 250	根据喷涂面积大小来调整
丙烯酸类	1.3 ~ 1.8	13 ~ 15	245 为宜	150 ~ 250	根据喷涂面积大小来调整

中涂底漆的喷涂面积如图 4-4-3 所示，它应比修补的原子灰面积大，而且要达到一定的程度。喷第 2 遍要比第 1 遍大，喷第 3 遍要比第 2 遍大，逐渐加大喷涂面积。

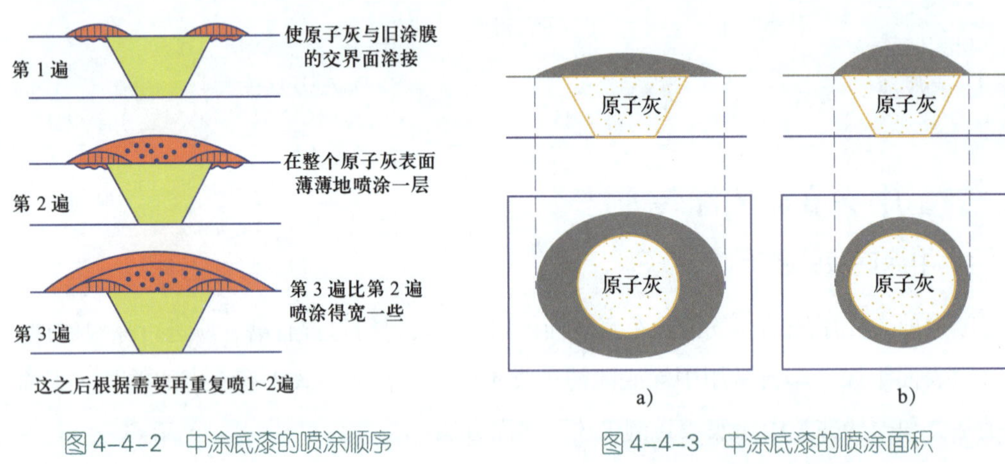

图 4-4-2　中涂底漆的喷涂顺序

图 4-4-3　中涂底漆的喷涂面积
a）正确　b）错误

如果喷涂表面有几处原子灰修补块，而且相邻较近，可先在每个修补块上分别预喷两遍中涂底漆，然后再整体喷涂 2 ~ 3 遍，将其连成一大块，其喷涂方法如图 4-4-4 所示。经过这样的处理，可以取得良好的效果。这种情况也不宜一次喷得过厚，而应取适当的时间间隔，分几次喷涂。

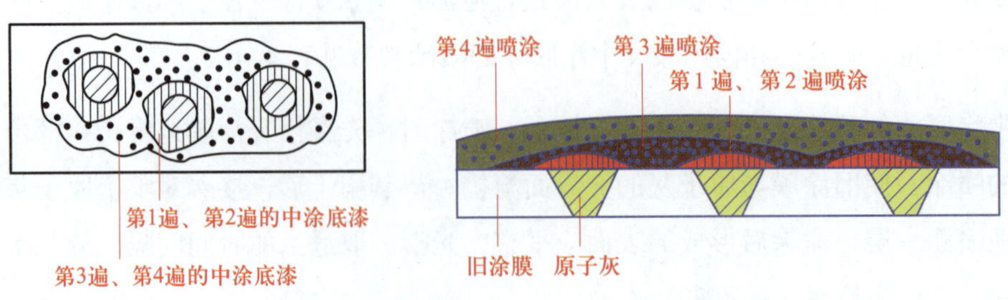

图 4-4-4　相邻原子灰修补块中涂底漆的喷涂方法

当旧涂膜是改性丙烯酸硝基涂料等易溶性涂料时，对黏度和喷涂时间间隔应十分注意。若采用硝基类中间涂料，黏度应取 18 ~ 20 s，要反复薄薄地喷涂，以免喷涂后表面显得粗糙。如果用丙烯酸类中间涂料，黏度可取 14 ~ 15 s。

2. 中涂底漆的干燥

中涂底漆喷涂完成后一定要充分干燥，中涂底漆平均干燥时间见表 4–4–3。如果干燥不充分，不仅打磨时涂料会填满砂纸，使作业难以进行，而且喷涂面漆之后往往会出现涂膜缺陷。

表 4–4–3 中涂底漆平均干燥时间

中涂底漆的种类	自然干燥（20 ℃）	强制干燥（60 ℃）
硝基类	30 min 以上	10 ~ 15 min
聚氨酯	6 h 以上	20 ~ 30 min
合成树脂	3 h 以上	20 min 以上

在寒冷的冬天，中涂底漆需采用红外线烤灯或热风加热器进行强制干燥。这样不仅能加速干燥，提高作业效率，还能提高涂膜质量。但不能骤然提高温度，应渐渐升温，到 60 ℃左右保温。

3. 幼滑原子灰的刮涂

中涂底漆经喷涂、干燥完毕，应仔细检查涂装表面有无砂纸打磨痕迹、气孔及其他缺陷。若有缺陷可采用幼滑原子灰进行修补，如图 4–4–5 所示。修补时采用橡胶刮板或塑料刮板薄薄地刮涂，切忌一次刮得过厚。若一次填刮不满，应间隔 5 min 左右再进行刮涂。

4. 中涂底漆涂层的打磨

（1）干打磨

干打磨时若采用双作用打磨机进行打磨，所用砂纸粒度以 320# ~ 400# 为宜；若采用轨道式打磨机打磨，砂纸粒度以 400# ~ 500# 为宜。轨道式打磨机的打磨速度比双作用打磨机慢，但操作比较简单。不论使用哪种打磨机打磨，都不能用太大的力压在涂膜上，只能稍用力沿车身表面移动。若用力过大，砂纸磨痕就会过深。用手工打磨垫块干打磨时，也应使用软磨头或橡胶垫块，砂纸粒度为 400# ~ 500#。中间涂层的打磨方向如图 4-4-6 所示。

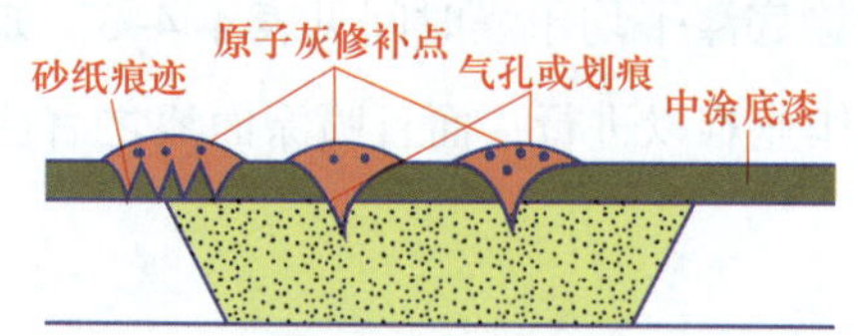

图 4-4-5　用幼滑原子灰修补中间涂层缺陷

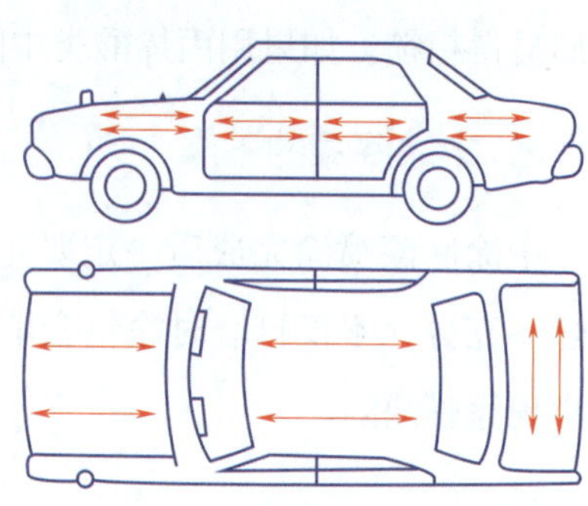
图 4-4-6　中间涂层的打磨方向

（2）湿打磨

湿打磨一般采用 600# ~ 800# 水磨砂纸。当面漆是硝基类涂料时，要用 600# 水磨砂纸打磨；当面漆是金属闪光涂料时，要用 800# 水磨砂纸打磨，若此时用 600# 水磨砂纸打磨，砂纸磨痕往往会显现到涂膜表面。当面漆为素色漆时，可用 600# 水磨砂纸打磨，但素色漆的硝基类涂料应用 600# 以上的砂纸打磨。打磨时使用的垫块应柔软，手工打磨时应避免用手指接触被打磨表面，打磨时要仔细，不能有遗漏。打磨结束后，对玻璃滑槽缝、门把手、玻璃四周等边缘部位，要用刷子蘸上研磨膏进行打磨，以清除残余的污物。图 4-4-7 所示为边缘部位的清扫与打磨。

（3）用速干幼滑原子灰修补部位的打磨

对于用速干幼滑原子灰修补的部位，其中间涂层的打磨要特别注意。如图 4-4-8 所示，先以修补部位为中心，用 500# ~ 600# 水磨砂纸将凸出部分磨平，然后用 600# 或 800# 水磨砂纸将整个表面打磨平整。干打磨时使用轨道式打磨机，先用 320# 砂纸将凸起部位打磨平整，随后用 400# 砂纸进行整体打磨。

注意：打磨时，不能只打磨喷涂了中涂底漆或补过原子灰的部位，还必须对其周围颜色逐渐变化的区域用研磨膏或 1 000# 砂纸进行打磨。

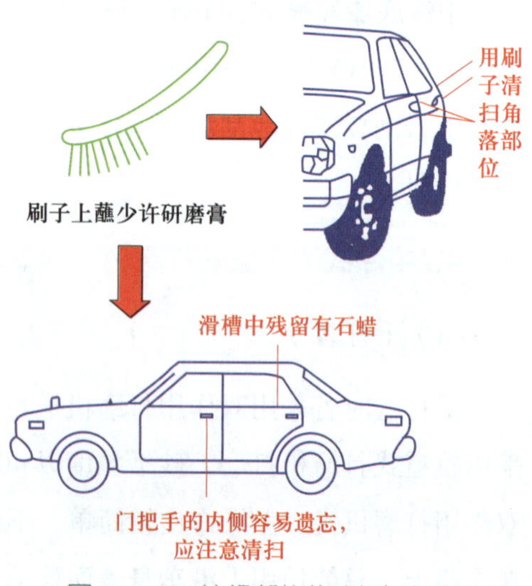

图 4-4-7　边缘部位的清扫与打磨

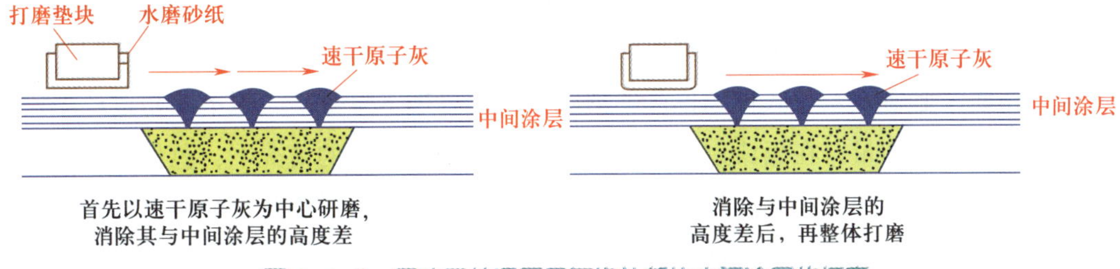

图 4-4-8　用速干幼滑原子灰修补部位中间涂层的打磨

5. 收尾工作

若采用的是湿打磨，就要用清水将打磨部位冲洗干净，然后用红外线烤灯或热风加热器对表面除湿，使其干燥。若采用的是干打磨，应用吸尘器将打磨粉尘彻底清除干净。如果是局部修补涂装，周围的旧涂膜要用粗颗粒的研磨膏进行研磨，以彻底清除污物和油分。最后应仔细检查涂膜表面，不能遗漏未经打磨的部位，如果有，再用 400# ~ 600# 砂纸进行打磨。

三、有特殊要求的中间涂层的涂装

1. 现代中、高档轿车中间涂层的涂装

现代中、高档轿车对涂装质量要求很高，中间涂层质量的好坏直接影响涂装效果。为了提高面漆的流平性，确保涂装表面的光洁度，一般采用喷涂指导层两次打磨法。操作工序是先喷中涂底漆，随即在喷好的底漆上薄薄喷洒一层与中涂底漆颜色区别很大的色漆，即喷涂指导层，待完全干燥后用 400# 干磨砂纸打磨，打磨后，底漆上不能被打磨掉的指导层就是中涂底漆不能掩盖的缺陷。常见的缺陷有砂眼和砂纸打磨的痕迹。准确找到缺陷后，刮涂幼滑原子灰，干燥后再次打磨。喷涂指导层的目的是找出肉眼难以发现的涂层缺陷，从而确保涂层的表面质量。

2. 可调色中涂底漆的涂装

如果要喷涂的面漆遮盖能力比较差，但是底材颜色比较深，需要喷涂可调色中涂底漆。例如，有些塑料保险杠本身为黑色，在修补喷涂颜色比较浅、遮盖力比较差的面漆时，如果按照平常的方法处理，喷涂面漆后底材颜色有时会渗透出来，使面漆的颜色发生变化，与其他金属表面的面漆颜色产生色差。此时可以采用可调色中涂底漆对底材进行遮盖，然后再喷涂面漆。

可调色中涂底漆即在中涂底漆中加入适量的已经调好色的面漆或与面漆颜色相近

的面漆色母，来改变中涂底漆的颜色，使中涂底漆的颜色与面漆基本相同，从而增加面漆的遮盖力。中涂底漆中加入颜色的量要根据面漆的遮盖力和底材的颜色不同分别对待。在面漆遮盖力差、底材颜色深的情况下，色母加入量要多，但不要超过产品说明书中规定的添加量；在面漆遮盖力比较好、底材颜色较浅的情况下，色母加入量应适当减少。调好色的中涂底漆作为一整份按规定比例统一添加固化剂和稀释剂。其喷涂方法基本与普通中涂底漆一样。

可调色中涂底漆是一种单独产品，并不是所有的中涂底漆都可以进行调色处理。可调色中涂底漆一般与配套使用的面漆基本相同，只有如此，才能通过在中涂底漆中加入面漆色母进行适当的调色操作。

任务实施

中涂底漆涂层的涂装施工步骤为：中涂底漆施工前的打磨→清洁和除油→遮蔽不需喷涂的区域→混合中涂底漆→施涂中涂底漆→干燥中涂底漆→打磨中涂底漆→刮涂、打磨幼滑原子灰→面漆涂装前的打磨。

下面按照此施工步骤，进行任务引入中的汽车车门中间涂层的涂装操作。

一、中涂底漆施工前的打磨

将 320# 砂纸装到打磨垫块上，如图 4-4-9 所示，打磨准备施涂中涂底漆的表面。由于中涂底漆要覆盖整个原子灰表面，因此打磨范围要超出原子灰边缘 150 mm 左右，如图 4-4-10 所示。

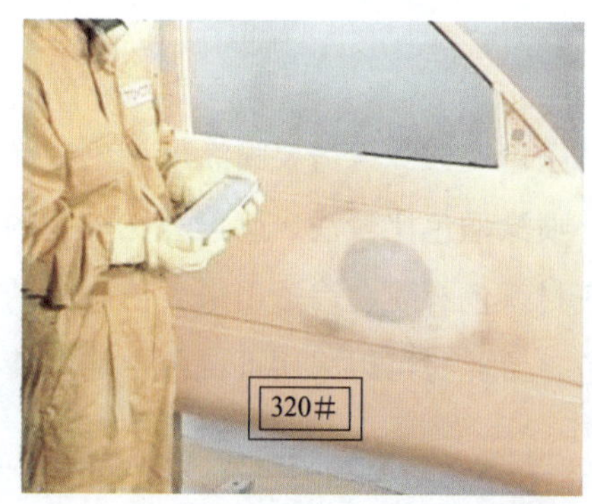

图 4-4-9　将砂纸装到打磨垫块上

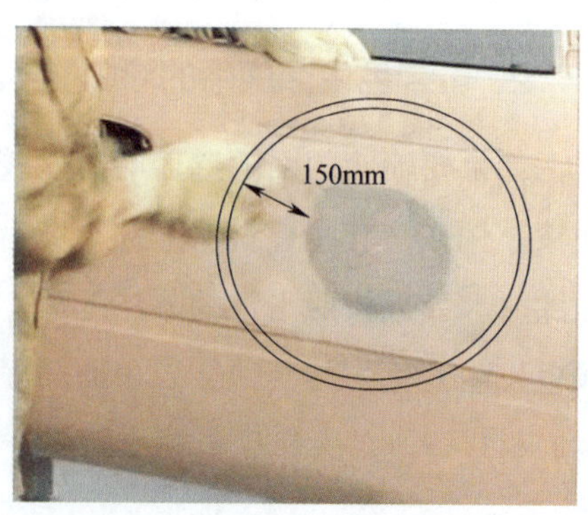

图 4-4-10　中涂底漆施工前打磨的范围

注意：为了防止重涂面积不必要的扩大，在离原子灰边缘 150 mm 的范围内，如果有车身钣金接缝或特征线，打磨区域不能超过钣金接缝或特征线。

二、清洁和除油

将除尘枪靠近原子灰表面，用压缩空气尽可能吹除针孔和其他缝隙中的打磨微粒，然后用除油剂对待涂表面进行正常的除油工作，如图 4–4–11 所示。注意：擦涂除油剂时必须避开原子灰区域，否则会影响涂膜质量。

三、遮蔽不需喷涂的区域

如图 4–4–12 所示，将遮盖纸粘贴在喷涂区域的周围，以防止飞漆飘落在非喷涂区域。为了防止喷涂的中涂底漆边缘产生台阶，遮盖纸应采用反向遮蔽的方法，如图 4–4–13 所示。

中涂底漆喷涂前遮盖

四、混合中涂底漆

按照说明书的要求，称量一定数量的中涂底漆，然后按照其配比比例，加入一定数量的稀释剂（见图 4–4–14），并调整涂料的黏度，使之适合喷涂。

图 4–4–11　待涂表面的除油工作

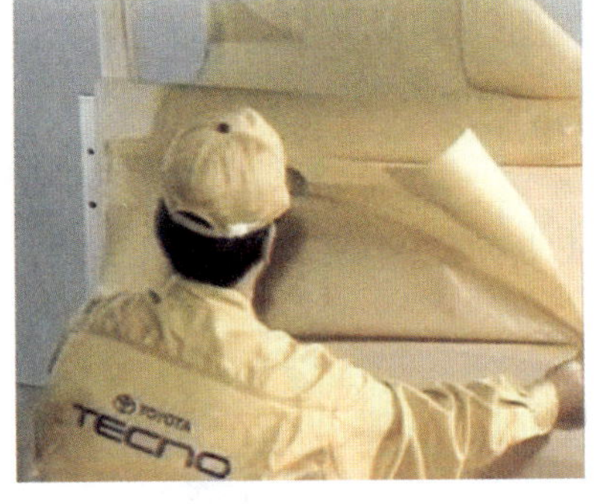

图 4–4–12　非喷涂区域的遮蔽

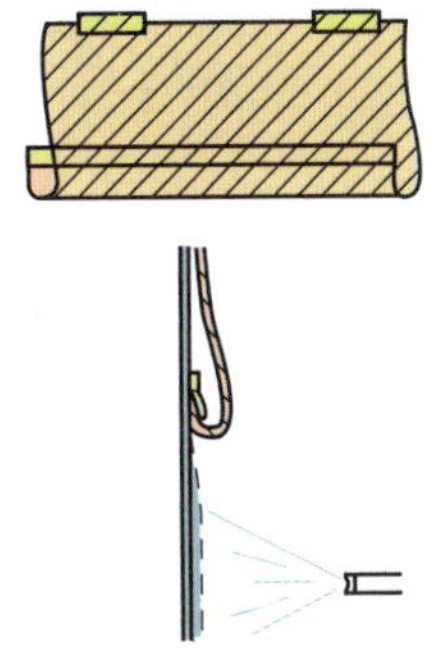

图 4–4–13　反向遮蔽

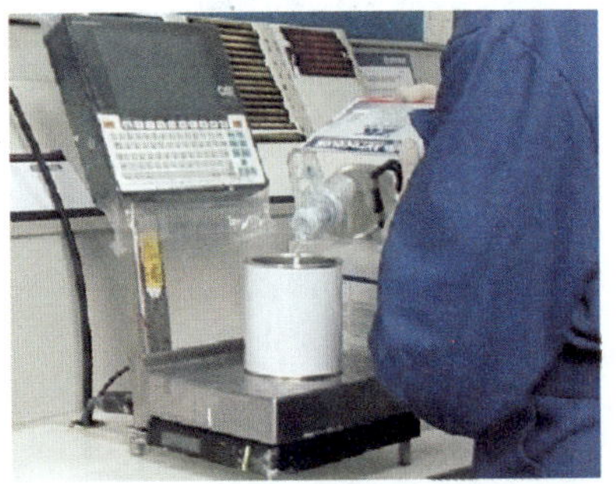

图 4–4–14　向中涂底漆中加入稀释剂

中涂底漆的调制

注意：稀释剂要根据环境温度进行选择，10 ℃以下时选用快干稀释剂，20 ℃左右时选用标准稀释剂，30 ℃以上时选用慢干稀释剂。制造商对稀释剂规定了一定的宽容度，如果稀释剂比较少，涂层会比较厚，涂膜表面会比较粗糙；如果稀释剂比较多，中涂底漆容易施涂，但往往会产生流挂。

五、施涂中涂底漆

1. 过滤涂料

用搅拌杆充分搅拌并混合涂料，如图 4–4–15 所示，然后将它通过滤网倒入空气喷枪中。

2. 调整空气喷枪

首先将口径为 1.5 mm 的标准空气喷枪的喷涂气压调整到 245 MPa，然后将涂料流量调节旋钮完全拧紧后退出两圈。喷涂距离选用 150 ~ 250 mm，喷雾宽度全开。

3. 中涂底漆的喷涂

中涂底漆的喷涂

将第一层中涂底漆喷涂至整个原子灰表面，直至该表面完全变湿为止，静置 5 ~ 10 min，使涂层中的溶剂挥发，再进行第二次、第三次喷涂。

注意：每次喷涂中涂底漆时，应稍稍扩大喷涂面积，如图 4–4–16 所示。如果原子灰表面变形（轻微凹陷），要喷涂足够量的中涂底漆，以便盖住凹陷处，但要防止产生流挂。

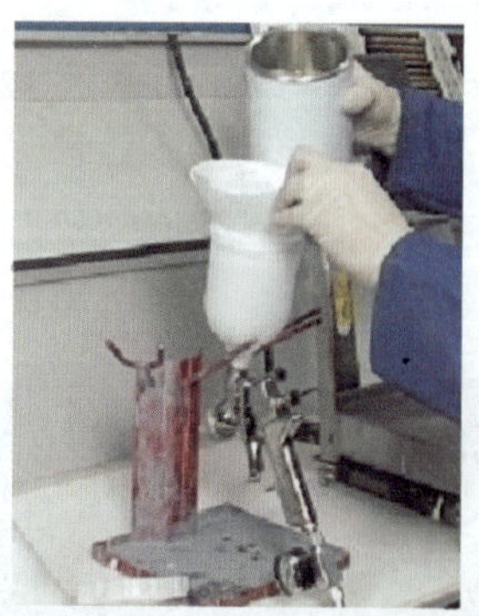
图 4–4–15　过滤涂料

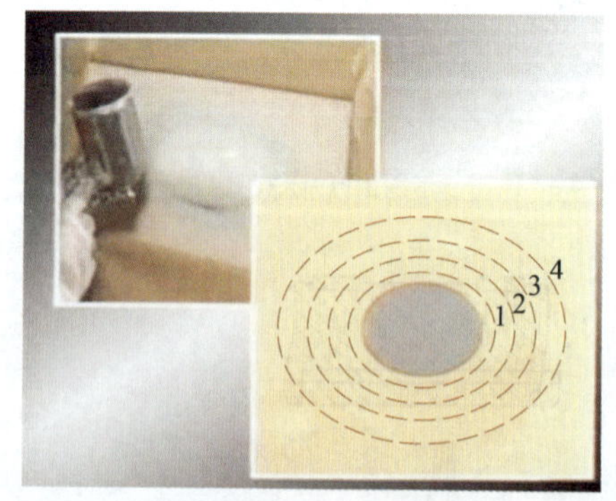

图 4–4–16　每次喷涂中涂底漆时稍稍扩大喷涂面积

4. 喷涂指导层

将自喷指导层涂料（或在空气喷枪中加入深色涂料）薄薄地喷涂在中涂底漆层上，

如图 4-4-17 所示。

注意：指导层不要喷得太厚，指导层的颜色与中涂底漆层的颜色要有明显的区分度。

六、干燥中涂底漆

为了加快施工进度，本任务采用红外线烤灯强制干燥中涂底漆，如图 4-4-18 所示。打开红外线烤灯，在 60 ℃下干燥 20 min 即可。

图 4-4-17 喷涂指导层

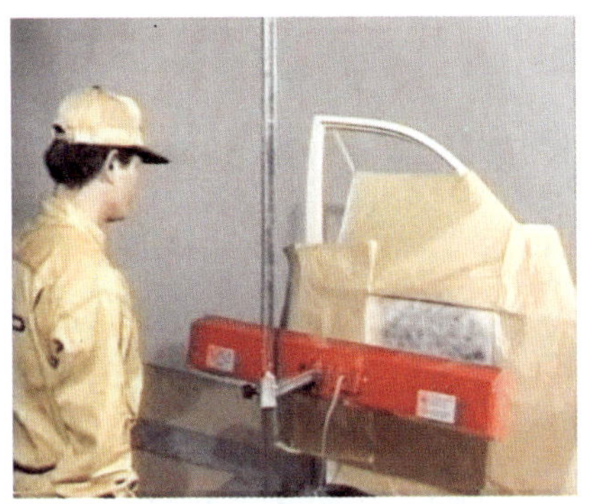

图 4-4-18 干燥中涂底漆

七、打磨中涂底漆

用蘸了水的海绵淋湿中涂底漆涂层表面，选用 600# 水磨砂纸配合打磨垫块打磨中涂底漆，如图 4-4-19 所示。打磨后，彻底清除水汽并进行干燥。

中涂底漆的打磨

八、刮涂、打磨幼滑原子灰

1. 检查打磨表面

观察打磨表面，检查其缺陷，如图 4-4-20 所示。如果打磨表面留有带指导层颜色的麻点，即中间涂层的缺陷所在，如图 4-4-21 所示。

2. 刮涂幼滑原子灰

将幼滑原子灰直接挤到刮板上，然后用刮板将原子灰用力推压入针孔和打磨痕迹，如图 4-4-22 所示。注意：幼滑原子灰要薄薄地施涂，如果涂得太厚，干燥速度会很慢；如果需要修补的点很多，则需要在整个中涂底漆表面刮涂，以防止遗漏。对于要求不是很高的车身，可以直接在干燥的中涂底漆上刮涂幼滑原子灰，将中涂底漆和幼滑原子灰一起打磨，这样可以节省施工时间。

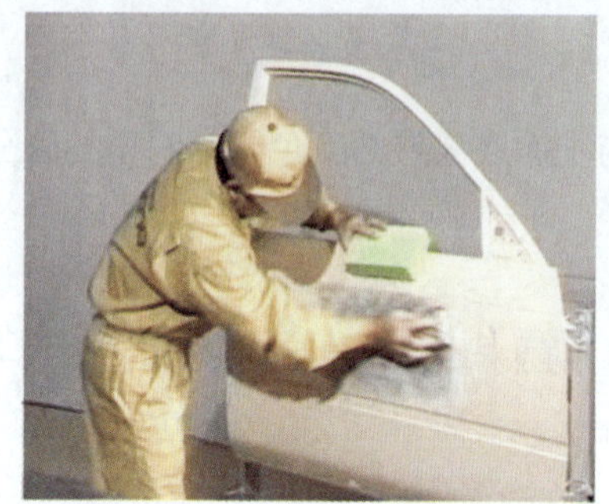
图 4-4-19　打磨中涂底漆

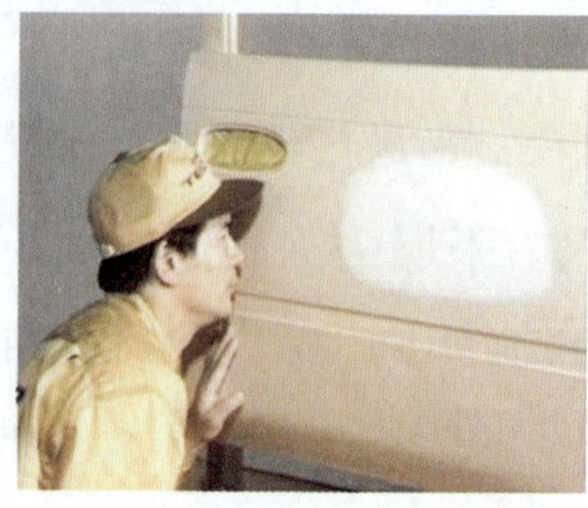
图 4-4-20　检查打磨表面的缺陷

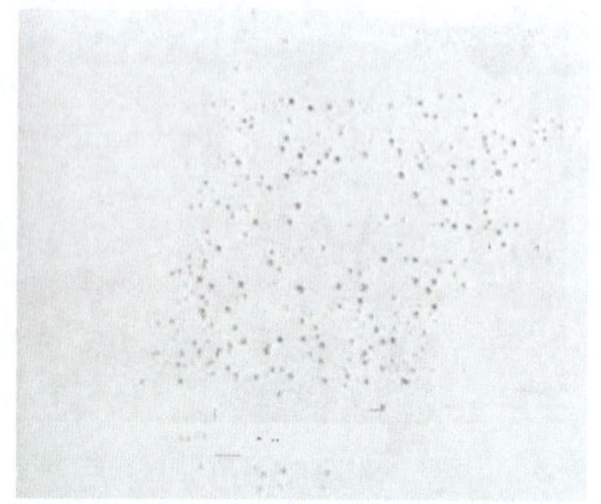
图 4-4-21　指导层所显示的缺陷

图 4-4-22　刮涂幼滑原子灰

3. 干燥和打磨幼滑原子灰

打开红外线烤灯，在 60 ℃下将刮涂的幼滑原子灰干燥 5 ~ 10 min。选用 600# 水磨砂纸，配合打磨垫块进行湿打磨，如图 4-4-23 所示。

九、面漆涂装前的打磨

在中涂底漆层打磨完成后，用 800# ~ 1 000# 水磨砂纸对整个待喷涂面漆的表面进行打磨（见图 4-4-24），以提高面漆的附着力，打磨必须进行到整个表面失去光泽为止。

图 4-4-23　打磨幼滑原子灰

图 4-4-24　面漆涂装前的打磨

思考题

一、选择题

1. 中涂底漆的主要功能是改善被涂工件表面和底涂层的________。

A. 光洁度　　B. 鲜映性　　C. 平整度　　D. 丰满度

2. 下列选项中，________不是中涂底漆所具有的特性。

A. 配套性　　B. 填平性　　C. 弹性　　D. 耐热性

3. 喷涂中涂底漆时，空气喷枪与工件表面的距离为________mm。

A. 150 ~ 250　　B. 100 ~ 150　　C. 200 ~ 250　　D. 250 ~ 300

4. 硝基类中涂底漆在自然条件下的干燥时间为________min 以上。

A. 20　　B. 30　　C. 40　　D. 60

5. 当面漆是硝基类涂料时，其中涂底漆要用________水磨砂纸打磨。

A. 320#　　B. 360#　　C. 400#　　D. 600#

二、判断题

1. 喷涂指导层的目的是找出肉眼难以发现的涂层缺陷。（　　）

2. 并不是所有的中涂底漆都可以进行调色处理。（　　）

3. 喷涂中涂底漆前的打磨范围要超出原子灰边缘 50 mm 左右。（　　）

4. 环境温度为 30 ℃时应选用快干稀释剂。（　　）

5. 幼滑原子灰在 60 ℃下的干燥时间为 15 ~ 20 min。（　　）

三、实践与练习

对图 4-4-25 所示的车身翼子板进行中涂底漆的涂装。

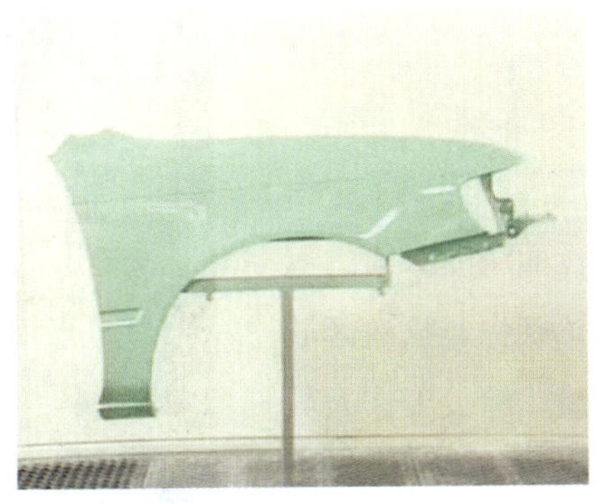

图 4-4-25　待进行中涂底漆涂装的车身翼子板

模块五

面漆喷涂前准备

任务1　喷涂前遮盖

任务目标

- 熟悉遮盖所需要的材料和工具。
- 掌握车身非喷涂区域遮盖的方法。
- 能够熟练进行车身非喷涂区域的遮盖操作。

任务引入

一辆桑塔纳汽车后车门已经完成了中涂底漆的涂装，现在需要进行面漆喷涂前的遮盖，如图5-1-1所示。为了确保非喷涂区域不粘上飞漆，保证喷涂质量，涂装工作人员应掌握遮盖操作方法。

图5-1-1　后车门重涂前待遮盖的桑塔纳汽车

任务分析

喷涂前遮盖是汽车涂装工作的重要组成部分，遮盖正确与否和遮盖质量的好坏将直接影响非喷涂区域原涂膜的质量，为了正确完成这一任务，可以从以下几个方面入手：

1. 熟悉遮盖所需要的材料和工具。
2. 掌握喷涂前遮盖的方法和注意事项。
3. 练习并掌握遮盖技巧。

相关知识

对于车身上不需要重新喷涂的部位必须进行有效的遮盖。若遮盖不当，飞漆将会落到这些地方，影响该部位面漆的原有质量。特别是使用双组分涂料时遮盖工作显得更加重要，因为一旦这些类型的涂料落到不需要重新喷涂的部位并干燥后，除非进行抛光，否则无法清除干净。所以遮盖工作是喷涂前非常重要的一项工作，一定要采用专用材料细心遮盖。

一、遮盖所需要的材料和工具

1. 遮盖材料及其选用

遮盖所需要的材料有遮盖纸、塑料遮盖膜、遮盖覆盖罩和遮盖胶带等。

（1）遮盖纸、塑料遮盖膜和遮盖覆盖罩

1）遮盖纸。汽车用遮盖纸具有耐热性、良好的抗湿性和防溶剂渗透性，遮盖效果好。遮盖纸有不同的宽度，其宽度范围为 76 ~ 900 mm。汽车涂装常用遮盖纸如图 5-1-2 所示。遮盖纸一般装在遮盖纸供应机上，进行遮盖操作时，只要从供应机中拉出适量的遮盖纸即可。

2）塑料遮盖膜。塑料遮盖膜是很薄的乙烯材料，其宽度一般比遮盖纸宽。因此，它特别适用于盖在工作表面周围大的表面上，以防止飞漆外逸。汽车涂装用塑料遮盖膜如图 5-1-3 所示。

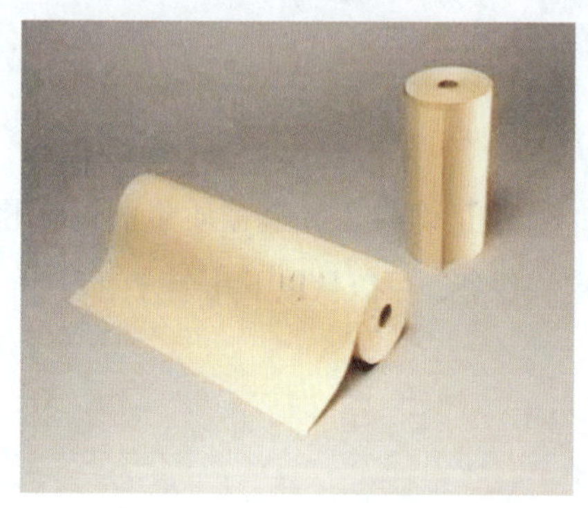
图 5-1-2　遮盖纸

图 5-1-3　塑料遮盖膜

3）遮盖覆盖罩。遮盖覆盖罩用于罩住整部汽车或汽车的某个部件，而仅暴露需要涂装的部分。遮盖覆盖罩可以反复使用。汽车轮胎覆盖罩就是一个典型的例子，如图 5-1-4 所示。

（2）遮盖胶带

汽车用的遮盖胶带必须能抗热和抗溶剂，而且其黏合胶应该在剥落以后不会粘在车身表面上。遮盖胶带有普通遮盖胶带和缝隙胶带两种。市场上供应的遮盖胶带种类繁多，使用时必须按所进行的工作类型合理选择。

1）普通遮盖胶带。普通遮盖胶带有用于空气干燥涂料的胶带、用于强制干燥涂料的胶带和用于烤漆的胶带。按底材的不同常用的有纸质胶带和塑料胶带。胶带的宽度范围为 6 ~ 50 mm，宽的胶带不易操作，应尽量少用；细小的弯曲面应使用窄胶带。常用普通遮盖胶带如图 5-1-5 所示。

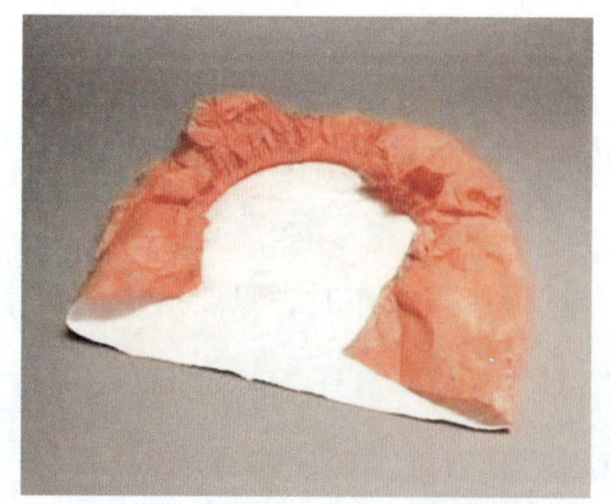
图 5-1-4　汽车轮胎覆盖罩

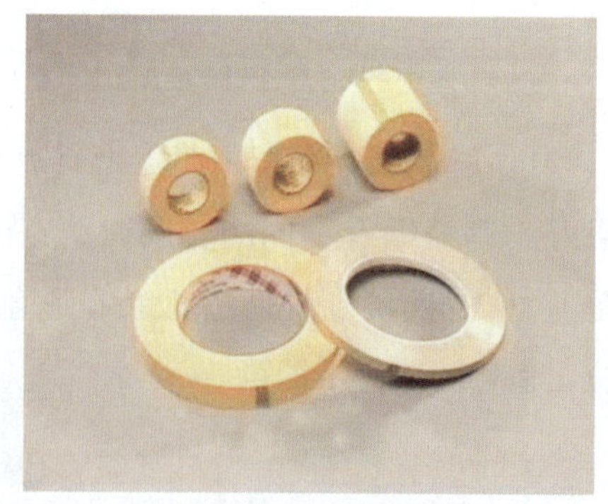
图 5-1-5　普通遮盖胶带

2）缝隙胶带（聚氨酯胶带）。缝隙胶带是一种遮盖材料，用于遮盖钣金件之间的缝隙，以防止飞漆进入车身内部。常用的缝隙胶带如图 5–1–6 所示。缝隙胶带用聚氨酯泡沫体加入黏合胶制成，因此简化了有缝隙区域的遮盖。由于缝隙胶带呈圆柱形，因此可以防止喷涂台阶，使涂装的表面很容易打磨。

（3）遮盖材料的选用

在实际操作中，首先要选择宽度合适的遮盖纸和遮盖胶带。

遮盖纸和遮盖胶带通常按照下面的要求进行选择：

遮盖汽车风窗玻璃时，应使用两层宽 380 mm 或 457 mm 的遮盖纸。遮盖汽车侧窗时，应使用宽 300 mm 或 380 mm 的遮盖纸。遮盖各种形状和宽度的网栅、保险杠时，需要使用不同宽度的遮盖纸，最常用的宽度是 152 mm、228 mm、300 mm 和 380 mm。遮盖车门侧柱的周围时，应使用宽 152 mm 的自带黏性的遮盖纸。遮盖外反光镜可以使用宽 50 mm 或 152 mm 的遮盖纸。遮盖尾灯时，应使用宽 152 mm 或 228 mm 的遮盖纸。遮盖汽车天线时，一般使用宽 76 mm 的自带黏性的遮盖纸。为保护车轮，可用两块宽 457 mm 的遮盖纸将其包好。为保护行李舱的内侧，需使用 2 ~ 3 块宽度为 900 mm 的遮盖纸。遮盖车门把手时，可以使用宽 19 mm 的遮盖胶带。遮盖镀铬件时，应使用宽 19 mm 或者更宽的遮盖胶带。遮盖文字或标记时，应使用宽 3 mm 或 6 mm 的遮盖胶带。

2. 遮盖时所需要的设备和工具

遮盖时所需要的设备和工具有遮盖纸供应机和美工刀。图 5–1–7 所示的遮盖纸供应机能提供适量的遮盖纸，同时还可以将遮盖胶带黏附在遮盖纸上，极大地提高遮盖的工作效率，节省了工作时间。遮盖纸供应机可以装不同宽度和类型的遮盖纸卷，有的还可以装塑料遮盖膜卷。美工刀用来分割遮盖胶带，切除遮盖胶带边界不平滑的部分，在实际遮盖工作中非常实用。

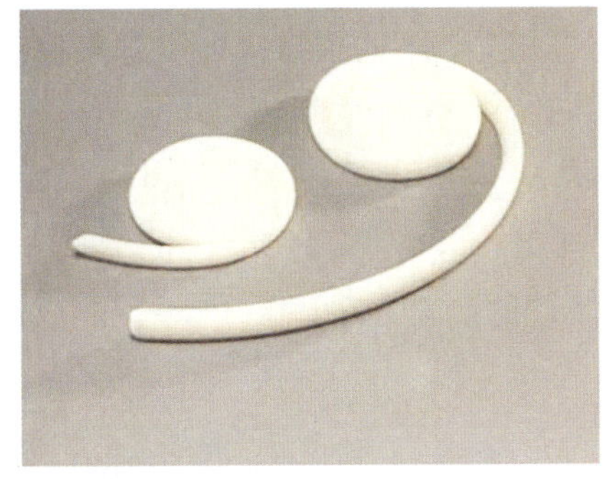
图 5–1–6　常用的缝隙胶带

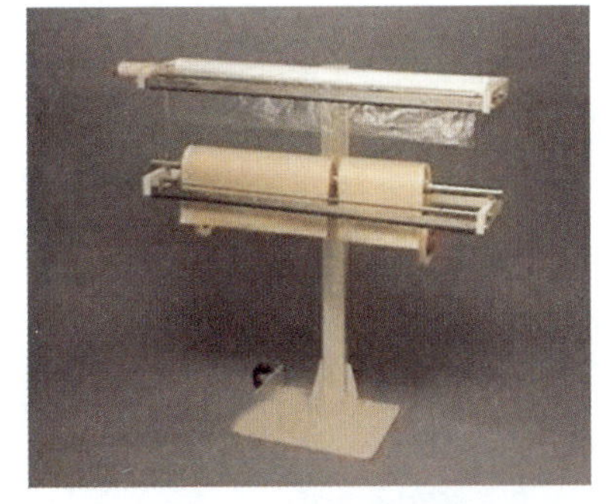
图 5–1–7　遮盖纸供应机

二、喷涂前遮盖的方法

1. 遮盖边界的选择和遮盖操作基本方法

（1）遮盖边界的选择

遮盖边界即分隔重涂区与非重涂区的边界，遮盖边界选择的正确与否直接关系到涂装施工的成败，因此，合理地选择遮盖边界是修补涂装工作中一个重要环节。遮盖边界必须根据修理范围和旧涂层的状况进行选择。

遮盖边界的选择一般应遵循以下几个原则：

1）若是板件重涂，应选择板件边缘缝隙作为遮盖边界。

2）若板件之间（填充了车身密封剂）没有缝隙，可以将车身密封剂处作为遮盖边界，但此处必须采用反向遮盖的方法。

3）若是板件部分重涂，则将板件特征线作为遮盖边界，遮盖边界处采用反向遮盖。

4）若是板件平面点重涂，遮盖边界必须通过反向遮盖限定在需重涂的板件平面内。

（2）遮盖操作基本方法

进行遮盖操作时，应一手固定遮盖胶带，另一手拉紧并撕下胶带。这样既可以使胶带粘紧，又可以改变胶带粘贴的方向，同时还便于缠绕边角等部位。扯断胶带时，拇指应迅速向上撕，可以很容易将其扯断。这样操作可以获得干净的截面，并使胶带不受任何拉伸。

风窗玻璃的遮盖如图 5-1-8 所示。用两条宽约 500 mm 和 200 mm 的遮盖纸（在搭接处上、下两层交叠在一起）遮盖住风窗玻璃，周边和上、下两层搭接处用遮盖胶带粘牢。

2. 遮盖方法

根据喷涂的工序和要求不同，遮盖时也应采用不同的遮盖方法。

（1）施涂中涂底漆时的遮盖

由于施涂中涂底漆时所用的空气压力低于施涂面漆时的空气压力（尽可能减少飞

漆外逸），所以工件表面的遮盖工序比较简单。通常使用反向遮盖法，以防止产生喷涂台阶，如图 5–1–9 所示。反向遮盖法是指遮盖纸在敷贴时里面朝外，所以沿边界粘有一薄层飞漆。这种方法能尽可能减小台阶，使边界不太引人注目。反向遮盖法也经常用于车身板件上小面积重涂时的遮盖。遮盖边界通常处于板件的特征线和板件边缘密封剂处，板件小面积重涂时特征线上的反向遮盖如图 5–1–10 所示。

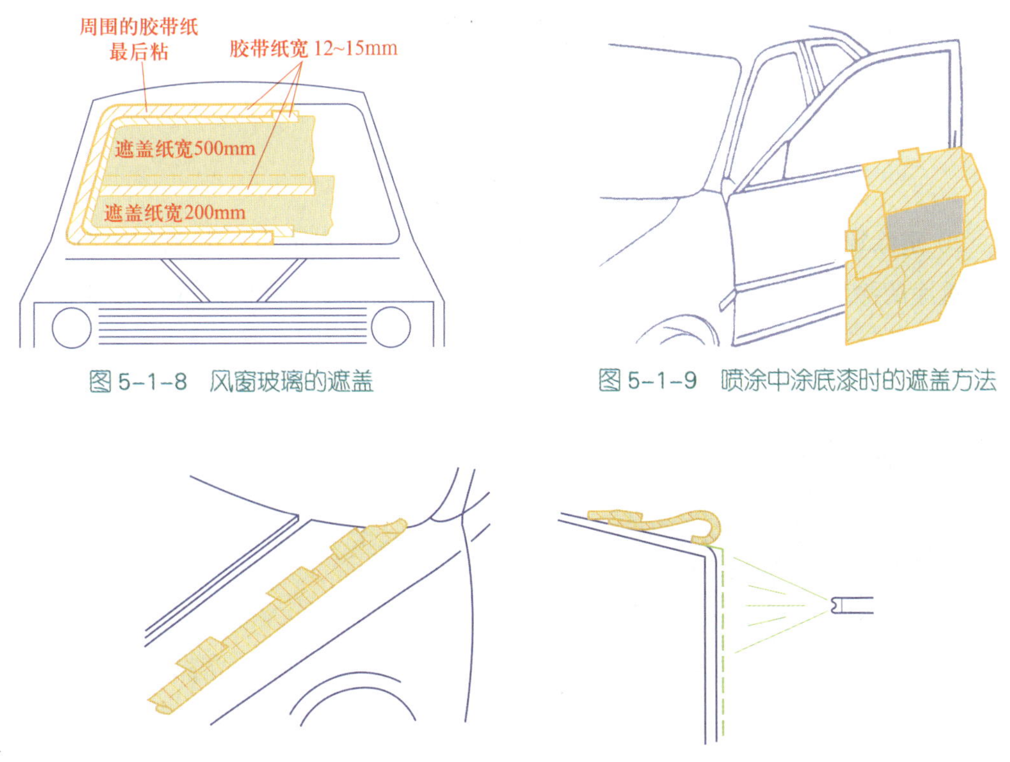

图 5–1–8　风窗玻璃的遮盖

图 5–1–9　喷涂中涂底漆时的遮盖方法

图 5–1–10　板件小面积重涂时特征线上的反向遮盖

（2）块重涂时的遮盖

为了进行成块重涂，翼子板或车门之类的板件必须单独遮盖。如果板件有孔口（如供放装饰件用的孔，其遮盖方法见图 5–1–11a）或板件边缘有缝隙（其遮盖方法见图 5–1–11b），必须进行遮盖，以防止飞漆进入这些区域。如果覆盖孔口有困难，那么也可以从里面遮盖孔口，从而防止飞漆粘到内部部件上。

（3）点重涂时的遮盖

1）重涂没有边界的板件。当重涂没有边界的板件时，为了确保喷涂涂料时不会产生喷涂台阶，该区域必须用反向遮盖法加以遮盖，如图 5–1–12 所示。

a)

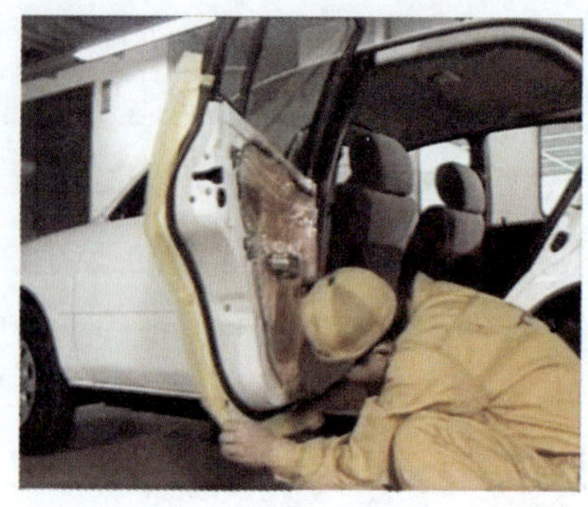

b)

图 5-1-11　块重涂时的遮盖

a）板件孔口的遮盖　b）板件边缘缝隙的遮盖

2）重涂翼子板尾端。为了重涂翼子板尾端，必须用点重涂方法重涂该区域。由于点重涂的涂装面积小于块重涂，仅遮盖翼子板尾端周围非喷涂区域就足够了，如图 5-1-13 所示。

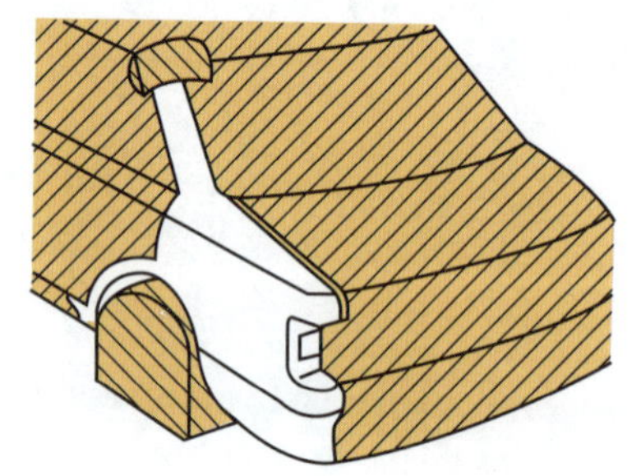

图 5-1-12　点重涂时无边界板件的遮盖

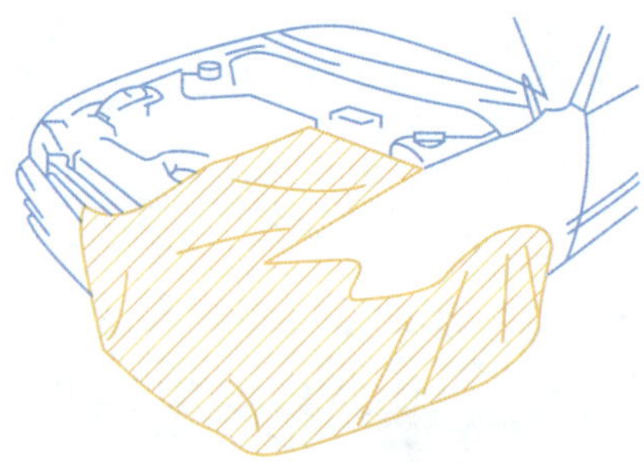

图 5-1-13　板件尾端点重涂时的遮盖

3. 喷涂前遮盖的注意事项

（1）使用任何遮盖材料前都必须彻底清洁车身表面，吹净车身上的所有灰尘。特别脏的部位要彻底清洗，然后用除油剂清洁要遮盖的表面，如图 5-1-14 所示为遮盖表面的清洗和除油。如果车身表面不干净或不干燥，遮盖胶带就无法粘住。粘贴时，必须将胶带压紧在车身表面上使其粘牢，否则涂料和溶剂就会在胶带下流动。对于需要喷涂两种不同颜色的情况，如果颜色的断层不是用装饰带或嵌条掩盖的话，压紧胶带就更加重要了。

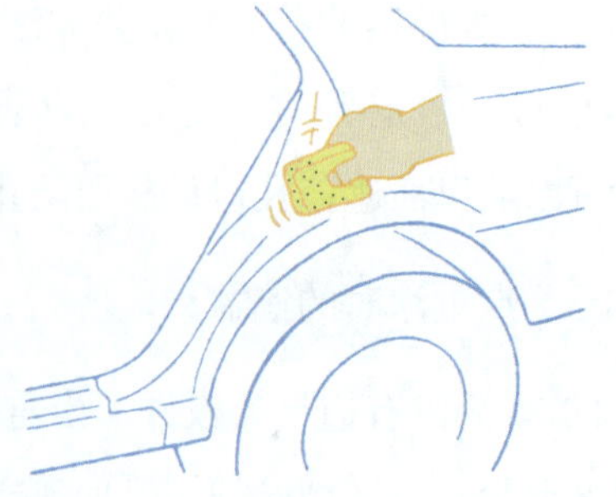

图 5-1-14　遮盖表面的清洗和除油

（2）如果喷涂车间又冷又湿，空气流动很差，遮盖胶带可能无法粘紧玻璃或镀铬件。这是因为在这些部件的表面已经形成了一层不可见的冷凝膜。只有在干燥后胶带才能可靠地粘贴住。

（3）胶带通常无法粘到车门和车顶活动天窗的橡胶密封条上。要想遮盖住橡胶密封条，可以先用抹布涂抹一层透明清漆稀释剂，等其完全干燥后，再使用遮盖胶带。遮盖门侧柱的时候，一定要遮盖好门锁和插销等部位。

（4）遇到曲面时，可将遮盖胶带的内侧边缘重叠，以适应贴紧曲面的需要；或在接近转角的地方将胶带贴得稍稍松一点，若贴得太紧，胶带就会在转角周围缩进去，从而暴露出需要隐匿的面积。曲面、转角处的贴护方法如图 5–1–15 所示。

图 5–1–15 曲面、转角处的贴护方法

（5）遮盖纸对于涂料中所含有的溶剂的抵抗力不强，在涂料容易积聚的地方（如板件边缘、特征线上或需涂较厚涂料的区域），要贴双层遮盖胶带和遮盖纸，以防止涂料渗入遮盖材料，如图 5–1–16 所示。

（6）全部遮盖完成后，应仔细检查遮盖是否有过度或不足的部位，否则在完成喷涂操作后还需要对这些部位进行额外的工作。过度遮盖会造成喷涂不够，需对未喷涂到的部位再进行补漆；遮盖不足则会造成过度喷涂，需用溶剂清洗过度喷涂的部位，否则会损坏整个工作表面的外观效果。

（7）一般来说，遮盖材料应在抛光后予以剥除。但是，沿边界的遮盖胶带应在涂装后，趁涂层还没有干之前小心地取下。因为一旦涂层变干、变脆，胶带便不会均匀地分离，从而影响涂装效果。对于一个干净的边界，应按照图 5–1–17 所示的正确方法剥除遮盖胶带。

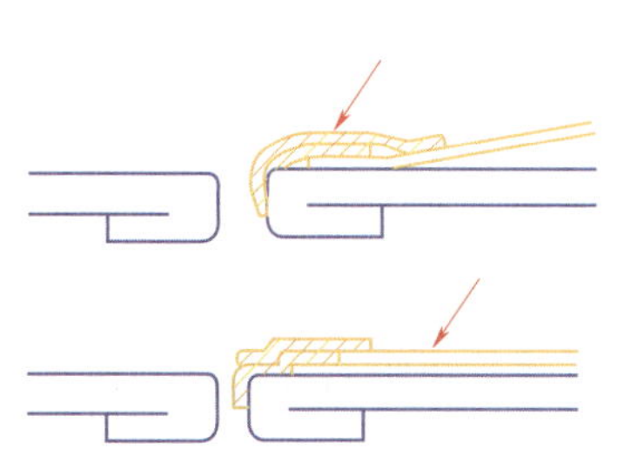
图 5–1–16 在涂料易积聚的地方进行双层贴护

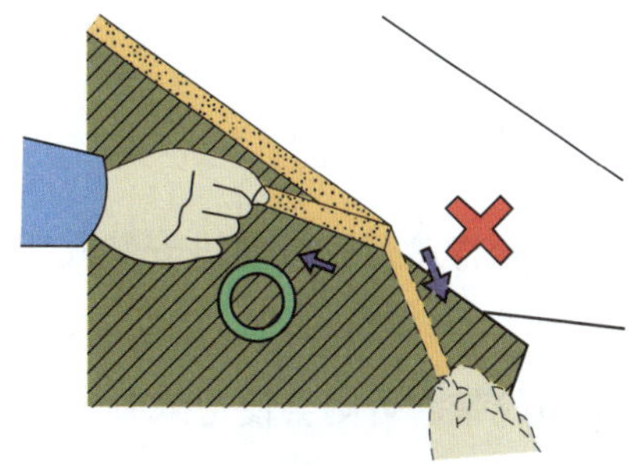
图 5–1–17 剥除遮盖胶带的方法

任务实施

利用已经学习的遮盖知识和遮盖方法，完成桑塔纳汽车后车门重涂前的遮盖操作。

一、车身遮盖表面的清洁和除油

用除尘枪吹除板件缝隙和装饰条内部的水分和污垢，然后用抹布擦拭，除去车身表面的灰尘。用干净的毛巾蘸上除油剂，在遮盖胶带的粘贴处除油，以保证其粘贴效果。遮盖区域的除油操作如图 5-1-18 所示。

二、桑塔纳汽车后车门重涂前的遮盖

1. 设定后车门门框的遮盖边界

打开后车门，在后车门门板与门框的交界处贴上遮盖胶带，用以作为后车门门框的遮盖边界，如图 5-1-19 所示。注意：门框与门板的交界处如果没有明显的分界线，遮盖边界必须采用反向遮盖的方法，以防止产生喷涂台阶。

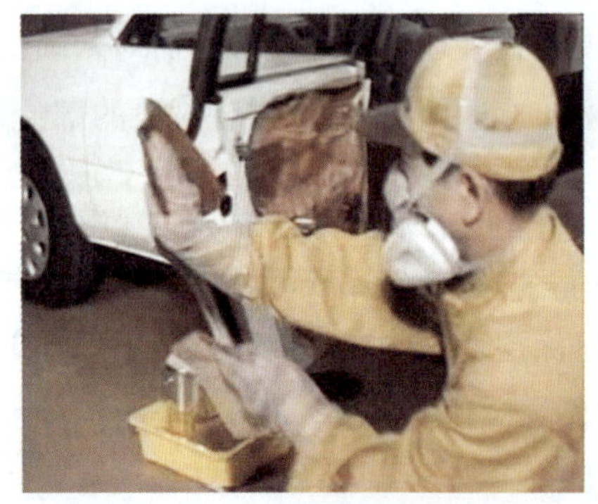

图 5-1-18　遮盖区域的除油操作

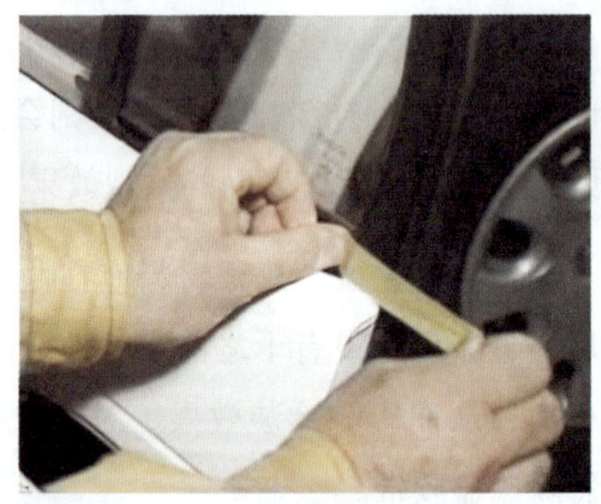

图 5-1-19　设定后车门门框的遮盖边界

2. 遮盖后车门外把手安装孔

首先将遮盖胶带伸进安装孔内，从内边缘开始粘贴，使安装孔镂空的部分缩小，如图 5-1-20 所示。然后用遮盖胶带盖住中央孔。注意：覆盖中央孔时不能太用力推压边缘胶带，否则会使边缘胶带脱落。遮盖车门外把手安装孔的另一种方法是将几段胶带叠至能盖住安装孔的大小，从车门内侧粘贴，盖住车门外把手安装孔。

3. 遮盖后车门内侧的卷边部分

在后车门内侧卷边部分贴上遮盖胶带，如图 5–1–21 所示，遮盖胶带应伸出车门的卷边部分。注意：后车门内侧底部的前端应粘贴一条长约 150 mm 的遮盖胶带。后车门内侧的后上部要全部贴上遮盖胶带，如图 5–1–22 所示。粘贴胶带时要尽量避免产生皱纹。车门内侧的遮盖情况如图 5–1–23 所示。

图 5–1–20 后车门外把手安装孔的遮盖

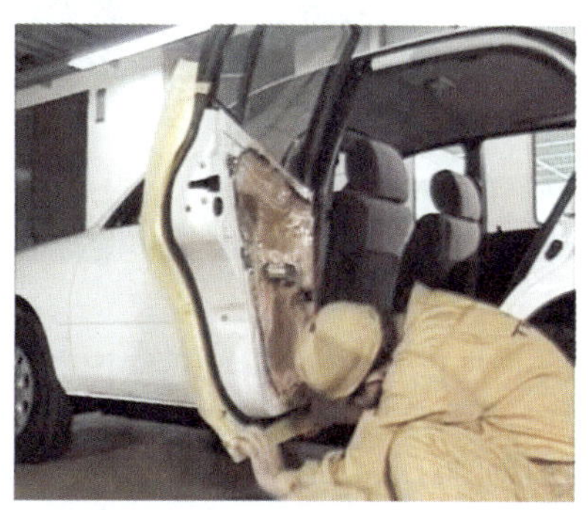

图 5–1–21 在后车门内侧卷边部分贴上遮盖胶带

图 5–1–22 后车门内侧后上部的遮盖

图 5–1–23 车门内侧的遮盖情况

4. 遮盖车门装饰条与门框之间的间隙

在车门上侧的装饰条上贴上遮盖胶带，遮盖胶带应延伸到装饰条的外部，并用另一段胶带粘贴到前面胶带的延伸部分上，如图 5–1–24 所示。然后，再用胶带贴紧门框上翘起的胶带，如图 5–1–25 所示。

5. 遮盖后车门与后翼子板、后车门槛板之间的缝隙

关上后车门，使车门卷边部分的遮盖胶带露出车外，将另一段遮盖胶带粘贴在露出车外的延伸胶带上。图 5–1–26 所示为后车门外部间隙的遮盖。注意：车门边缘一定不能粘有胶带。

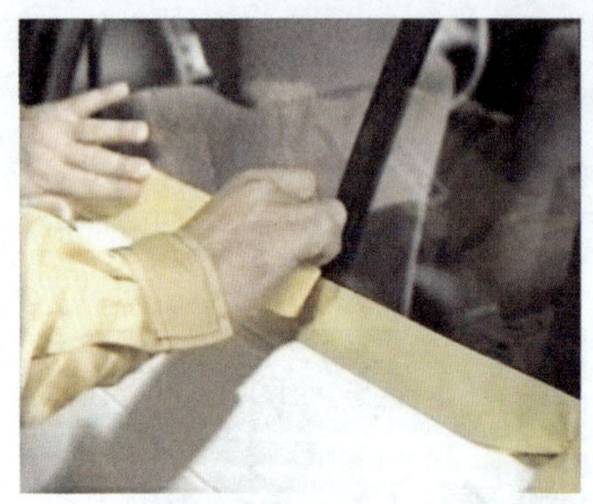

图 5-1-24　在胶带的延伸部分上再粘贴胶带

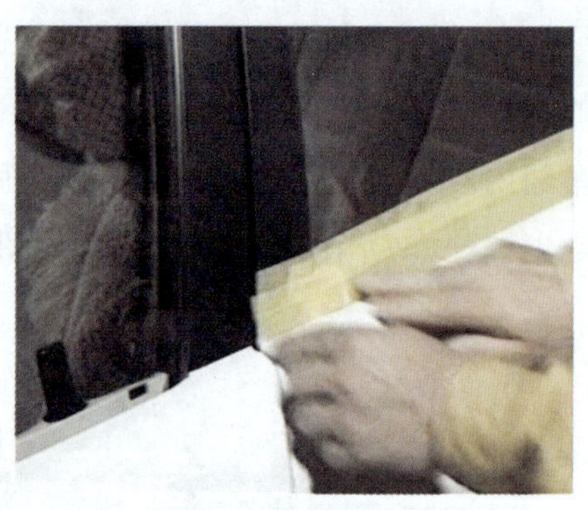

图 5-1-25　贴紧门框上翘起的胶带

6. 遮盖后车门前侧的凸缘区

打开前车门，抽出遮盖纸，使它稍稍长出后车门门板的高度，将遮盖纸上的胶带沿后车门前凸缘沟槽贴上，如图 5-1-27 所示。对于没有凸缘的车门顶部，则沿密封剂规定边界遮盖；车门顶部的侧面部分需要包上遮盖纸盖住门框。在后车门前侧的底部，用遮盖胶带贴在门内粘贴的遮盖胶带上，如图 5-1-28 所示。

图 5-1-26　后车门外部间隙的遮盖

图 5-1-27　后车门前侧凸缘区的遮盖

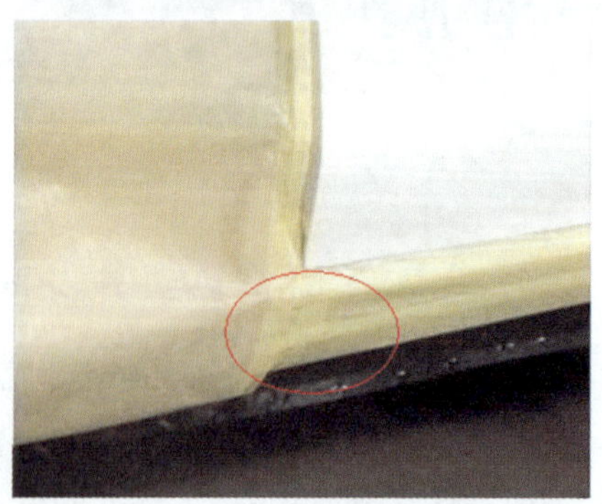

图 5-1-28　后车门前侧底部的遮盖

7. 遮盖前车门内部

用遮盖胶带贴上遮盖纸，使遮盖纸延伸至前车门的后缘；延伸遮盖纸的顶端，使前车门底部的遮盖纸距离前车门的后端大约 300 mm，如图 5-1-29 所示。对于前车门门框部分，则将遮盖纸向外卷，然后关上前车门。注意：遮盖纸要能足以遮盖前挡风条。关上前车门时，动作要缓慢，以防止遮盖纸剥落。

8. 用塑料遮盖膜遮盖整车

用塑料遮盖膜遮盖汽车的前半部、车顶和行李舱盖，如图 5-1-30 所示。塑料遮盖膜必须与后车门保持 200 mm 的距离。用塑料遮盖膜遮盖时不能有皱纹，塑料遮盖膜的底部不能拖放在地上。

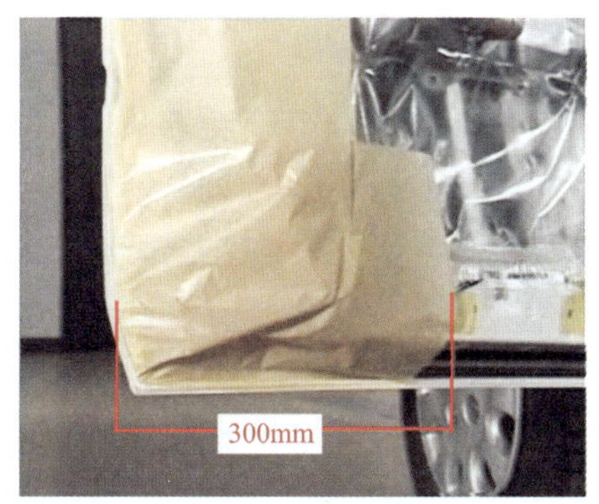

图 5-1-29　前车门底部遮盖纸的延伸

图 5-1-30　用塑料遮盖膜遮盖整车上部

9. 遮盖前车门后缘和后车门车窗玻璃

将遮盖纸贴至前车门后缘，如图 5-1-31 所示。遮盖纸的长度应能从前车门槛板伸展至车顶。遮盖后车门车窗玻璃时，使用的遮盖纸的宽度应能从车窗的遮盖边界伸展至车顶，使用的遮盖纸的长度要超出车窗边界直至汽车后风窗玻璃。后车门车窗玻璃的遮盖如图 5-1-32 所示。

图 5-1-31　前车门后缘的遮盖

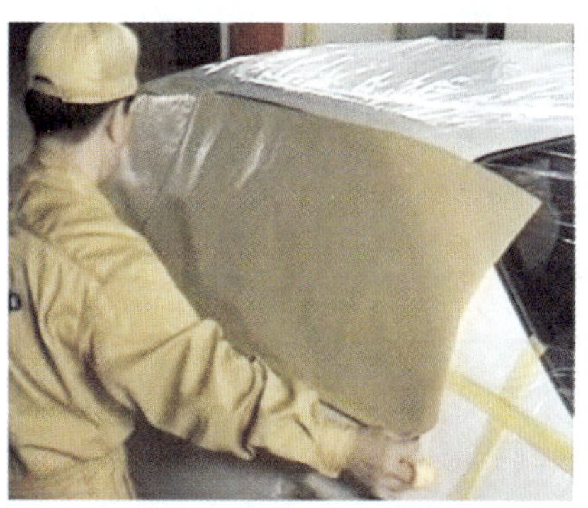

图 5-1-32　后车门车窗玻璃的遮盖

10. 遮盖后车门后侧的钣金件

将遮盖纸贴至后侧板，使遮盖纸的顶端盖过后风窗玻璃，底端刚好触地，如图 5–1–33 所示。将遮盖纸贴在车门后下部延伸出来的胶带上，遮盖后侧车轮罩的前面，如图 5–1–34 所示。

图 5–1–33 后侧板的遮盖

图 5–1–34 后侧车轮罩的遮盖

11. 遮盖后车门槛板

将遮盖纸贴在后车门槛板上（见图 5–1–35），至此完成后车门重涂前的遮盖工作。桑塔纳汽车后车门重涂前的遮盖如图 5–1–36 所示。

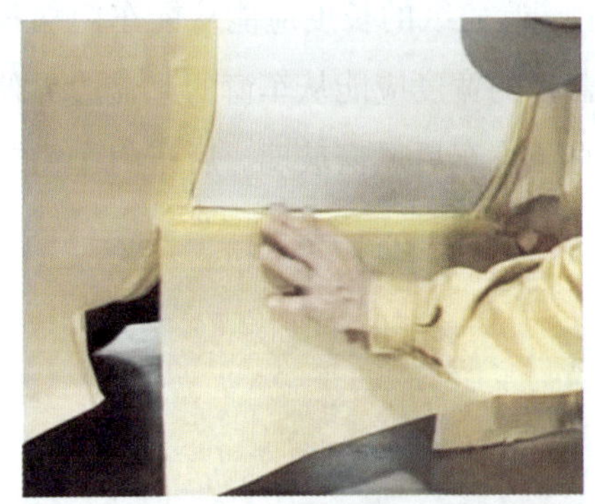
图 5–1–35 后车门槛板的遮盖

图 5–1–36 桑塔纳汽车后车门重涂前的遮盖

三、遮盖质量的检查

遮盖完成后，检查遮盖是否符合喷涂的具体要求。遮盖过程中经常出现遮盖胶带粘贴不牢或翘起、遮盖纸破损、遮盖遗漏和过度遮盖等情况，一旦发现这些情况要及时补救，甚至重新遮盖。

思考题

一、选择题

1. 汽车用遮盖纸具有耐热性、良好的________和防溶剂渗透性。

A. 抗腐蚀性　　B. 韧性　　C. 抗湿性　　D. 耐候性

2. 普通遮盖胶带的宽度范围为________mm。

A. 10 ~ 50　　B. 6 ~ 50　　C. 8 ~ 60　　D. 10 ~ 60

3. 在遮盖文字或标记时，应使用宽________mm 或 6 mm 的遮盖胶带。

A. 10　　B. 8　　C. 5　　D. 3

4. 如果喷涂车间________，遮盖胶带可能无法粘紧玻璃或镀铬件。

A. 又热又湿　　B. 又冷又湿　　C. 又冷又干　　D. 又热又干

5. 不需要采用反向遮盖的场合是________。

A. 喷涂中涂底漆　　B. 小面积喷涂边缘的特征线上

C. 板件中央小面积喷涂　　D. 块重涂

二、判断题

1. 汽车轮胎覆盖罩只能一次性使用。（　）

2. 塑料遮盖膜特别适用于遮盖大范围的工作表面。（　）

3. 细小的弯曲面应使用窄胶带遮盖。（　）

4. 反向遮盖法仅适用于中涂底漆喷涂前的遮盖。（　）

5. 在接近曲面转角的地方应将遮盖胶带贴得稍稍紧一点。（　）

三、实践与练习

在图 5-1-37 所示的丰田汽车车身上，分别练习发动机舱盖和前车门重涂前的遮盖技能。

图 5-1-37　丰田汽车车身

任务 2　车身面漆的选用与用量估计

任务目标

- 熟悉车身面漆的基本知识。
- 掌握面漆的选用与用量估计的方法。
- 能根据车身的具体情况进行面漆的选用与用量估计。

任务引入

一辆汽车的后翼子板已经完成了中间涂层的涂装，如图 5-2-1 所示，现在需要选用面漆。面漆的选用与用量估计是汽车修补涂装中常规性的工作，涂装工作人员应该掌握具体实施方法。

图 5-2-1　后翼子板完成中间涂层涂装的汽车

任务分析

面漆的选用涉及车身常用面漆的种类和面漆的选用方法。正确估计面漆的用量是提高修理厂的经济效益，实现节能环保的一项重要工作。为了准确地完成面漆的选用与用量估计任务，首先应进行相关知识的学习，然后利用所学的知识解决具体问题。

相关知识

一、车身面漆的基本知识

1. 面漆的功用

面漆是汽车多层涂装中最后涂布的涂料，它不但具有涂层色泽艳丽、光亮丰满的装饰效果，而且还应具有良好的保护性、耐水性、耐磨性、耐油性及耐化学品腐蚀性。

2. 面漆的分类

按照涂料的干燥机理不同，面漆可分为溶剂挥发干燥型漆，如硝基漆、热塑性丙烯酸树脂漆和各类改性的丙烯酸树脂漆等；氧化固化型漆，如醇酸树脂漆、丙烯酸改性醇酸树脂漆等；热固化型漆，如热固性丙烯酸树脂漆、氨基丙烯酸树脂漆、热固性环氧树脂漆和氨基醇酸树脂漆等；双组分漆，如丙烯酸－氨基树脂漆、聚酯－聚氨酯树脂漆和丙烯酸－环氧树脂漆等；催化固化型漆，如湿固性有机硅改性丙烯酸树脂漆、过氧化物引发固化的丙烯酸树脂漆和氨蒸气固化聚氨酯树脂漆等。

按照涂料装饰性的不同，面漆可分为素色漆、金属漆、珠光色漆和罩光清漆等。

按照涂料成分的不同，面漆可分为单组分漆和双组分漆。

3. 车身常用修补面漆

（1）素色漆

素色漆俗称磁漆，是指将非常细小的着色颜料均匀地分散在树脂基料中而制成的涂料。素色漆在涂装后具备良好的光泽度和鲜映性，在涂膜厚度达到 50 μm 后即可显现完全的色调。素色漆随颜料不同具有不同的遮盖力。

1）硝基漆。硝基漆由硝基纤维素、不干性醇酸树脂、颜料、增韧剂和溶剂等组成。它具有施工方便、适应性强、涂层均匀、干燥速度快、易于打磨等特点，是汽车修补涂装中应用最多的涂料之一。但硝基漆的耐候性差，涂层容易泛黄，且涂层薄，需要喷涂多次。为此，出现了改性硝基漆，如用热塑性丙烯酸树脂改性的、硝基树脂制成的硝基素色漆，改善了硝基纤维素的性能。

2）醇酸树脂漆。醇酸树脂漆是以醇酸树脂为主要成膜物质而制成的一类涂料。它可浸涂、刷涂和喷涂，自然干燥或低温烘烤干燥均可。醇酸树脂漆干燥后不易粉化、褪色，保光、保色性好；涂层柔韧、坚实，耐摩擦，耐矿物油及醇类溶剂；与硝基涂料、过氯乙烯树脂涂料的配套性好。但若在醇酸树脂漆上涂布溶剂挥发型漆时，必须在醇酸树脂漆完全干燥后进行，否则会产生“咬底”或起皱现象。

醇酸树脂漆存在涂层干燥速度慢，工作效率低，打磨、抛光性差，耐水性、耐碱性及三防性差等缺点，已逐渐被氨基漆、双组分漆所取代，但在一些涂装质量要求不高的场合仍在继续使用。

3）过氯乙烯漆。过氯乙烯漆是以过氯乙烯树脂为主要成膜物质的一种挥发性涂料。为了进一步改善其性能，通常与其他树脂配合使用。过氯乙烯涂层对酸、碱等具有良好的耐腐蚀性，对盐水、海水、油类、醇类也具有很好的抗腐蚀性；保光性、保色性、耐候性优于硝基漆和醇酸树脂漆；阻燃性和低温耐寒性好。但因树脂成分决定了其耐热性差，在 80 ~ 90 ℃时便开始分解，使涂层的颜色变深，因韧性丧失而脆裂。

4）氨基树脂漆。氨基树脂漆是以氨基树脂和醇酸树脂为主要成膜物质的一种涂料。它具有两种树脂的优点，弥补了各自的不足，是一种优质的热固性汽车面漆。一般采用烘烤干燥，以增强涂层的附着力、硬度及耐水性等。氨基类涂料的优点是清漆颜色浅，外观光亮、丰满，色彩鲜艳；涂层坚韧，附着力好，强度高，干燥后不回黏，耐候性及抗粉化能力强，具有良好的耐水性、耐磨性和电绝缘性等。

5）丙烯酸树脂漆。丙烯酸树脂漆属于溶剂挥发干燥型漆，其中热塑性丙烯酸树脂漆的性能远远超过硝基漆。但早期的热塑性丙烯酸树脂漆还存在许多不足，如丰满度差、湿润性差、互溶性差、耐溶剂性差及对温度敏感等。因此，人们对热塑性丙烯酸树脂漆进行了大量的改进，使其性能有了很大的改善，如用硝基纤维素改性的丙烯酸树脂漆、用醇酸树脂改性的丙烯酸漆以及丙烯酸 – 聚氨酯漆等。

丙烯酸 – 聚氨酯漆是最好的双组分涂料，已成为国内外汽车修补业的首选漆种。它是由羟基丙烯酸类聚合物与含有异氰酸酯类聚合物的催干剂按一定比例调配而成的。在成膜过程中，随着溶剂的挥发，两类聚合物进行交联反应，最后形成热固性的丙烯酸 – 聚氨酯涂层。丙烯酸 – 聚氨酯涂层既具有丙烯酸树脂漆良好的挥发成膜性，又具有异氰酸酯类的交联成膜性，充分发挥了前者的快干性和后者良好的涂层特性。

6）聚氨酯漆。聚氨酯漆涂层丰满、光亮，强度高，耐候性好，施工性能、低温固化性能等优于其他涂料，是当今汽车修补涂料中应用最多的涂料之一，大有完全取代丙烯酸树脂漆而位居目前修补漆之首的趋势。汽车常用的聚氨酯涂料有 S01-1 聚氨酯清漆、7650 聚氨酯清漆（分装）、聚氨酯汽车漆、7182 各色聚氨酯磁漆等，它们都属于双组分涂料。

（2）金属漆

汽车涂装常用的金属漆有普通金属漆和珍珠漆两种。金属漆主要由成膜物质、颜料、金属颗粒、溶剂和分散剂等组成。其中金属颗粒是产生闪烁效应的主体，主要有片状金属颜料（以铝粉为主）或珠光颜料（云母颜料）。金属漆通常为单组分自然挥发干燥型，多采用丙烯酸聚氨酯型树脂。

1）普通金属漆。普通金属漆俗称“银粉漆”，它在树脂中加入片状的铝粉颗粒，以产生金属闪光的效果。表面光滑如镜的片状铝粉颜料对入射的光线有定向反射作用（片状金属在涂层中平行排列），所以从不同的角度观察，将产生不同的明亮度。若铝粉在涂层中呈不规则排列，将会使涂层的正面和侧面的明度差别小；若铝粉在涂层的底部，又会使表面呈现较暗的颜色。图 5-2-2 所示为从正面和侧面观察到的金属漆的颜色。

普通金属漆中的着色颜料比一般素色漆少，若不加入金属粉颗粒，光线会直接穿透涂膜而到达底层，涂膜的遮盖力就不能完全发挥。金属漆的遮盖能力比一般素色漆高，通常喷涂 20 ~ 30 μm 的膜厚即可完全遮盖底层。涂膜中铝粉的排列并不是有序的，对光线的反射角度不同造成了金属漆本身的无光效果。因此，必须在金属漆上面再喷涂罩光清漆后才能显现出光泽度和鲜映性，其金属闪光效果才能充分发挥。由于金属漆的喷涂必须由两步工序完成——喷涂金属漆层和清漆层，所以其又被称为双工序面漆。

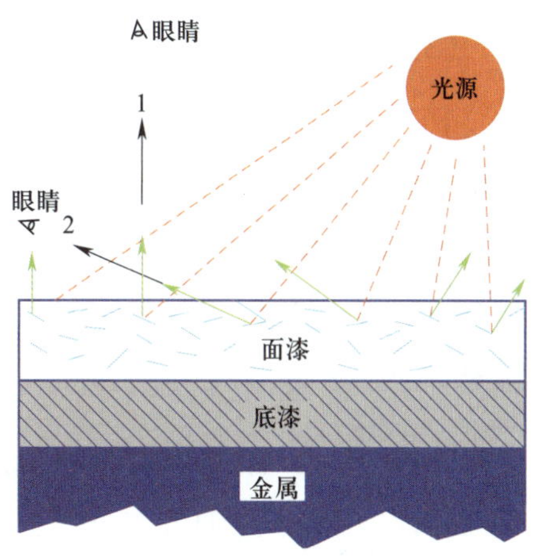

图 5-2-2 从正面和侧面观察到的金属漆的颜色
1—正面反射光 2—侧面反射光

2）珍珠漆。珍珠漆与普通金属漆的区别在于涂料中的金属闪光颜料不是铝粉颗粒，而是表面镀有金属氧化物的云母颗粒。云母颗粒是以云母作为基础材料，其外包裹有二氧化钛或氧化铁薄膜的一种效应颜料。当云母颗粒以平行于表面的方向定向排列时，由于其透射率较高的透明层次结构，使入射光多次透射和反射而产生类似于自然界中存在的珍珠、贝壳、羽毛等神秘光泽的效果。珠光颜料的色彩原理如图 5–2–3 所示。

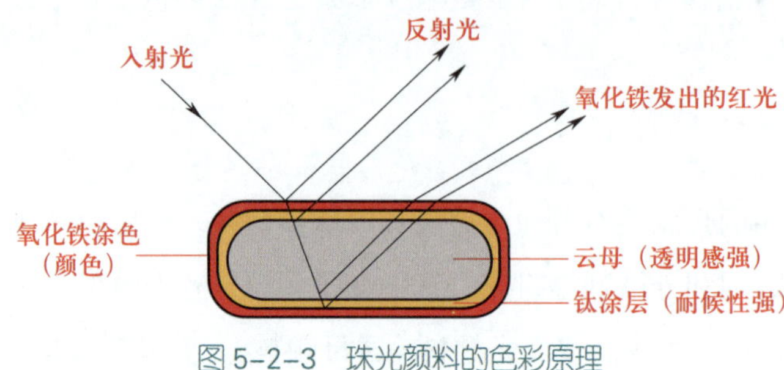

图 5–2–3　珠光颜料的色彩原理

珍珠漆中金属颜料的排列如同房上的瓦片一样，使金属涂层除具有随角异色效应外，还具有耐磨性、耐候性、耐高温及耐腐蚀性等。

珍珠漆的种类大致可以分为干扰型和不干扰型两种。干扰型珍珠漆中云母反射、透射和投射的光线相互干扰，可出现奇异的光晕；不干扰型珍珠漆一般为高光泽不透明漆，其中的云母多镀有不透明的金属氧化物，如氧化铁、氧化铬等，会使其变为不透明色，通常这种珍珠漆不单独使用，而与普通的色母进行混合调色使用。珍珠漆与普通金属漆一样需要在色漆层上再喷涂罩光清漆层来提高光泽度和鲜映性，同时体现珍珠漆特有的光晕效果。因为珍珠漆的遮盖能力非常差，在喷涂时首先需要做一层与面漆颜色相同或相似的色底来提高面漆的遮盖力，然后再喷涂珍珠层，之后还要喷涂清漆，所以这种面漆也被称为三工序面漆。

（3）其他漆

1）烤漆。烤漆又称烘漆，是按涂料的成膜方式分类而得到的。此类涂料属于热固化型，其涂层不能自然干燥，必须经过烘烤才能固化成形。经烘烤干燥的涂层在硬度、附着力、耐久性、耐油性、耐水性及耐化学品性等方面比自然干燥的涂层要好得多，如油性烤漆、醇酸烤漆、氨基烤漆、环氧烤漆等。

2）自喷漆。涂料制造企业把涂料和稀释剂加压后储存在专用容器内，用户只要打开盖子，上下反复摇晃几下，按下容器顶部自喷漆就会喷出，如图 5–2–4 所示。自喷漆一般用于修补面积小、质量要求不高、颜色与原车相同的卡车和客车。

图 5–2–4　自喷漆

3）贴的涂料（定制贴膜）。贴的涂料就是在经过严格选择的 PVC 膜（厚度约为 5 μm）上涂一层具有优良耐候性的印刷膜，在另一面涂上具有耐候性的高强度黏合胶。施工时只需撕掉防护纸，按要求贴在被涂表面上即可。这种贴的涂料的户外耐候性优良，可使用 5 ~ 7 年。所用涂料的耐候性、黏合力、尺寸的稳定性、耐水性和耐油性良好。贴的涂料一般使用在微型车、吉普车、面包车的车身表面，相当于彩条或图案的喷涂，如图 5–2–5 所示。

图 5–2–5　车身上贴的涂料

二、车身修补面漆的选用

面漆性能的好坏主要取决于本身性能的好坏，但与其相配套底漆的性能、配套性和施工工艺也有较大关系。因此，合理选择面漆是一项非常重要的工作，如果选择不当，会给施工带来困难，影响产品质量，也会造成材料的浪费。

1. 面漆选用的一般原则

（1）选用的面漆应具有一定的装饰性和保护性，既要符合不同档次汽车的外观要求，又要与车辆使用环境的要求相适应。

（2）选用的面漆应与底漆有良好的配套性，保证良好的附着性和无“咬底”现象。

（3）一般情况下，选用面漆的类型与原涂层面漆的类型应尽可能保持一致。

（4）选用的面漆应有利于降低成本，适合施工场所的施工条件，方便施工。

（5）选用的面漆应尽可能无毒、无公害，以利于工人的身体健康和环境保护。

2. 面漆选用的基本步骤

选择汽车修补面漆时可以按照下面的步骤进行：

（1）考虑汽车修补面漆与原车面漆相匹配

修补面漆应与原车面漆的性能相同并与原车的表面颜色最接近。鉴别原车面漆的类型和修补面漆的调色是修补涂装的关键技术。如果选用的面漆与原车涂层的性能不同或者调配的面漆颜色与原涂层差异太大，将直接导致修补涂装的失败。

（2）考虑修补面漆的施工性能

修补面漆要能在 60 ~ 80 ℃烘烤成膜，适应手工涂装。修补的涂层要有良好的抛光性、较好的重涂性和修补性。

（3）考虑修补面漆的外观特性

修补涂料应色彩鲜艳、光泽醒目、色差小、丰满度及鲜映性好。

（4）考虑修补涂层的硬度和抗崩裂性

修补涂层应坚硬、耐磨，具有足够的硬度，以保证汽车在使用过程中因路面砂石的冲击和摩擦而不至于损坏。

（5）考虑修补涂层的耐化学品性

在车辆使用过程中，表面涂层难免与蓄电池电解液、润滑油、汽油、制动液及各种清洗剂等接触，但擦净后表面不应有变色、起泡或失光等现象。

（6）考虑修补涂层的耐候性和抗老化性

耐候性和抗老化性是选择面漆涂料的重要指标之一。若选用的面漆耐候性和抗老化性差，则车身表面涂层在使用不久就会出现失光、变色及粉化等病态现象，直接影响汽车的装饰性。

（7）考虑修补涂层的耐湿热和防腐蚀性

面涂层在湿热条件下（如温度为 40 ℃，相对湿度为 90%）不应起泡、变色、失光，对面漆防腐蚀性的要求虽不比底漆严格，但它与底涂层配合使用后，应能增强整个涂层的防腐蚀性。

三、面漆的用量估计

涂装前，应对所需面漆的用量进行估算，一是为成本核算提供依据；二是为涂装过程中所需的材料做好准备。

1. 影响面漆消耗量的因素

（1）涂料的特性

涂料的遮盖力不同，其消耗量也不相同，颜色越浅，遮盖力就越差，涂料的消耗量也就越大。如黄色涂料遮盖能力差，涂料的消耗量就大。涂料中固体分含量的高低影响着喷涂的道数和涂层的厚度，固体分含量越高，形成的涂层就越厚，涂料的消耗量也就越小。如硝基涂料、丙烯酸树脂涂料的固体分含量低，每次喷涂形成的涂层薄，要达到预期的厚度必须采用多道涂装。

（2）涂装方法

涂装方法不同，涂料的利用率也不同，涂料的消耗量也就不同。如果采用普通空气喷枪喷涂，由于涂料严重分散，涂料的利用率只有 20% ~ 40%，涂料的消耗量相对较大；如果采用环保型空气喷枪，涂料的消耗量就相对较小。

（3）被涂物件的材质、形状及大小

不同车身底材对涂料的吸收率不同，其消耗量也就不同。如在木质表面涂装比在金属表面涂装消耗量大。板件表面的粗糙度和表面形状对涂料的消耗量影响也很大。表面越粗糙，形状越复杂，涂料的消耗量也越大。

（4）操作熟练程度

修补涂装以手工作业为主，涂料消耗量的大小与操作者的熟练程度有很大关系。若操作不熟练，不仅使涂料的消耗量大，而且容易出现涂层缺陷，甚至需要返工，造成浪费。

（5）施工条件

施工条件是指施工时的环境温度、湿度、空气洁净度及风速、照明度等。风速直接影响涂料的飞散程度，风速越大，涂料的消耗量也就越大。若存在其他影响涂层质量的条件，导致出现严重的涂层缺陷，必须重新施工，也会造成涂料的浪费。

2. 估计面漆用量的方法

估计面漆用量的方法有计算法和参考标准法等。

（1）计算法

单位面积的涂料消耗量可通过下面的公式计算求得：

$$q=\frac{\delta\rho}{N\eta}$$

式中　q——单位面积的涂料消耗量，g/m^2；

δ——涂层的厚度，μm；

ρ——涂层的密度，g/cm^3；

N——涂料施工时的固体分含量，%；

η——涂料利用率或涂着率，%。

被涂物件的涂料消耗量为：

$$Q=qA$$

式中　Q——被涂物件的涂料消耗量，g；

q——单位面积的涂料消耗量，g/m^2；

A——被涂物件的面积，m^2。

（2）参考标准法

涂料商为了提高服务水平，对自己生产的每一种涂料都要制定消耗定额标准，对车身某一板件所需的实际涂料用量也有具体规定。常见整板修补面漆的参考用量见表 5-2-1。涂装人员在确定涂料用量时只需要用待修补的板件（或面积）与参考标准相对照，就可以得出涂料的用量。涂料的用量在实际生产中经常采用体积单位，涂料的最小用量为 0.1 L（涂料太少会给调色带来麻烦）。

表 5-2-1　常见整板修补面漆的参考用量　L

部件＼面漆	单工序素色漆	双工序素色漆		双工序银粉漆		三工序珍珠漆		
		底色漆	清漆	底色漆	清漆	底色漆	珍珠漆	清漆
翼子板	0.3	0.2	0.2	0.3	0.3	0.2	0.2	0.3
车门	0.4	0.3	0.3	0.3	0.3	0.3	0.3	0.3
发动机舱盖	0.8	0.6	0.6	0.6	0.6	0.6	0.6	0.6
行李舱盖	0.6	0.4	0.4	0.5	0.5	0.3	0.3	0.5
车顶	0.5	0.4	0.4	0.4	0.4	0.4	0.4	0.4
保险杠	0.5	0.3	0.3	0.4	0.3	0.3	0.3	0.3

在估计涂料用量的两种方法中，参考标准法在修理厂中应用最广泛。

为了充分估计施工中的不确定因素对涂料消耗量的影响，确定涂料消耗量还必须留有一定的余量，一般在估计的基础上再增加 10% ~ 20%。

任务实施

结合相关知识，针对任务引入中需要修补的后翼子板，进行面漆的选用与用量估计。

一、面漆的选用

1. 车身原涂层面漆材料的鉴别

观察车身原涂层，车身正面颜色较深，侧面颜色较浅，整体有一种银白色的金属闪光效果，可以判断车身原涂层为银粉漆。在抹布上倒上粗蜡，用抹布在保险杠底部的隐蔽处进行打磨，抹布上没有车身的颜色；用红外线烤灯加热打磨部位，一段时间后涂层颜色仍然暗淡，不能恢复光泽，说明原涂层的最外层为清漆。

2. 车身修补面漆的选用

由上面的鉴别可知，车身原涂层面漆为双工序银粉漆。根据所选面漆应尽可能与原涂层一致的原则，任务引入中后翼子板的修补面漆选用双工序银粉漆。

二、后翼子板修补面漆的用量估计

1. 修补面积的具体分析

任务引入中后翼子板涂膜损伤的面积大约占整板面积的 1/4（见图 5–2–1），处于轮胎罩的周围，可以采用底色漆局部修补，清漆整板喷涂的修补工艺。因此，底色漆最多只需要喷涂后翼子板面积的 1/3，而清漆则需要喷涂整个后翼子板。

2. 修补面漆的用量估计

后翼子板修补面漆的用量参照表 5–2–1，用双工序银粉漆整板修补时，银粉漆和清漆各需要 0.3 L。根据工艺要求，底色漆只需要喷涂后翼子板面积的 1/3，使用 0.1 L 的银粉漆即可；罩光清漆需要喷涂整个后翼子板，确定用量为 0.3 L；其他辅料，如固化剂和稀释剂则按照涂料说明书上的配制比例确定用量。

思考题

一、选择题

1. 金属漆喷涂________μm 的膜厚即可完全遮盖底层。

A. 10 ~ 20　　B. 20 ~ 30

C. 30 ~ 40　　D. 40 ~ 50

2. 素色漆在涂膜厚度达到________μm 后即可显现完全的色调。

A. 30　　B. 40　　C. 50　　D. 60

3. 丙烯酸树脂漆属于________漆。

A. 氧化固化型　　B. 热固化型

C. 催化固化型　　D. 溶剂挥发干燥型

4. 涂料的________，则涂料的消耗量越大。

A. 颜色越浅　　B. 固体分含量越高

C. 涂着率越高　　D. 黏度越高

5. ________形成的涂层对盐水、海水具有很好的抗腐蚀性。

A. 硝基漆　　B. 醇酸树脂漆

C. 过氯乙烯漆　　D. 金属漆

二、判断题

1. 醇酸树脂漆属于溶剂挥发干燥型漆。（　　）

2. 只要修补的面积相同，不同颜色的涂料消耗量是一样的。（　　）

3. 面漆性能的好坏取决于本身性能的好坏，与施工工艺无关。（　　）

4. 被涂物件越光滑，其涂料的消耗量越大。（　　）

5. 经烘烤干燥的涂层比自然干燥的涂层硬度高。（　　）

三、实践与练习

针对图 5-2-6 所示的正在进行修补涂装的汽车保险杠，试选择其修补用面漆并估计面漆的用量。

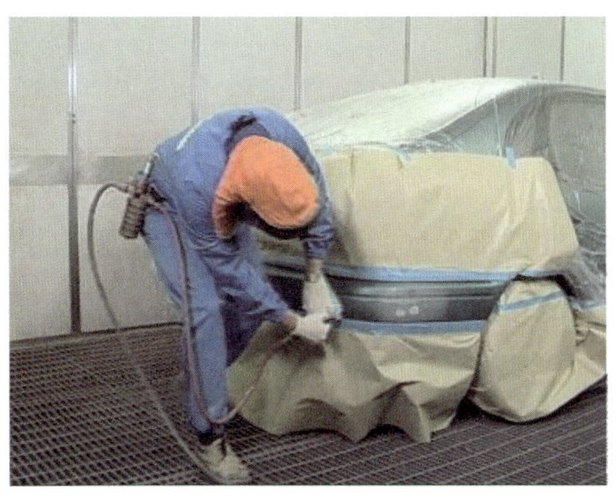

图 5-2-6 正在进行修补涂装的汽车保险杠

任务3 视觉比色

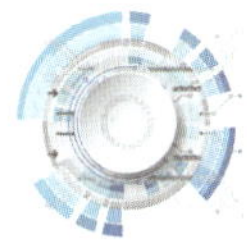

任务目标

- 熟悉颜色的基础知识。
- 掌握视觉比色的方法。
- 能在标准光源下进行视觉比色。

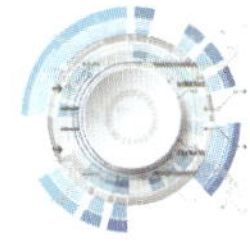

任务引入

将图 5-3-1b 所示的色差板 B 与图 5-3-1a 所示的标准板 A 上的颜色进行比较，说出两者颜色之间的差异。

a)

b)

图 5-3-1 色板

a）标准板 A b）色差板 B

任务分析

要找出图 5-3-1 中两块样板的颜色差异，必须了解影响颜色的基本因素，掌握颜色的属性和颜色的表示方法，然后从颜色的属性方面去比较颜色的差异，并利用颜色的表示方法将其表达出来。

相关知识

一、颜色的基础知识

1. 物体颜色的产生

太阳光由红、橙、黄、绿、青、蓝、紫七种单色光组成。物体对光线有反射、吸收和透射作用，图 5-3-2 所示为物体的光学特性。一种物体如果吸收了太阳光中全部单色光的 90% 以上时，就呈现黑色；如果反射了太阳光中全部单色光的 75% 以上时，就呈现白色；如果有选择地反射一部分单色光，其余单色光被吸收，则呈现反射光的颜色，如图 5-3-3a 所示；若能全部透射太阳光，就是无色透明体；若能透射一种或几种单色光，就是彩色透明体，如图 5-3-3b 所示。反射（或透射）的各种单色光在物体表面产生干涉，物体就呈现斑斓色，如贝壳上的花纹、羽毛等。

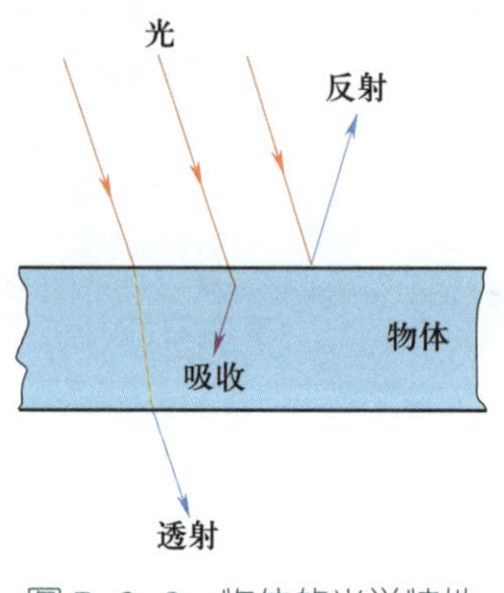

图 5-3-2　物体的光学特性

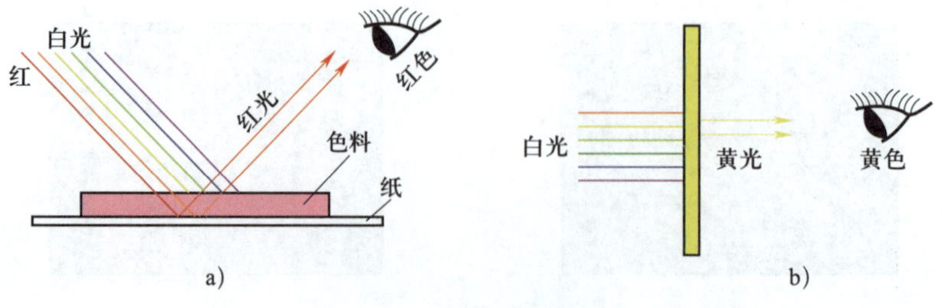

图 5-3-3　物体的颜色

a）反射红色光　b）透射黄色光

2. 颜色的属性

颜色可分为无彩色和有彩色两大类。无彩色是指白色、黑色和各种深浅不同的灰色，它们可以排成一个系列，由白色渐渐到浅灰到中灰，再到深灰，直到黑色，称为白黑系列。有彩色是指除白黑系列以外的各种颜色。

尽管颜色种类很多，但它们都有三个共同点，颜色的这三个共同点称为颜色的三属性。颜色的三属性分别是色调、明度和饱和度。无论什么颜色，都可以用这三种属性来定性、定量地描述。颜色的这三种属性可以用仪器来测定，或用目测来比较评定，它是颜色分类和说明颜色变化规律最简练、最易接受的一种方法。

（1）色调

色调（hue，简写为 H）又称颜色的色相或色别，即色彩的相貌，是色彩最基本的特征，也是颜色彼此相互区分最明显的特征。太阳光光谱分解的七种单色光在视觉上就表现为不同的色调，如红、橙、黄、绿、青、蓝、紫，都表示一个特定波长的色光给人的特定色彩感受。

在修补涂料的调色系统里，用来描述颜色色调差异的用语一般有红（R）、黄（Y）、绿（G）、蓝（B）四个，有时还会用到紫（V）和橙（O）。黄绿（YG）和青（C）这两个色调本身难以分辨，而且与黄、蓝有重复，因此在实际描述时很少用到。

在排除明度和饱和度的情况下，可以认为每种颜色都能在色轮图中找到相应的色调位置。在色轮（见图 5-3-4）上，颜色色调的变化只能有两种偏向，即偏向沿着色轮与其相邻的两个主要的色调，例如，蓝色可以偏绿和偏紫，红色可以偏紫和偏橙，黄色可以偏绿和偏橙。

（2）明度

明度（value，简写为 V）也称亮度。一般来说，色彩的明度是人眼所感受到的色彩的明暗程度。人眼对明暗的改变很敏感，反射光很小的变化，甚至小于 1% 的变化，人眼也能感觉出来。

通常，各种色彩的明度取决于人眼所感受到的辐射能的量。由于它们反射（透射）光量的不同，就会产生明暗强弱的差异，可用反射

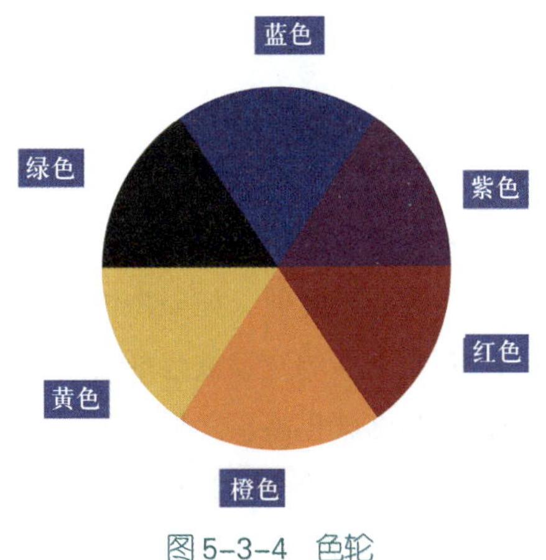

图 5-3-4　色轮

率（透射率）来表示。相同色彩物体表面的反射率越高，它的明度就越高，或者说各个色彩物体在明亮程度上，越接近白色则明度越高，越接近黑色则明度越低。

事实上，不同色调的光谱色即使反射率相同，明度也各不相同。其中，黄色、橙黄、黄绿等色的明度最高，橙色比红色的明度高，蓝色与青色相比要暗些。所以，明度并不单纯是一个物理学的量度，还是个心理量度。人对不同色相明度的感觉排序见表 5–3–1。

表 5–3–1　人对不同色相明度的感觉排序

白	黄	黄橙	黄绿	绿	红橙	青绿	红	蓝	暗红	蓝紫	紫	黑
		淡灰			浅灰		中灰			暗灰		

由于明度的差别，同一种色调具有不同的色彩，如同一种绿色可以分为明绿、淡绿、暗绿等。这种色彩的明暗差异，使画面具有立体感。

明度一般用黑白度来表示。越接近白色，明度越高；越接近黑色，明度越低。任何一种颜色，如果加入白色，可以提高混合颜色的明度；反之，混入黑色，则会降低混合颜色的明度。

（3）饱和度

饱和度（chroma 或 saturation，简写为 C 或 S）也称纯度、鲜艳度和彩度，是指反射或透射光线接近光谱色的程度，或者表示为离开相同明度中性灰色的程度。所以光谱中的单色光是最饱和的彩色光。

物体颜色的饱和度取决于该物体表面反射光谱色光的选择性。物体对光谱某一较窄波段的光反射率高，而对其他波长的光反射率很低或没有反射，则表明它有很高的光谱选择性，其饱和度就高。如果物体能反射某一色光，同时也能反射一些其他色光，则该色的饱和度就低。

色彩饱和度与物体的表面结构有关。如果物体表面粗糙，光线的漫反射作用将使颜色的饱和度降低；如果物体表面光滑，颜色的饱和度就较高。同样，色漆湿的时候颜料颗粒之间的空隙被溶剂填满，表面变得光滑，减少了漫反射的白光成分，所以颜色的饱和度就提高了。色漆干燥后，溶剂被蒸发了，颜料颗粒显露出来，表面变粗糙了，因此色泽就变灰暗了，颜色就变深了。

每一色调都有不同的饱和度变化，标准色的饱和度最高（其中，红色饱和度最高，绿色低一些，其他居中），黑、白、灰的饱和度最低，被定为零。主要色调的明度和饱和度见表 5–3–2。

表 5–3–2 主要色调的明度和饱和度

色调	红	橙	黄	黄绿	绿	青绿	青	青紫	紫	紫红
明度	4	6	8	7	5	5	4	3	4	4
饱和度	14	12	12	10	8	6	8	12	12	12

注：表中饱和度一栏数值大的表示饱和度高。

对合成的颜色来说，由于加入了其他品种的颜色，使颜色的饱和度降低，也就是说合成色的饱和度都低于单色。加入的不同品种的颜色越多，各个颜色的饱和度越低，合成后的颜色越混浊。

3. 颜色的表示方法

为了规范颜色的使用和管理，目前国际上广泛采用孟塞尔颜色系统作为分类和标定表面色的方法。它用一个三维空间的类似球体的模型把各种表面色的三种基本属性（色调、明度、饱和度）全部表示出来。在立体模型中的每一部位各代表一个特定的颜色，并给予一定的标号。

孟塞尔三维球体模型如图 5–3–5 所示，自下而上的变化为明度，水平距离的变化为饱和度，围绕着明度轴的周向变化为色调。

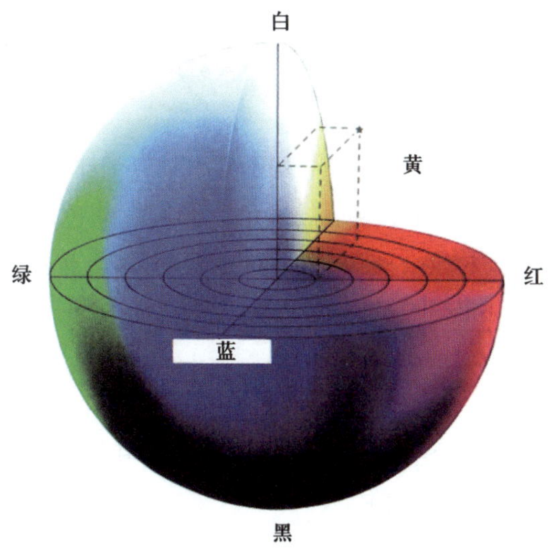

图 5–3–5 孟塞尔三维球体模型

（1）孟塞尔明度值（*V*）的表示法

孟塞尔颜色立体模型的中央轴代表无彩色白黑系列中性色的明度等级。黑色在底部，理想黑色定为0；白色在顶部，理想白色定为10，孟塞尔明度值由0至10，共有11个在视觉上等距离的等级。由于理想的白色和黑色是不存在的，所以在实际应用中只用明度值1 ~ 9。

（2）孟塞尔色调（*H*）的表示法

在孟塞尔颜色系统中用颜色立体模型水平剖面上的各个方向代表10种色调，即5个主色调和5个中间色调，组成了孟塞尔颜色系统的色调环。5个主色调是红色、黄色、绿色、蓝色和紫色，5个中间色调是黄红色、绿黄色、蓝绿色、紫蓝色和红紫色。

为了把该颜色系统中的色调进行更细的划分，孟塞尔把每一种色调又分成10个等级，用数值1 ~ 10表示，其中5为纯正的颜色，小于5的颜色偏向于与1号相邻的色调，大于5的颜色偏向于与10号相邻的色调，数值偏离5越多，含有与其相邻颜色的量就越多。例如，如图5-3-6所示为孟塞尔色调环，其中5R为纯正的红色，1R为偏紫的红色，8R为偏黄的红色，10R为偏黄很多的红色。这样一来，孟塞尔色调环共有100种色调。在《孟塞尔颜色图册》中，将每一种色调都分成4个等级制成颜色样品，即2.5、5、7.5和10，因此共有40种色调样品。

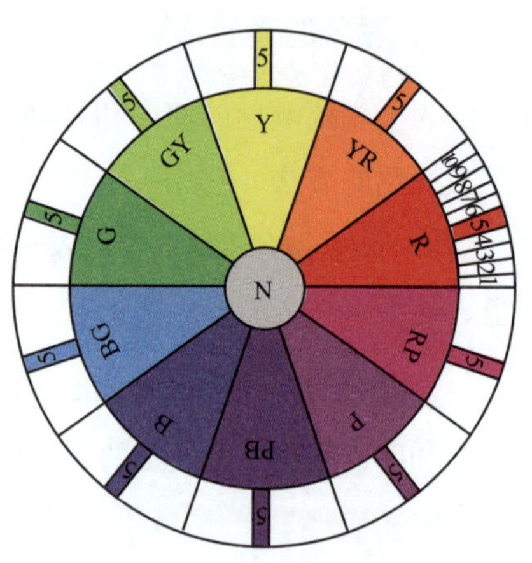

图5-3-6　孟塞尔色调环

（3）孟塞尔饱和度（*C*）的表示法

在孟塞尔颜色系统中，颜色样品离开中央轴的水平距离代表饱和度的变化，称为孟塞尔饱和度，表示具有相同明度值的颜色离开中性灰色的程度。它也分成许多视觉上相等的等级，中央轴上的中性色饱和度为0，离中央轴越远，饱和度数值越大，图5-3-7所示为孟塞尔颜色系统的饱和度分布。

（4）孟塞尔颜色的标定法

任何颜色都可用孟塞尔颜色立体上的色调、明度和饱和度这三项坐标进行标定，并给予一定的标号，其表示方法如下：

$$HV/C=\text{色调}\times\text{明度}/\text{饱和度}$$

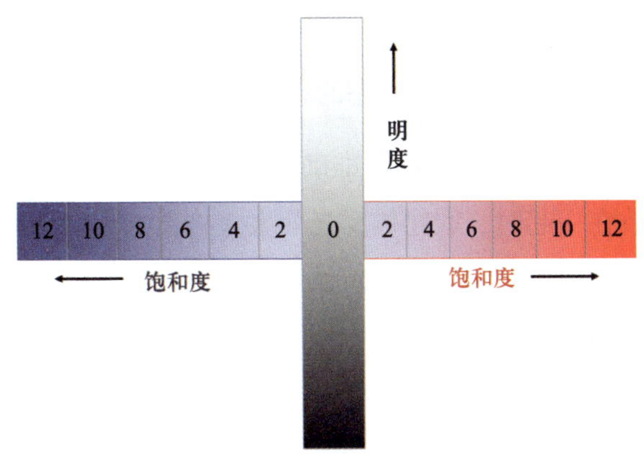

图 5-3-7 孟塞尔颜色系统的饱和度分布

例如，一个标号为 8G5/8 的颜色，它的色调是绿和蓝绿的中间色，明度为 5，饱和度为 8，同时，从这个标号可知，该颜色是中等亮度、饱和度较高的颜色。

中性颜色由于其饱和度为 0，所以颜色标号可写成：

$$NV= \text{中性色} \times \text{明度}/$$

N 表示中性的意思。例如，明度值等于 9 的中性明灰色可写成 N9/。对于饱和度低于 0.3 的黑、灰、白色通常标定为中性色。对饱和度低于 0.3 的中性色进行精确标定时，一般表示为：

$$NV/(H, C) = \text{中性色} \times \text{明度}/(\text{色调，饱和度})$$

这时，色调 *H* 采用 5 种主要色调和 5 种中间色调中的一种，例如，一个略带黄色的浅灰表示为 N8/（Y，0.2）。用 *HV/C* 的形式标定低饱和度的颜色也是允许的。

二、视觉比色

1. 影响颜色的因素

物体在太阳光的照射下呈现出的颜色称为物体的固有色，物体的固有色是不变的。但是照明条件与观察环境发生变化后，物体所呈现的颜色也不同了。所以必须在一定的照明条件和一定的环境中确定物体的颜色。物体的颜色会因光源、物体的具体特征、周围环境等不同而发生变化。

（1）光源的影响

当光源中光谱成分发生变化，而这种单色光恰好又是被照射物体吸收的颜色，此时就不能显示出被照射物体的固有颜色。例如，绿色颜料在红光下会变成黑色。

（2）物体大小、距离和本身表面状态的影响

观察时距离物体过远或过近都不能准确地得出物体的固有颜色，过远显得发灰。一大一小的两物体放在一起时，大物体反光面大，将影响小物体的颜色。表面结构致密、光滑的物体，对光的反射能力就强，颜色就鲜艳，同时也容易因产生镜面反射而失去固有色。粗糙的表面固有色表现较强，而且不易受环境色干扰。

（3）环境色的影响

物体在不同颜色的环境中，会因邻近物体颜色反射到表面而使颜色发生变化，特别是表面光滑的物体和颜色较淡的物体所受的影响更大。

2. 视觉比色的方法

视觉比色就是把试样的颜色和样本的颜色并排放在一起，用肉眼观察它们是否相同。在进行视觉比色时，不同的观察者在观察时，对于样本和试样会因受光方式、观察方法、光源种类、周围环境、试样大小等影响而产生差别。

在进行视觉比色时，所制作的试样和样本应尽可能大一些。用于视觉比色的试样尺寸一般为 120 mm × 120 mm 或 100 mm × 150 mm，这样可以减少客观条件引起的色差。

用于视觉比色的最佳光线是日出后 3 h 到日落前 3 h 之间的自然光。为避免直射日光，可以采用北向窗户进入的自然光线。视线与光线间成 45° 夹角，视线与光线其中有一项应与试样垂直。由于自然光在晴天、阴天、雨天时会有差别，来自窗户的采光条件也有所不同，因此进行视觉比色时最好用标准光源。国际照明委员会（CIE）推荐用 D65 光源代表典型的日光。D65 光源为荧光灯管，色温为（6 500 ± 300）K，显色指数 Ra ≥ 95。它与太阳光具有相近似的光谱分布，并且具有极高的显色性能。因此，在模拟日光条件下观察颜色，以 D65 光源为最佳。图 5–3–8 所示为在 D65 光源下比色。

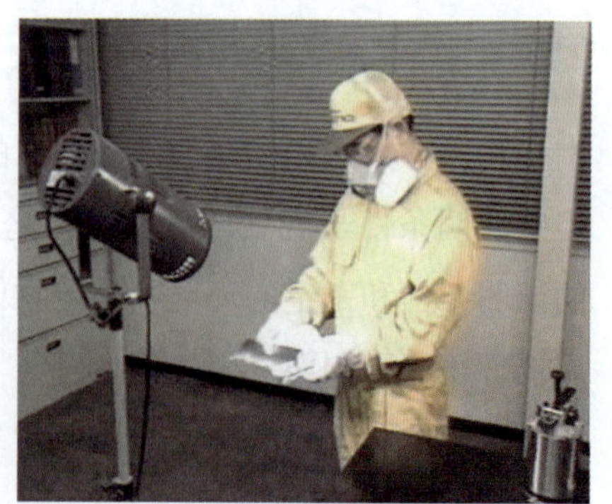

图 5–3–8　在 D65 光源下比色

如果两个颜色试样在任何光源下观察都完全等色，称为同色同谱。如果两个试样在某一光源

下观察是等色的，而在另一光源下观察是不等色的，这种现象称为同色异谱。为了避免出现同色异谱现象，用 D65 光源观察后，应再用国际照明委员会（CIE）推荐的 A 光源［A 光源为溴钨灯，色温为（2 856 ± 10）K，显色指数 Ra>98］对试样进行观察比色。

视觉比色对光源有照度要求，光源照度应不低于 2 000 lx。国家标准规定，比色位置的光源照度应当控制在 1 000 ~ 4 000 lx，对暗色漆照度应取上限值。

进行视觉比色时，不得穿色彩鲜艳的衣服或戴有色眼镜，周围的环境应无色彩影响，无反光。为了准确进行颜色的比较，观察中应交替观察，比较试样和样本，不要长时间地凝视。观察完鲜艳色后，不能立即观察较为暗淡的颜色。

任务实施

结合颜色的基础知识，对任务引入中的两块色板进行比较，找出两者之间的差异。

一、分析找出 A 和 B 两块色板颜色差异的方法

1. 调色环境的选择

A 和 B 两块色板的颜色只有在标准的光源下进行比较，才能准确地找出差异。因此，要选取标准的光源和合适的比色环境。

2. 颜色比较的方法

颜色的比较从色调、明度和饱和度三个属性入手。先对照色轮图确定色板的色调，在色轮图上找出标准板 A 和色差板 B 的大致位置，将两色板的颜色与色轮图上对应的位置进行比较，确定两色板在色调上的差异；再比较明度，在颜色树（孟塞尔三维球体模型又称颜色树）的竖直位置上确定 A 和 B 两块色板颜色的位置，进行相互之间的明度位置比较；最后比较两块色板的饱和度，确定哪块色板的颜色比较纯净，饱和度高。

3. 色差板的颜色成分分析

首先找出标准板（色板 A）的颜色配方，然后根据色差板与标准板颜色的差异，分析色差板颜色的成分。

二、A 和 B 两块色板颜色的比较

1. 色调的比较

（1）将 A 和 B 两块色板与色轮图进行比较，如图 5–3–9 所示，初步可以确定 A 和 B 两块色板的色调为紫蓝色。

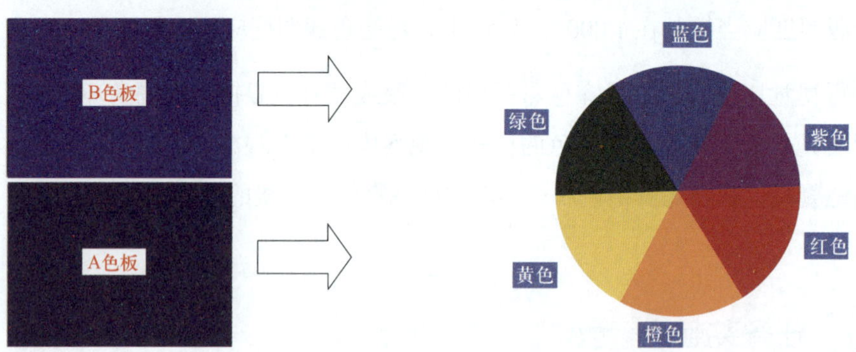

图 5–3–9　将 A 和 B 两块色板与色轮图进行比较

（2）将 A 和 B 两块色板的色调与色轮图进行比较，分别在色轮上找出与 A 和 B 两块色板色调基本一致的 A 和 B 两点，并做好记号，如图 5–3–10 所示。在色轮上，A 点的位置稍微偏向蓝色，以紫色为主，B 点的位置靠近蓝色的成分则比较多。B 点与 A 点相比，B 点更蓝。因此，标准板 A 的色调为紫色，略偏蓝色，色差板 B 的色调为紫蓝色。

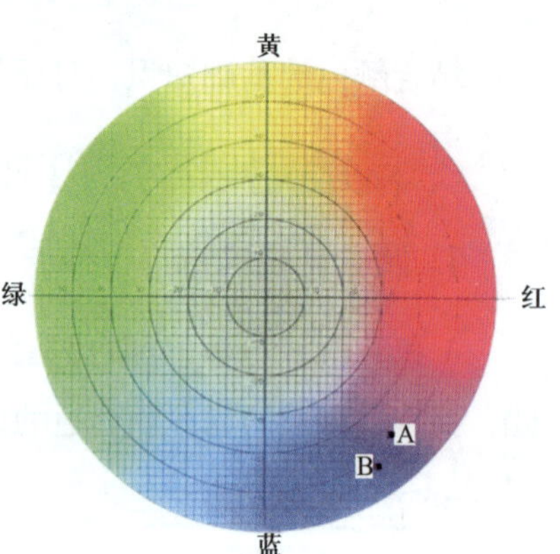

图 5–3–10　在色轮图上找出与 A 和 B 两块色板色调一致的点

2. 明度的比较

将 A 和 B 两块色板与竖直方向上的颜色树进行比较，如图 5–3–11 所示。可以清晰地看出标准板 A 的颜色与颜色树上的 A 处相接近，色差板 B 的颜色与颜色树上的 B 处相接近。标准板 A 的明度很低，黑色成分较多；色差板 B 处于竖直坐标轴的中部，明度为中灰略偏下。色差板 B 的明度明显比标准板 A 高。

3. 饱和度的比较

在色调的水平平面内，颜色所处的位置离色轮的中心圆点越近，颜色的饱和度就越低。如图 5–3–10 所示，标准板 A 的颜色在色轮上所对应的位置离色轮圆心的距离明显比色差板 B 近，所以标准板 A 颜色的饱和度比色差板 B 低。

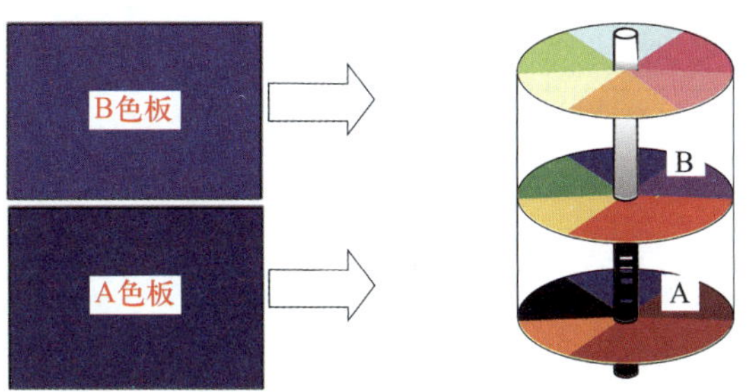

图 5-3-11 将 A 和 B 两块色板与竖直方向上的颜色树进行比较

综合上面的比较结果，色差板 B 的颜色在色调上比标准板 A 更接近蓝色；在明度上比标准板 A 明亮；在饱和度上比标准板 A 颜色纯，饱和度高。

三、色差板颜色成分分析

1. 查找标准板的颜色配方

通过查找标准板的颜色配方，了解标准板的颜色成分和相互之间的配比关系。标准板的颜色配方见表 5-3-3。

表 5-3-3 标准板的颜色配方

序号	色母	累计量 /g	绝对量 /g
1	紫色	249.6	249.6
2	黑色	278.3	28.7
3	蓝色	320.3	42.0
4	绿色	333.5	13.2

2. 色差板颜色成分分析

色差板的色调比标准板蓝，明显是蓝色色母的成分过多或紫色色母过少，要达到标准板颜色的色调，必须加入一定数量的紫色色母；色差板的明度较高，可能是黑色色母添加量小于 28.7 g，加入黑色色母可以达到标准板的明度；色差板的饱和度较高是因为色母掺入的分量较少，颜色纯度较高所致，当色母加入量与标准板大致相当时，其饱和度自然会降低。

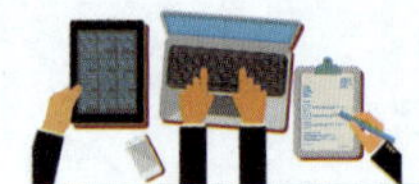

思考题

一、选择题

1. 颜色有________个属性。

A. 2　　B. 3　　C. 4　　D. 5

2. 在光线不足时，必须在________光源下进行比色。

A. 日光灯　　B. 白炽灯　　C. D65　　D. A 光源

3. 在颜色的属性中，最容易分辨的属性是________。

A. 色调　　B. 明度　　C. 饱和度　　D. 一样容易

4. 颜色的三个属性是指________。

A. 色调、色彩和色相　　B. 白度、明度和彩度

C. 色度、纯度和饱和度　　D. 色调、明度和饱和度

5. 人对颜色明度的感应与颜色的反射率是________。

A. 成正比的　　B. 成反比的

C. 不成比例的　　D. 以上都不对

二、判断题

1. 每种色调的饱和度在加入其他颜料之前是相同的。（　　）

2. 色调是指太阳光分解成的七种单色光。（　　）

3. 明度是指反射光线的能力。（　　）

4. 进行视觉比色时，只要注意光线和观察角度就行了。（　　）

5. 在描述颜色时，一般采用孟塞尔颜色系统。（　　）

三、实践与练习

针对图 5-3-12 所示的 A 和 B 两块颜色样板，比较它们之间的颜色差异。

图 5-3-12　颜色样板

a）样板 A　b）样板 B

任务 4 涂料颜色的调配

任务目标

- 熟悉涂料的调色原理和调色程序。
- 掌握颜色调配的方法和调色工具的使用方法。
- 能定量调配出给定车身颜色的涂料。

任务引入

某汽车后翼子板需修补，车主将车身油箱盖送到调漆中心，要求调漆人员调配 200 g 与车身油箱盖颜色一致的涂料，油箱盖颜色示意图如图 5-4-1 所示。

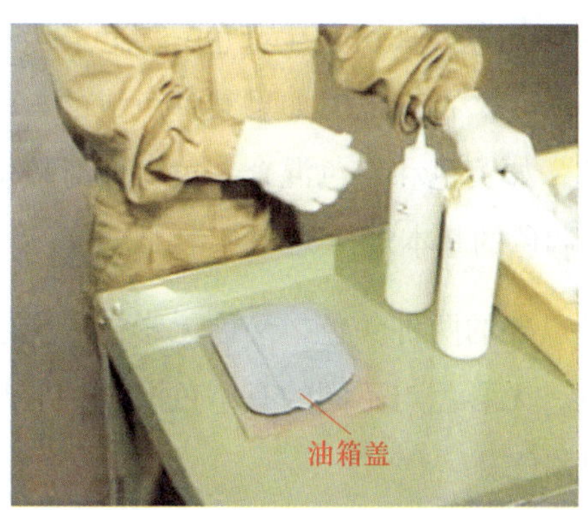

图 5-4-1 油箱盖颜色示意图

任务分析

涂料颜色的调配是汽车修补涂装中最为关键、难度最大的操作工序。要把握这一工序，必须从以下几个方面入手：

1. 把握涂料调色的基本原理，并能灵活运用。

2. 掌握涂料调色的基本程序和调色方法。

3. 掌握涂料调色的操作技能和操作技巧。

相关知识

一、调色概述

所谓调色是指根据颜色的三个基本属性，将两种或两种以上不同的基本颜色按一定比例混合在一起，以产生所需要的理想颜色的过程。

1. 调色的基本原理

色彩的名目繁多，千变万化，但有三种颜色是最基本的，用它们可以调配出各种色彩，但用任何颜色都调配不出这三种颜色，这三种颜色称为三原色。通常把红、黄、蓝称为物体的三原色，也称为第一色。涂料调色经常用到的是物体的三原色。

每两种原色可调出一种间色，如黄色 + 蓝色 = 绿色，红色 + 黄色 = 橙色，蓝色 + 红色 = 紫色，如图 5–4–2 所示。在调配时如果某种色漆的含量多，则混合成的颜色就带有含量较多的这种原色，如黄色和蓝色混合，黄色相对较多时混合色呈黄绿色；相反，混合色就呈蓝绿色。调色的基本规律见表 5–4–1。

黑色和白色是色彩带以外的两种颜色，又称无彩色。黑色和白色以不同的比例混合可得出不同程度的灰色。无彩色与不同的有彩色混合，可改变色彩的明度。无彩色是色彩调配中必不可少的颜色。

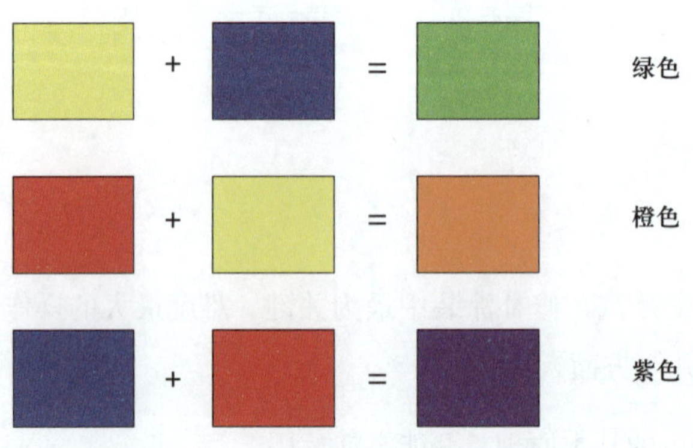

图 5–4–2　每两种原色可调出一种间色

表 5-4-1 调色的基本规律

混合色（各色＼各色）	红色	橙色	黄色	绿色	蓝色	紫色	白色	黑色
红色	—	橙/红	橙色	棕色	紫色	浅棕	樱桃红	棕色
橙色	红/橙	—	黄/橙	棕色	棕色	棕色	樱桃红	棕色
黄色	橙色	橙/黄	—	绿/黄	绿色	绿色	浅黄	绿色
绿色	棕色	棕色	黄/绿	—	蓝绿	棕色	浅绿	深绿
蓝色	紫色	棕色	绿色	蓝绿	—	紫/蓝	浅蓝	深蓝
紫色	浅棕	棕色	绿色	棕色	蓝/紫	—	浅紫	深紫

在色环图上位置相对的颜色互相补充，这两种颜色称为互补色，如图 5-4-3 所示。例如，红色补充蓝绿色，黄色补充蓝紫色。当两种互补色相混合时，便得到消色差的颜色，即灰色。当混合几种颜色时，有时添加一种消色差的颜色，以抵消太强的颜色。通过这种方法，可以调整颜色的饱和度。

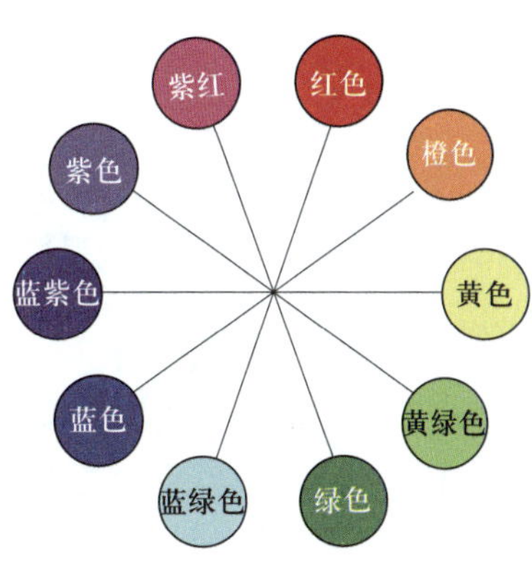

图 5-4-3 色环图上的互补色

2. 涂料调色的基本程序

（1）准确辨别原车涂层的颜色

辨别原车涂层的颜色时，首先要对车身表面不起眼的部位进行清理、打磨，使之露出本来面目。辨别原车颜色的方法有经验法、色卡对比法、查找原车涂料颜色代码法及利用可见光分光光度计辨别原车颜色等。

1）经验法。经验法是依据调色规律和长期积累的经验，识别出原车颜色是由哪种主色和哪几种副色配成的，配比关系大约是多少。此法仅用于一些由三种以下常见色配成的颜色，与操作者的调色经验有很大关系。调出的颜色和色漆量往往很难达到要求，一般用于质量要求不高的场合。

2）色卡对比法。色卡对比法是采用专用的色卡与原车颜色进行反复对比，找出与原车颜色最接近的色卡，如图 5-4-4 所示。比色时必须在光线充足的地方或标准光源下进行。为了避免因两块色板的面积大小不同而带来的误差，在比色时可将原车的比色区遮盖而仅留出一块与色卡面积相同的缺口。

配方查询法

3）查找原车涂料颜色代码法。在实际操作中，还可根据汽车生产厂家的颜色代码获得原车的颜色，以减小修补色与原车颜色的差别。大部分汽车车身都印制有一个颜色编号的颜色代码。根据颜色代码可以获得生产厂家提供的原色，不同车型颜色代码的位置如图 5–4–5 所示，其位置对照见表 5–4–2。

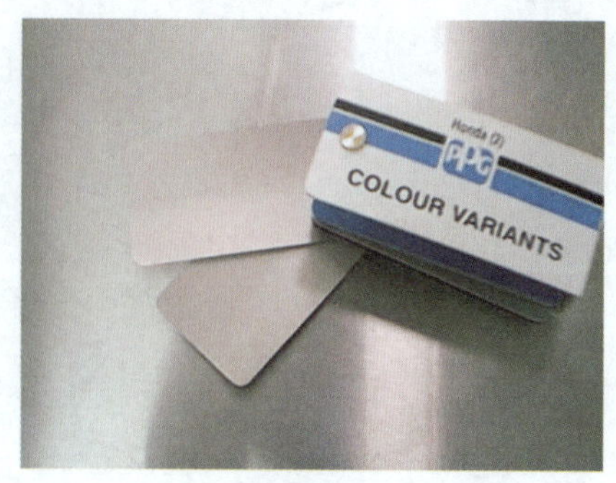

图 5–4–4　找出与原车颜色最接近的色卡

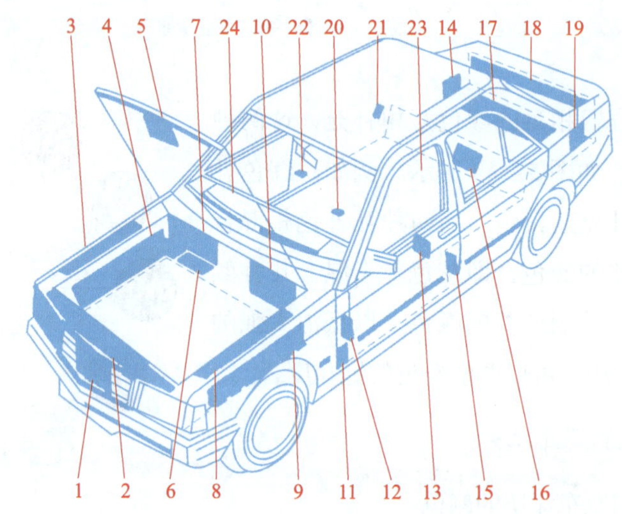

图 5–4–5　不同车型颜色代码的位置

表 5–4–2　不同车型颜色代码的位置对照

车牌名称	颜色代码位置	车牌名称	颜色代码位置	车牌名称	颜色代码位置
奥迪	14、17、18	马自达	7、10、15	依维柯	5
宝马	2、3、4、7、8	奔驰	2、3、8、10、12、15、24	美洲豹	2、4、5、15
克莱斯勒	2、4、5、8、9、10	三菱	2、3、4、5、7、8、10、15	起亚	15
雪铁龙	2、3、4、7、8、10	莫斯科人	14	拉达	4、5、8、17、18、19、21
大宇	2	日产	2、4、7、10	迷你	22
大发	2、7、10、20、22	欧宝	2、3、4、7、8、10	凌志	3、7、10、15
法拉利	5、18	标致	2、3、8	莲花	3、8

续表

车牌名称	颜色代码位置	车牌名称	颜色代码位置	车牌名称	颜色代码位置
菲亚特	4、5、14、18	雷诺	3、7、8、10、15	斯柯达	8、10、17
福特	15	劳斯莱斯	3、5	丰田	3、4、7、8、10、11、12、15、17、23
伏尔加	18	罗浮	2、3、5、7、10	大众	1、2、3、7、8、14、17、18、19
通用	2、7、10、15	萨伯	3、8、10、15、17	沃尔沃	2、3、7、8、10、11、12、15
本田	15、22	土星	19	伏克斯豪尔	2、6、8、9、10
现代	2、7、10、12	西特	3、8、17、18	波尔舍	2、7、8、10、12、15
五十铃	2、7、10、15、16	铃木	7、10、11、13、14、18、20	玛莎拉蒂	5

4）利用可见光分光光度计辨别原车颜色。分光光度计是一个专门分析车身涂层颜色的电子仪器。可以用它测出涂层的光谱反射率曲线，通过库贝尔卡－芒克调色理论计算出涂层颜色的色调、饱和度、明度值，再由计算机调色软件进行调色。

（2）把握调色依据

大多数调色的主要依据是标准色卡或色板，通过色卡或色板可查到颜色的配方。因此，色卡或色板必须准确，比色时，要尽可能用面积大一些的色卡或色板。标准色卡是由汽车厂或涂料厂提供的，色卡的颜色配方比例是以相应的色母代号和色母质量来表示的。

（3）正确选择涂料

如果采用普通色漆进行调色，则参与调色的各种色漆必须在品种、类型、用途、性能等方面配套，互溶性好。如果采用色母进行调色，则必须使用与色卡配套的色母系列。稀释剂和添加剂也必须与涂料配套。涂料调色时应遵循的基本原则是使用的各素色漆必须是同类型的；否则，不同性能的涂料混合后会产生沉淀、结块等质量事故。

（4）调配颜色

1）计量调色。找到颜色配方，计算需要色母的数量，利用电子秤计量添加色母的质量。在添加色母时，最好首先倾斜漆罐，然后逐渐拉动操纵杆，让色母慢慢倒出。

如果先拉操纵杆，在漆罐倾斜时就可能有大量色母立即倒出。为了精确控制色母的流量，在漆罐倾斜后必须缓慢拉动操纵杆。图 5–4–6 所示为添加色母的操作方法。虽然各种色母的质量因颜色而异，但是通常情况下一滴涂料的质量大约为 0.03 g，三滴涂料的质量在 0.1 g 左右。根据这一情况，在添加用量较少的色母时一定要仔细称重。

在添加完所有的色母后，要用搅拌杆或比例尺充分混合涂料（见图 5–4–7），以产生均匀的颜色。如果涂料粘到容器的内壁上，要用搅拌杆刮下涂料，以防止产生色差。

图 5–4–6　添加色母的操作方法
a）正确　b）错误

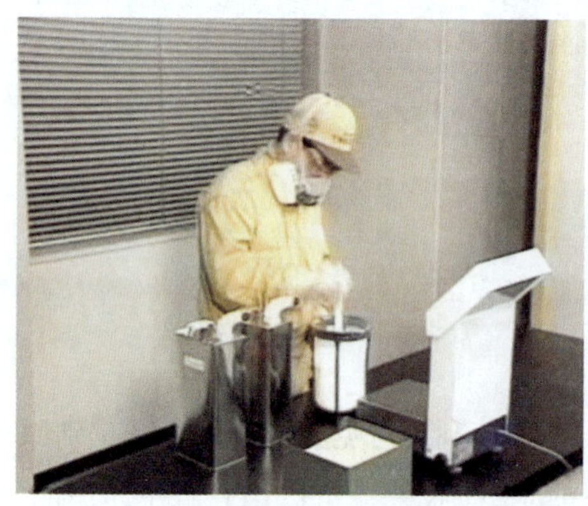
图 5–4–7　混合涂料

2）经验调色。先调出试验性小样，从中找出所需颜色的主次关系和加入量，做好配比记录，为大量调制做准备。调色时，需用主色和调整色先调出基本色调，再由浅入深地调整到需要的色调、饱和度及明度。

（5）及时进行颜色比对

对于搅拌均匀后的涂料，从色调、明度和饱和度三个方面与待调配的标准色板进行对比，以保证调配效果良好。当调配的颜色接近标准色时，边调制边比对，直到与标准色最接近或相同为止。颜色比对的方法有比较法、点漆法、涂抹法和制作色漆样板法。

1）比较法。比较法是把调色棒上涂料的颜色与车身颜色直接进行比对。此法操作简便，但准确度不高。由于调色棒上的色漆未干，在比对时要考虑干、湿涂层有色差，即湿膜的颜色较浅，待其中的溶剂蒸发后颜色会变深。

2）点漆法。点漆法是把试调的色漆滴在车身隐蔽的地方，待干燥后再进行比对。此法存在因涂层厚度不一而带来的色差。

3）涂抹法。涂抹法是把试调的色漆均匀涂抹在试板上，待干燥后再进行比对。此法也存在因涂层厚度不一而带来的色差。

4）制作色漆样板法。将试调的色漆喷涂在试板上，待干燥后与原车颜色进行比对。因试喷的涂层厚度接近于原车涂层，所以比对的精度高，但速度较慢。

（6）添加色母进行微调

颜色微调的方法是：通过视觉比色，找出所调颜色与目标颜色之间的色差，确定所调颜色中所缺的色母和每次添加的量，加入所缺色母后确定颜色变化的效果。如果还没有获得理想的颜色，再逐步少量添加所选择的色母，然后进行样板喷涂和颜色比较。在用该种色母进行的精细调色完成后，再找出涂料所缺的另一种颜色。这是一个比较和添加涂料的循环，此循环一直重复，直至获得理想的汽车颜色为止。

二、精细调色技巧

如果颜色比较的结果表明，调配的颜色与汽车的颜色不一样，那么必须鉴定需要加哪一种颜色，继而添加该颜色以获得理想的结果，这个过程称为精细调色。

1. 素色漆的调色方法和技巧

（1）鉴定涂料中所缺的颜色

素色漆调色中最重要的一点是鉴定混合物中所缺的颜色。操作时，将调配的涂料混合物的颜色与车身颜色进行比较，对照如图 5–4–8 所示的孟塞尔立体颜色模型，首先确定色调上的差异。例如，调配红色漆时，如果确定色调平面（见图 5–4–9）上与汽车颜色相配的区域是“A”，而混合物的颜色在色调平面上处于“B”位置，那么便

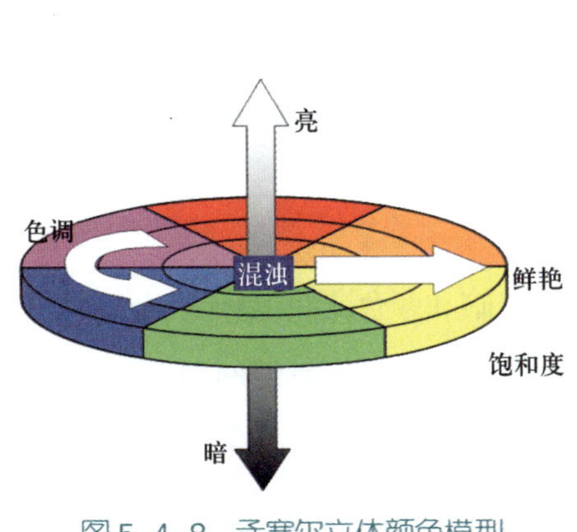

图 5–4–8　孟塞尔立体颜色模型

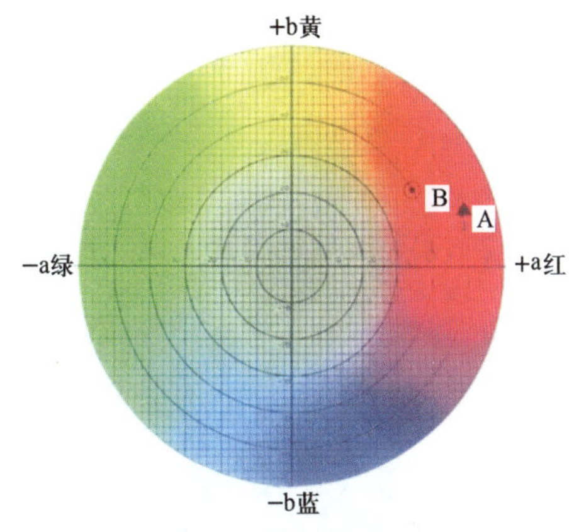

图 5–4–9　色调平面

可知道混合物的颜色中红色较弱，黄色较强。混合物与车身颜色相比，缺少红色色调。如果添加红色基本色，混合物就会变得比较红，从而更接近汽车颜色；如果添加蓝色，混合物的黄色就变弱，但是由于互补色的特性，混合物的明度就会降低。色调调整好后，用同样的方法鉴别混合物的明度和饱和度。

在这个过程中，第一印象最为重要。因为人的眼睛用于确定所缺颜色的时间越长，就越习惯于样板，从而使判断变得困难。

对于初学者，可以采用下面的方法鉴定涂料中所缺的颜色：

放好几个杯子，分别向每个杯子中加入 5 ~ 10 mL 的混合涂料，然后向每个杯子中加入三滴每一基本颜色的色母（见图 5–4–10），经逐一彻底混合后，利用试杆将杯子中的混合物分别施涂在不同的试件样板上，并逐一与车身标准色板比对，如图 5–4–11 所示。最后确定哪一块试板上的颜色与车身标准色板的颜色最为接近，由此可以鉴定出混合涂料中所缺少的颜色。

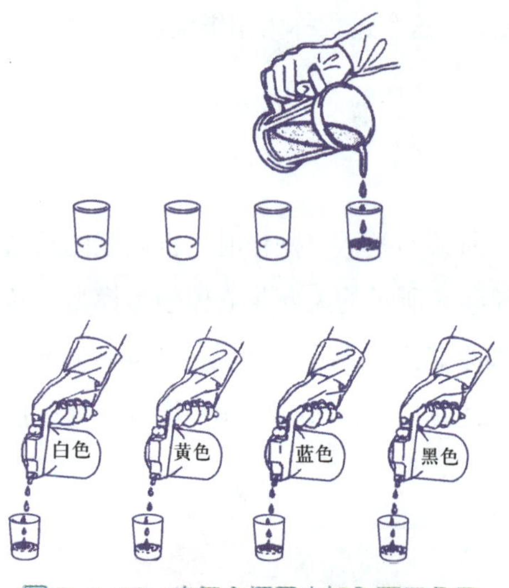

图 5–4–10　向每个杯子中加入不同色母

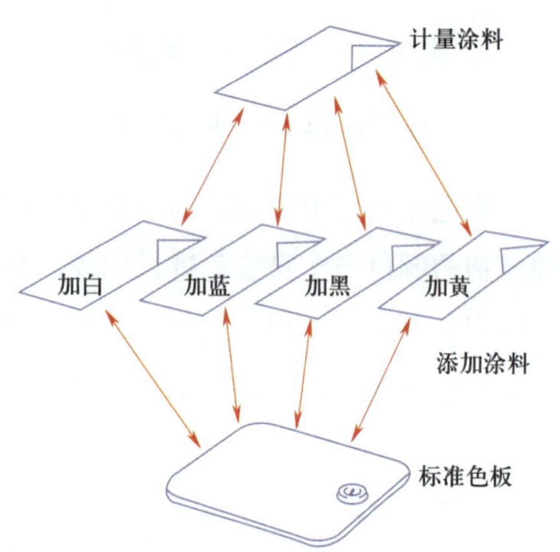

图 5–4–11　将试板上的颜色与车身颜色比对

（2）素色漆颜色调整失误的补救措施

精细调色过程中经常出现颜色添加过量、颜色变暗和颜色走色等问题，给实际的调色工作带来很大麻烦，有时会导致调色失败，浪费涂料。碰到这些问题，一定要区别对待。

1）颜色添加过量。一般解决颜色添加过量的方法是加主色冲淡，或者加主色冲淡后再加入该颜色的互补色。如果所添加的颜色只有少量过量，则直接加入互补色就可以了。

2）涂料调配过程中颜色变暗。颜色变暗有两种情况：一种是颜色的饱和度降低，常用的方法是加主色调，或者加入相应色调中颜色鲜艳的色母，例如，在白漆中加入土黄色，当颜色变暗后，可直接加入鲜艳的柠檬黄，以提高饱和度；另一种是涂料的明度发生了变化，一般直接加入白漆，但是加入白漆有变红的可能。

3）颜色走色。由于外部条件的影响导致颜色的变化称为走色。解决颜色走色最有效的方法是先喷样板，经视觉比色后，再根据具体情况进行调整。

2. 银粉漆的调色方法和技巧

银粉漆的精细调色主要是调整涂层的闪光状况，其方法主要有使用添加剂调整和利用基色的特性调整。

（1）使用添加剂调整

添加剂一般有添加剂 A 和添加剂 B 两种。添加剂 A 可使铝粉的反射在直接观察时显得小而且白，其调整效果如图 5-4-12 所示。将大量像清漆的添加剂 A 加入涂料中，扩大了铝颜料之间的间隙，减少了反射光的数量，从而使涂层变黑。

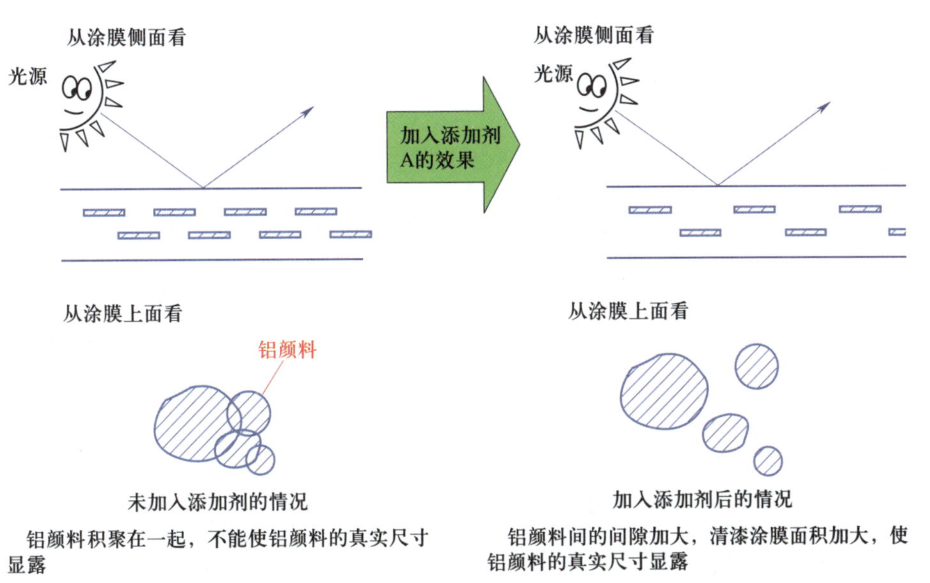

图 5-4-12 添加剂 A 的调整效果

添加剂 B 使铝粉的反射在间接观察时发白，其调整效果如图 5-4-13 所示。添加剂 B 的作用是防止铝粉颜料处于平展状态。添加剂 B 加入涂料后，铝粉颜料整体呈现雨伞张开的形状，从涂膜侧面观察时，光线的反射使涂层发白。

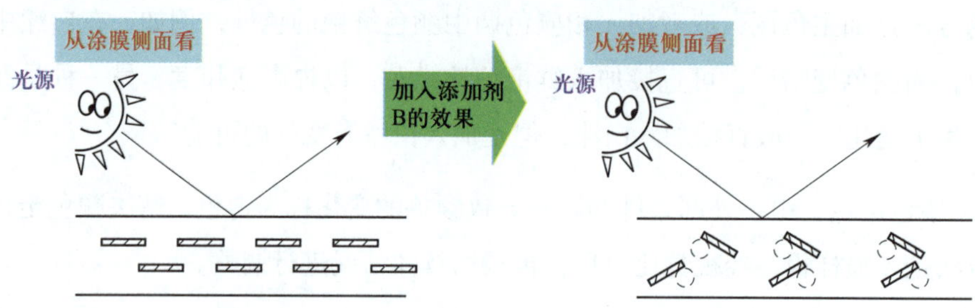

图 5-4-13　添加剂 B 的调整效果

（2）利用基色的特性调整

与有机颜料相比，无机颜料的许多基色可以改变间接观察时的效果，加入这些基色可以调整涂层的闪光效果。图 5-4-14 所示为无机颜料和有机颜料涂层闪光效果的影响。

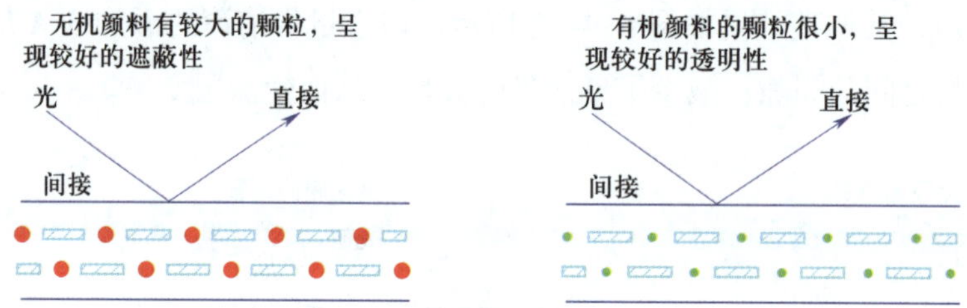

图 5-4-14　无机颜料和有机颜料涂层闪光效果的影响

直接观察时，由于铝粉颜料强烈的光亮，无机颜料和铝粉发出闪光；间接观察时，由于无机颜料有较好的遮盖效果，铝粉颜料的光亮则不见了，只显示无机颜料的色相。为此，如果加入白基色，间接观察时涂膜会显露白色。蓝色涂料对闪光特别敏感，有许多蓝基色在直接观察时颜色不变，背光看时则会显露出不同的颜色。红基色和绿基色没有这种特性。

3. 珍珠漆的调色方法和技巧

汽车常用的珍珠漆是三工序面漆，要想将修补用珍珠漆的颜色调配到与原车颜色大致相当，必须经过颜色层的计量调色、珍珠层的计量调色和珍珠层喷涂层数的调整三个步骤。珍珠漆颜色的调整工艺如图 5-4-15 所示。

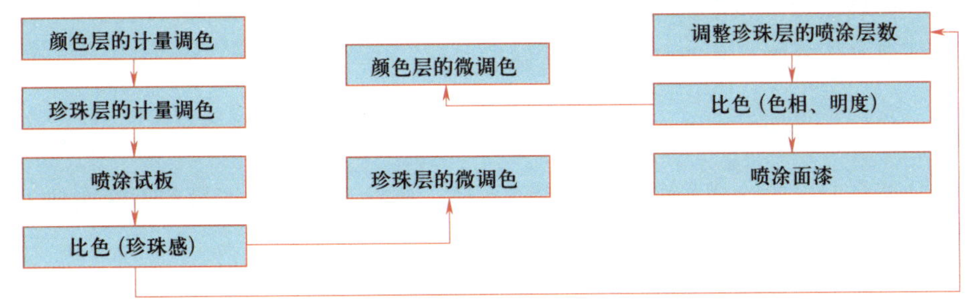

图 5-4-15 珍珠漆颜色的调整工艺

颜色层和珍珠层的调色必须严格按照涂料商提供的车身颜色配方，精确地进行计量配色。

珍珠层颜色计量调配好后，采用与实车喷涂相同的条件，在试板上喷涂颜色层、珍珠层和清漆层。待涂膜干燥后，在日光直射的环境下将试板上涂膜的颜色与车身颜色进行比较，此时只需要考虑珍珠颜料的反射光，不要理会颜色层的色调、明度和饱和度。

由于珍珠颜料的排列不同会出现不同的“珍珠感”，一般采用添加剂来调整珍珠云母颜料的排列，使珍珠云母颜料竖直时，正视的明度降低，侧视的明度增加，其效果如图 5-4-16 所示。体质颜料形式添加剂的作用是增加侧视的明度，防止云母颜料在涂膜中平卧。

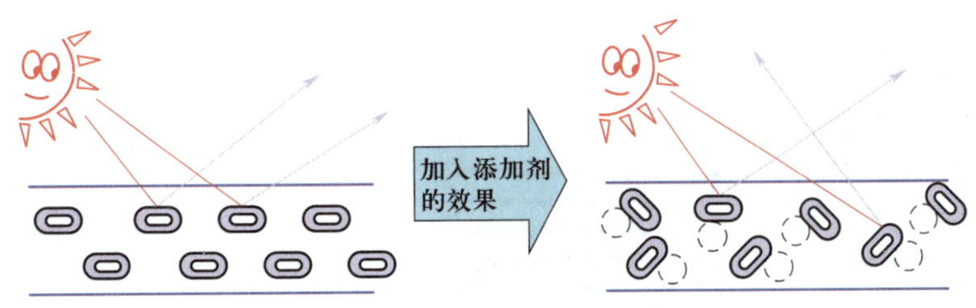

图 5-4-16 在珍珠漆中加入添加剂的效果

珍珠层的颜色随厚度的变化而发生改变，喷涂次数增加时，正视的明度会增加，侧视的明度会降低。确定珍珠层的喷涂层数时，准备已喷过相同颜色层的试板三块，分别喷上两层、三层和四层（依喷涂条件而改变喷涂层数）珍珠层，然后将三块试板放在阳光下进行比色，根据正视颜色最接近的试板确定喷涂层数。

在进行珍珠漆调色时应注意以下几点：

（1）珍珠漆颜色的比色必须在直射的日光或类似光源下实施。

（2）珍珠云母颜料添加量的多少对涂料的“珍珠感”影响很大，调色时珍珠云母颜料的计量必须准确，微调必须小心实施。

（3）珍珠云母颜料密度大，会很快沉淀，喷涂前必须充分搅拌。

（4）调色时，喷涂样板的条件（喷涂距离、喷涂速度、出漆量和喷涂次数）必须与实车涂装相同。

三、调色所需要的工具和设备

在进行面漆调色时用到的主要调色设备有调漆机、调色电脑、阅读机、电子秤、色卡、调色灯箱、烘箱和试件样板等。

1. 调漆机

调漆机（见图 5–4–17）又称涂料搅拌机，调漆机有 32、38、59 和 108 等多种规格。调漆机由电动机、搅拌桨组成。涂料中的树脂、溶剂及颜料经过一段时间就会分离，经调漆机搅拌后很容易混合及倒出涂料。

2. 调色电脑

调色电脑（见图 5–4–18）中存有所有色卡配方，用户只需将自己所需的漆号和分量输入电脑就可以直接查阅计算好的配方数据，快捷、方便、准确，而且数据能及时更新，是一种先进的调色工具。

图 5–4–17　调漆机

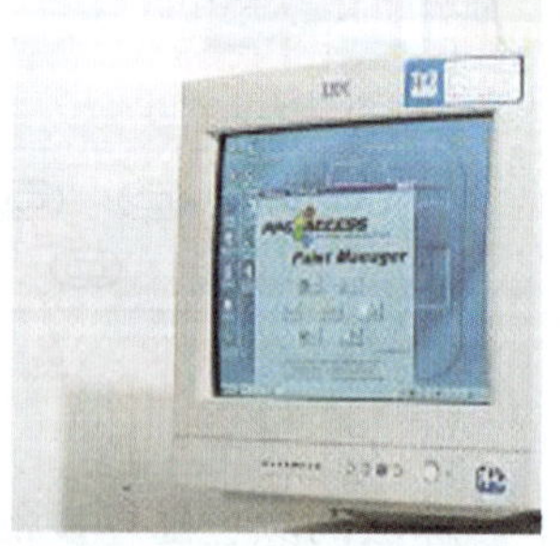

图 5–4–18　调色电脑

3. 阅读机

阅读机实际上相当于一台放大镜，用它可以观察微缩胶片。只要把所属车型的微缩胶片放进阅读机，阅读机的屏幕上就显示出调漆的方程式。调色用的阅读机如图 5–4–19 所示。

4. 电子秤

电子秤又称配色天平，是一种称量涂料用的专用天平，可帮助计算适当的混合比。电子秤由托盘、电子显示器和集成电路板组成，如图 5-4-20 所示。

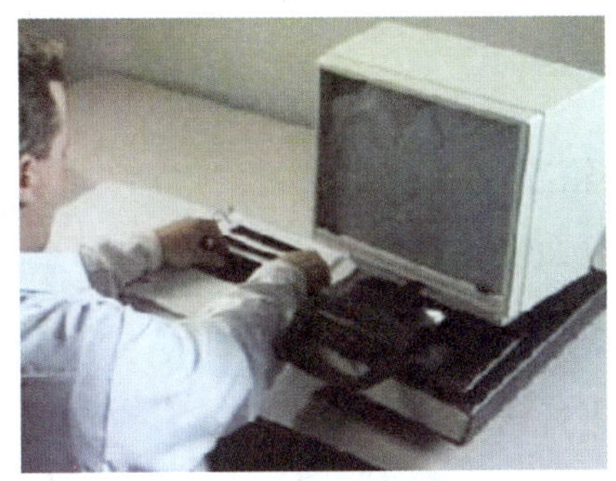

图 5-4-19 调色用的阅读机

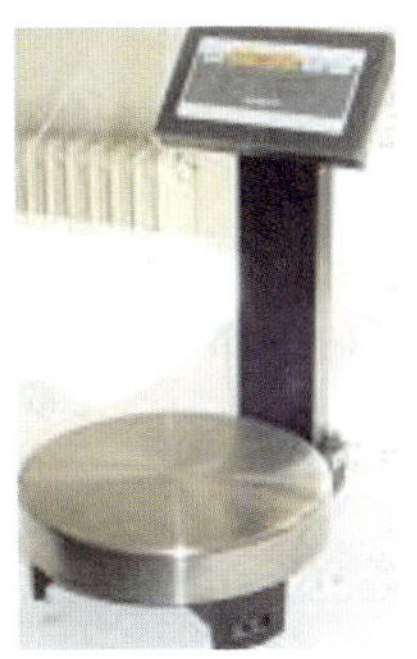

图 5-4-20 电子秤

5. 色卡

在色卡正面是不同的颜色组别，背面或其他部位有代表该颜色的配方代码，根据色卡上的代码可在颜色代码册或电脑中找到该颜色的具体配方。调色用的色卡如图 5-4-21 所示。

6. 其他调色工具

试件样板、调色灯箱和烘箱都是调色过程中不可缺少的工具，如图 5-4-22 所示。

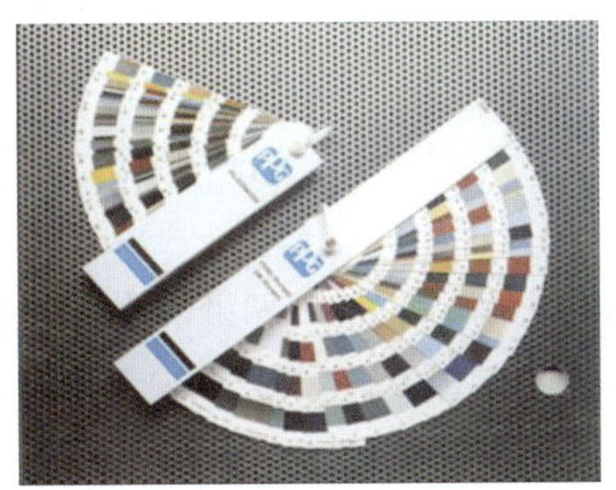

图 5-4-21 调色用的色卡

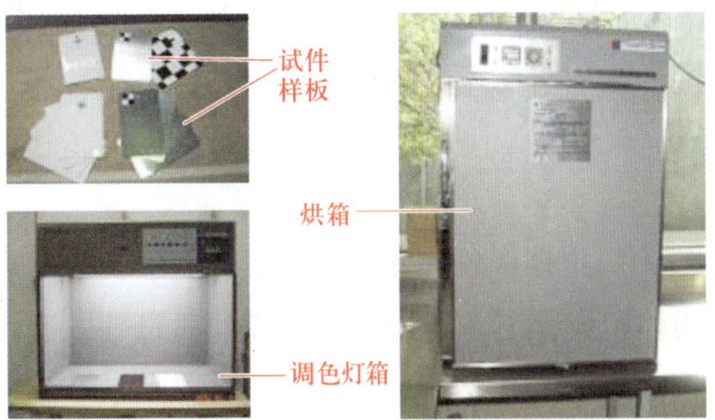

图 5-4-22 试件样板、调色灯箱和烘箱

任务实施

利用已经学习过的相关知识，实施任务引入中提出的涂料的调色任务。

一、确定颜色，查找配方

1. 如图 5–4–23 所示，用细蜡打磨油箱盖，用除油剂和干净毛巾进行擦拭，使油箱盖表面恢复原来的颜色。

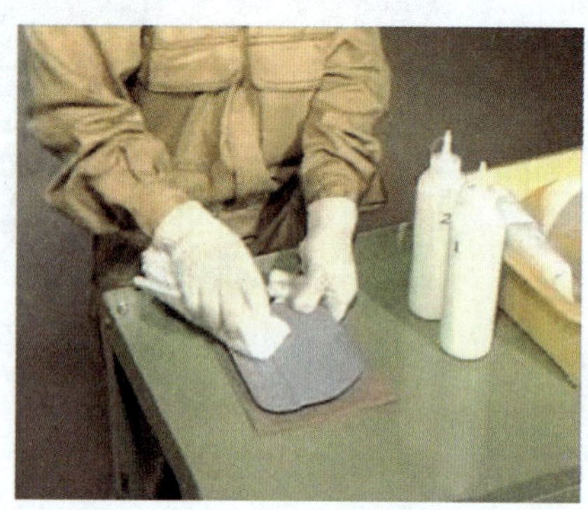

图 5–4–23 用细蜡打磨油箱盖

2. 将色卡组中的色卡与油箱盖的颜色进行比对，找出与油箱盖颜色最接近的色卡，然后在色卡上面找出对应的颜色代码。

3. 根据色卡上的颜色代码，在调色电脑上找到相应的颜色配方。色卡代码对应的颜色配方见表 5–4–3。

表 5–4–3 色卡代码对应的颜色配方

序号	色母	累计体积 /mL	累计量 /g
1	白色	586.3	602.7
2	蓝色	614.6	628.1
3	黄色	645.1	662.9
4	黑色	657.2	675.3
5	调和清漆	1 000.0	1 007.4

4. 根据颜色配方，在调漆机上找出相应的色母。注意：配方上有两组数据，一组为体积数，另一组为对应体积的质量数，这两组数据通常都为累计数。为便于计量，在调色时选用质量数。

5. 将配方中每种色母的质量数乘以 0.2，即可得到调配 200 g 涂料所需要的配方。

白色：$602.7\ g \times 0.2 \approx 120.5\ g$。

蓝色：（628.1 ~ 602.7）g×0.2 ≈ 5.1 g。

黄色：（662.9 ~ 628.1）g×0.2 ≈ 7.0 g。

黑色：（675.3 ~ 662.9）g×0.2 ≈ 2.5 g。

调和清漆：（1 007.4 ~ 675.3）g×0.2 ≈ 66.4 g。

二、根据配方进行调色

配方调色

1. 准备好调色所需要的调色杯、电子秤、试杆、样板、空气喷枪、滤网等工具，如图 5–4–24 所示。

2. 打开电子秤开关，检查电子秤上的计量单位。

3. 清除电子秤上的数值。

4. 将调色杯轻轻放到电子秤上，将电子秤清零，如图 5–4–25 所示。

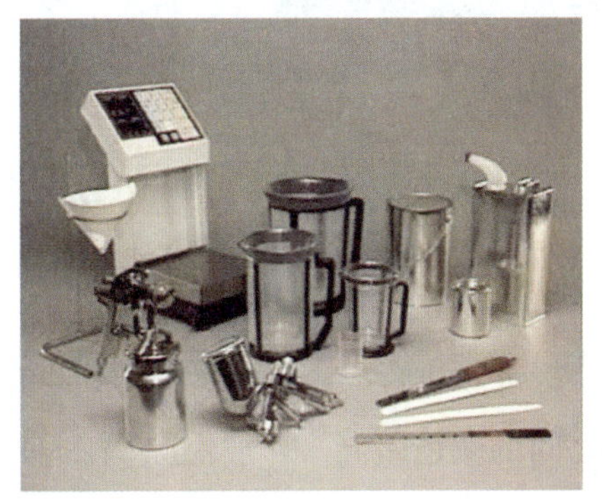
图 5–4–24 调色工具的准备

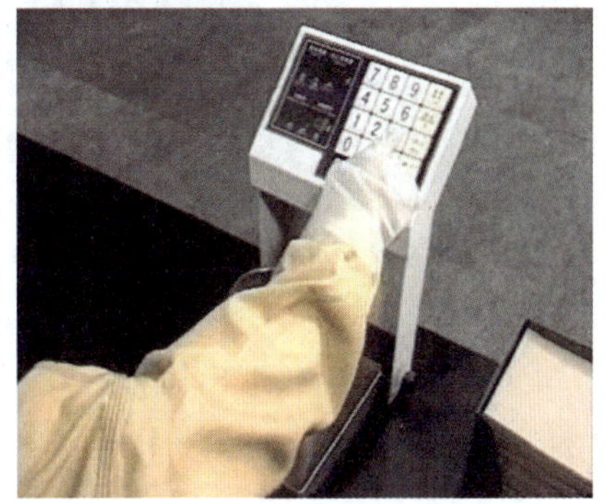

图 5–4–25 将电子秤清零

5. 按照配方依次加入各种色母，如图 5–4–26 所示。

6. 用试杆将混合后的涂料搅拌均匀，如图 5–4–27 所示。

三、进行颜色比较

1. 在小量杯中倒入 20 g 混合涂料，按比例加入固化剂。

2. 用试杆在样板上施涂边长不小于 30 mm 的等边三角形，如图 5–4–28 所示。

3. 将样板放置到烘箱中烘烤，如图 5–4–29 所示。

注意：烘箱温度不可设置过高，一般将烘箱温度设置为 60 ℃。

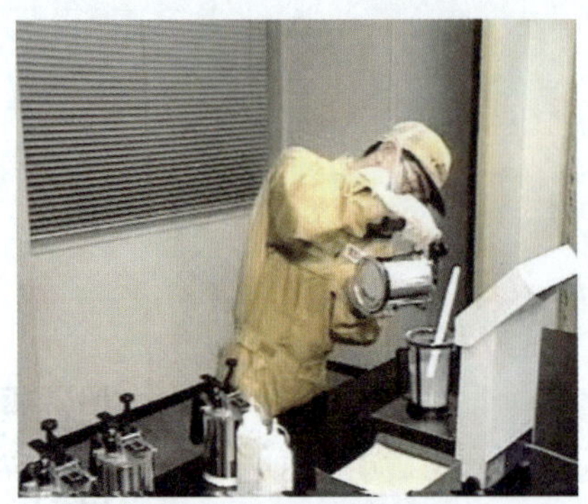
图 5-4-26　根据配方加入色母

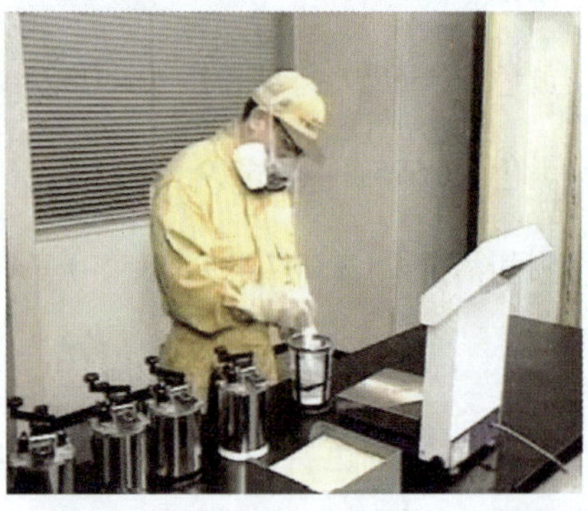
图 5-4-27　用试杆将涂料搅拌均匀

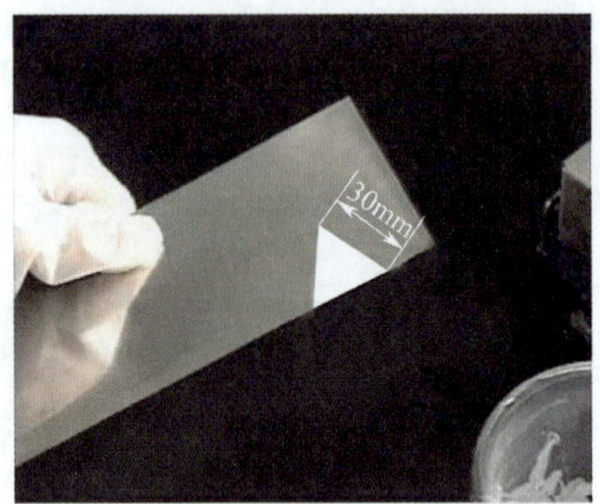

图 5-4-28　用试杆在样板上施涂

图 5-4-29　将样板放置到烘箱中烘烤

4. 涂料烘干后，取出样板冷却至室温，然后与标准板进行颜色比较，如图 5-4-30 所示。注意：比色时，要考虑到湿涂膜与干涂膜之间的颜色差异。一般情况下，同种涂料的湿涂膜颜色比较浅，干涂膜颜色比较深，如图 5-4-31 所示。

图 5-4-30　与标准板进行颜色比较

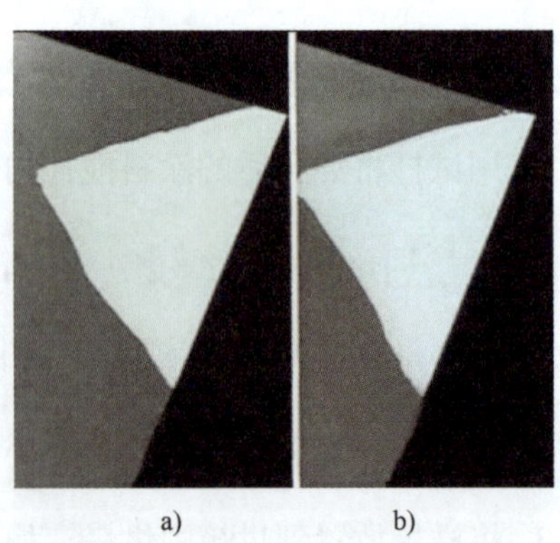
a)　b)

图 5-4-31　干、湿涂膜的颜色比较
a）干燥前　b）干燥后

四、精细调色

1. 鉴定涂料中所缺的颜色

参照色环图，反复比较样板上的颜色与油箱盖颜色的色调，初步确定涂料中缺少蓝色，如图 5-4-32 所示。向小量杯的混合物中加入两滴蓝色色母，再进行试杆施涂，发现样板上的颜色与油箱盖的颜色比较接近，由此判断混合涂料中缺少蓝色。用同样的方法比较混合涂料的明度，发现两者之间的明度基本一致。

图 5-4-32　样板上的颜色与油箱盖颜色色调的比较

2. 确定添加蓝色色母必需的量

取三个一次性纸杯和三块样板，用笔分别在纸杯和样板上标出 1、2、3 的字样；向各自的纸杯中加入 10 mL 混合涂料，然后依次在 1、2、3 号纸杯中加入两滴、三滴、四滴蓝色色母；充分搅拌后分别施涂在 1、2、3 号样板上，进行颜色比较，结果发现 2 号样板的颜色与油箱盖的颜色极为接近。因此，2 号纸杯中添加的量为蓝色色母必需的添加量。

3. 在样板上试喷涂

模拟面漆喷涂的环境，取 2 号纸杯中的混合涂料，用空气喷枪在样板上喷涂（见图 5-4-33），干燥后比较喷涂样板与油箱盖的颜色，发现两者之间基本上没有颜色差异，如图 5-4-34 所示。至此，面漆小样的调色工作完成，然后按照小样的比例，调配整体涂料的颜色。

图 5-4-33　用空气喷枪在样板上喷涂

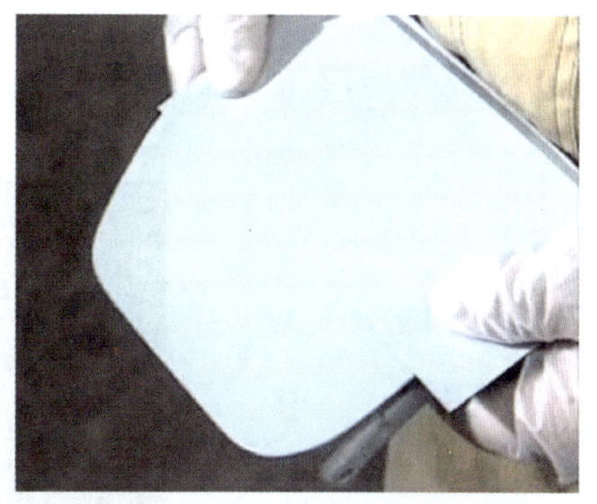

图 5-4-34　喷涂样板与油箱盖颜色的比较

思考题

一、选择题

1. 由于外部条件的影响导致颜色的变化称为________。

A. 变色　　B. 掉色　　C. 褪色　　D. 走色

2. 用________可以观察微缩胶片。

A. 调色电脑　　B. 电子秤　　C. 阅读机　　D. 调漆机

3. ________存在因涂层厚度不一而带来的色差。

A. 比较法　　B. 制作色漆样板法

C. 点漆法　　D. 涂抹法

4. 通常把________称为物体的三原色。

A. 红、绿、蓝　　B. 红、黄、蓝　　C. 红、黄、紫　　D. 黄、蓝、紫

5. ________是互补色。

A. 红色与蓝绿色　　B. 红色与黄色　　C. 黄色与蓝绿色　　D. 蓝色与紫色

二、判断题

1. 利用可见光分光光度计可以辨别原车颜色。　（　）

2. 通常情况下，一滴涂料的质量大约为 0.05 g。　（　）

3. 色母的沉降会导致湿涂料与干涂料涂膜的颜色产生差异。　（　）

4. 一般解决颜色添加过量的方法是加副色冲淡。　（　）

5. 珍珠漆颜色的比色必须在直射的日光或类似光源下实施。　（　）

三、实践与练习

图 5-4-35 所示的颜色样板的标准配方见表 5-4-4，试调配 100 g 与样板实际颜色相符合的涂料，并做好微调色母品种和用量的记录。

图 5-4-35　颜色样板

表 5-4-4 标准配方

序号	色母	累计量 /g	绝对量 /g
1	紫色	249.6	249.6
2	黑色	278.3	28.7
3	蓝色	320.3	42.0
4	绿色	333.5	13.2

任务 5 涂料的配制

任务目标

- 熟悉配制涂料时常用的器具。
- 掌握涂料的配制方法。
- 能熟练地配制适合喷涂要求的涂料。

任务引入

在本模块任务 4 中，调漆人员已经调好了涂料的颜色，现在需要加入固化剂和稀释剂配制成适合喷涂要求的涂料，配制涂料所需要的油漆、固化剂和稀释剂，如图 5-5-1 所示。

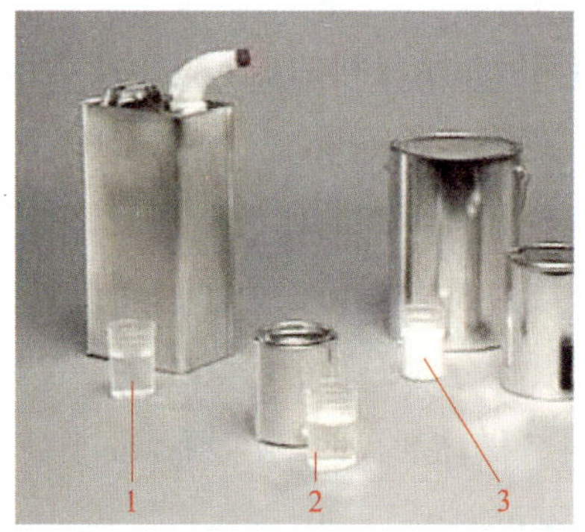

图 5-5-1 配制涂料所需要的油漆、固化剂和稀释剂

1—稀释剂 2—固化剂 3—油漆

任务分析

要熟练地配制适合喷涂要求的涂料，必须熟悉配制涂料所用器具的使用方法，掌握涂料的配制方法和配制涂料的操作技能。同时，由于涂料和溶剂都是有毒、易燃物质，在配制涂料的同时还必须做好安全防护工作。

相关知识

一、配制涂料的器具

配制涂料的器具有涂料杯、比例尺、黏度计和涂料过滤网等。

1. 涂料杯

涂料杯（见图 5–5–2）必须干净、无异物，其外形必须是圆柱形，若是锥形，会对涂料的配制比例产生影响。用聚丙烯制造的一次性涂料杯在汽车涂装中应用很广泛。

图 5–5–2　涂料杯

2. 比例尺

比例尺是一种用金属或塑料制成的尺子，如图 5–5–3 所示，上面带有刻度记号，可计量适当数量的固化剂和稀释剂。一般比例尺上都有三列刻度，从左侧开始，第一列刻度指示涂料的加入量，第二列刻度指示固化剂的加入量，第三列刻度指示稀释剂的加入量。如庞贝捷（NEXA）漆油公司提供的比例尺选用铝制底材，两面分别用不同颜色标有不同的比例刻度，其中黑 / 绿一面是为配制比例为 2 : 1、稀释剂用量的质量分数为 5% ~ 40% 的产品而设计的，黑 / 红一面则是为配制比例为 4 : 1、稀释剂用量的质量分数为 5% ~ 40% 的产品而设计的。使用比例尺避免了配制涂料过程中称取涂料、稀释剂等时的麻烦，便于简化涂装操作。但必须注意，各大涂料公司的比例尺一般不可混用。

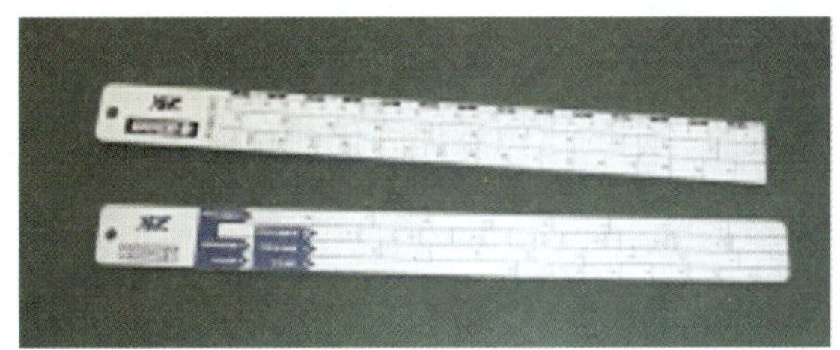

图 5–5–3　比例尺

3. 黏度计

黏度计用来检验涂料的配制结果是否符合其施工黏度，在车身修补涂装中常采用福特杯黏度计、涂 –4 黏度计（见图 5–5–4）和扎恩杯黏度计等来测量涂料的黏度，计量单位为“s（秒）”。黏度计的工作原理是：以一定数量的涂料通过特制小孔流出的时间来测量涂料的黏度，这个时间应等于涂料制造商给定的数值。

4. 涂料过滤网

在将已调制好的涂料倒向空气喷枪时，涂料过滤网（见图 5–5–5）用于过滤掉容易堵塞空气喷枪或影响涂层表面质量的颗粒等。习惯上常用筛目数来表示过滤网的规格，一般有 80 目、100 目、150 目、180 目和 200 目五种规格。涂料过滤网的使用情况见表 5–5–1。

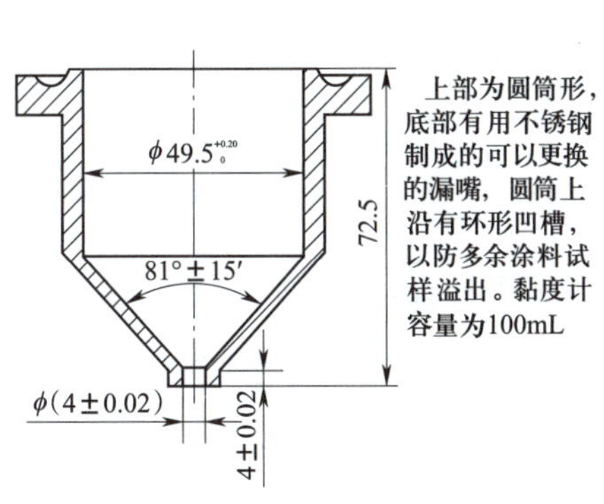

图 5–5–4　涂 –4 黏度计

图 5–5–5　涂料过滤网

表 5–5–1　涂料过滤网的使用情况

过滤网筛规格 / 目	80	100	150	180	200
涂料	中涂底漆和金属漆		素色漆	清漆	

二、涂料的配制方法

涂料调色完毕，须按照一定的比例添加固化剂和稀释剂，并充分混合，以适应面漆施工的要求。

1. 涂料配制的混合比例

涂料的混合比例与前面所讲的底漆的混合比例一样，在没有特别说明的情况下均采用体积比，其表示方法有百分数法和比例数法两种。不同的涂料公司对涂料混合比例的表示方法也有差别，如新劲汽车修补漆公司采用百分数表示法，100∶50∶30 的含义是将 100 份涂料与 50 份固化剂和 30 份稀释剂相混合；庞贝捷漆油公司采用比例数表示法，混合比例 4∶1∶（10% ~ 20%）表示先将 4 份涂料与 1 份固化剂相混合，然后加入涂料和固化剂总量 10% ~ 20% 的稀释剂。4∶1∶1 的比例表示法比较通用，在底漆的配制中已经讲过，这里不再赘述。

2. 涂料配制的方法和步骤

（1）确认并搅拌涂料

核对涂料的类型、名称、型号及品种，应与所选的涂料完全相符。在开盖前，应在调漆机上搅拌 15 min 以上，使涂料混合均匀。

（2）检查涂料的质量

打开涂料桶盖后，观察涂料是否有结皮、沉淀、变色、变稠、混浊、变质等质量问题。若存在质量问题，应更换或处理后再使用。

（3）混合涂料

将一定数量的涂料及配套稀释剂按照说明书上要求的稀释率进行混合。对于双组分和多组分涂料的混合配制，或对涂料黏度要求很高时，应采用比例尺进行配制。下面以双组分涂料（比例为 4∶1∶1）为例，讲述其配制步骤：

1）将 4∶1∶1 的比例尺垂直放入圆柱形涂料杯中。

2）将调好颜色的涂料倒入涂料杯，并与比例尺左侧第 1 列某一刻度线对齐。

3）倒入固化剂至比例尺第 2 列数字的相同刻度线。

4）倒入稀释剂至比例尺第 3 列数字的相同刻度线。

5）按比例加入正确数量的各种材料后，使用搅拌杆彻底将各组分搅拌均匀。

（4）检查涂料的黏度

用搅拌杆充分搅拌均匀后，检查涂料的黏度是否符合要求。

3. 涂料配制后可能出现的缺陷

涂料配制后可能出现的缺陷和产生原因见表 5–5–2。

表 5–5–2　　涂料配制后可能出现的缺陷和产生原因

缺陷	产生原因
混浊	（1）溶剂溶解度差，部分涂料不溶解 （2）涂料中含有水分和杂质，加上储存环境温度太低，使成膜物质析出而造成混浊 （3）性质不同的两种涂料混合而造成混浊
沉淀	（1）涂料中有杂质或不溶性物质 （2）清漆长时间暴露在空气中，胶体被破坏而沉淀 （3）溶剂、稀释剂使用不当 （4）颜料密度过大，颗粒较粗，体质颜料过多，涂料黏度低 （5）颜料分散不均匀或涂料储存时间过久而沉淀
变色	（1）清漆变色是由于溶剂极易水解，与铁反应生成黑色的铁氧化物 （2）分解的纤维酯腐蚀容器 （3）清漆内的酸性树脂与铁桶内壁反应而产生红色的 Fe^{2+} （4）色漆变色是由于颜料褪色，金属颜料变色 （5）复色漆中几种颜料的密度不同，密度大的下沉，密度小的浮在上面而变色 （6）金属漆变色是因为涂料中的游离酸对金属闪光颜料产生腐蚀作用
结皮	（1）桶装不满 （2）桶封闭不严
干燥速度慢	（1）涂料所用的溶剂挥发太慢 （2）涂料储存时间太长

三、涂料配制中的安全防护

目前使用的涂料或溶剂等都是易燃和对人体有害的物质。在涂料调制过程中，当这些物质挥发到一定程度，且接触明火时，容易引起火灾或爆炸事故。配制涂料时，操作人员应戴好防护器具，以免长时间因皮肤接触涂料或将有毒挥发物质吸入体内而引起慢性中毒。因此，在配制涂料时应做到以下几点：

1. 涂料的配制应在通风良好的场合下进行，以确保操作者身体健康，降低有机溶剂蒸气在空气中的浓度。

2. 配制涂料时应远离高温物体，严禁吸烟或靠近明火。

3. 在配制有毒性的涂料时一定要做好个人安全防护工作。

任务实施

结合相关知识的内容，完成涂料的配制工序。

一、涂料配制前的准备

1. 安全防护准备

穿戴好尼龙工作服、工作帽、防滑且耐溶剂的工作鞋、防溶剂手套、护目镜和双筒过滤式防毒面具等防护用品。

2. 工具和材料准备

准备好配制涂料用的涂料杯、电子秤、比例尺、搅拌杆、涂料过滤网和黏度计，然后找出与涂料相配套的固化剂和稀释剂。

3. 确定涂料的配制比例

查找涂料说明书，发现涂料的配制比例为 100∶50∶10，涂料的喷涂黏度在 20 ℃时为 16 ~ 20 s。

4. 计算固化剂和稀释剂所需要的量

为了避免调整涂料黏度带来的麻烦，涂料的稀释率取 10%，采用称量法准确确定各成分所需要的量。

已知调好颜色的涂料为 200 g，则固化剂和稀释剂所需要的量为：

固化剂：200 g × 50%=100 g。

稀释剂：200 g × 10%=20 g。

二、涂料的调配

1. 将装有涂料的涂料杯放在电子秤上，然后将电子秤清零，如图 5–5–6 所示。

2. 向涂料中加入固化剂，如图 5–5–7 所示。加入固化剂时，要注意电子秤上数字的变化，切忌过量加入。

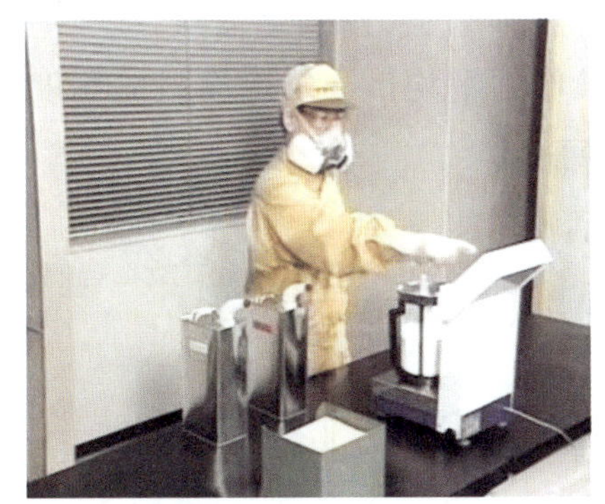

图 5–5–6　将电子秤清零

图 5–5–7　向涂料中加入固化剂

3. 将电子秤清零，然后向涂料中加入稀释剂，如图 5–5–8 所示。由于稀释剂的量较少（只有 20 g），要缓慢加入，以防止大量的稀释剂冲入涂料中。

4. 加入各种材料后，要用搅拌杆充分搅拌，使各组分混合均匀，如图 5–5–9 所示。

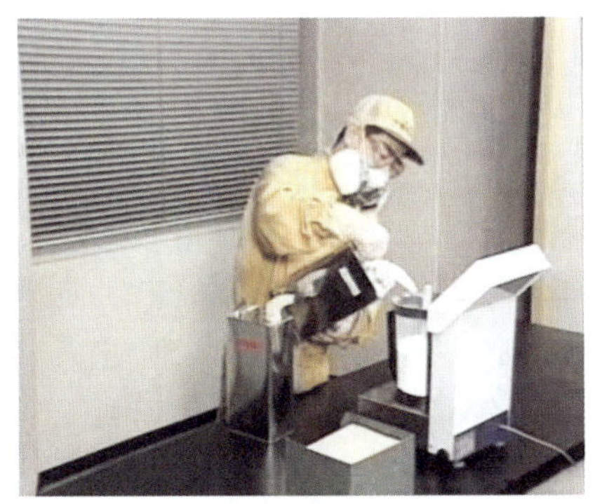

图 5–5–8　向涂料中加入稀释剂

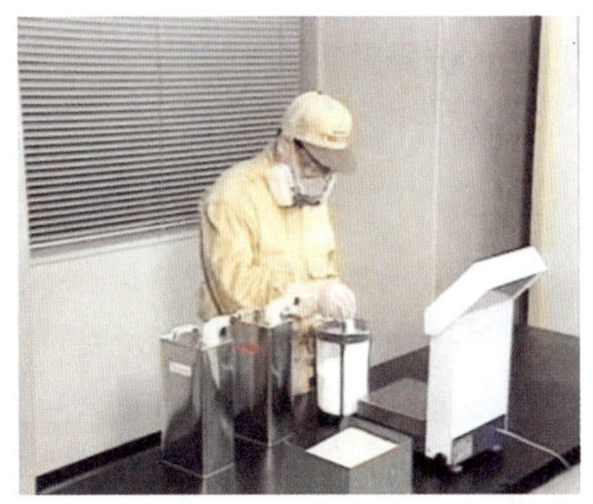

图 5–5–9　用搅拌杆混合涂料

三、涂料黏度的检查

1. 将干净的涂料杯放置在福特杯的底座上，通过底座上的调整螺钉将黏度计调至水平。

2. 将一块厚橡胶板放于涂料杯底部并用手托住，堵住涂料杯底部的流出孔。

3. 向涂料杯内缓缓倒入涂料，直至涂料杯的上边缘，并缓慢搅拌消泡，用刮板刮除涂料杯顶部多余的涂料。

4. 撤去橡胶板，待涂料流出时按下秒表（见图 5-5-10），待涂料流束刚断线时停止计时。秒表的读数就是涂料的黏度值。

5. 重复上面的检测操作一次，计算两次操作的平均值，发现涂料的黏度为 18 s，符合涂料商提供的喷涂黏度要求。注意：两次测试的涂料黏度值之差不能大于平均值的 3%，否则需要重新测量。用不同的黏度计测量同一涂料，测得的黏度值可能不同，涂料商在规定涂料的黏度时，也提供了所使用的黏度计，所以在检查涂料黏度时应使用涂料商规定的黏度计。

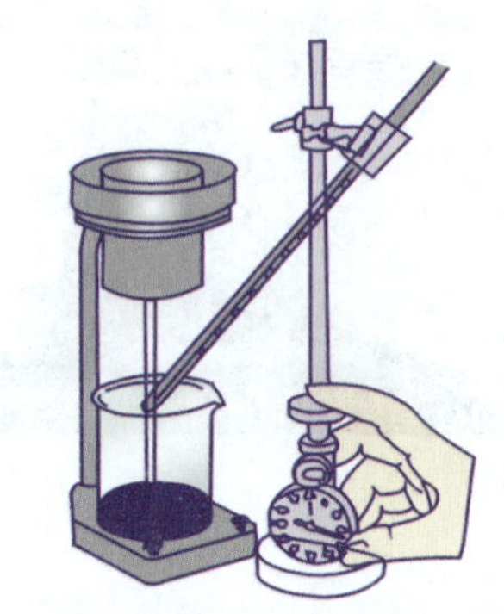
图 5-5-10　涂料流出时按下秒表

涂料的配制比例和黏度符合喷涂要求之后，涂料的配制工作完成。

思考题

一、选择题

1. 清漆的过滤一般使用________目的过滤网。

A. 80　　B. 100　　C. 150　　D. 180

2. 在配制比例为 4∶1∶1 的涂料时，4 表示________的份数。

A. 固化剂　　B. 涂料　　C. 稀释剂　　D. 添加剂

3. 配制后的涂料黏度过低会导致涂料出现________的缺陷。

A. 变色　　B. 混浊　　C. 沉淀　　D. 结皮

4. 在比例尺上三列刻度中，中间一列刻度指示________的加入量。

A. 固化剂　　B. 涂料　　C. 稀释剂　　D. 添加剂

二、判断题

1. 过滤所有汽车面漆所用滤网的型号是一样的。（　　）

2. 涂料黏度是根据喷涂施工人员的喷涂习惯进行调整的。（　　）

3. 检测涂料黏度时，秒表计量的是涂料连续流出的时间。 (　　)

4. 比例尺是用来搅拌涂料的。 (　　)

5. 用锥形涂料杯配制涂料会对涂料的配制比例产生影响。 (　　)

三、实践与练习

某标准清漆的配制比例为100:50:10，使用标准稀释剂，喷涂黏度为17～20 s（涂-4黏度计，20 ℃），试按照此要求配制500 mL清漆。

模块六

面涂层涂装

任务1　面漆整车喷涂

任务目标

- 熟悉面漆喷涂工艺。
- 掌握面漆喷涂的方法和技巧。
- 能按照面漆涂装工序熟练地进行涂装施工。

任务引入

图 6-1-1　需要进行面漆涂装的丰田汽车

一辆丰田汽车的车身已经完成了中间涂层涂装和遮盖等操作工序，现在需要进行素色漆的整车涂装，如图 6-1-1 所示。面漆涂装是整个涂装工作中最为关键的工序，本任务要求熟悉面漆涂装工艺，掌握面漆的喷涂方法，并能熟练地进行面漆的涂装施工。

任务分析

为了能顺利完成图 6–1–1 所示的丰田汽车面漆的整车涂装工作，并确保涂装的质量，可以按照下面的步骤进行：

1. 学习面漆的涂装工艺，切实把握每个流程的知识要点。

2. 练习面漆的涂装方法，掌握面漆涂装的操作技巧。

3. 利用所学的知识和技能，完成丰田汽车面漆涂装任务。

相关知识

一、面漆涂装工艺

在汽车修补涂装中，面漆涂装是一道复杂的工序，它包括面漆施工准备、面漆的喷涂和面漆的干燥三个步骤。

1. 面漆施工准备

面漆施工准备工作有喷涂环境的清洁、待涂工作表面的清洁、涂料的准备、喷涂环境温度的准备和空气喷枪的使用与调试等内容。

（1）喷涂环境的清洁

喷涂环境的清洁包括喷漆房的清洁和涂装人员工作服的清洁。喷漆房的清洁方法是用除尘枪吹除喷漆房内部的灰尘和碎屑，用水冲洗地板，除去空气中飘浮的灰尘，如图 6–1–2 所示；涂装人员工作服的清洁是指用除尘枪吹去工作服上的灰尘和碎屑，如图 6–1–3 所示。

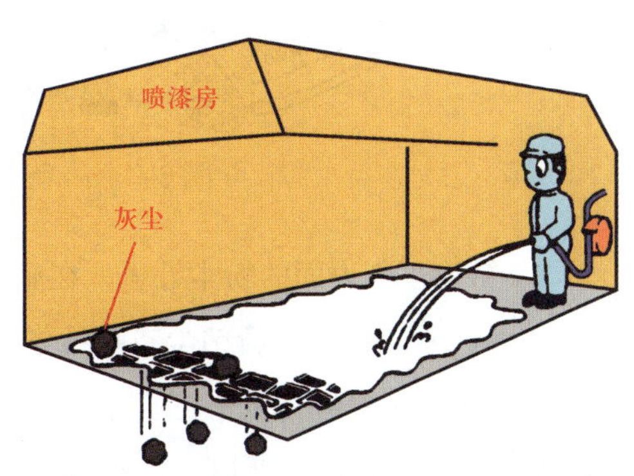

图 6–1–2 清洁喷漆房

（2）待涂工作表面的清洁

1）待涂工作表面的除尘、除水。用除尘枪将压缩空气吹至要重涂的表面及相邻区域，以确保这些区域完全没有灰尘、污物及水汽，如图 6–1–4 所示。除尘时，所用的压缩空气的压力要略高于喷涂时所用的压力，喷漆房空气循环系统要处于运行状态，否则吹动的灰尘又会再次附着在汽车上。如果除尘工作做得不彻底，残留的灰尘或污物可能出现在喷涂表面，从而产生颗粒。

图 6–1–3　工作服的除尘

图 6–1–4　待涂工作表面的除尘、除水

2）待涂工作表面的脱脂处理。用浸有除油剂的棉布擦拭待修补表面，使其湿润；用清洁、干燥的棉布将已浮起的油迹在除油剂干燥前擦除，如图 6–1–5 所示。操作时，用一只手拿蘸了除油剂的布，另一只手拿干布，两只手交替工作，可以提高工作效率。

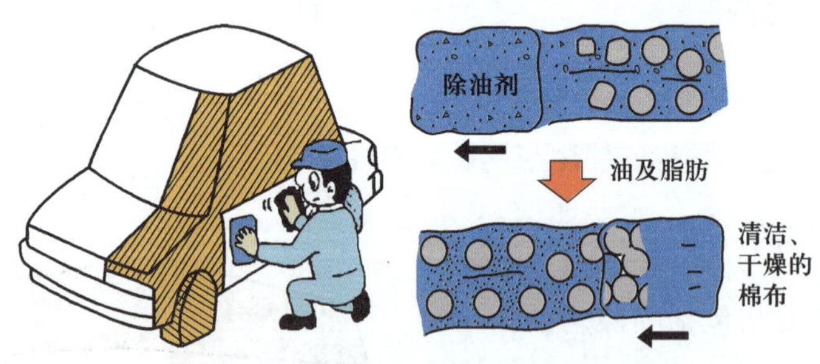

图 6–1–5　待涂工作表面的脱脂处理

3）待涂工作表面的粉尘处理。在施涂面漆之前，用粘尘布轻擦要涂装的表面，如图 6–1–6 所示。在使用新粘尘布时，先将它完全摊开，然后再将它轻轻折起来，以便粘尘布能更加适合物体的外形。不要让粘尘布上的清漆留在车身的待修补表面上，否则日后会使涂料起泡。所以，在擦拭涂装表面时不要用太大的压力。

（3）涂料的准备

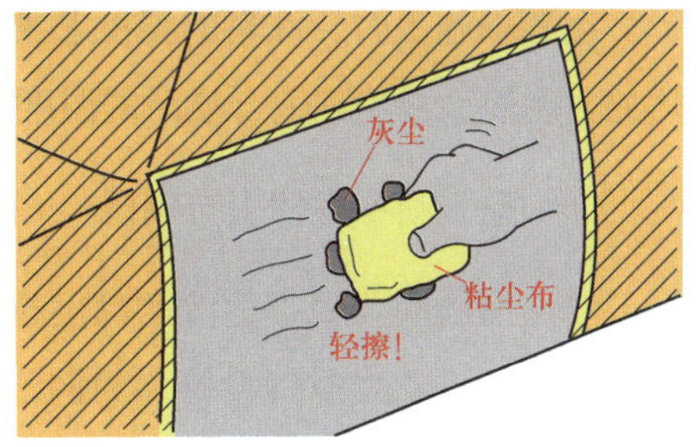

图 6-1-6　待涂工作表面的粉尘处理

1）涂料的搅拌。涂层产生缺陷的一个主要原因是颜料的沉淀，只有充分搅拌才能避免这种现象的发生。静止状态下，密度大的颜料会沉积在容器底部，密度小的颜料很难下沉。因此，涂料在使用之前必须搅拌均匀。常用的能快速下沉的颜料（密度大的）有白色、铬黄色、铬橙色、铬绿色、红色或黄色的铁氧化物。

2）添加剂的添加。使用以防止涂膜质量缺陷为目的的添加剂时，应根据当时的情况，结合产品说明进行添加。对于硝基涂料使用的化白水、醇酸基涂料使用的催干剂、在涂膜发生鱼眼故障时使用的走珠水等往往需要视情况酌量添加，需要有一定的实际操作经验。

3）涂料的过滤。涂料过滤的目的是除去面漆中的小颗粒和灰尘，使喷涂的面漆更加均匀。如图 6-1-7 所示，将空气喷枪的涂料杯置于涂料滤网下面，并将涂料倒入涂料滤网，继而漏入涂料杯。为了防止涂料溢出，涂料的充满量不要超过杯体容量的 3/4。

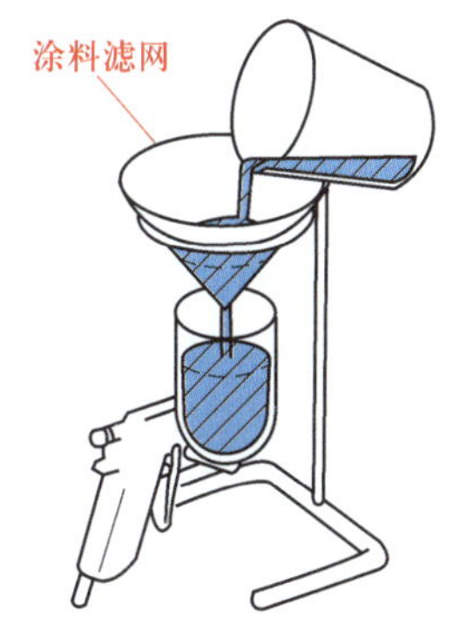

图 6-1-7　涂料的过滤

（4）喷涂环境温度的准备

喷涂环境温度包括喷漆房的环境温度、车辆表面温度和喷涂涂料的温度等。

喷漆房的环境温度一般以 20 ~ 25 ℃最为合适。在寒冷的冬季，由于开动循环风后进入喷漆房内的多为寒冷的空气，此时需要加热喷漆房以提高温度；夏季喷漆房内的温度与外界基本相同，此时一般通过选用慢干的稀释剂、固化剂适当调整涂料的干燥速度来适应。

需要喷涂的车辆如果在喷涂之前放置在寒冷的室外，车身表面需要喷涂的区域温度会很低，直接喷涂会造成溶剂的挥发速度减慢，引起颜色协调和硬化等方面的问题。所以，在喷涂时应首先将车辆放置在喷漆房内加温烘烤一段时间，使喷涂表面达到合适的温度。

在冬季施工时，涂料的温度非常重要，需要对调配好的涂料进行保温或用热水加热的方法使涂料达到适合喷涂的温度。

（5）空气喷枪的使用与调试

喷涂面漆时要根据面漆的黏度选择适当口径的空气喷枪，以 HVLP 重力式空气喷枪（即重力进给式空气喷枪）为例，选用 1.3 ~ 1.5 mm 口径的空气喷枪比较合适。喷涂黏度较高的涂料使用口径大一点的空气喷枪，喷涂黏度低的涂料使用口径稍小的空气喷枪。

在喷涂面漆以前要对空气喷枪的气压、出漆量和喷幅等进行仔细的调整，空气喷枪的调整详见模块三任务 2。为保证喷涂质量，还应做喷涂试验，以确定合适的空气喷涂距离、走枪速度和喷幅重叠程度等。喷涂试验样板时，要将空气喷枪扳机扳到底，按空气喷枪规定的距离，以正常的走枪速度（0.5 ~ 0.6 m/s）和 2/3 的喷幅重叠量喷涂一小条，然后观察涂膜的流平程度和有无喷涂缺陷，如果满意，即可进行正式喷涂；若不满意或有喷涂缺陷，须及时调整。

2. 面漆的喷涂

车身面漆的喷涂按照修补面积的大小划分为整车喷涂和局部修补喷涂，按照修补涂料的不同划分为素色漆喷涂和金属闪光漆喷涂。本任务只涉及整车喷涂，故这里只讲解整车面漆喷涂工艺，局部修补面漆喷涂工艺将在任务 2 中讲解。

（1）素色漆的整车喷涂方法（见表 6–1–1）

素色漆一般喷涂三次就能形成所需要的涂膜厚度、光泽和色调。如果色调还不满意的话，可将涂料黏度稀释到 14 s 再喷涂修正一次。

表 6–1–1　素色漆的整车喷涂方法

作业步骤	喷涂参数	喷涂方法
步骤 1：预喷涂，提高附着力	（1）涂料黏度：16 ~ 20 s（20 ℃） （2）喷涂气压：343 kPa （3）喷束直径：全开 （4）喷涂流量：1/2 ~ 2/3 开度 （5）喷涂距离：25 ~ 30 cm （6）空气喷枪运行速度：快	以喷雾状沿车身表面整体薄薄地喷涂一层。喷这一层的目的有两个：一是提高涂料与旧涂膜的亲和力；二是确认有无排斥涂料的部位，如果有就在该部位稍微加大气压将其覆盖

续表

作业步骤	喷涂参数	喷涂方法
步骤 2：着色喷涂，形成涂膜	（1）涂料黏度：16 ~ 20 s（20 ℃） （2）喷涂气压：343 kPa （3）喷束直径：全开 （4）喷涂流量：2/3 ~ 3/4 开度 （5）喷涂距离：20 ~ 25 cm （6）空气喷枪运行速度：适当	在该工序可基本形成涂膜层，要达到一定的涂膜厚度。该工序要注意尽可能喷厚一些，这是最终获得良好表面质量的基础，但同时要注意以不产生流挂为前提
步骤 3：表面色调和平整度的调整	（1）涂料黏度：14 ~ 18 s（20 ℃） （2）喷涂气压：294 ~ 343 kPa （3）喷束直径：全开 （4）喷涂流量：全开 （5）喷涂距离：20 ~ 25 cm （6）空气喷枪运行速度：适当	第二次喷涂已形成了一定的涂膜厚度，第三次喷涂的主要目的是调整涂膜色调，同时要形成光泽，此时要加入透明涂料，有时为调整色调要加入干燥速度慢的稀释剂

（2）金属闪光漆的整车喷涂方法（见表 6-1-2）

表 6-1-2　　金属闪光漆的整车喷涂方法

作业步骤	喷涂参数	喷涂方法
步骤 1：预喷涂，提高附着力	（1）涂料黏度：14 ~ 16 s（20 ℃） （2）喷涂气压：393 ~ 490 kPa （3）喷束直径：全开 （4）喷涂流量：1/2 ~ 2/3 开度 （5）喷涂距离：25 ~ 30 cm （6）空气喷枪运行速度：快	以喷雾状沿车身表面整体薄薄地喷涂一层，既提高涂料与旧涂膜的亲和力，同时确认有无排斥涂料的现象。如果出现了排斥现象，就在有排斥现象的部位提高喷射气压（637 kPa 左右）进行喷涂
步骤 2：着色喷涂，形成涂膜	（1）涂料黏度：14 ~ 16 s（20 ℃） （2）喷涂气压：393 ~ 490 kPa （3）喷束直径：全开 （4）喷涂流量：2/3 ~ 3/4 开度 （5）喷涂距离：20 ~ 25 cm （6）空气喷枪运行速度：稍快	第二次喷涂决定涂膜的颜色。喷涂时不必在意出现的喷涂斑纹和金属斑纹。喷涂时，空气喷枪移动速度稍快一点为好。丙烯酸聚氨酯涂料遮盖力较强，一般喷两次即可，但有的色调需要再喷涂一次
步骤 3：过渡层的喷涂，目的是消除金属闪光漆表面的斑纹	（1）涂料黏度：12 ~ 14 s（20 ℃） （2）喷涂气压：393 ~ 490 kPa （3）喷束直径：全开 （4）喷涂流量：1/2 ~ 2/3 开度 （5）喷涂距离：20 ~ 25 cm （6）空气喷枪运行速度：快	取金属闪光磁漆 50%、透明漆 50% 相混合。第三次喷涂可修正第二次喷涂形成的喷涂斑纹和金属斑纹，目的是形成金属质感，防止喷涂透明层时引起金属斑纹

续表

作业/步骤	喷涂参数	喷涂方法
步骤 4：透明清漆的预喷涂	（1）涂料黏度：13 ~ 15 s（20 ℃） （2）喷涂气压：294 ~ 343 kPa （3）喷束直径：全开 （4）喷涂流量：1/2 ~ 2/3 开度 （5）喷涂距离：20 ~ 25 cm （6）空气喷枪运行速度：稍快	透明层清漆的预喷涂不能太厚，否则会使金属颗粒的排列被打乱，要采取薄喷的方法
步骤 5：透明清漆的精细喷涂	（1）涂料黏度：12 ~ 14 s（20 ℃） （2）喷涂气压：294 ~ 343 kPa （3）喷束直径：全开 （4）喷涂流量：2/3 到全开 （5）喷涂距离：20 ~ 25 cm （6）空气喷枪运行速度：普通	以第五次喷涂结束涂膜的喷涂工作。喷涂时，要边观察涂膜的平整度边仔细喷涂。如果采用稍快移动空气喷枪的方法往返两次覆盖，能得到很理想的表面色泽。尤其是在车顶、行李舱盖、发动机舱盖等处喷涂两次为好

消除金属斑纹时，原则上清漆和金属闪光漆各占 50%，但随颜色不同多少有些变化。例如，对浅色金属漆进行消斑处理时，清漆比例要多一些，占 70% ~ 80%，金属闪光漆只能占 20% ~ 30%。消斑的时间间隔一般为 10 ~ 15 min，以使涂膜中的溶剂挥发。检查时用指尖轻轻触摸喷涂表面，若粘不上颜色，就可以进行清漆的喷涂。

3. 面漆的干燥

修补面漆的干燥可以采用自然干燥的方法，也可以采用强制干燥的方法。为了提高修补效率，节省作业时间，往往采用强制干燥的方法。

面漆喷涂结束后，须静置 10 ~ 20 min，使涂膜中的溶剂挥发，以免产生涂膜缺陷，再用烤漆房或红外线烤灯进行面漆的强制干燥。一般情况下，面漆需在 60 ℃条件下干燥 30 min 左右。

强制干燥结束后，要趁汽车车身还未冷却就揭去遮盖胶带和遮盖纸，这样可以保护好涂膜，既方便又省力。若采用自然干燥方式，应在喷涂后 10 ~ 15 min 再揭去遮盖胶带和遮盖纸。如果面漆是硝基类涂料，待涂膜干燥到能用手指触摸的程度就可以揭去遮盖胶带和遮盖纸，若完全干燥后再揭，则容易破坏涂膜。

二、面漆喷涂的方法和技巧

1. 面漆喷涂的方法

面漆喷涂的方法通常有以下几种：

（1）干喷

干喷是指喷涂时选择的溶剂要快干，气压较大，漆量较小，温度较高，涂料黏度低等，喷涂后漆面较干。要想获得理想的干喷效果，必须使喷涂的距离加大，空气喷枪的运行速度加快，两次喷涂的时间间隔延长。

（2）湿喷

湿喷是指喷涂时选择的溶剂要慢干，气压较小，漆量较大，温度较低等，喷涂后漆面较湿。获得湿喷效果的操作方法与干喷方法相反。

（3）湿碰湿喷涂

湿碰湿是指不等上道漆中的溶剂挥发，马上继续喷涂下一道漆的喷涂方法。

（4）虚枪喷涂

在喷涂色漆后，将大量溶剂或固体分含量调整得极低的涂料喷涂在面漆上的操作称为虚枪喷涂。虚枪喷涂一般用在新喷的修补漆与原来的旧漆之间晕色，使经过修补后的汽车表面看不出修补痕迹。

（5）雾罩喷涂

雾罩喷涂俗称飞雾法喷涂，一般用于金属漆的施工。金属漆与色漆的喷涂方式大不相同，金属漆中的金属颗粒密度大，喷金属漆时采用散花状的雾罩喷涂。进行雾罩喷涂时，喷涂气压必须调小，喷幅要适当加大，涂料流量调节旋钮要调至最大。

（6）带状喷涂

喷涂某个构件的边缘时经常采用带状喷涂，此时应将空气喷枪扇幅调得相对窄一些，一般调整到大约 10 cm 宽，喷出的雾束比较集中，呈带状覆盖。这样可以减少过度喷涂，达到节约原材料的目的。

2. 面漆喷涂时的走枪方法

在汽车修补涂装中，因被涂构件的形状各异，其走枪方法也不尽相同。下面以几种常见的构件为例，说明面漆喷涂时的走枪方法。

（1）构件边缘和内角喷涂的走枪方法

构件边缘一般采用由右向左的喷涂方法，空气喷枪的“犄角”与水平面平行，雾束以竖直的方式涂布在构件的边缘，如图 6–1–8 所示。构件内角采用先自下而上，再由上向下的喷涂方法，空气喷枪的“犄角”与水平面垂直，喷出的雾束呈水平方向，如图 6–1–9 所示。

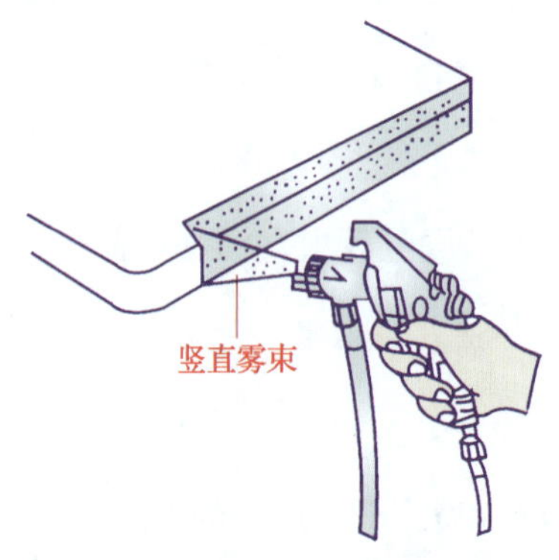

图 6–1–8　构件边缘的喷涂

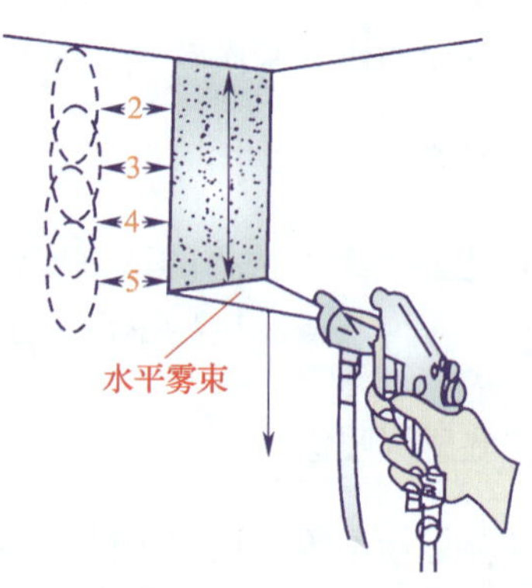

图 6–1–9　构件内角的喷涂

（2）圆柱构件喷涂的走枪方法

喷涂小圆柱体和中圆柱体时，先从圆柱顶部自上而下，再自下而上喷涂，分 3 ~ 6 道垂直行程喷完，如图 6–1–10 所示。喷涂大圆柱体时，先从左向右，再从右向左喷涂，按照水平行程依次喷完，如图 6–1–11 所示。

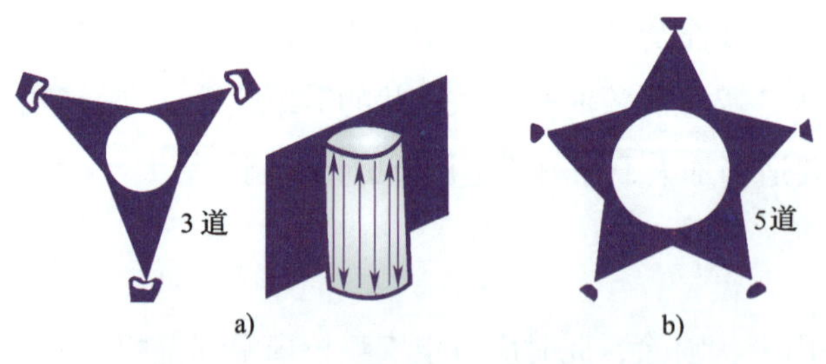

图 6–1–10　小圆柱体、中圆柱体的喷涂

a）小圆柱体　b）中圆柱体

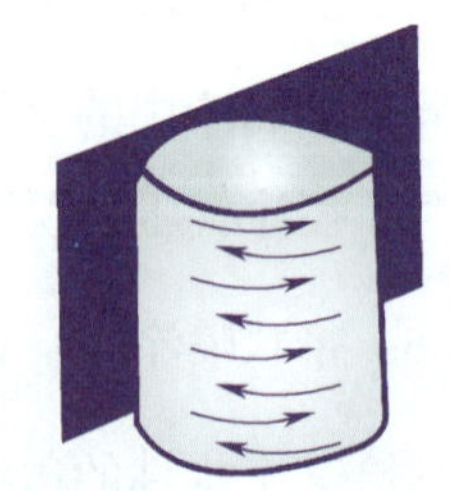

图 6–1–11　大圆柱体的喷涂

（3）棒状构件喷涂的走枪方法

喷涂狭长而直径不大的棒状构件时，最好将雾束调窄一些，使之与构件相适合。然而很多涂装工为了省事，不愿意经常调整空气喷枪，而是使空气喷枪雾束的方位与

棒状构件相适应，如图 6-1-12 所示，这样既可达到完全覆盖的目的，又不至于过度喷涂。

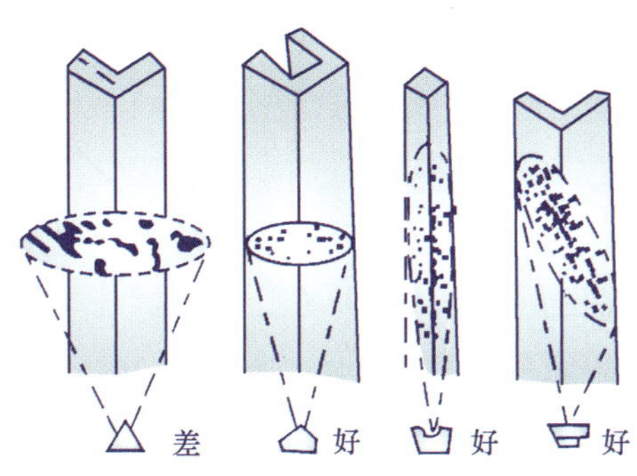

图 6-1-12 棒状构件的喷涂

（4）大型平面喷涂的走枪方法

喷涂大型平面，如发动机舱盖、客车顶部和行李舱盖等，可以采用喷涂长而直立构件平面的走枪方法。即从左向右移动空气喷枪至临近基材表面时扣动扳机，继续移动空气喷枪至离开基材表面时松开扳机，这样可以获得充分润湿的涂层。喷涂时，最好使用压送式空气喷枪。如果采用的是虹吸式空气喷枪（即吸力进给式空气喷枪，以下简称虹吸式空气喷枪），喷涂过程中需要倾斜空气喷枪时要千万小心，不要让涂料滴落到构件表面上。为了防止涂料泄漏或滴落，整个操作过程要平稳、协调，不要将涂料装得太满，涂料泄漏出来时要立即用抹布或纸巾擦拭干净。

3. 不同板件的喷涂顺序

在车身构件面漆的喷涂过程中，一般都遵照从上到下、从左到右、从内到外喷涂的原则。但由于构件的形状和安装方式不同，其喷涂顺序也不尽相同。

（1）车门的喷涂顺序

首先喷涂车门框的顶部，然后逐渐下移直至车门的底部。如果只喷涂一个车门，首先应该喷涂车窗边缘，车门的喷涂顺序如图 6-1-13 所示。喷涂车门把手时应该特别小心，因为车门把手的缝隙处会存留涂料，涂料太多将会产生流挂。

（2）前翼子板的喷涂顺序

发动机舱盖的边缘和前翼子板的翻边应该先喷涂，然后喷涂前照灯周围部分和面板的曲面拱起部分，最后喷涂翼子板的底部，其喷涂顺序如图 6-1-14 所示。

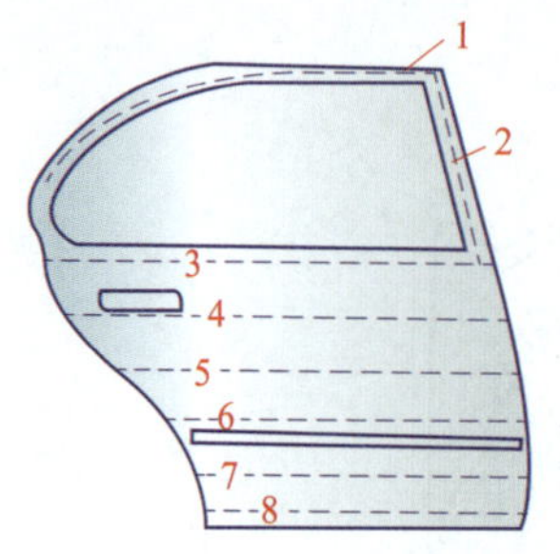

图 6–1–13　车门的喷涂顺序

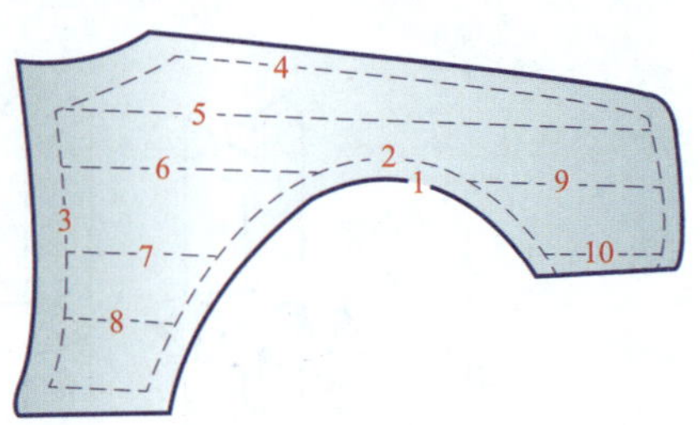

图 6–1–14　前翼子板的喷涂顺序

（3）后翼子板的喷涂顺序

喷涂后翼子板时，首先喷涂后翼子板边缘，然后涂装人员面对翼子板的中间位置站立，沿翼子板的全长进行喷涂，其顺序如图 6–1–15 所示。如果翼子板过长，可以把整个区域分成两个部分，使用这种方法喷涂时，一定要特别注意中间的重叠不能太多，否则会产生流挂。

（4）发动机舱盖的喷涂顺序

首先喷涂发动机舱盖的边缘，然后喷涂发动机舱盖的前部，最后站在前翼子板的侧面，从中心开始向边缘对发动机舱盖进行喷涂，另一侧也使用相同的方法进行喷涂。发动机舱盖的喷涂顺序如图 6–1–16 所示。

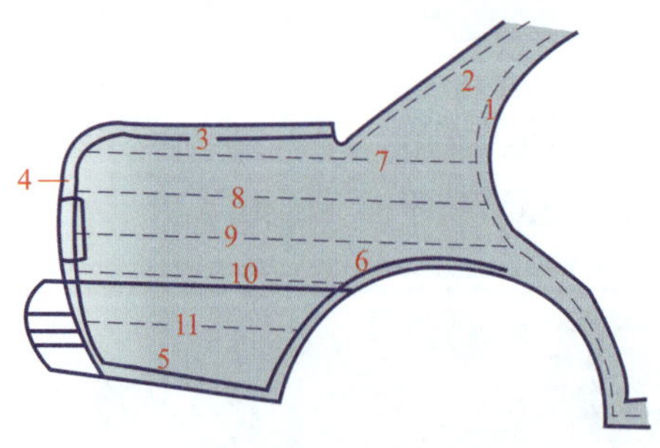

图 6–1–15　后翼子板的喷涂顺序

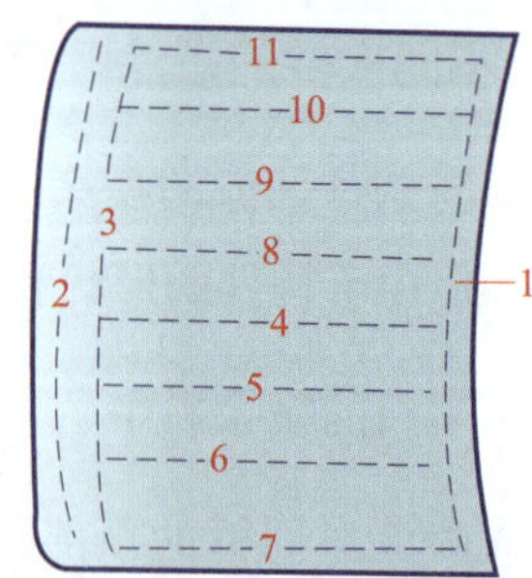

图 6–1–16　发动机舱盖的喷涂顺序

（5）汽车顶盖的喷涂顺序

为了方便对汽车顶盖的喷涂，涂装人员应站在长凳上，以便能够到车顶的中心。首先喷涂一侧风窗玻璃的边缘，然后从中心到该侧的外边进行喷涂，完成后再用相同的方法完成后部和另一侧的喷涂，其喷涂顺序如图 6–1–17 所示。

（6）整车的喷涂顺序

在横向排风的喷漆间里，车身离排风扇最远的地方应先喷涂，以保证附着在涂膜表面的灰尘最少，使漆面更光滑。具体的喷涂顺序是：车顶盖→行李舱盖和后围板→左侧后翼子板→左侧车门→左侧前翼子板→发动机舱盖→前保险杠→右侧前翼子板→右侧车门→右侧后翼子板，如图 6-1-18a 所示。

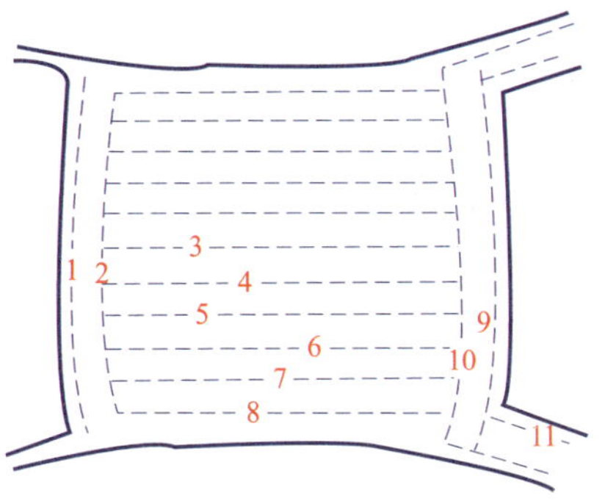

图 6-1-17 汽车顶盖的喷涂顺序

在向下排风的喷漆间里，因为空气是从天花板向汽车底部的检修坑流动的，所以涂装人员必须改变喷涂方法。为了能够保持涂料边缘的湿润，车顶盖应该首先喷涂，接着是右前车门、发动机舱盖和前保险杠，然后对车身左侧进行喷涂，最后依次是行李舱盖、后围板、右后翼子板和右后车门，然后逐渐向前移动直到前保险杠喷涂全部完成，其喷涂顺序如图 6-1-18b 所示。

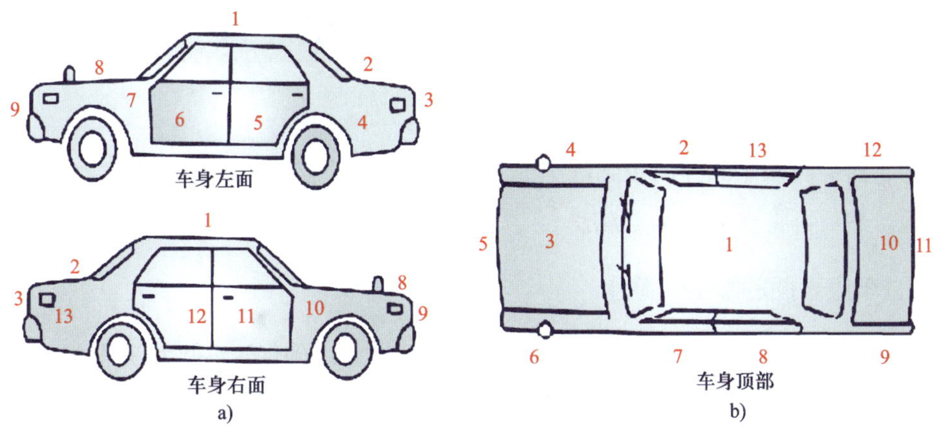

图 6-1-18 整车的喷涂顺序

a）横向排风喷漆间里整车的喷涂顺序 b）向下排风喷漆间里整车的喷涂顺序

任务实施

任务引入中丰田汽车的喷涂是典型的素色漆整车喷涂，下面按照素色漆的整车涂装工艺进行涂装。

一、丰田汽车面漆施工准备

面漆施工准备工作的操作步骤是：喷涂环境的清洁→车身表面的除尘、除水→待涂工作表面的脱脂处理→待涂工作表面的粉尘处理→涂料的准备→喷涂环境温度的准备→空气喷枪的调整。

1. 喷涂环境的清洁

打开喷漆房开关，使喷漆房进入工作状态。在进行喷漆房的清洁时，首先用除尘枪吹除喷漆房周围和天花板上的灰尘和碎屑，用水冲洗地板，除去空气中飘浮的灰尘，如图 6–1–19 所示。

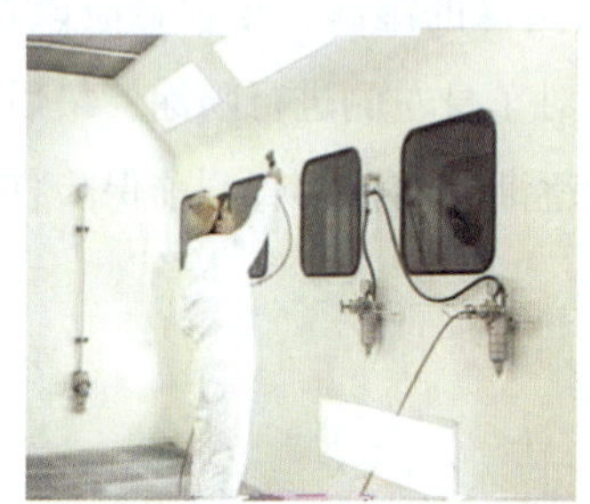
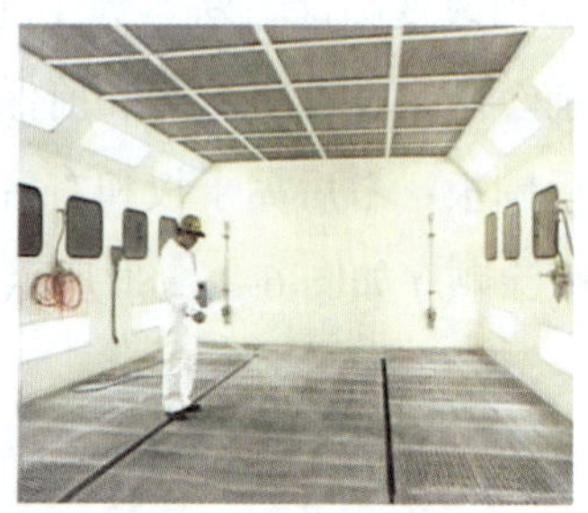

图 6–1–19　喷漆房的清洁

为了避免将灰尘和碎屑带到汽车上，涂装工作人员必须用除尘枪吹拂自己所穿的工作服，然后再将汽车开入喷漆房。

2. 车身表面的除尘、除水

用除尘枪将压缩空气吹向待涂表面和相邻区域，以确保这些区域完全没有灰尘、污物和水汽，如图 6–1–20 所示。注意：发动机舱盖、行李舱盖和翼子板之间的缝隙中藏有很多灰尘，一定要清除干净。

图 6–1–20　车身表面的清洁

3. 待涂工作表面的脱脂处理

用蘸有除油剂的毛巾擦拭车身表面，使表面湿润。用清洁、干净的毛巾将浮起的油渍在除油剂干燥之前擦除，如图 6–1–21 所示。

4. 待涂工作表面的粉尘处理

在施涂面漆之前，用粘尘布进行最后一道除

尘，如图 6–1–22 所示。用粘尘布除尘时，必须轻轻擦拭，先擦去待涂表面的灰尘，然后再擦拭待涂表面边缘的遮盖纸。

图 6–1–21　喷涂区域的脱脂处理

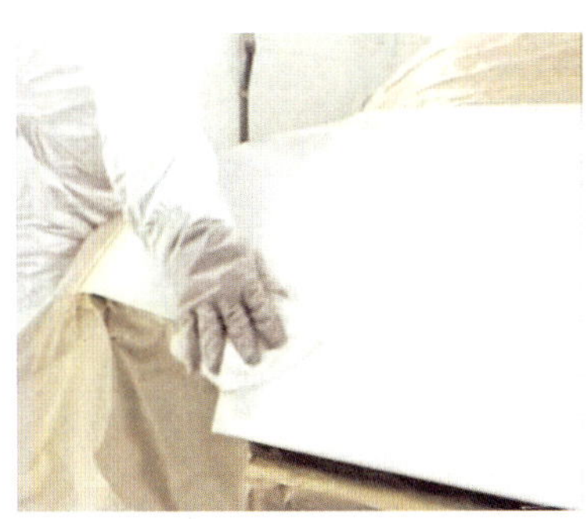
图 6–1–22　用粘尘布除尘

5. 涂料的准备

为了防止“鱼眼”缺陷的发生，向配制好的涂料中加入少量的“走珠水”并充分搅拌，将涂料黏度调整到 16 ~ 20 s，然后进行过滤。选取 150 目的涂料过滤网放于支架上，其放置位置如图 6–1–23 所示。将空气喷枪的涂料罐放在涂料过滤网下面，向过滤网中倒入涂料（见图 6–1–24），涂料经过滤网过滤后直接流入空气喷枪的涂料罐中。

图 6–1–23　涂料过滤网的放置位置

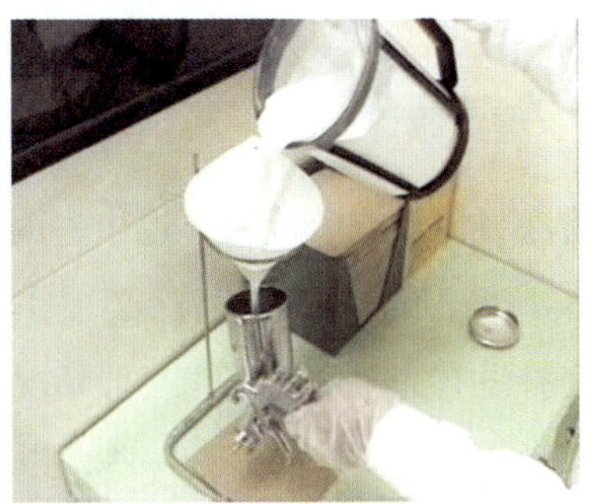
图 6–1–24　向过滤网中倒入涂料

6. 喷涂环境温度的准备

打开喷漆房的喷涂模式开关，将喷涂环境温度控制在 20 ~ 25 ℃（见图 6–1–25），预热 10 min。

7. 空气喷枪的调整

将空气喷枪的喷涂压力调整至 343 kPa，将涂料流量调节旋钮拧到底后退出两圈，喷涂雾束全开，为第 1 层的预喷涂做好准备。

二、丰田汽车面漆的喷涂

丰田汽车面漆喷涂的步骤是：预喷涂→着色喷涂→修饰喷涂。

1. 预喷涂

用 300 mm 的喷涂距离对喷涂表面进行薄喷涂（见图 6–1–26），至涂层有少许光泽时停止喷涂，然后检查涂层表面有无缩孔。注意：涂层表面如果有缩孔，应提高喷涂压力，用干喷法再次喷涂表面，以便盖住缩孔。预喷涂后，等面漆闪干 6 ~ 10 min，就可以进行着色喷涂。

图 6–1–25　喷涂环境温度

图 6–1–26　面漆的薄喷涂

2. 着色喷涂

将涂料流量调节旋钮再退出一圈，喷涂距离改为 250 mm，进行面漆的着色喷涂，如图 6–1–27 所示。着色喷涂必须完全盖住底材，涂层表面要出现整体光泽。注意：如果底材没有完全被遮盖，一般情况下只需要重涂暴露的区域。这时要减小喷涂压力和出漆量，空气喷枪要靠近一些，以防止相邻部位涂膜粗糙。着色喷涂要求尽可能喷厚一些，但不能产生流挂。

图 6–1–27　面漆的着色喷涂

3. 修饰喷涂

向空气喷枪的涂料杯中加入干燥速度较慢的稀释剂，涂料黏度调整为 14 ~ 16 s，适当减小喷涂压力，以与着色喷涂相同的方法进行喷涂。面漆的修饰喷涂如图 6–1–28 所示。修饰喷涂的主要目的是调整涂层表面的色调和平整度，涂层表面光泽不够理想时可以适当加入清漆，以 14 s 的涂料黏度再修整喷涂一次。

三、丰田汽车面漆的干燥

面漆喷涂结束后，静置 15 min，使面漆固化，溶剂自然挥发，然后将喷漆房升温，在 60 ℃下干燥 35 min，如图 6-1-29 所示。

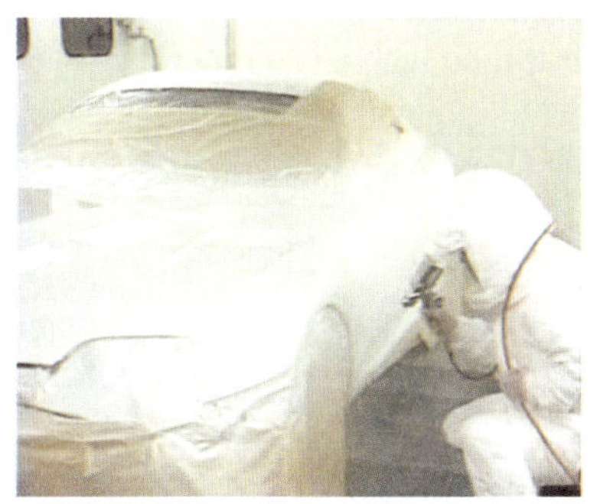
图 6-1-28 面漆的修饰喷涂

图 6-1-29 面漆的干燥

面漆干燥结束后，趁车身还未冷却之前，清除所粘贴的遮盖胶带和遮盖纸。

本任务解决了素色漆的整车面漆喷涂问题，金属闪光漆的整车面漆喷涂与其有类似之处，只要按照金属闪光漆的整车喷涂方法实施即可。至于金属闪光漆的晕色处理等难点，经常出现在面漆局部修补喷涂操作中，将在任务 2 中进行讲解。

思考题

一、选择题

1. 修饰喷涂的主要目的是调整涂层表面的________。

A. 颜色和斑纹　　B. 明度和饱和度

C. 色调和平整度　　D. 光泽和平整度

2. 面漆采用强制干燥时，在 60 ℃条件下需干燥________min 左右。

A. 10　　B. 50　　C. 20　　D. 30

3. 喷漆房的环境温度一般以________℃最为合适。

A. 10 ~ 15　　B. 15 ~ 20

C. 20 ~ 25　　D. 25 ~ 30

4. 用素色漆进行修饰喷涂时所用涂料的黏度应调整到________s。

A. 10 ~ 12　　B. 12 ~ 14

C. 14 ~ 16　　D. 16 ~ 18

5. 进行带状喷涂时，应将空气喷枪扇幅调整到________cm 左右的宽度。

A. 8　　B. 10

C. 12　　D. 15

二、判断题

1. 向配制好的涂料中加入少量的干燥剂可以防止涂膜产生“鱼眼”。（　　）
2. 车门把手的缝隙处存留过多的涂料会产生流挂。（　　）
3. 为了防止涂料溢出，涂料的充满量不要超过杯体容量的 1/2。（　　）
4. 消除金属斑纹时，两次喷涂的时间间隔一般为 5 ~ 10 min。（　　）
5. 除尘时所用的压缩空气的压力要略低于喷涂时所用的压力。（　　）

三、实践与练习

针对图 6-1-30 所示的发动机舱盖，练习面漆喷涂操作技能。

图 6-1-30　发动机舱盖面漆的喷涂

任务 2　面漆局部修补喷涂

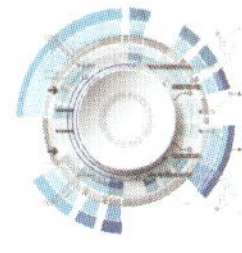

任务目标

- 熟悉面漆局部修补喷涂工艺。
- 掌握面漆局部修补喷涂方法。
- 能进行金属闪光漆的局部修补喷涂。

任务引入

一辆喷有浅色银粉漆的雷克萨斯汽车，其后翼子板中部的涂膜大面积损伤，如图 6-2-1 所示，涂装人员已经完成了中间涂层的涂装，现在需要进行面漆局部修补喷涂。

图 6-2-1　后翼子板涂膜损伤的雷克萨斯汽车

局部修补喷涂，尤其是浅色金属漆的局部修补喷涂是面漆喷涂的难点，若处理不当或技术不成熟，往往导致喷涂失败。本任务要求掌握素色漆表面纹理的调整以及金属闪光漆的消斑处理、晕色处理方法，通过学习和实践练习，能解决实际面漆喷涂工作中的难点问题。

任务分析

雷克萨斯汽车的涂膜缺陷处于后翼子板的中间部位，缺陷损伤面积较大。在喷涂过程中，为了避免后车门与后翼子板之间出现色差，必须进行晕色处理。同时，为了尽可能地减小喷涂面积，决定在后车顶立柱中部使用含有大量驳口水的清漆，对新漆和旧涂膜之间的接口处进行晕色处理。

此任务涉及局部修补喷涂方法、金属闪光漆的消斑处理和晕色处理等方面的知识和技能。

相关知识

一、面漆局部修补喷涂工艺

局部修补喷涂即对车身的某一局部进行涂装修理，大多数需要进行修补涂装的车辆都属于这种情况。局部修补喷涂的关键是解决局部喷涂的颜色逐步过渡问题，使之与周围部位的颜色一致，表面流平效果相同。

1. 素色漆的局部修补喷涂

素色漆的局部修补喷涂以丙烯酸聚氨酯涂料为例，讲述其作业要点和作业方法，见表 6–2–1。

2. 金属闪光漆的局部修补喷涂

在金属闪光漆中加入 50% ~ 70% 的稀释剂稀释，将黏度调整到 14 ~ 16 s；将清漆按 2∶1的比例加入固化剂，加入 10% ~ 20% 的稀释剂稀释，将黏度调整到 12 ~ 13 s。完成这些准备工作之后就可以开始喷涂，金属闪光漆的局部喷涂方法见表 6–2–2。

二、局部修补喷涂方法

金属闪光漆局部修补喷涂

为了在修补之后确保修补部位与其周围未修补部位在视觉上颜色无差异，在修补喷涂时需要使颜色有一个逐渐过渡的区域，让颜色逐渐变化。喷涂颜色过渡区域时一般采用“挑枪”的喷涂方法（见图 6–2–2），即在喷涂时以手臂的肘部为轴，或摆动腕部，使空气喷枪对喷涂表面的距离发生圆弧形变化，对需要修补部位的距离近一些，喷涂比较实，而对过渡区域逐渐变远，颜色逐渐变淡，如图 6–2–3 所示。这样喷涂边缘将形成一个逐渐过渡的颜色变化区域，最终与周围未修补区域相融合。

表 6-2-1　素色漆局部修补喷涂的作业要点和作业方法

作业步骤	作业要点	作业方法	图示
步骤 1：喷涂前的准备	（1）喷涂前打磨 （2）除水、清洁 （3）遮盖 （4）脱脂、除油 （5）除尘 （6）按 4 : 1 :（30% ~ 40%）的比例配制涂料	用 1 000# 砂纸湿打磨待喷涂部位，用研磨膏打磨喷涂部位与旧涂膜的交界处；打磨后要用除油剂清除油分和污垢，最后使用粘尘布仔细除去细小的粉尘	中涂底漆 用1000#砂纸湿打磨 这部分用研磨膏研磨
步骤 2：局部修补喷涂	（1）第一层预喷 （2）第二层着色喷涂，前两层涂料的喷涂黏度为 14 ~ 16 s （3）第三层修饰喷涂，涂料黏度为 13 ~ 14 s，修补操作喷涂气压为 245 ~ 294 kPa，喷涂距离为 250 mm，雾束开度和出漆量根据修补面积的大小调整，若修补面积小，则适当减小	第一次喷涂薄薄的一层，以提高底层和旧涂膜与涂料的亲和力；第二次喷涂比第一次喷涂稍宽一些，并在湿的状态下定出色彩；第三次喷涂比第二次要喷得更宽些，以获得高的表面质量	喷第一遍 喷第二遍 喷第三遍
		喷枪做圆周运动的同时从中心向外移动。操作时，适当减少喷枪的出漆量和喷涂气压	喷枪做圆周运动

续表

作业步骤	作业要点	作业方法	图示
步骤 3：修补边缘的晕色处理	（1）用 30% 的聚氨酯磁漆加入 70% 的稀释剂进行修补边缘的晕色处理 （2）晕色处理后的干燥	将稀释后的聚氨酯涂料或专用驳口水薄薄地喷涂在新喷涂层与旧涂膜的交界处，注意不要喷得太多，否则会产生流挂 晕色处理后一定要强制干燥，一般在 60 ℃条件下干燥 30 min 即可	晕色区

表 6-2-2　金属闪光漆的局部喷涂方法

喷涂步骤	喷涂方法	图示
步骤 1：喷涂前的准备	在中涂底漆层的附近用 400# ~ 600# 干磨砂纸进行干打磨。晕色部位用研磨膏打磨，然后用除油剂清洁，用粘尘布擦拭，最后用压缩空气吹干净	用400#~600#干磨砂纸进行干打磨 这部分用研磨膏研磨
步骤 2：金属闪光漆的喷涂	先在中涂底漆层四周喷一层透明清漆，以使所喷的金属闪光磁漆更光滑。然后薄薄地喷一层金属闪光磁漆，以提高其与中涂底漆和旧涂膜的亲和力。最后喷涂确定涂层的颜色，一般喷 2 ~ 3 遍，如果着色不好，则需要喷 3 ~ 4 遍。着色喷涂不要喷得过厚，要均匀地喷涂薄薄的一层	喷金属闪光漆部分 先喷一层透明层

续表

喷涂步骤	喷涂方法	图示
步骤 3：金属漆面的消斑处理	将 50% 的金属闪光磁漆与 50% 的清漆相混合，黏度调整到 11 ~ 12 s。喷涂时比步骤 2 要喷得更宽一些。喷涂时应使涂料呈雾状，薄薄地喷涂，以消除斑纹，调整金属质感，同时兼有晕色处理作用。每两次喷涂之间，需设置 10 ~ 15 min（20 ℃下）的间隔时间	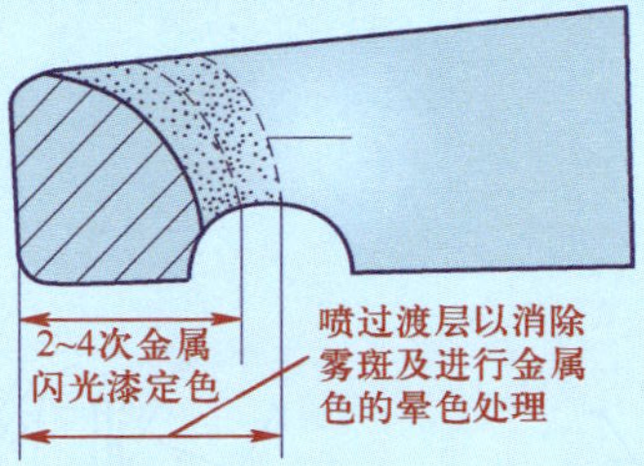 2~4次金属闪光漆定色 喷过渡层以消除雾斑及进行金属色的晕色处理
步骤 4：清漆的喷涂	清漆的喷涂面积要扩大一些。第一次薄薄地喷一层，间隔约 5 min 再喷第二次。喷涂时要边观察色调边喷，以形成光泽	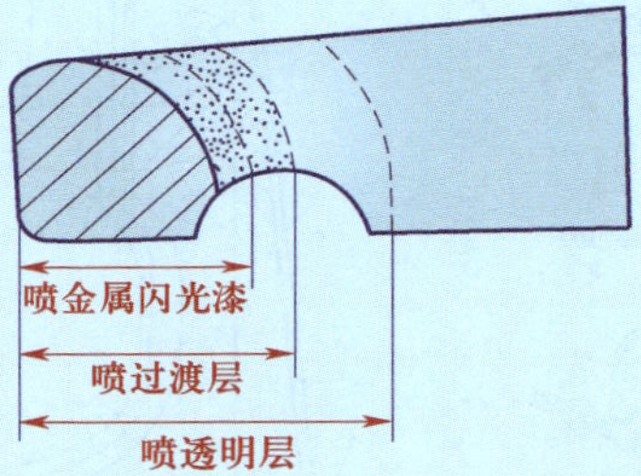 喷金属闪光漆 喷过渡层 喷透明层
步骤 5：晕色处理	晕色处理是以 20% 的清漆和 80% 的稀释剂相混合后喷在清漆层区域周围，以掩盖其由于喷涂雾滴带来的影响。注意喷得要薄，以防止产生流挂	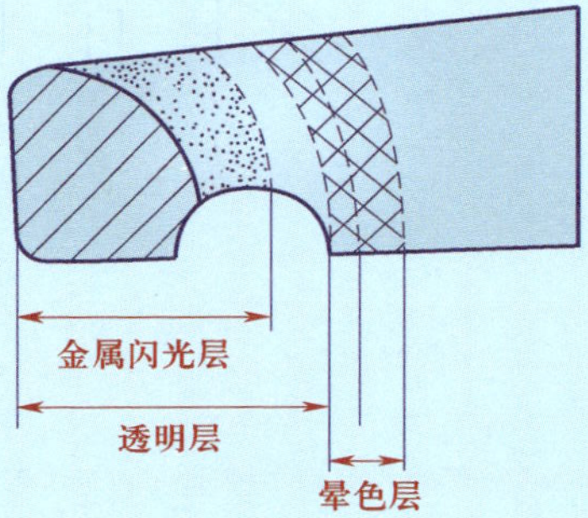 金属闪光层 透明层 晕色层

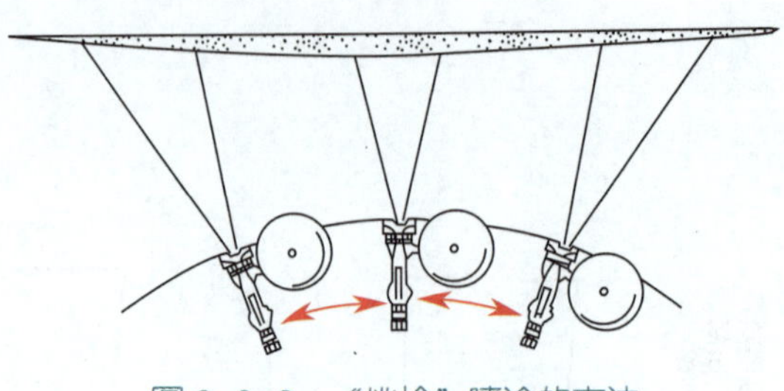

图 6-2-2 “挑枪”喷涂的方法

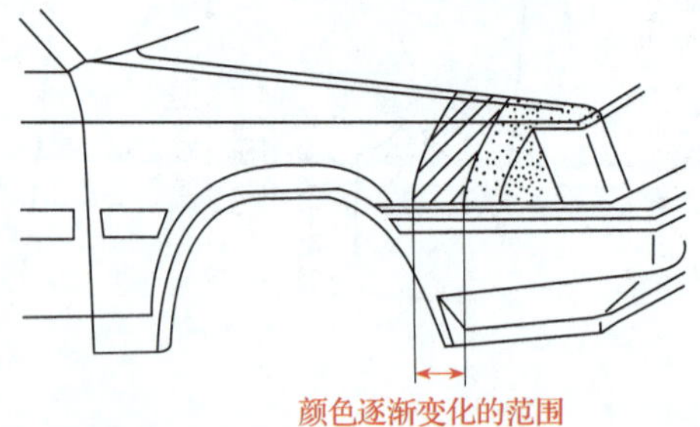

图 6-2-3 挑枪法使过渡区域的颜色逐渐变淡

颜色过渡也可以采用其他方法实现，例如，采用许多短行程，从中心部位向外喷涂。采用这种方法喷涂时，需要逐渐扩大每一次的喷涂范围，以便和上一次涂膜稍有重叠，每一次喷涂都要适当调整气压和喷幅，使之逐渐减小，以达到喷雾逐渐变淡的目的，有时还需要根据情况适当改变出漆量。

三、局部修补喷涂的修饰处理

板件经过着色喷涂且涂膜达到一定的厚度以后，为了获得良好的表面质量，喷涂素色漆时必须调整喷涂表面的纹理，使喷涂表面的纹理与原涂膜纹理基本一致；喷涂金属闪光漆时必须进行消斑处理，以使新、旧涂膜表面颜色协调。

1. 喷涂素色漆时表面纹理的调整

新车涂膜的水平表面纹理一般比垂直表面平滑，为了适应这一情况，可以通过改变喷涂条件达到目的。喷涂条件与涂膜纹理的关系见表 6-2-3。

在调整纹理前，一定要对比新、旧涂膜纹理，找出涂膜纹理的差别，如图 6-2-4 所示。调整纹理时，除考虑表 6-2-3 所列的因素外，还要考虑到底材的状况，如用硝基中涂底漆处理的涂装表面，面漆涂膜容易产生较粗糙的纹理；在氨基甲酸乙酯中涂底漆层的表面喷涂面漆，可以产生相当于新车涂层的涂膜；着色喷涂中，若喷涂过多的磁漆容易产生粗糙的纹理。

表 6-2-3　　喷涂条件与涂膜纹理的关系

纹理 喷涂条件	凸纹数目		凸纹高度	
涂料黏度	低	高	高	低
喷涂速度	快	慢	慢	快
喷口直径	小	大	大	小
稀释剂挥发速度	—	—	快	慢
喷涂压力	高	低	低	高
静置时间	—	—	长	短

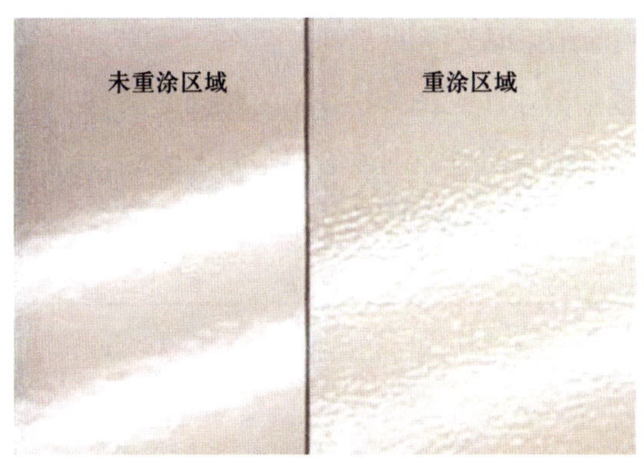

图 6-2-4　新、旧涂膜纹理的对比

一般情况下，减小喷涂距离、增加喷涂量、增大涂料的稀释比例都会产生较湿的涂层和较光滑的纹理。但必须注意，增大涂料的稀释比例对涂膜纹理变化不明显，对慢干清漆纹理的调整不起作用。

2. 金属闪光漆的消斑处理

金属闪光漆中的铝粉和云母颜料要比着色颜料重，容易沉积，正、侧光效果差别明显，容易出现斑痕。由于喷涂条件的不同，使铝粉和云母颜料扩散到磁漆底部的状态不一致，这是产生斑痕的主要原因。铝粉在磁漆底部的分布状态如图 6-2-5 所示。

将金属闪光漆薄薄地喷涂在出现斑痕的部位，形成一层有规则排列的薄涂层，以调整斑痕区域的明亮度，使该区域的颜色与周围颜色一致，这个过程称为消斑处理，如图 6-2-6 所示。消斑处理采用薄喷的喷涂方法，涂层不宜过厚，否则会使消斑部位的颜色发生变化。

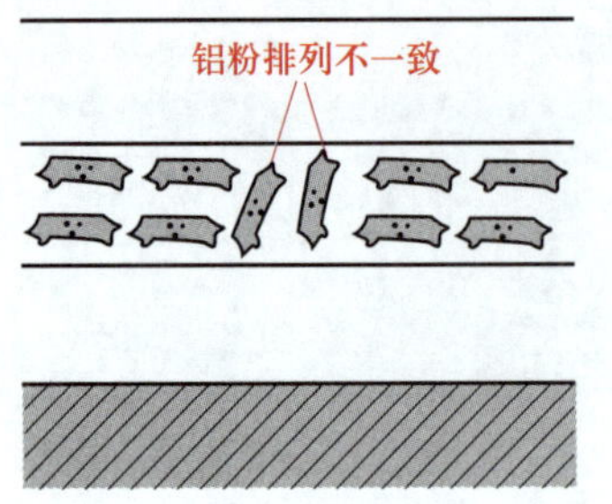

图 6-2-5　铝粉在磁漆底部的分布状态

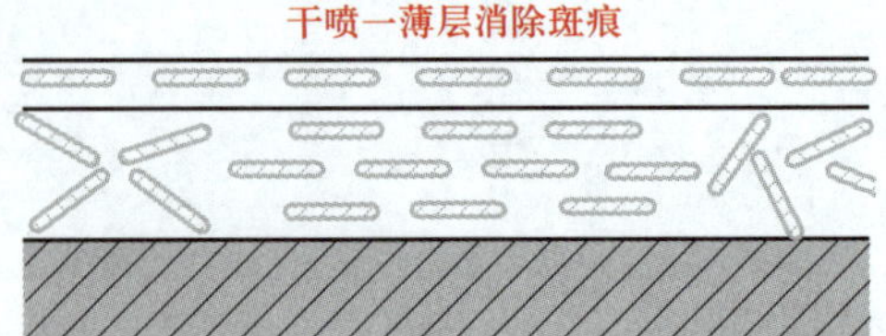

图 6-2-6　金属闪光漆的消斑处理

消斑处理的关键是掌握消除斑痕的恰当时机，如果选择的时机不对，斑痕就不能被消除。一般情况下，通过观察涂膜表面对荧光灯光源的反射程度来确定消斑时刻。喷涂表面的光泽为着色喷涂结束时光泽的 50% ~ 70%，荧光灯灯光反射的清晰度逐渐减小（见图 6-2-7）的时刻为消斑处理的最佳时机，此时准备消斑，则该涂层与它下面的涂层融为一体（见图 6-2-8），斑痕很容易消除掉。

图 6-2-7　涂膜反射模糊的荧光灯灯光

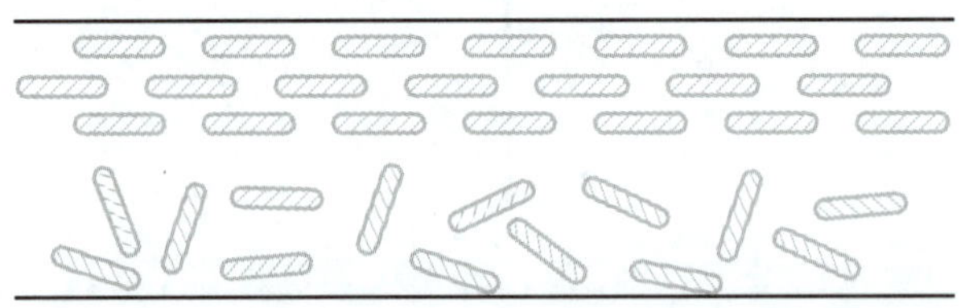
图 6-2-8　消斑涂层与下面的涂层融为一体

如果喷完底色漆后马上喷涂清漆，喷涂表面也会出现斑痕。因此，喷涂金属底色漆后需静置 10 ~ 15 min 再进行清漆的预喷涂。在喷漆房内，很难从背光方向检查金属漆表面有无斑痕，这时可以采用点光源，将光投射到喷涂表面，改变观察角度以方便检查。

四、金属闪光漆的晕色处理

对于浅色的金属闪光漆（银粉漆和珍珠漆），喷涂时由于施工手法的差异，常导致新、旧涂膜的颜色不一致。要使修补处涂膜与原涂膜的颜色完全一样，几乎是不可能的，在这种情况下，需要采用晕色技术，以弥补新、旧涂膜颜色之间的差异。

利用人眼对颜色记忆的不足，在修补区域与非修补区域之间建立颜色过渡带，虽然修补部位与非修补部位颜色上有色差，但是两个颜色之间有一定的距离，通过颜色过渡带将它们连接起来，使人眼无法判断出修补部位颜色与车身不一致，这种处理方法称为晕色处理。

在用金属闪光漆进行修补涂装时，晕色部位的边界（修补部位与非修补部位的接口）会显得更暗。对于湿涂层来说，因为铝粉排列不规则，从侧面看上去显得浅一些；对于干喷涂层，铝粉排列一致，从侧面看显得深一些。原厂漆因为干燥速度慢，类似于湿涂层，侧面颜色较浅，而修补边缘较薄，相当于干喷，所以侧面颜色较深。图 6-2-9 所示为从侧面观察不同部位银粉漆的颜色。

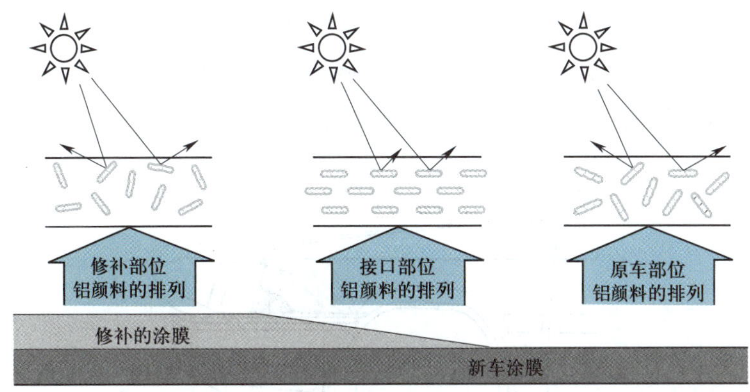

图 6-2-9　从侧面观察不同部位银粉漆的颜色

为了防止接口部位侧面颜色变深，经常采用底清漆法，即用 100% 或 200% 的稀释剂稀释清漆，在修补边缘喷涂一层，以此作为晕色色漆的底层，使晕色的色漆层变得较湿，相当于湿涂层（见图 6-2-10），从而保证了晕色部位与原涂层颜色基本一致。这种方法有效地防止了因静电而在薄板上产生的斑痕，使修补边缘变得很光滑。

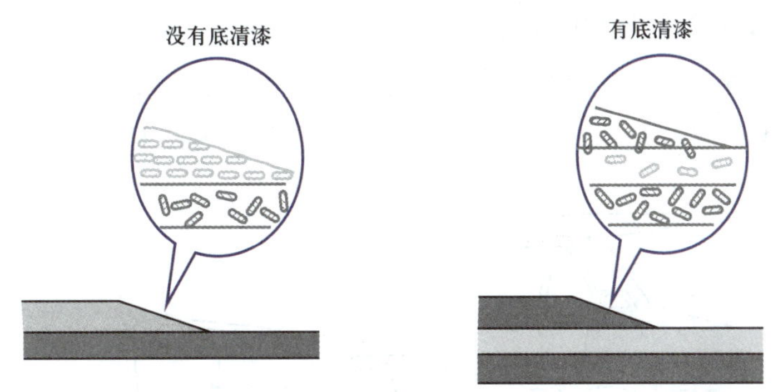

图 6-2-10　有底清漆的晕色区涂层相当于湿涂层

颜色层晕色是在喷涂颜色层的涂料中加入 50% ~ 60% 的稀释剂或驳口水，以 125 kPa 的喷涂气压、10 ~ 15 cm 的喷涂距离从颜色层逐渐向外围更为宽广的区域喷涂

2 ~ 3 次，以达到一个平滑的晕色区域。清漆层晕色是用 100% 的稀释剂或驳口水稀释喷剩的清漆，一面顺畅地晕色，一面使薄涂料融入修补区域周围，静置 3 ~ 5 min 后，在喷剩的稀涂料中再次加入 100% 的稀释剂进行稀释，扩大范围进行最后一次晕色处理。

晕色区域的大小没有具体规定，以颜色逐渐变化到视觉上没有明显的差别为好。通常颜色调得越准确，所需逐渐变化的区域越小；反之，则需要比较大的晕色区域才能弥补。

小的局部喷涂一般不要扩大到邻近的板材，只对损伤部位及周围做小范围的修补即可，晕色区域要尽量控制得小一些。如果被喷涂表面有车身板冲压线等特殊部位，在颜色能够充分融合的情况下尽量使晕色区域不超过冲压线的范围，如图 6-2-11 所示，这样可以避免颜色和涂膜纹理等方面出现明显的变化。

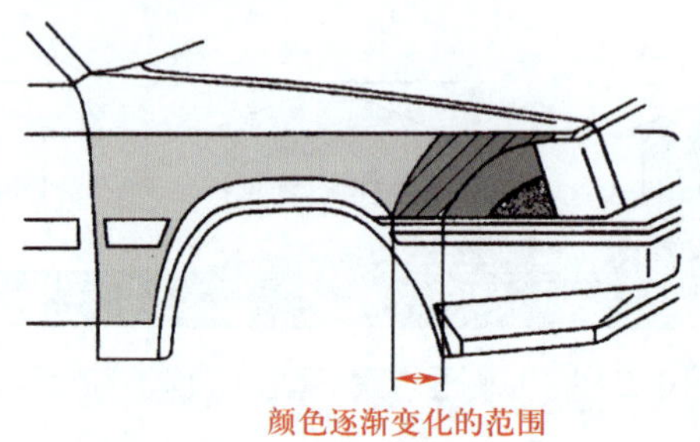

图 6-2-11　晕色区域在冲压线以内

如果整板需要修补喷涂或需要修补的部位在紧邻车身其他板件的接缝处，为了防止车身接缝处产生明显的颜色差异，通常要将晕色区域扩大到相邻的板件上，以使颜色统一。在这种情况下确定晕色区域的终止位置时，首先考虑的因素并不是颜色一致性，而是在什么部位终止才能最大限度地隐藏修补痕迹。在整车上进行晕色处理时，一般选择有特征线（如车身板冲压线、车身上的装饰条等）或车身形体过渡到面积比较小的地方结束，如图 6-2-12 所示，这样的部位使修补痕迹不明显。

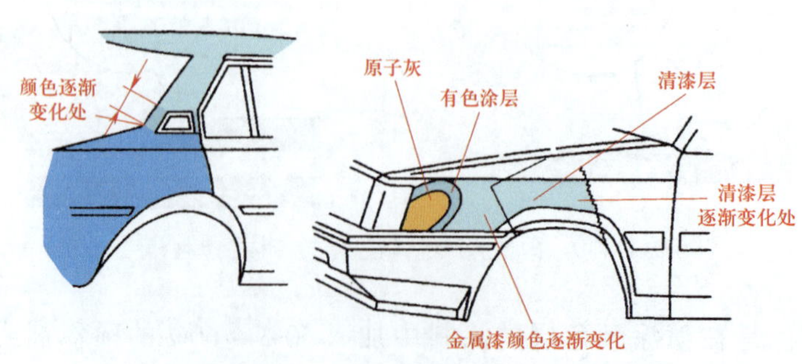

图 6-2-12　在较小的面积部位终止晕色

任务实施

在掌握了金属闪光漆的修补技巧后，进行雷克萨斯汽车后翼子板的局部修补喷涂操作。

一、打磨处理

1. 缺陷部位的打磨

各工序的喷涂区域如图 6–2–13 所示。在喷涂第一层的位置采用 1 000# ~ 1 200# 水磨砂纸进行打磨处理。该部位需要进行两遍底色漆的喷涂，喷涂的涂层较厚，具有良好的遮盖力，能正常遮盖打磨痕迹。

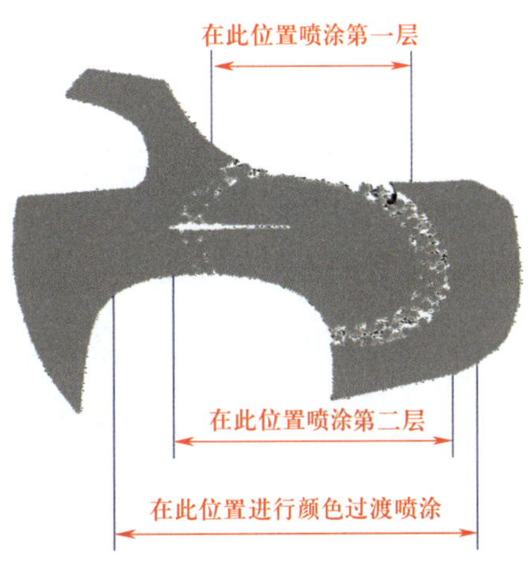

图 6–2–13 各工序的喷涂区域

2. 颜色过渡区域的打磨

喷涂第一层位置以外的区域为颜色过渡区，颜色过渡区一般用 2 500# 砂纸进行湿打磨，也可以用一种驳口磨砂膏配以百洁布进行整件打磨处理。打磨时要求消除旧涂膜表面的光亮，以提高修补涂料的附着力。严禁使用 2 000# 以下的砂纸进行打磨，因为底色漆喷涂得很薄，甚至只有清漆无底色漆，2 000# 以下砂纸的打磨痕迹无法遮盖，喷涂完工后会看到明显的砂纸打磨痕迹。

二、底色漆喷涂

1. 空气喷枪的调节

调节空气喷枪的喷幅，使空气喷枪喷幅比正常喷涂时小一些，或采用 0.8 mm 口径的小空气喷枪，这样可以减少飞漆的飞溅。

2. 底色漆的预喷涂和着色喷涂

底色漆须湿喷涂两遍，第二遍比第一遍喷涂面积稍大一些。底色漆的修补区域如图 6–2–14 所示。

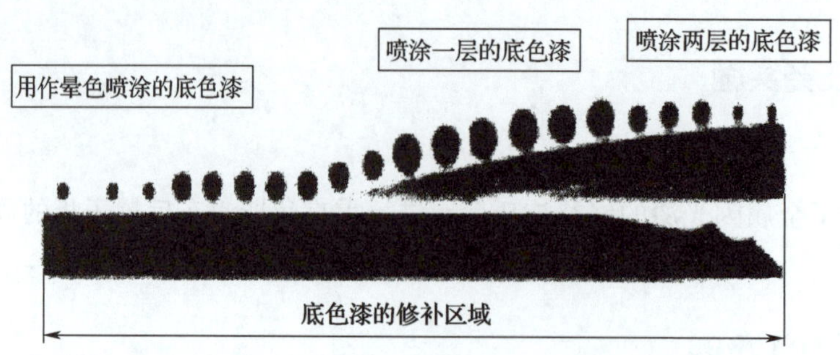

图 6-2-14　底色漆的修补区域

3. 消斑处理和晕色处理

着色喷涂后，喷涂区域与后翼子板整体颜色之间一般会出现明显的色差，也就是会经常看到小黑圈。这时应降低底色漆的黏度（其黏度一般由原来的涂 -4 杯 16 s 降至 11 ~ 13 s），扩大喷涂区域，进行边缘消斑处理和晕色处理。通过晕色过渡喷涂，新、旧涂膜的色差逐渐消失。

在喷涂过程中，应尽量保持涂膜润湿良好。如果喷涂中溶剂挥发得较快，则底色漆落到涂层表面已经发干，涂膜中铝粉片直立，经清漆罩光后，将会出现大量麻点。有时底色漆上会出现毛须状，就像涂膜上覆盖了一层霜，这是晕色处理时经常会出现的弊病。为了避免这种情况的发生，可以用以下几种方法解决这个问题：

（1）降低涂料的黏度。

（2）在底色漆中使用挥发性相对较弱的溶剂。

（3）喷涂中的每一枪都要压实，尽可能减少飞漆。因为毛须状物主要是喷涂飞漆产生的。

（4）在喷涂底色漆之前，先薄薄地喷涂一层无色快干底漆，喷涂面积要大于晕色面积，小于修补罩光漆喷涂面积。

（5）在底色漆喷涂完工后，用空气喷枪吹干涂膜。确定涂膜干燥后，在喷涂清漆之前，用干净的粘尘布将底色漆表面擦净，注意不要对涂膜造成污染。通过擦拭可以将直立的铝粉等颜料抹平，这样可以消除涂膜表面的麻点。

三、喷涂清漆

对后翼子板进行罩光处理。车顶立柱喷涂到接口位置，整件其余部位全部罩光。罩光清漆的黏度一般调整到涂 -4 杯 14 ~ 16 s 之间。按照正常喷涂手法，湿喷涂两遍。在损坏部位上，修补部分的涂层结构如图 6-2-15 所示。

四、晕色处理

修补晕色的部位如图 6-2-16 所示。剥除遮蔽材料，注意在操作时不要划伤刚刚喷涂过的漆面。使用 5 份驳口水加 1 份已加固化剂的双组分清漆（也可以直接使用驳口水），在正常的气压下，对边缘位置薄薄地喷一层。结束后，对周围飞溅到的部位进行擦净处理。经过 5 ~ 10 min 后，接口部位的旧涂膜和新涂膜在接口溶剂的作用下互溶、展平。若互溶不好，涂料固化后接口难以消除。

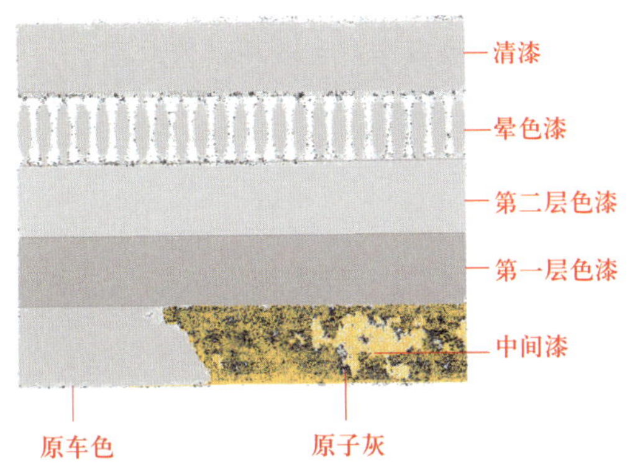

图 6-2-15　修补部分的涂层结构

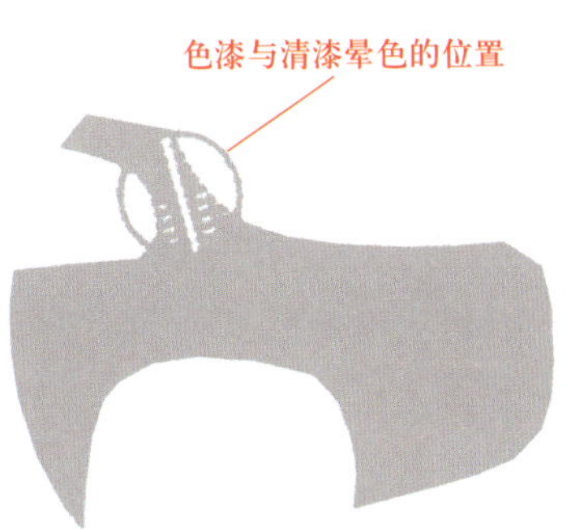

图 6-2-16　修补晕色的部位

五、涂膜的干燥

修补型涂料一般固化条件为在 60 ℃条件下干燥 30 min，也可以在室温条件下进行 24 h 自然干燥。但自然干燥涂膜硬度提高较慢，不利于下一步的打磨及抛光。针对后翼子板这个修补件，建议采用红外线烤灯烘干。由于面积较大，需要用烤灯对这个部位的不同区域进行多次烘烤，也可以用低温烤房一次完成固化。

六、打磨及抛光处理

喷涂清漆的接口部位通过驳口水互溶后，表面仍然存在一些缺陷，如在整个修补区域由于采用底色漆驳口喷涂，表面会出现一些麻点，在喷涂清漆后漆面可能会落入一些污点等。这些缺陷可以通过用 2 500# 砂纸轻轻打磨修平，然后进行抛光处理。

通过以上步骤的施工，雷克萨斯汽车后翼子板缺陷的修补工作圆满完成，如图 6-2-17 所示。

图 6-2-17　修补后的雷克萨斯汽车后翼子板

思考题

一、选择题

1. 喷涂的速度越快，则涂膜产生的凸纹数越________，凸纹高度越________。

A. 少；高　　B. 多；高

C. 少；低　　D. 多；低

2. 用________中涂底漆处理的涂装表面，面漆涂膜容易产生较粗糙的纹理。

A. 硝基　　B. 氨基

C. 丙烯酸　　D. 聚氨酯

3. ________会产生较湿的涂层和较光滑的纹理。

A. 增大喷涂距离　　B. 增加喷涂量

C. 减小涂料的稀释比例　　D. 减少静置时间

4. 喷涂表面的光泽为着色喷涂结束时光泽的________时，是消斑处理的最好时机。

A. 20% ~ 40%　　B. 30% ~ 50%

C. 50% ~ 70%　　D. 70% ~ 90%

5. 对于________喷涂层，铝粉排列一致，从侧面看颜色要________一些。

A. 干；深　　B. 湿；浅

C. 干；浅　　D. 湿；深

二、判断题

1. 修补型涂料一般固化条件为在 40 ℃条件下干燥 30 min。（　　）

2. 颜色过渡区一般用 1 500# 砂纸进行湿打磨。（　　）

3. 增大涂料的稀释比例对慢干清漆纹理的调整不起作用。（　　）

4. 颜色调得越准确，所需逐渐变化的区域越大。（　　）

5. 修补边缘较薄，相当于干喷，所以侧面颜色较浅。（　　）

三、实践与练习

1. 如图 6-2-18 所示，在黑白相间的纸的边角上画出同心圆，练习修补边缘的晕色处理技术。

2. 如图 6-2-19 所示，一辆表面涂有白色珍珠漆的汽车的右后车门表面严重损伤，只能先换用新车门，然后进行修补涂装。试分析该车门的修补涂装方法，然后进行实际的喷涂操作。

图 6-2-18 在黑白相间的纸上练习晕色处理技术

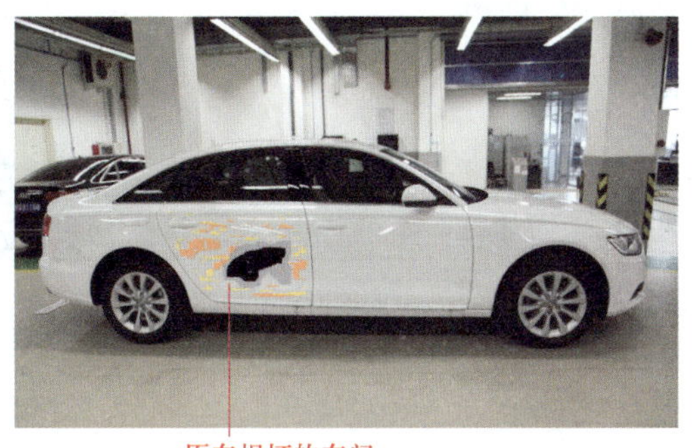

原车损坏的车门

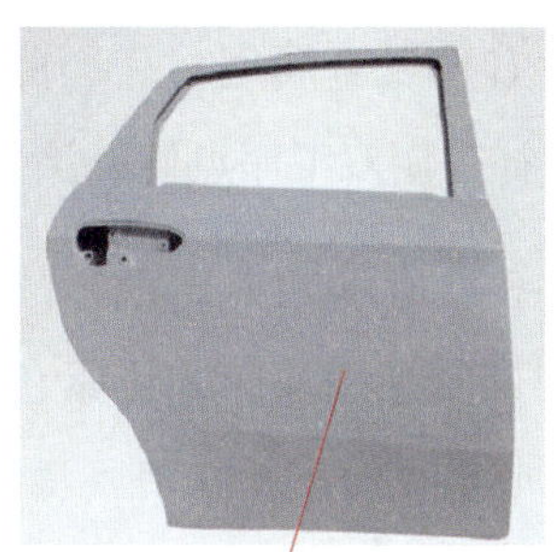

涂有原厂底漆的新车门

图 6-2-19 右后车门表面严重损伤的汽车及涂有原厂底漆的新车门

任务 3 汽车修补涂装实例

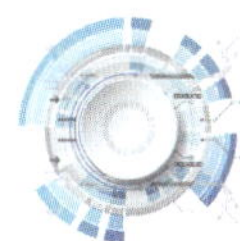

任务目标

- 熟悉双工序金属闪光漆点修补工艺。
- 掌握素色漆整车重涂工艺。
- 能熟练进行汽车修补涂装操作。

任务引入

涂装班学生小王经过半年的实习，已经基本掌握了汽车修补涂装的知识和技能，为了使自己的知识系统化并增强技能操作的连贯性，小王大胆地向老师要求，希望能对涂装车间里一辆涂膜受损的别克汽车进行局部修补涂装（见图 6–3–1）练习和对本田汽车进行整车重涂（见图 6–3–2）练习。

任务分析

图 6–3–1 所示的别克汽车的车身涂料为双工序金属闪光漆，涂膜缺陷为漆面划痕。涂膜划痕处于车身前翼子板的前端，损伤面积在 10 cm^2 范围内，没有伤及金属底材。因此，别克汽车涂膜缺陷的修补采用双工序点修补涂装工艺。

图 6–3–2 所示的本田汽车的车身涂料为单工序丙烯酸聚氨酯磁漆，采用素色漆整车喷涂工艺就可以完成整车的重新涂装。

图 6–3–1　需要局部修补涂装的汽车

图 6–3–2　需要整车重涂的汽车

相关知识

一、双工序金属闪光漆点修补工艺和表面质量要求

1. 双工序金属闪光漆点修补工艺

准备所需要的材料和工具→面漆调色→遮盖非修补部位→修补表面的预处理（打磨、清洁）→喷涂中涂底漆（中涂底漆的喷涂、干燥和打磨）→底色漆的喷涂（喷涂

底色漆，进行消斑处理）→清漆的喷涂（喷涂清漆，进行晕色处理）→面涂层的干燥→漆面修整。

2. 表面质量要求

涂层厚度大于 90 μm，光泽度大于 95%（45 ℃时），银粉喷涂均匀，无“发花”现象，颜色过渡成功，看不出色差，表面无流挂、露底现象，无明显橘皮，无起泡等。

二、素色漆整车重涂工艺和表面质量要求

1. 素色漆整车重涂工艺

表面预处理（钢材表面去除油污、旧涂膜、锈蚀）→遮盖（遮盖非喷涂部位）→喷涂底漆（喷前准备、喷涂底漆、干燥）→修复缺陷（涂刮原子灰、干燥、打磨、清洁）→喷涂中涂底漆（喷涂前准备、喷涂中涂底漆、干燥）→打磨中涂底漆（打磨、填补缺陷、干燥）→面漆调色→面漆喷涂前准备→喷涂面漆（喷涂面漆、干燥、去遮盖）。

2. 表面质量要求

涂层厚度大于 70 μm，光泽度大于 90%（45 ℃时），表面无流挂，表面颗粒在允许范围［个数 /（100 mm × 100 mm）］内少于两个，无露底现象，无明显橘皮，无起泡。

任务实施

一、双工序金属闪光漆点修补涂装

别克汽车点修补涂装施工流程见表 6–3–1。

二、素色漆整车重涂

本田汽车素色漆整车重涂施工流程见表 6–3–2。

表 6-3-1　别克汽车点修补涂装施工流程

工序	施工方法	质量要求	工具和材料	图示
施工前准备	1. 准备涂装所需要的材料、工具，如右图所示 2. 拆除别克汽车左前照灯 3. 用干净的抹布将涂膜破损区域擦干净，然后用除油剂擦洗、除油	车身待修补表面无灰尘、油脂和污垢	1. 清洁工具、打磨工具、喷涂工具和干燥设备 2. 打磨材料、涂料、辅料	
面漆调色	1. 准备别克汽车车身颜色的配方 2. 按照配方混合色母并充分搅拌 3. 喷涂颜色样板，干燥样板 4. 将样板上涂膜的颜色与车身颜色进行比较，找出颜色差别，如右图所示 5. 进行颜色的微调，直至与车身颜色基本一致为止	最终涂料成膜的颜色要与车身颜色基本一致或相当接近	1. 涂料搅拌机、调色杯、调色电脑、电子秤、试件样板、空气喷枪等 2. 调色用的色母和稀释剂	
遮盖操作	1. 用乙烯薄膜整车遮盖罩罩住整个车身，用遮盖胶带固定好 2. 用美工刀在车身左前翼子板的前半部位划开遮盖罩，使修补区域露在外面，然后用遮盖胶带粘贴固定，如右图所示 3. 用铝箔之类的红外线隔离纸遮盖待修补部位的塑料件	非喷涂区域完全遮盖，遮盖胶带必须压紧，乙烯薄膜遮盖罩不得拖在地面上	1. 遮盖纸供应机、美工刀 2. 乙烯薄膜整车遮盖罩、遮盖胶带、铝箔红外线隔离纸	

续表

工序	施工方法	质量要求	工具和材料	图示
底材的预处理	1. 用 360# 水磨砂纸配合打磨垫块对待修补部位进行手工湿打磨，如右图所示 2. 划痕消除后，用湿毛巾擦净打磨表面，然后用 600# 水磨砂纸湿打磨缺陷表面及边缘部分，以消除前面的打磨痕迹 3. 用干毛巾擦干翼子板上的水分，然后用除尘枪吹除打磨表面的水分和灰尘，最后用除油剂脱脂，用粘尘布进行最后一道除尘	打磨后，划痕部位要求平整，过渡要平滑，不能产生台阶；打磨表面的清洁要彻底	1. 打磨垫块、除尘枪 2. 360# 和 600# 水磨砂纸各 2 张、粘尘布 1 块、除油剂少量、毛巾 2 条	
喷涂中涂底漆	1. 底漆黏度一般调至 14 ~ 20 s 2. 空气喷枪气压调至 98 kPa，扇面半开，涂料流量调节旋钮拧到底后退出一圈 3. 第一次喷涂从与原涂层的边缘交界处开始，然后移至整个待修补表面，每次都要薄薄地喷涂（见右图），反复喷涂 2 ~ 3 次，每次间隔 2 ~ 3 min，这样效果较好。可以加速溶剂挥发，减少干燥时间，对底层的影响也较小	涂膜厚度为 35 ~ 45 μm，表面无流挂，无露底及严重橘皮	1. 黏度计、涂料杯、搅拌杆、空气喷枪 2. 硝基中涂底漆、稀释剂	
中涂底涂层的干燥	1. 使用红外线烤灯对中涂底漆层进行干燥。喷涂后间隔 10 min，然后打开红外线烤灯（见右图），将温度升至 50 ~ 60 ℃，烘烤 15 ~ 20 min。也可以自然干燥，在 20 ℃条件下需干燥 30 ~ 60 min 2. 干燥后，仔细检查表面状况，若存在微小的斑痕和砂纸打磨痕迹，要使用速干原子灰仔细将其填平	涂层必须干燥彻底，表面干燥程度一致	1. 红外线烤灯、填补砂眼用的刮具 2. 速干原子灰（硝基）	

续表

工序	施工方法	质量要求	工具和材料	图示
中涂底涂层的打磨	1. 用 600# 水磨砂纸进行湿打磨 2. 用 800# 水磨砂纸对打磨表面进行修整，并对周边的晕色区域进行打磨，如右图所示 3. 打磨结束后，用清水将表面冲洗干净，并用压缩空气将水吹干，再用红外线烤灯除湿、干燥 4. 研磨结束后，要将粉尘、碎屑等清除干净，同时进行除油、脱脂操作	中涂底漆层应该大部分被打磨掉，表面应平整、光滑	1. 打磨垫块、除尘枪、红外线烤灯 2. 600# 和 800# 水磨砂纸各 2 张、粘尘布 1 块、除油剂少量	
底色漆的喷涂与消斑处理	1. 第一道薄薄地喷涂一遍，喷涂压力为 294 ~ 392 kPa，涂料黏度为 12 ~ 14 s，要能透过薄漆层看到中间涂层 2. 第二道决定涂膜的颜色，不等第一道完全干燥就进行，若连续喷涂两遍仍决定不了涂膜的颜色，可间隔 2 ~ 3 min 再喷涂两遍，如右图所示 3. 第三道喷涂过渡层，以消除金属色斑，稍微添加一些溶剂，适当降低黏度，喷涂范围应宽一些，喷涂距离可稍大一点，以消除金属色斑，同时进行晕色处理	喷漆房内应干净、无尘；喷涂表面应无金属色斑，颜色过渡自然	1. 喷漆房、空气喷枪、涂料搅拌杆 2. 金属闪光底色磁漆、稀释剂等	
清漆的喷涂与晕色处理	1. 底色漆喷完后，静置 5 ~ 10 min 就可以喷涂清漆 2. 第一层透明层不要喷涂得过厚，以能显示光泽为宜，黏度为 11 ~ 12 s，喷涂压力为 294 ~ 343 kPa	涂膜丰满、光亮，无颗粒，边缘接口处无明显痕迹，新、旧涂膜无明显色差	1. 喷漆房、空气喷枪、涂料搅拌杆 2. 清漆、稀释剂和驳口水	

续表

工序	施工方法	质量要求	工具和材料	图示
清漆的喷涂与晕色处理	3. 喷涂第二层透明层要保证适宜的厚度和充分的光泽。移动空气喷枪时稍慢一些，黏度为 12 ~ 14 s，喷涂压力为 294 ~ 343 kPa 4. 用晕色剂处理与旧涂膜的边缘交界部位，如右图所示	涂膜丰满、光亮，无颗粒，边缘接口处无明显痕迹，新、旧涂膜无明显色差	1. 喷漆房、空气喷枪、涂料搅拌杆 2. 清漆、稀释剂和驳口水	
面涂层的干燥	1. 喷涂作业全部结束后，间隔大约 10 min，升温干燥，最初升到 40 ~ 45 ℃，保温 10 min 左右，然后再升温到 60 ~ 70 ℃，强制干燥 20 ~ 30 min，如右图所示 2. 强制干燥完毕，待车身温度未完全冷却之前，去掉遮盖物	干燥步骤和干燥时间应符合涂料生产厂的规定	红外线烤灯或烤漆房	
漆面修整	1. 待车身完全冷却后，对晕色区域要进行手工抛光处理。将超细微粒抛光剂倒在一块干净的毛巾上，手工研磨晕色部位，如右图所示。注意：研磨方向只能从新涂膜向旧涂膜单方向进行 2. 抛光结束后，装上原来拆下的部件，仔细检查涂膜有无细小的伤痕等，最后清洗全车，作业全部结束	抛光后，新、旧涂膜形成一个整体，颜色和光泽均匀、一致	1. 抛光机和海绵式抛光垫 2. 抛光剂和 2 000# 水磨砂纸	

表 6-3-2　本田汽车素色漆整车重涂施工流程

工序	施工方法	质量要求	工具和材料	图示
施工前准备	1. 拆下影响涂装作业的部件 2. 敲平车身表面凸起的缺陷 3. 用中性洗涤剂清洗全车，重点是挡泥板、车轮等表面的积灰和污垢，除去油污、灰尘等杂物，再用清水清洗（见右图）并擦拭干净，干燥后等待施工	车身表面无污垢、油脂	1. 清洁工具 2. 清水、洗涤剂、抹布	
清除旧涂层	1. 找出车身表面所有的涂膜缺陷，并做好记号，以防止遗漏 2. 根据缺陷的具体情况，按需要清除旧涂层（见右图），对于附着力强、表面完好的旧涂层可免去清除	开裂、龟裂、起皱、起皮、锈蚀、粉化、脱落的旧涂层应该全部清除干净	1. 铲刀、钢丝刷、电动或气动打磨机、空气压缩机 2. 40# ~ 80# 干磨砂纸若干	
打磨羽状边	1. 旧涂层清除完成后，在局部清除部位的边缘接口处，用打磨机打磨斜坡状的羽状边，如右图所示 2. 用手工或机械打磨的方法将车身仔细打磨一遍。整车重涂时，对于不需要清除的旧涂层，必须进行彻底的打磨，以提高新涂层的附着力	所有有光泽的部位都要打磨，羽状边的打磨宽度应在 2 cm 以上	1. 电动或气动打磨机 2. 砂纸若干	

续表

工序	施工方法	质量要求	工具和材料	图示
打磨表面的清洁	1. 用压缩空气将打磨表面的灰尘吹干净，然后用干净的抹布擦拭表面 2. 在需要喷涂底漆的部位涂上除油剂，脱脂和除油，如右图所示	表面应清洁、无尘，喷涂底漆的部位除油要彻底	1. 除尘枪 2. 抹布、除油剂	
遮盖	1. 前风窗玻璃的遮盖：用两条宽约 50 cm 的遮盖纸上下两层交叠在一起，遮住前风窗玻璃，周边和中间交界处用遮盖胶带粘牢 2. 侧窗玻璃的遮盖：用宽约 40 cm 的遮盖纸盖住玻璃及门框上的装饰件，周边用遮盖胶带粘牢，如右图所示 3. 车轮用汽车轮胎覆盖罩遮盖 4. 车灯和装饰条用窄型遮盖纸或遮盖胶带遮住	非喷涂部位应全部遮盖严实	1. 遮盖纸供应机、美工刀、刮板 2. 遮盖纸、遮盖胶带、汽车轮胎覆盖罩	
喷涂底漆	1. 喷涂压力为 350 ~ 400 kPa，涂料黏度调至 19 ~ 21 s，重力式喷枪的口径选用 1. 6 mm，虹吸式喷枪的口径选用 1.8 mm，按涂料说明书调配好涂料，并在规定的时间内用完 2. 底漆的喷涂一般为 1 ~ 2 道（见右图），每道间隔时间为 5 ~ 10 min 3. 底涂层在 60 ~ 70 ℃条件下强制干燥的时间一般为 30 min，自然干燥（20 ℃）时间为 6 ~ 10 h，干燥后要进行粗化处理	底涂层厚度应为 35 ~ 40 μm，表面无流挂，无漏喷，无严重橘皮，不露底	1. 空气压缩机、空气喷枪、黏度计 2. 双组分丙烯酸底漆、稀释剂、固化剂	

续表

工序	施工方法	质量要求	工具和材料	图示
原子灰的刮涂与打磨	1. 刮涂原子灰时，一次刮涂厚度不宜超过 0.5 mm，对于缺陷较深的部位，可进行多次重复刮涂，但每一层的刮涂结束后，两次刮涂之间应留有一定的干燥时间。原子灰刮涂的总厚度应略高于被涂物表面，以利于打磨。边角残余的原子灰要及时收刮干净，边口要形成薄边，否则会增加打磨时的工作量和操作时间 2. 打磨原子灰时既可采用手工打磨（见右图），也可采用机械打磨。打磨时应不时用手触摸表面，检查表面的平整度，直至表面平整、光滑为止	受损部位应全部刮涂原子灰，原子灰层的厚度应高于涂层表面，边口应无残余原子灰 打磨后的表面应平整、光滑，无残余原子灰和刮板痕迹	1. 刮板、混合板、搅拌杆、红外线烤灯、橡胶垫块、电动或气动打磨机、空气压缩机 2. 原子灰、固化剂、砂纸	
原子灰的批刮与打磨	1. 检查表面修复情况，在刮涂原子灰的部位再刮一层原子灰并收光（见右图），如果发现局部仍有砂眼、划痕、表面平整度不够等缺陷，应重复上述刮涂工序，直至符合质量要求为止 2. 打磨原子灰时可采用手工打磨或机械打磨。打磨时应不时用手触摸，检查原子灰表面的平整与光滑程度，直至表面平整、光滑、细腻为止	无刮痕，无砂眼，表面平整、光滑，无残余原子灰	1. 刮板、混合板、搅拌杆、红外线烤灯、橡胶垫块、电动或气动打磨机、空气压缩机 2. 原子灰、固化剂、砂纸	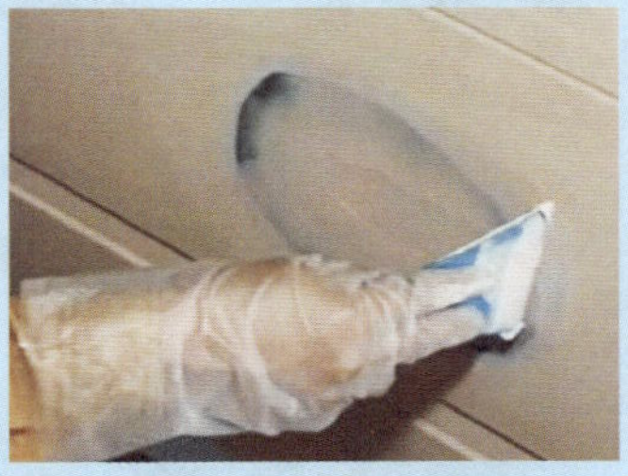
喷涂中涂底漆	1. 先在一块抹布上倒上除油剂，在喷涂区域涂抹，然后用另一块抹布擦干净 2. 按技术要求配制好涂料，涂料黏度调整至 17 ~ 20 s，用过滤网过滤；将空气喷枪气压调整到 300 ~ 350 kPa，重力式喷枪口径选用 1.6 mm，虹吸式喷枪口径	表面清洁、无油污，整车全部喷涂，涂膜厚度为 40 ~ 50 μm，表面无流挂、露底及严重橘皮现象	1. 空气压缩机、空气喷枪、过滤网、黏度计 2. 抹布、脱脂剂、双组分丙烯酸中涂底漆、稀释剂	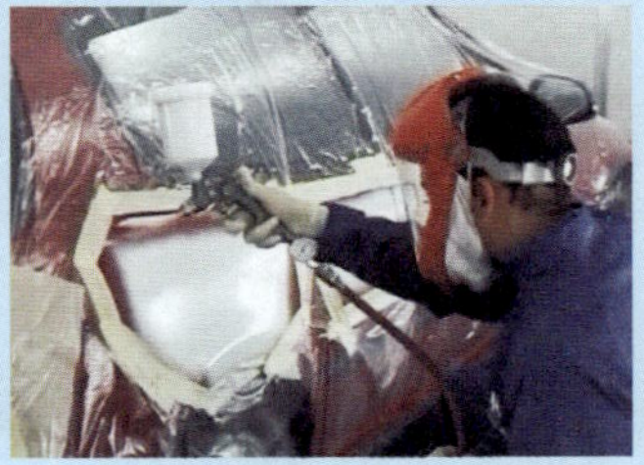

续表

工序	施工方法	质量要求	工具和材料	图示
喷涂中涂底漆	为 1.8 mm。喷涂 2 ~ 3 道（见右图），每道间隔 5 min。中涂底漆一次不宜喷涂太厚，否则影响溶剂的挥发速度 3. 喷涂完毕，选择自然干燥或者强制干燥，具体干燥时间和温度需视中涂底漆品种而定	表面清洁、无油污，整车全部喷涂，涂膜厚度为 40 ~ 50 μm，表面无流挂、露底及严重橘皮现象	1. 空气压缩机、空气喷枪、过滤网、黏度计 2. 抹布、脱脂剂、双组分丙烯酸中涂底漆、稀释剂	
打磨中涂底漆	1. 打磨中涂底漆时可采用手工打磨或机械打磨（见右图）。可湿磨，也可干磨，具体可视实际情况而定。打磨时应不时用手触摸检查，打磨至表面平整、光滑、细腻为止 2. 查找缺陷，仔细检查一遍涂层表面是否有缺陷存在，如细小砂眼、划痕、碰伤和打磨痕迹等，如有缺陷，可用幼滑原子灰（快干型）刮涂 3. 幼滑原子灰干燥后，采用手工方法湿打磨，不宜采用机械打磨 4. 将车身外表面用清水彻底清洗干净，并用压缩空气吹干水迹，到烤漆房烘干（温度为 50 ~ 60 ℃）	打磨表面平整、光滑，无细小砂眼、划痕、碰伤和打磨痕迹等，打磨部位无遗漏 表面清洁、无尘，干燥彻底	1. 橡胶垫块、电动或气动打磨机、除尘枪、烤漆房、空气压缩机 2. 幼滑原子灰、抹布、320# ~ 400# 砂纸若干、清水	
面漆调色	1. 准备本田汽车车身颜色的配方 2. 按配方混合色母，并充分搅拌 3. 喷涂颜色样板，干燥样板 4. 将样板上涂膜的颜色与车身颜色进行比较，找出颜色差异，如右图所示 5. 进行颜色的微调，直至与车身颜色基本一致为止	最终涂料成膜的颜色要与车身颜色基本一致或相当接近	1. 涂料搅拌机、调色电脑、电子秤、试件样板、空气喷枪等 2. 调色用的色母和稀释剂	

续表

工序	施工方法	质量要求	工具和材料	图示
面漆喷涂前准备	1. 将车身外表面用除油剂擦拭干净（见右图），检查遮盖纸是否有脱落现象，检查空气压缩机是否运转正常，检查空气喷枪是否完好 2. 双组分涂料的配比要准确，搅拌均匀后应静置 10 ~ 15 min 后再使用，以避免涂层起泡 3. 喷涂前涂料必须用 150 目的过滤网过滤 4. 喷涂压力为 350 ~ 400 kPa，涂料施工黏度为 16 ~ 18 s，重力式喷枪口径为 1. 6 mm，虹吸式喷枪口径为 1. 8 mm	确保喷涂的工具、设备完好，涂料准备适当，喷枪参数调整准确，喷涂表面清洁	1. 空气压缩机、喷漆房、空气喷枪、涂料杯、黏度计、涂料过滤网 2. 粘尘布、颜色调好的面漆、固化剂、稀释剂等	
面漆的喷涂与干燥	1. 喷涂第一层时，要求薄而均匀，不宜喷得太厚；喷涂第二层（见右图）时要确定涂层色彩，喷涂时应比第一层喷得厚些，使涂膜达到一定的厚度，以不露底漆为准。注意喷涂时每层之间应留有 10 ~ 15 min 的间隔时间，以免产生流挂。喷涂第三层时，可在涂料中加入少量稀释剂，将黏度调整到 15 ~ 17 s，在表面均匀地喷涂一层，空气喷枪移动速度应稍慢些，目的是使涂层获得良好的表面质量和光泽 2. 喷涂作业完毕，大约间隔 10 min，升温干燥，最初升到 40 ~ 45 ℃，保温 10 min 左右，然后再升温到 60 ~ 70 ℃，强制干燥 20 ~ 30 min 3. 干燥结束后，待车身温度未完全冷却之前，去掉遮盖物，至此，本田汽车的重涂工作完成	施工场地应干净、无尘、恒温、恒湿。车身表面质量应达到涂层丰满、光亮，无颗粒，无擦伤、碰坏处，无流挂，无明显橘皮的要求 干燥步骤和干燥时间应符合技术规范	1. 空气压缩机、空气喷枪、喷 - 烤漆房 2. 双组分丙烯酸聚氨酯涂料、稀释剂、固化剂	

思考题

一、选择题

1. 强制干燥时，第一次升温到________℃，保温 10 min 左右。

A. 30 ~ 35　　B. 40 ~ 45　　C. 50 ~ 55　　D. 60 ~ 65

2. 进行整车面漆重涂时，如果选用重力式喷枪，空气喷枪口径一般为________mm。

A. 0.8　　B. 1.3　　C. 1.6　　D. 1.8

3. 刮涂原子灰时，一次刮涂厚度不宜超过________mm。

A. 0.5　　B. 2　　C. 5　　D. 8

4. 对晕色区域进行手工抛光时要用________研磨膏。

A. 超细　　B. 较细　　C. 较粗　　D. 很粗

二、判断题

1. 幼滑原子灰干燥后可以采用机械打磨。 (　　)

2. 为消除漆面划痕，一般用 120# 砂纸进行打磨。 (　　)

3. 对于缺陷较深的部位，需要多次刮涂原子灰。 (　　)

4. 打磨中涂底漆时可采用手工打磨或机械打磨。 (　　)

5. 刮涂过原子灰的表面应无刮痕，无砂眼，表面平整、光滑。 (　　)

三、实践与练习

对照图 6-3-3 所示的车身右后翼子板，进行双工序局部修补涂装的练习。

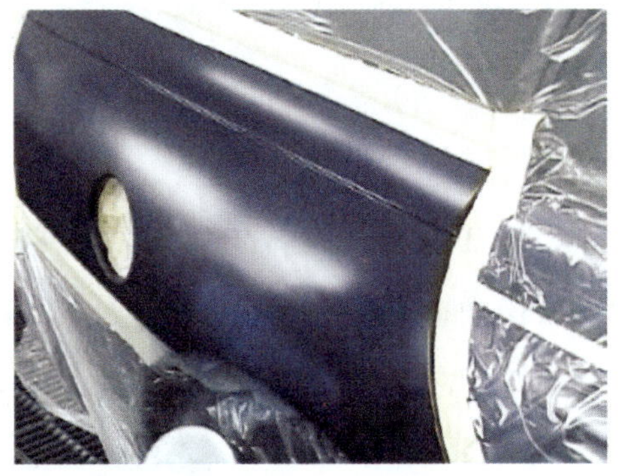

图 6-3-3 车身右后翼子板

模块七

特殊涂装与新型涂装

任务1　塑料件涂装及特殊涂装

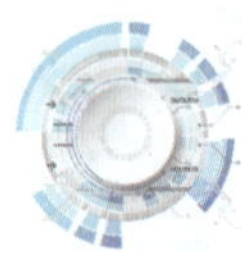

任务目标

- 掌握车身塑料件的涂装方法。
- 熟悉汽车车身特殊涂装的方法。
- 能熟练进行塑料件涂装和特殊涂装。

任务引入

车身修补涂装除前面所说的金属钣金件的涂装外，还有塑料件涂装和一些特殊涂装，如图 7–1–1 所示为正在进行涂装的保险杠。那么，塑料件的修补涂装有哪些特点？特殊涂装又包含哪些内容呢？

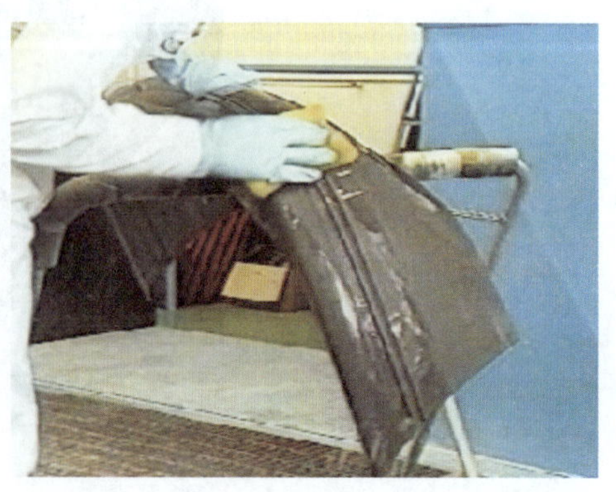

图 7–1–1　正在进行涂装的保险杠

任务分析

塑料制品在汽车上占有很大的比重，因此，汽车塑料件的涂装是汽车修补涂装的一项重要内容。汽车塑料件具有质量轻、表面光滑和耐腐蚀性好等优点，但是对涂料的附着性能差，涂层必须具有一定的柔韧性，以适应于塑料的弹性变形。

常见的汽车特殊涂装有车身底面涂装、内板涂装和抗石击涂装等。

相关知识

车身常用塑料制品按照质地软硬程度可以分为硬质塑料（车身用 ABS 塑料、玻璃钢等）和软质塑料（PP、PU 等）。在更换塑料部件时，零件制造商提供的部件有一些是涂有底漆的，而有相当一部分是不涂底漆的。对于已经涂有底漆的塑料部件，在处理时直接喷涂中涂底漆或面漆；对于没有底漆的塑料部件，无论是硬质塑料还是软质塑料，都应使用专门的塑料底漆进行喷涂或用乙烯清洗式涂料进行覆盖，以提高其表面附着能力。有些硬质塑料，如玻璃钢等，与涂层有良好的黏结力，可以不用喷涂塑料底漆，而一般软质塑料都需要这道工序。在就车修补而不更换零部件时是否需要喷涂塑料底漆要根据具体情况来确定，如果是裸露塑料制品，应喷涂塑料底漆。

一、塑料件涂装

1. 车身塑料件的鉴别方法

为了确定合理的修补工艺，在涂装施工前必须进行车身塑料件材质的鉴别。具体的鉴别方法如下：

（1）通过识别码鉴别

查看压制在塑料部件上的 ISO 代号，一般在零件拆下后就能看到所标的符号，如图 7-1-2 所示为轮胎罩内装饰板塑料件识别码。

（2）通过燃烧鉴别

切下一小片塑料，用镊子夹住放入火中燃烧，查看其火焰颜色、燃烧情况并闻气味。例如，PVC 塑料受热后容易熔化，燃烧时火焰呈绿色或青色，有盐酸味；聚烯烃类塑料在燃烧时的火焰没有明显的烟雾，有蜡的气味；聚酯酸纤维素类塑料经点燃后有醋酸味；ABS 塑料燃烧时有明显的烟雾产生。

（3）用焊接法鉴别

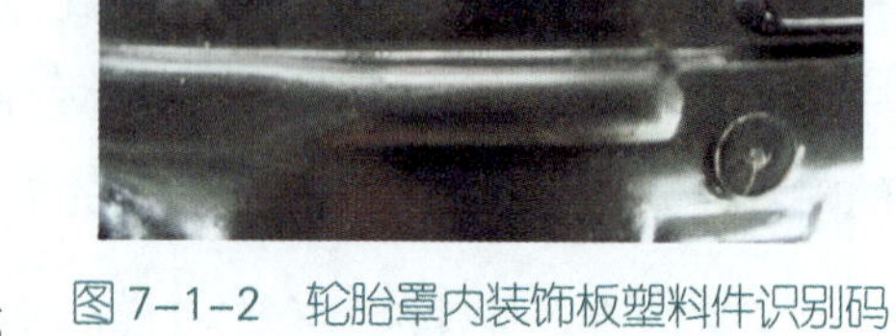

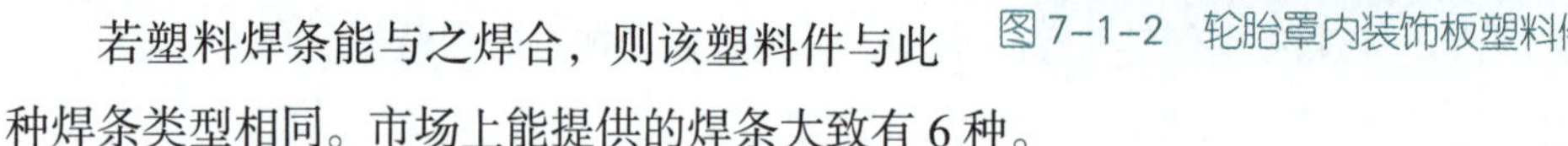
图 7-1-2 轮胎罩内装饰板塑料件识别码

若塑料焊条能与之焊合，则该塑料件与此种焊条类型相同。市场上能提供的焊条大致有 6 种。

（4）用敲击法鉴别

用手敲击塑料制品内侧，PU 塑料声音较弱，PP 塑料声音较大。

（5）用打磨法鉴别

PU 塑料用砂纸打磨后没有粉末，而 PP 塑料则有粉末。PU 塑料易被划伤，而 PP 塑料不易被划伤。

2. 塑料零部件喷漆准备

塑料件涂装与金属件涂装的不同之处：一是绝大多数热塑性塑料不耐高温，在 100 ℃以上易变形或分解，涂膜的附着力差；二是聚合物系列塑料的表面极性小，涂料对它的润湿性差；三是有些塑料件易受溶剂侵蚀而软化或龟裂，须使用特种隔绝底漆；四是弹性塑料件要求选用柔软性与其相适应的涂料。

塑料件修补涂装工艺的关键是在确认塑料品种及表面状况的基础上，正确地进行预处理（如去除脱模剂之类的夹杂物）和表面准备，并选用适当的底漆（确保涂层的附着力）和配套的面漆。

按塑料件的材质和柔软性，常在塑料用涂料中加入添加剂（如增塑剂等），以保持涂膜的伸缩性；反之，则有可能导致涂层开裂和脱落。常见汽车塑料件的涂装处理如下：

（1）软塑料零部件的处理

步骤 1：用一块布蘸取去蜡、脱脂和除硅酮清洗剂清洁整个表面，并擦干。

步骤 2：用 320# 砂纸打磨划伤处和用填充剂修补过的表面，吹除灰尘，并用粘尘布擦拭。

步骤 3：调制并涂覆柔性原子灰。

步骤 4：表面干燥至少 1 h，然后用 400# 砂纸和打磨垫块打磨修补表面，最后用 400# 砂纸打磨整个表面，清除所有光泽，为涂覆面漆做准备。

（2）聚丙烯塑料零部件的处理

对聚丙烯塑料件喷漆时，要使用一种专门的底漆。聚丙烯塑料很坚硬，使用传统的内部树脂漆打底后便可喷涂面漆。聚丙烯塑料件表面处理过程如下：

步骤 1：用去蜡和除硅酮清洗剂清洁表面。

步骤 2：按照包装说明，涂一层较薄的聚丙烯底漆湿涂层。

步骤 3：让底漆快速干燥 1 ~ 10 min，为涂装内部树脂漆做准备。

（3）刚性零部件的处理

刚性零部件的处理与玻璃纤维件处理的方法相同。

步骤 1：对于新的零部件，必须用干净的布蘸上酒精擦洗表面。

步骤 2：用去蜡、去油脂清洗剂彻底清洁表面。

步骤 3：打磨已暴露出的玻璃纤维。手工打磨时，使用 220# 或 280# 砂纸；用打磨机干磨时，则选用 80# ~ 120# 砂纸。

步骤 4：用干净的抹布重新将表面擦干净。

步骤 5：如果有需要填平的接缝、气孔，应在整个表面上涂一层车身填充剂，待其干燥之后，再打磨、清洁。最后再涂一层保护层或两层环氧铬酸盐涂料。

步骤 6：按照包装上的说明，将原子灰涂在表面上。干燥之后用细砂纸打磨，用压缩空气吹除灰尘，用粘尘布擦拭干净。

3. 塑料件面漆的涂装

塑料件表面经过上述处理后，就可以进入喷涂面漆的工序。

（1）汽车塑料件常用的面漆

汽车塑料件常用的面漆见表 7-1-1。

表 7-1-1　　　　汽车塑料件常用的面漆

塑料代号	塑料名称	标准的挥发漆	柔性挥发漆和磁漆	聚丙烯漆	乙烯树脂漆	尿烷漆
ABS	丙烯腈－丁二烯－苯乙烯三元共聚物	内部 / 外部无底漆	—	—	—	—
ABS/PVC	ABS/ 乙烯树脂（软）	—	内部 / 外部无底漆	—	内部无底漆	—
EP Ⅰ，EP Ⅱ或 TPD	EPR 乙烯丙烯橡胶	—	—	外部专用底漆	—	—
PA	尼龙	外部无底漆	—	—	—	—
PC	聚碳酸酯	内部无底漆	—	—	—	—
PE	聚乙烯聚丙烯	不允许	不允许	不允许	不允许	不允许
PPO	聚苯撑氧	—	—	内部专用底漆	—	外部
PS	聚苯乙烯	内部无底漆	—	—	—	—
PUR，RIM 或 RRIM	热固聚氨酯	不允许	不允许	不允许	不允许	不允许
PVC	聚氯乙烯（乙烯树脂）	—	外部（使用规定的柔性底漆或添加剂）	—	—	外部
SAN	苯乙烯腈聚合物	—	内部 / 外部无底漆	—	外部无底漆	外部 / 内部无底漆
SMC	气塑模化合物（聚酯）	内部无底漆	—	—	—	—
UP	聚酯（玻璃纤维）	外部无底漆	—	—	—	—
TPUR	热塑性聚氨酯	—	—	—	—	外部
TPR	热塑性橡胶	—	外部（使用规定的柔性底漆或添加剂）	—	—	—

大多数硬质塑料不涂底漆，面漆就能很好地黏附在其表面上。在半硬性（柔性）塑料的涂层中需要加入柔性剂，以使涂层在基体膨胀时具有一定的变形能力，不至于脱落或开裂。

（2）塑料件面漆的涂装

1）硬塑料件的涂装

①内部硬塑料件的涂装。硬塑料（如 ABS）件一般不需要喷涂底漆和刮涂原子灰。其面漆的颜色由车身编码牌上的调整号决定，主要使用丙烯酸漆。各大型涂料厂都向用户提供内部漆手册，包括内部漆的供应号、名称、光泽系数及调整号。喷涂内部硬塑料件的方法如下：

步骤 1：用溶剂清洗塑料件表面。

步骤 2：按调整号喷涂一般的内部丙烯酸漆。

步骤 3：按涂料厂规定的时间干燥涂层，然后再将塑料件装到车上。

②外部硬塑料件的涂装。外部硬塑料件一般不喷底漆即可喷涂面漆。但也有个别厂家建议先喷一层底漆再喷涂面漆。不管哪种情况，面漆涂装的方法是相同的。

步骤 1：用清洗剂彻底清洗塑料件表面。

步骤 2：喷涂适当颜色的面漆，选用丙烯酸漆、丙烯酸磁漆、尿烷漆或底层加清漆。

步骤 3：待面漆完全干燥后，再将塑料件装到车上。

对玻璃纤维件涂装之前，应先涂原子灰，再按照喷涂车身钢板的方法喷涂面漆；对原先已喷过气塑模化合物的硬塑件进行局部修理时，需先喷一层助黏剂，操作时用 400# 水磨砂纸打磨损坏部位，然后涂底漆和助黏剂，最后再喷涂面漆。

2）弹性塑料件的涂装。在大多数弹性塑料件的涂层中需要加入柔性剂，以使涂层在变形时不至于开裂。加入柔性剂的涂层称为弹性涂层，弹性涂层的涂装方法如下：

步骤 1：用 400# 砂纸彻底打磨整个表面，并用清洗剂清洁整个表面。

步骤 2：按照制造厂的规定，将底漆、柔性剂和溶剂混合在一起。混合时，先将底漆与柔性剂混合，再根据车间的温度加入适量的溶剂。

步骤 3：将空气喷枪压力调到规定值，喷涂双层湿涂层，以便完全遮盖塑料件表面。

步骤 4：待底层干燥 30 ~ 60 min 后喷涂光亮层，干燥后将塑料件装到车上使用。

3）塑料件皮纹效果的涂装。一般车用塑料件除有些需要非常平整外，大多数都有自然的纹理，有些内饰件还专门制造出模仿皮革的纹理效果。这些部位在修补涂装时需要进行特殊处理，以使涂膜出现所需要的纹理。

为了在涂膜上制造纹理，各品牌涂料都有相应的纹理剂和纹理添加剂（颗粒剂），按照使用说明合理地在面漆内添加纹理添加剂，会使涂膜产生类似皮革制品的表面效果。另外，使用黏度较高的涂料，采用降低喷涂压力而使涂料不能很好地雾化的喷涂方法，也可以制造出一定的纹理效果，但这需要较高的喷涂技巧。喷涂纹理效果的操作方法如下：

步骤 1：按照涂料和纹理添加剂的使用说明适当调配涂料，采用低气压，在喷涂区域采用干喷的方法薄薄地喷一层。

步骤 2：第一层稍干后再薄薄地喷第二层，第二层的喷涂面积要比第一层略大一些。需要注意的是：两次喷涂之间一定要留有足够的干燥时间，而且每一层喷涂都不要过湿，否则会影响纹理的形成。若需要较厚的涂层，可以用这种方法多喷涂几次。

步骤 3：当喷涂达到所需的厚度后，开始混合修理区域的纹理。这项操作与喷涂其他涂层相似，然后用强制干燥的方法提高干燥速度。

步骤 4：涂膜干燥后，用 2 000# 干磨砂纸轻轻打磨驳口和纹理部位，使新、旧纹理融合。

步骤 5：如果需要，可在纹理上层再喷涂一层清漆。用单组分挥发干燥型纹理剂喷涂的纹理部位应用高压空气吹干净，并用粘尘布轻轻擦拭，注意不能用清洁剂擦拭，因清洁剂中含有溶剂成分，会破坏纹理。用在双组分涂料中添加纹理添加剂喷涂的纹理则无此需要。喷涂后的纹理效果如图 7–1–3 所示。

图 7-1-3 喷涂后的纹理效果

二、特殊涂装

1. 车身底面的涂装

新车底板或轮罩内表面涂上电泳底涂层后，为防止涂膜被撞击后崩裂，需涂上乙烯塑料丁酯。但是，由于乙烯塑料丁酯必须在 120 ~ 130 ℃的温度下干燥，其不能用于一般车辆的修理。因此，在修补车身底面时常使用空气干燥型车底涂料。车身底面的涂装部位如图 7-1-4 所示。

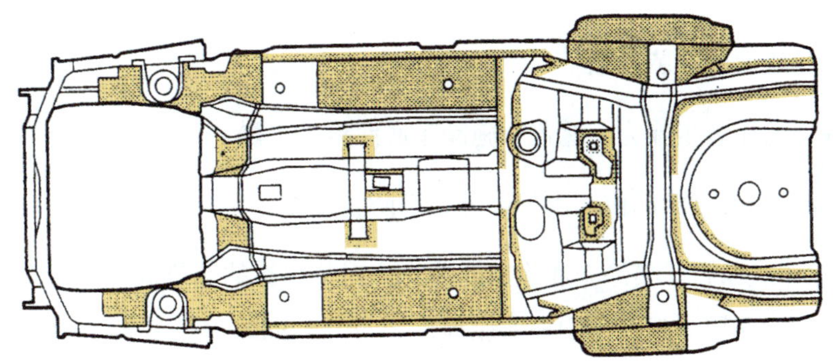

图 7-1-4 车身底面的涂装部位

（1）车身底面用修补涂料

常用的空气干燥型车底涂料如图 7-1-5 所示，主要有黏涂剂（黑）UW（1 升罐）、黏涂剂（黑）UC（自喷罐）、黏涂剂（黑）UC（1 升罐）和黏涂剂（白）UC（自喷罐）四种类型。

自喷罐式车底涂料可以直接喷到车身底部，但 1 L 装罐式涂料只能用空气喷枪喷涂，如图 7-1-6 所示为车底涂料的喷涂方法。为得到良好的防崩裂性能，车底的涂膜厚度应在 0.5 mm 以上。

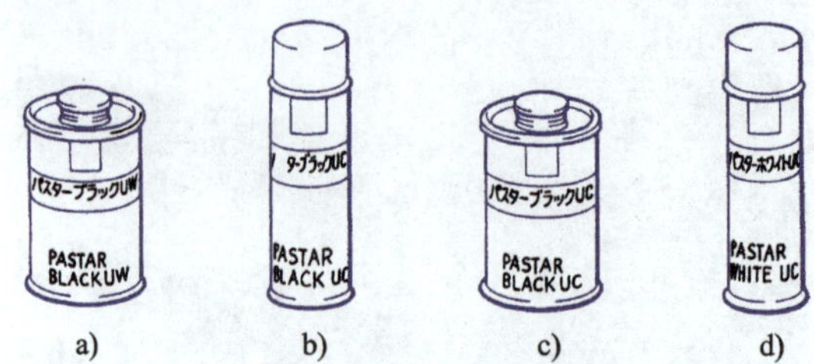

图 7-1-5 常用的空气干燥型车底涂料

a）黏涂剂（黑）UW（1 升罐） b）黏涂剂（黑）UC（自喷罐）

c）黏涂剂（黑）UC（1 升罐） d）黏涂剂（白）UC（自喷罐）

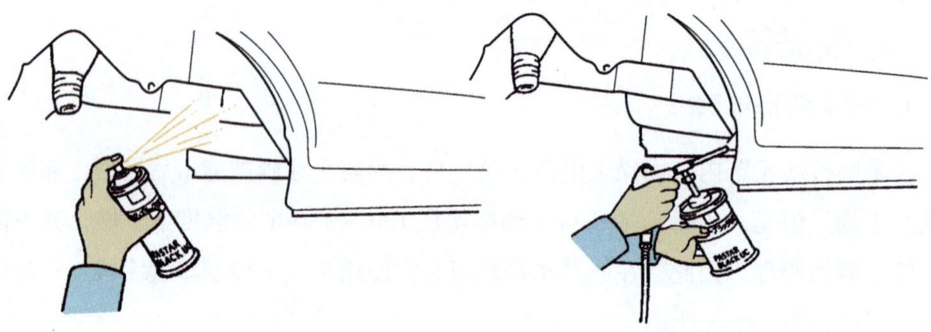

图 7-1-6 车底涂料的喷涂方法

（2）车身底面的涂装工艺

车身底面的涂装步骤为：遮盖→施涂车底涂料→干燥。

1）遮盖。遮盖喷涂部位周围的部分，以防止多喷。

2）施涂车底涂料。喷涂车底涂料时首先应对待喷涂的部位进行清洁、除油，然后开始喷涂。喷涂几层涂料，以便使涂膜厚度超过 0.5 mm。注意：车底焊接处和板件相交的部位是喷涂的重点部位。

3）干燥。干燥车底涂层。

2. 内板件的涂装

新车内板件的涂层没有中涂底漆层，因此，在修补涂装时不必喷涂中涂底漆（但脱掉电泳层的部位必须喷涂中涂底漆）。喷涂前，用于内板修补涂装的涂料必须进行配色。

内板件的涂装步骤为：刮涂原子灰→打磨→车身密封→涂布车底涂料→干燥、遮盖→内板涂装→干燥。

（1）刮涂原子灰

给需要修补的部位刮涂原子灰，恢复内板原来的形状。

（2）打磨

打磨要喷涂的内板件，损坏的部位用400# 或更细的砂纸打磨，接口部位用细粒抛光剂打磨。

（3）车身密封

将车身密封剂涂在折边处，密封车身板连接处。

（4）涂布车底涂料

按照车底涂装方法进行涂装。

（5）干燥、遮盖

按照前面所说的规范进行操作。

（6）内板涂装

对待喷涂部位清洁、除油，然后喷涂几层与内板颜色相匹配的面漆。

（7）干燥

按照前面所述规范进行操作。

3. 抗砂石撞击的涂装

抗砂石撞击涂料是一种喷涂于汽车车身的涂料，用于防止行驶时轮胎崩起的砂石撞击车身而使车身生锈。

抗砂石撞击涂料有面漆型和中间涂层型两种，这两种类型涂料的抗砂石撞击作用是相同的。不同之处在于面漆型抗砂石撞击涂料是黑色的；而中间涂层型抗砂石撞击涂料与面漆的颜色相同，因为它涂在电泳层和中涂底漆之间。两种类型的抗砂石撞击涂料有特有的橘皮纹理，如图 7-1-7 所示。

（1）修理抗砂石撞击涂层的要点

1）抗砂石撞击涂层的修理材料。要修理抗砂石撞击涂层，必须使用抗砂石撞击性能很好的涂料，以便涂层受到砂石的撞击不会剥落。

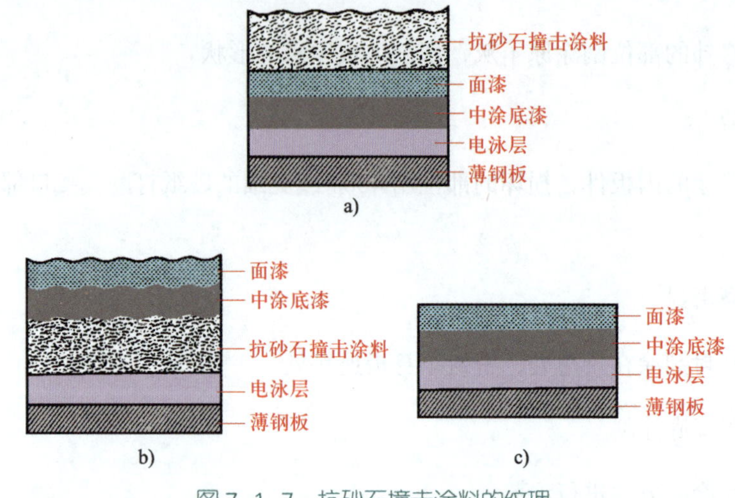

图 7-1-7　抗砂石撞击涂料的纹理

a）面漆型抗砂石撞击涂料　b）中间涂层型抗砂石撞击涂料　c）普通涂料

2）抗砂石撞击涂层的厚度。为确保良好的抗砂石撞击性能，必须涂适当厚度的抗砂石撞击涂料，一般厚度为 60 ~ 80 μm。

3）纹理调整。喷涂抗砂石撞击涂料的部位有橘皮组织，最好的方法是先喷涂试验板，以确定喷涂状况是否接近原来的纹理。

（2）面漆型抗砂石撞击涂料的涂装工艺

面漆型抗砂石撞击涂料的涂装步骤是：打磨面漆→面漆型抗砂石撞击涂料的涂装→干燥。

1）打磨面漆。用 400# 砂纸打磨要喷涂的部位，用抛光剂打磨面漆型抗砂石撞击涂层分型线的周围。

2）面漆型抗砂石撞击涂料的涂装。对必要的部位除油、清洁和遮盖，喷涂几次抗砂石撞击涂料，以得到适当的涂膜厚度。

3）干燥。按涂料生产厂提供的说明干燥涂层。

（3）中间涂层型抗砂石撞击涂料的涂装工艺

中间涂层型抗砂石撞击涂料的涂装步骤是：打磨→中间涂层型抗砂石撞击涂料的涂装→干燥→打磨→中涂底漆的涂装→干燥→打磨→面漆的涂装。

1）打磨。用 300# 砂纸打磨要使用中间涂层型抗砂石撞击涂料的部位。

2）中间涂层型抗砂石撞击涂料的涂装。对必要的部位除油、清洁和遮盖，喷涂几次抗砂石撞击涂料，以得到适当的涂膜厚度。

3）干燥。按涂料生产厂提供的说明干燥涂层。

4）打磨。打磨涂有中间涂层型抗砂石撞击涂料的部位，打磨时要防止损坏橘皮结构。

5）中涂底漆的涂装。

6）干燥。按涂料生产厂提供的说明干燥涂层。

7）打磨。打磨要涂面漆的部位，涂有中间涂层型抗砂石撞击涂料的部位必须用刷子打磨，以防止损坏橘皮结构。

8）面漆的涂装。遮盖非喷涂表面，喷涂面漆。

任务实施

任务引入中的塑料件为准备更换的汽车新保险杠，下面进行汽车新保险杠的涂装。

一、保险杠材质的识别和修补涂装工艺的确定

1. 保险杠材质的识别

拆开新保险杠的包装物，观察保险杠反面的 ISO 代号，发现保险杠的材质为软质塑料 PUR（热固性聚氨酯）。

2. 修补涂装工艺的确定

结合相关知识，新保险杠的修补涂装工艺确定为：除油、除脱模剂→清除残留物→除水→除静电→除尘→喷涂塑料底漆→底色漆的过滤→喷涂底色漆→喷涂清漆→涂膜的干燥。

二、保险杠的涂装

1. 保险杠表面的除油、除脱模剂工作

用灰色菜瓜布（相当于 360# 砂纸）蘸上水基清洁剂打磨新保险杠，以除去保险杠表面的油渍和脱模剂，如图 7-1-8 所示。

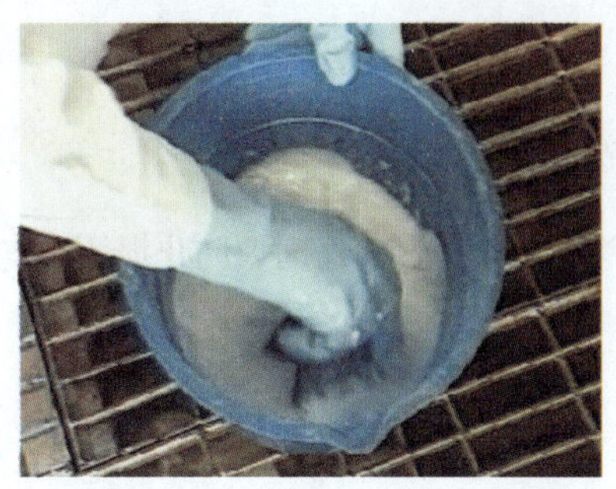
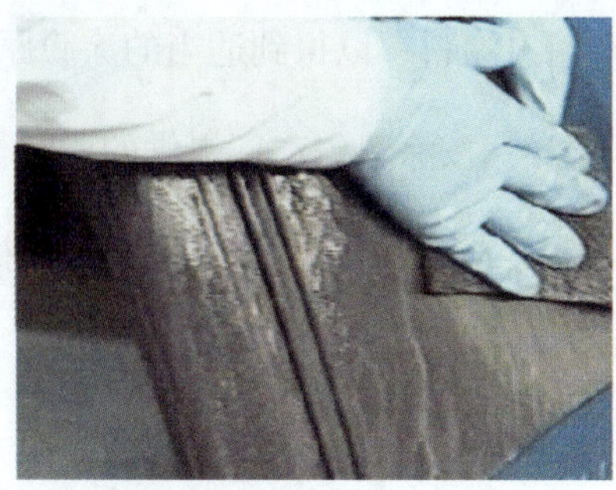

图 7–1–8　清除保险杠表面的油渍和脱模剂

2. 清除保险杠表面的残留物

用干净的水彻底清除保险杠表面的残留物，如图 7–1–9 所示。

3. 吹除保险杠表面残留的水分

用除尘枪将压缩空气吹向保险杠表面，一边吹一边用毛巾擦拭，以去除保险杠表面和缝隙里残留的水分，如图 7–1–10 所示。

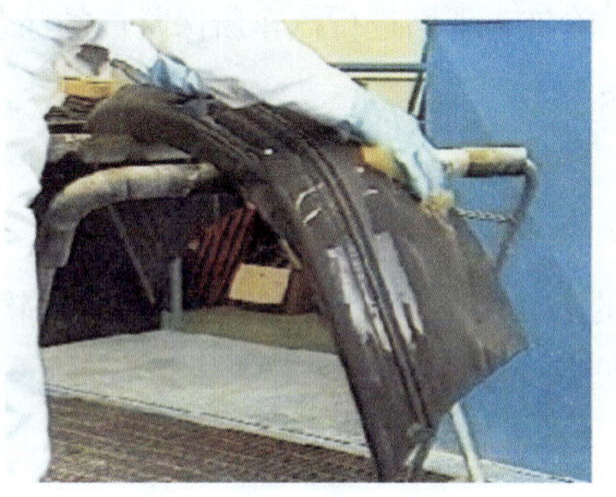

图 7–1–9　清除保险杠表面的残留物

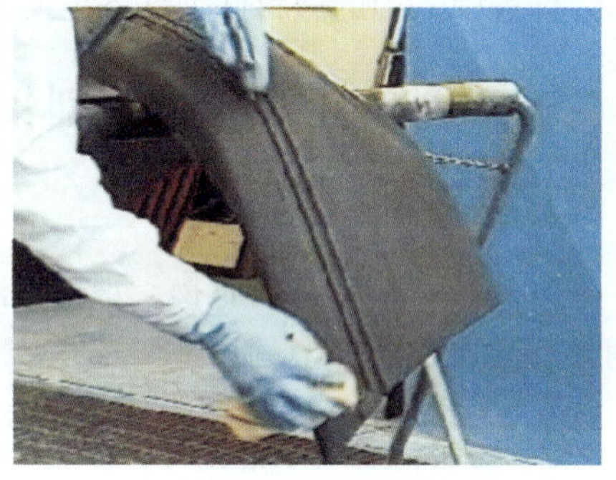

图 7–1–10　吹除保险杠表面残留的水分

4. 去除保险杠表面的静电

将溶剂型抗静电清洁剂倒在一块清洁的抹布上，然后用抹布擦拭保险杠表面，以去除保险杠表面的静电，如图 7–1–11 所示。

5. 去除保险杠表面的灰尘

打开除尘枪，让压缩空气吹向保险杠表面，用粘尘布在保险杠表面轻轻擦拭，进行喷涂前最后一次除尘工作，如图 7–1–12 所示。

图 7-1-11 去除保险杠表面的静电

6. 喷涂塑料底漆

在空气喷枪中加入单组分塑料底漆，以较小的气压在保险杠表面薄薄地喷涂一层塑料底漆，如图 7-1-13 所示。注意：塑料底漆的作用是增加底材的附着力，不能喷得太厚，谨防产生流挂。

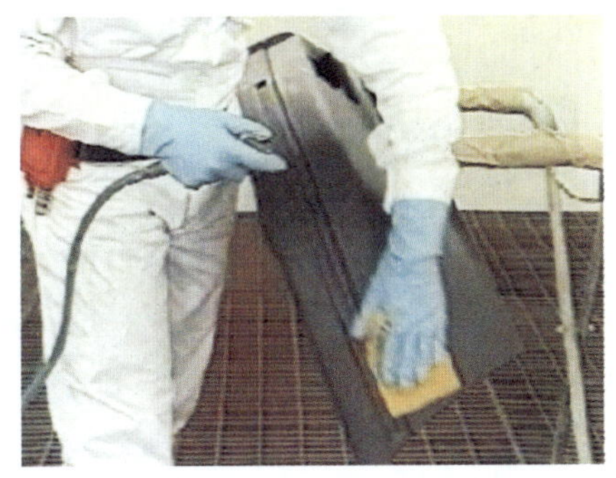

图 7-1-12 保险杠表面的除尘

图 7-1-13 喷涂塑料底漆

7. 底色漆的过滤

选取合适的涂料过滤网，将过滤网放在空气喷枪的涂料罐上，然后将底色漆倒入过滤网中进行过滤，如图 7-1-14 所示。

8. 喷涂底色漆

根据塑料底漆的特性确定底色漆的喷涂时机。一般情况下必须在塑料底漆涂层还处于湿涂层状态时就喷涂底色漆，但有些塑料底漆例外，具体要按照说明书的规定执行。底色漆喷涂前需用空气喷枪里的压缩空气吹拂待喷涂表面，同时用粘尘布擦拭落到保险杠上的灰尘（见图 7-1-15），然后喷涂底色漆，如图 7-1-16 所示。

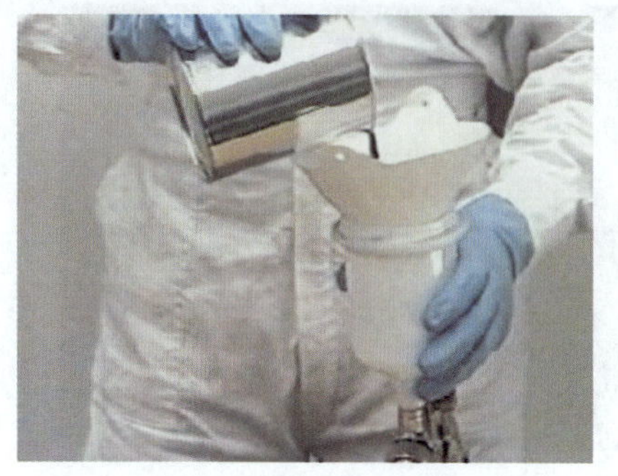
图 7-1-14 底色漆的过滤

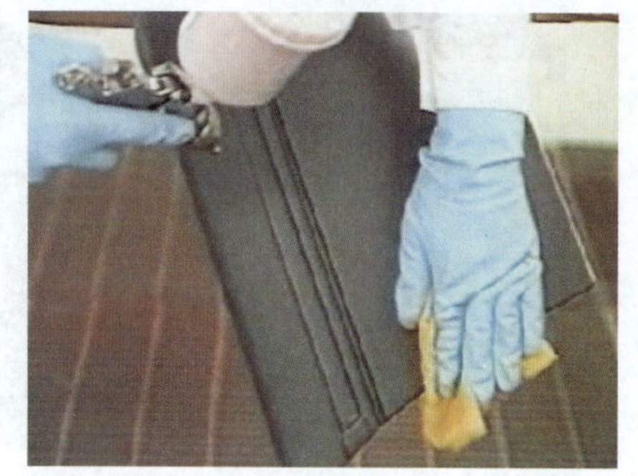
图 7-1-15 用粘尘布擦拭保险杠上的灰尘

9. 喷涂清漆

底色漆喷涂后，静置 10 ~ 15 min 即可进行清漆的喷涂，如图 7-1-17 所示。说明：如果底色漆是单工序素色漆，则不需要喷涂清漆。

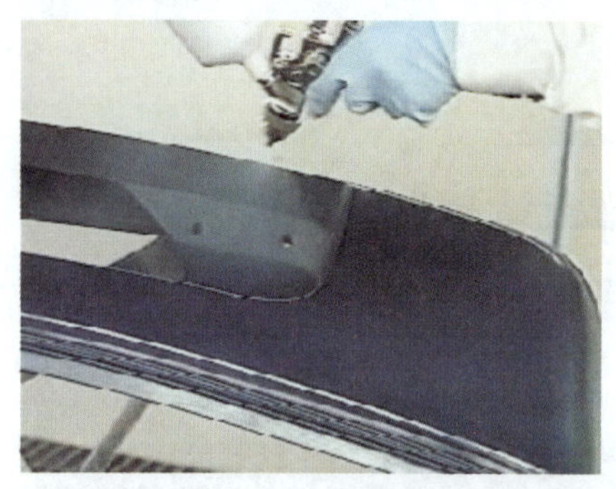
图 7-1-16 喷涂底色漆

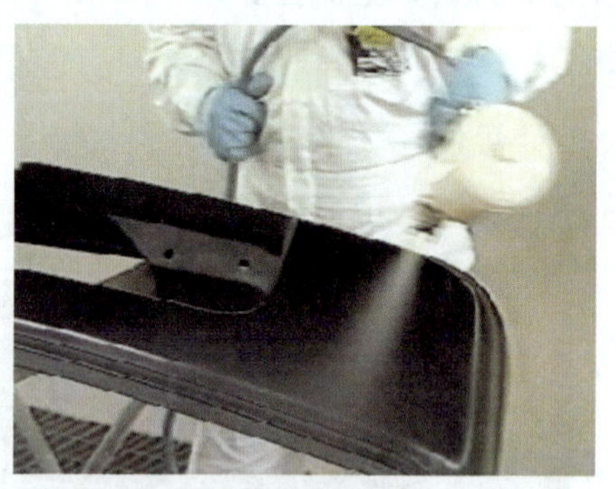
图 7-1-17 喷涂清漆

10. 涂膜的干燥

清漆喷涂结束后，静置 10 ~ 15 min，将烤漆房升温到 60 ℃，将保险杠干燥 30 min 即可。

思考题

一、填空题

1. 抗砂石撞击涂料有__________和__________两种。

2. 车身常用塑料制品按照质地软硬程度可以分为________塑料和________塑料。

3. 在大多数弹性塑料件的涂层中需要加入________，以使涂层在变形时不至于________。

二、判断题

1. 对未涂过底漆的塑料部件，都应使用专门的塑料底漆、底漆密封剂或乙烯清洗剂来提高涂层的黏合力。（　　）

2. 塑料底漆的作用是增加底材的附着力，所以要喷得很厚。（　　）

3. 硬塑料（如 ABS）件一般都需要喷涂底漆和刮涂原子灰。（　　）

三、实践与练习

对照图 7-1-18 所示的车门槛板，练习抗砂石撞击涂装。

图 7-1-18　车门槛板

任务 2　汽车水性漆涂装

任务目标

- 熟悉汽车水性漆的基础知识。
- 掌握汽车水性漆涂装工艺。
- 熟悉水性漆涂装设备及工具的使用方法。
- 能熟练进行汽车水性漆的涂装。

任务引入

一辆汽车在调头时与路边障碍物发生擦碰，车身右前翼子板的前边缘涂膜损伤，如图 7-2-1 所示。经涂装人员鉴定，该汽车车身面漆为水性漆。水性漆在性能上与油性漆有很大差异，因此，涂装人员必须按照水性漆涂装的工艺要求和技术规范进行施工。

图 7-2-1　右前翼子板涂膜损伤的汽车

任务分析

汽车水性漆因其良好的环保性能和优秀的颜色特性，在汽车制造和维修中的应用非常广泛，水性漆修补涂装技术作为一项新技术也逐渐被汽车维修涂装人员所掌握。

要完成翼子板水性漆修补的任务，涂装工作人员必须了解汽车水性漆的组成和特点，熟悉水性漆涂装工艺和技术规范，掌握水性漆喷涂的方法和技巧，针对涂膜损伤的区域选择合适的修补工艺，完成汽车水性漆涂装施工。另外，考虑到就车修补可能会损坏相邻板件上的涂膜，此处可以拆下翼子板进行单独补漆。

相关知识

一、汽车水性漆的基础知识

随着人们环保意识的增强，各国相继制定了保护环境的法规，限制 VOC（挥发性有机化合物，所有有机溶剂均可被视为 VOC）排入大气。目前，欧美汽车工业发达国家均实现了汽车涂装水性化，汽车用水性漆及其涂装技术已经成熟，水性漆在品种配套、涂层质量方面可与传统溶剂型漆相媲美。我国一些大型汽车公司和汽车 4S 店已经使用汽车水性漆，国内市场上的国际知名品牌的水性漆有 PPG 公司 Aquabase Plus、杜邦 Cromax、鹦鹉 90- 系列、施得乐 Standohyd、劲亮 Autowave 等。国内市场上的品牌水性漆如图 7-2-2 所示。

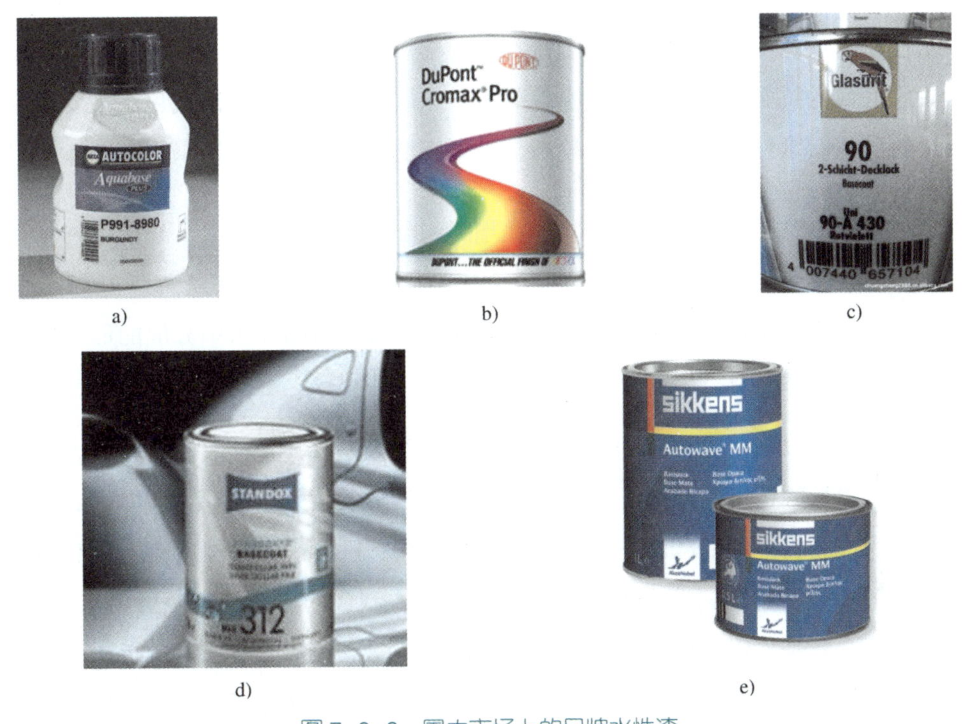

a) b) c) d) e)

图 7-2-2 国内市场上的品牌水性漆

a）Aquabase Plus 水性漆 b）杜邦 Cromax 水性漆 c）鹦鹉 90- 系列水柱漆

d）施得乐 Standohyd 水性漆 e）劲亮 Autowave 水性漆

1. 汽车水性漆的组成

汽车水性漆是以去离子水作为油漆的主要溶解物和稀释剂，以有效减少油漆中挥发性有机化合物含量的油漆。水性漆与传统溶剂型漆一样，基本成分包括溶剂、树脂、颜料和添加剂等。水性漆所含溶剂主要是水，树脂分散在水中形成聚合物分散体系，而传统溶剂型漆的溶剂主要是有机溶剂，树脂在溶剂中形成聚合物溶液，这就是水性漆与溶剂型漆的最大差别。水性金属底色漆与溶剂型金属底色漆各成分含量的比较见表 7-2-1。

表 7-2-1　水性金属底色漆与溶剂型金属底色漆各成分含量的比较

油漆的成分	水性金属底色漆 /%	低固体分溶剂型金属底色漆 /%
固体分	21	13
有机溶剂	14	87
水	65	0

水性中涂底漆主要有聚酯和聚氨酯漆，其施工固体分较高，一般为 50%～60%。水性中涂底漆的抗石击性能优于传统溶剂型中涂底漆。水性面漆的底色漆主要有丙烯酸和聚氨酯漆。水性清漆由于价格较高，尚未广泛应用，目前普遍采用高固体分双组分溶剂型罩光清漆。

2. 汽车水性漆的分类

汽车水性漆以水作为溶剂或者作为分散介质，按照树脂在水中分散的形态可以分为水溶型漆、水稀释型漆和水分散型漆三种。

水溶型漆是以水溶性树脂为成膜物质，以聚乙烯醇及其各种改性物为代表，除此之外还有水溶醇酸树脂、水溶环氧树脂及无机高分子水性树脂等。水稀释型漆是以后乳化乳液为成膜物配制的漆，先使溶剂型树脂溶在有机溶剂中，然后在乳化剂的帮助下靠强烈的机械搅拌使树脂分散在水中形成乳液，制成的漆在施工中可用水来稀释。水分散型漆主要是指以合成树脂乳液为成膜物配制的漆。水溶型聚酯树脂和水分散型丙烯酸聚酯树脂在水中的分布形态如图 7-7-3 所示。汽车水性漆主要是指水溶型漆和水稀释型漆。

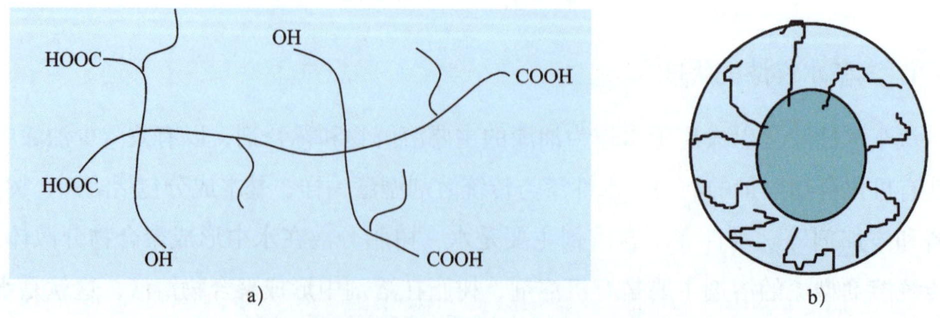

图 7-2-3　水溶型聚酯树脂和水分散型丙烯酸聚酯树脂在水中的分布形态

a）水溶型聚酯树脂均匀分布　b）水分散型丙烯酸聚酯树脂不均匀分布

3. 汽车水性漆的特点

由于水的特性与有机溶剂有很大的不同，所以水性涂料相对于溶剂型涂料也有很大差异。水性漆表面张力大，难以渗入涂装表面的针眼和细缝，水性漆难润湿，颜料分散性不是很好；水的汽化温度高，涂料喷涂时不易挥发，在施工过程中要加入预热工艺；水性漆随着搅拌力的增强其黏度会急剧下降，对容器、输送管路、喷漆室等易受潮部位有腐蚀性；水性漆的介电常数大，导电性好，当采用静电喷涂时，有特殊要求。

与溶剂型漆相比，水性漆在施工性能上要比溶剂型漆差，但在世界各国环保法规的要求下，经涂料专业研究人员的不断改进，现在水性漆的各项性能已经与传统溶剂型漆相当。市场上优质汽车水性漆的性能特点见表 7–2–2。

表 7–2–2　市场上优质汽车水性漆的性能特点

性能指标	性能特点
环保性	水性漆无味、无溶剂蒸气。优质水性漆涂装排放的 VOC 较溶剂型漆降低了 73.5%，符合当今以及未来的法律法规要求，利于环保，改善了工作环境，更有利于使用者的身体健康
适应性	优质水性漆无重涂敏感性，不会与基底发生反应，特别是与原厂漆不发生反应
施工性能	优质水性漆施工方法简便，容易实现溶剂型涂料涂装到水性涂料转换，与车间标准修补设备基本兼容
颜色特性	优质水性漆的颜色鲜艳、遮盖力强，能有效地节省修补时间；有些品牌的水性漆的色母无须搅拌，能有效地减少能源的消耗和噪声污染
修补性能	优质水性漆驳口容易，效果良好，节省了大量工作时间，提高了生产效率
外观	优质水性漆外观光滑、平整，能提高涂层的光泽度和鲜映性

4. 水性漆的储存

水性漆对温度很敏感，如果储存温度低于冰点就会导致油漆中活性物质沉淀，涂料就不均匀。经过重新加热后，水性漆也不会回到均质状态，它的特性已被破坏。水性漆的储存温度应控制在 5 ~ 30 ℃，一般存放在专用温控柜中。

因水性漆中含水，故会使传统油漆喷涂设备产生腐蚀，不仅会损坏设备，而且油漆本身易受 3 价离子（如 Fe^{3+}）的影响，这些离子将影响油漆的流变特性。因此，要求所有接触到水性漆的设备需用不锈钢或塑料制品。

水性漆树脂一般能储存 1 年，加入稀释剂后的混合涂料最长能保存 6 个月，但其稳定性仅有 3 个月时间，对储存有较高要求。因此，国内汽车公司如使用水性漆不宜从国外进口，最好能从国内的水性漆生产基地直接进货。

二、水性漆涂装设备及工具

1. 水性漆喷漆房

水性漆喷漆房是在传统油性漆喷漆房的基础上改进而成的，为了严格控制喷漆房内的环境温度和湿度，适应水性漆的特点，水性漆喷漆房的墙体采用不锈钢板，加装了水性漆速干系统。

水性漆速干系统由顶棚系统、气流转换开关、热电偶和电控箱组成。顶棚系统（见图 7–2–4）是由 12 个装在喷漆房顶部的文丘里吹风机组成的系统，每个吹风机的送风流量约为 150 L/min，这些吹风机用万向接头安装在管道上，以便可以单独调向那些需要空气流动的区域，以加速喷涂区域上方的空气流动；气流转换开关安装在喷漆房外的空气过滤单元的出口和环保水性漆速干系统控制板之间的空气管路上；为了精确测量温度，热电偶安装在喷漆房的进风口，紧挨着顶棚过滤棉的位置；电控箱与喷漆房控制面板、气流转换开关、恒温器以及顶棚系统的控制连接，可以根据喷漆房的特性设定最佳的工艺时间和温度。

使用顶棚系统时，喷漆房原有的控制面板可以被新的电控箱取代，新的电控箱（见图 7–2–5）是预制编程的，可以根据外界温度在夏季模式和冬季模式之间选择。当电控箱选择夏季模式时，喷漆房的喷涂温度控制功能被忽略，加热器根据电控箱预编程系统的运行时间，有专门的加热时段，系统运行时间结束时，喷漆房将恢复到正常的温度设置；当电控箱选择冬季模式时，喷漆房将从喷涂模式切换到循环供风或烘烤模式，加热器根据指令加热喷漆房中的空气，系统运行时间结束后，喷漆房将恢复到设定的温度。

通过水性漆速干系统的精确控制，喷漆房内的喷涂环境能够保证 RH（65 ± 5）% 的最佳相对湿度，（23 ± 3）℃的最佳喷涂温度，40 ~ 45 ℃的最佳闪干温度，0.2 ~ 0.6 m/s 的空气流动速度，实现了色漆双层喷涂工艺，同时使能源消耗降到了最低。

图 7–2–4 顶棚系统

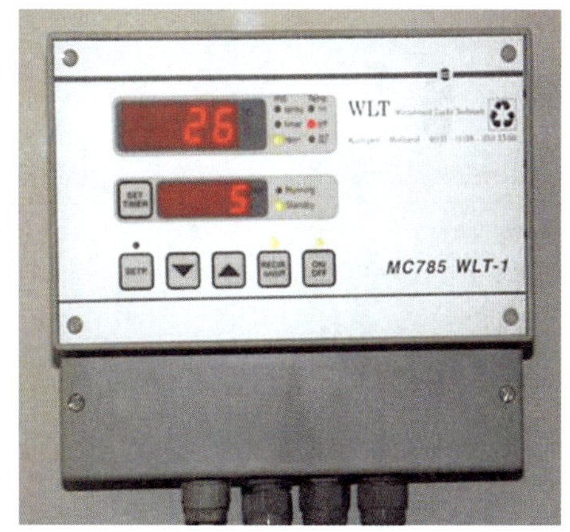

图 7–2–5 电控箱

2. 吹风枪

吹风枪的作用是向喷涂表面吹送空气，使水溶性涂料加速干燥。用于中、小型面积修补的吹风枪有手提式吹风枪和站立式吹风枪两种。

（1）手提式吹风枪

手提式吹风枪由手柄、截流阀、快速接头、过滤器支架、滤网和空气喷口组成（见图 7–2–6），其耗气量为 350 L/min，空气压力为 392 ~ 441 kPa，最大空气压力为 1 176 kPa。干燥水性漆时，将吹风枪置于距离喷涂表面 30 ~ 50 cm 处，吹风枪与涂膜表面成 45° 角，打开节流阀，从上方沿对角线吹拂待干燥的物体，使吹出空气的气流方向与烤漆房内的空气气流方向尽可能相同，以获得最佳干燥效果。注意：不要把吹风枪对准地板，这样会使灰尘粒子四处飞扬；也不要将吹风枪垂直对准涂膜表面，否则强大的气流会使未干的涂膜产生波纹。每次使用吹风枪前，都必须检查滤网是否受到污染，如果有必要，应使用稀释剂和刷子清洁吹风枪，注意不要将吹风枪浸入稀释剂或超声波清洁设备中清洗。

（2）站立式吹风枪

站立式吹风枪（见图 7–2–7）由支架和吹风枪组成，支架带有几个标准接头，用于支撑 1 ~ 3 个吹风枪。支架的高度、宽度和吹风的角度均可以调节，吹风枪通过压缩空气软管与支架连接。站立式吹风枪的优点是能靠近车体，快速促进空气流动，特别适合于小型及中型面积的修补，与加热器同时使用可加快静置流平，在涂膜闪干过程中无须守护。

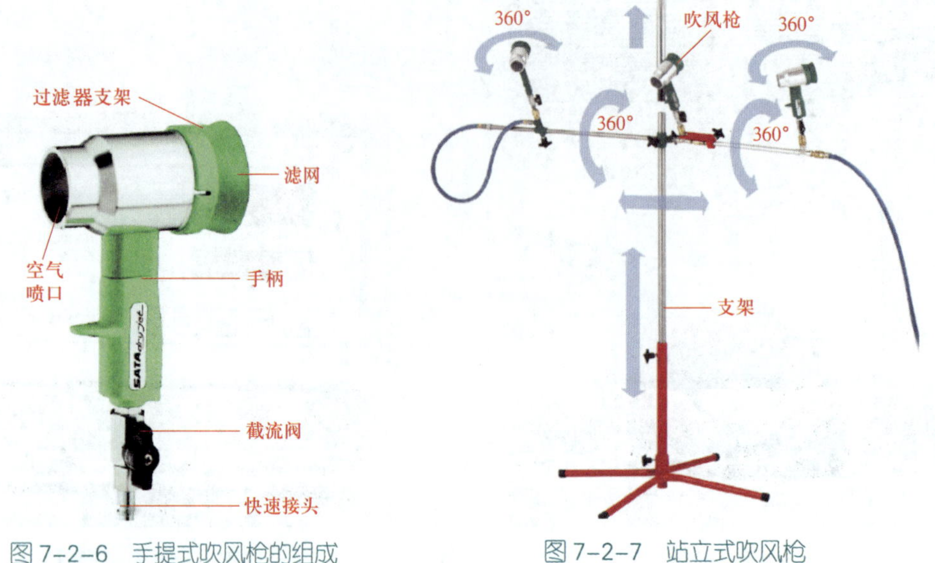

图 7-2-6　手提式吹风枪的组成　　　　图 7-2-7　站立式吹风枪

3. 水性漆喷枪

传统型喷枪和环保型喷枪均可以喷涂水性漆，现代汽车修补涂装大多使用 SATA 环保型喷枪，为了适应水性漆的喷涂，萨塔喷涂设备公司还开发了专门用于水性漆喷涂的喷嘴（WSB），专用水性漆喷嘴与其他喷嘴的雾化效果比较如图 7-2-8 所示。水性漆喷涂一般选用重力式喷枪，以 1.2 ~ 1.4 mm 口径喷枪的喷涂效果最佳。不同类型的 SATA 喷枪，水性漆的喷涂参数也不同。以 Aquabase Plus 品牌水性漆为例，SATA 1.2 mm 口径 RP 喷枪与 SATA WSB HVLP 喷枪喷涂参数的比较见表 7-2-3。

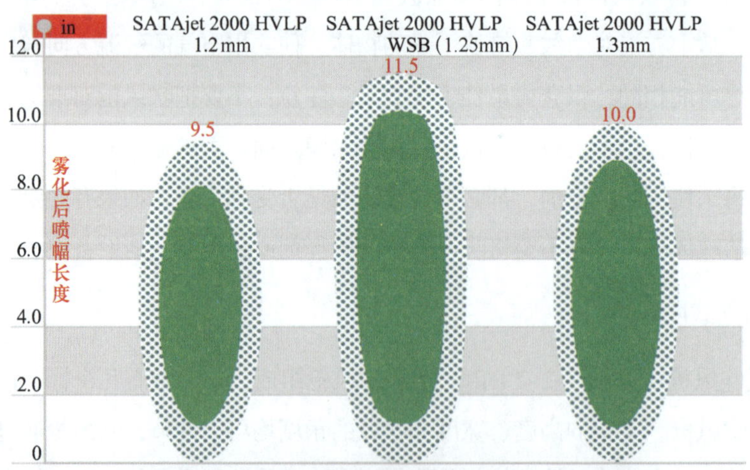

图 7-2-8　专用水性漆喷嘴与其他喷嘴的雾化效果比较

SATAjet 2000 HVLP—萨塔环保省漆油性面漆喷枪

另外，不同品牌的水性漆，即使使用同一喷枪，其喷枪参数的设置也不相同。以口径为 1.2 mm 的环保型喷枪为例，Aquabase Plus 水性漆与鹦鹉 90– 系列水性漆喷枪设置的参数比较见表 7–2–4。

表 7–2–3 SATA 1.2 mm 口径 RP 喷枪与 SATA WSB HVLP 喷枪喷涂参数的比较

喷涂方式	SATA 1.2 mm 口径 RP 喷枪	SATA WSB HVLP 喷枪
整件雾罩喷涂	喷涂气压 1.5 bar，距离 18 ~ 20 cm	喷涂气压 1.5 ~ 2 bar，距离 18 ~ 20 cm
整件遮盖喷涂	喷涂气压 2.0 bar，距离 18 ~ 20 cm	喷涂气压 1.5 ~ 2 bar，距离 15 cm
接口雾罩喷涂	喷涂气压 1.5 bar，距离 18 ~ 20 cm	喷涂气压 1.0 ~ 1.2bar，距离 15 cm
接口遮盖喷涂	喷涂气压 2.0 bar，距离 18 ~ 20 cm	喷涂气压 1.2 ~ 1.5 bar，距离 15 cm

注：bar 是喷涂中常用的气压单位，1 bar=98 kPa。

表 7–2–4 Aquabase Plus 水性漆与鹦鹉 90– 系列水性漆喷枪设置的参数比较

品牌 / 参数	Aquabase Plus 水性漆喷枪			鹦鹉 90– 系列水性漆喷枪		
	预喷涂	着色喷涂	雾罩喷涂	预喷涂	着色喷涂	雾罩喷涂
枪距 /cm	13 ~ 17	13 ~ 17	18 ~ 20	10 ~ 15	10 ~ 15	25 ~ 35
气压 /bar	1.5 ~ 2	1.5 ~ 2	1.1 ~ 1.3	2	2	2
喷幅	打开 1/4	打开 1/4	全开	全开	全开	全开
出漆量 / 圈	打开 2 圈	打开 2 圈	打开 1 圈	全开	全开	全开
重叠	1/2 ~ 2/3	1/2 ~ 2/3	1/2 ~ 2/3	3/4	3/4	3/4

4. 喷枪快速清洗机

喷枪快速清洗机（见图 7–2–9）是一款提高喷涂工作效率的新产品，适用于水性漆和溶剂型漆喷枪的清洗。喷枪快速清洗机面板上设有“喷涂”“清洗”和“吹干”三个工作模式，涂装人员可以根据程序进行模式自由切换。“喷涂”模式可以提供喷涂所需要的空气流量和压力；“清洗”模式则将操作气压自动降至适当的安全压力，同时清洁液混合气泡从清洗喷嘴喷出，进行喷枪的清洗程序；“吹干”模式用于吹干喷枪涂料通道和枪体外表的清洁剂。

喷枪清洗可分为两步操作，仅需 25 s 即可完成。第一步将工作模式调至“清洗”模式，将喷枪送入清洗室进行冲洗，喷枪涂料通道、枪针、枪嘴及风帽的清洗工作可以在 21 s 内完成；第二步将模式旋钮调至“吹干”模式，4 s 后喷枪的涂料通道和枪体都被吹干。

5. 水性漆保温柜

水性漆应在 5 ~ 30 ℃的温度下储存，汽车涂装车间一般将水性漆存放在保温柜中。常见的水性漆保温柜如图 7-2-10 所示，可以存放某一品牌的全套色母，具有 0 ~ 20 ℃的温控功能。使用水性漆保温柜时，首先接通电源，合上小型断路器，然后转动温度控制器旋钮，设定控制温度（见图 7-2-11），水性漆保温柜的最高设定温度为 20 ℃。到达设定的温度后，设备自动停止加热。

图 7-2-9　喷枪快速清洗机

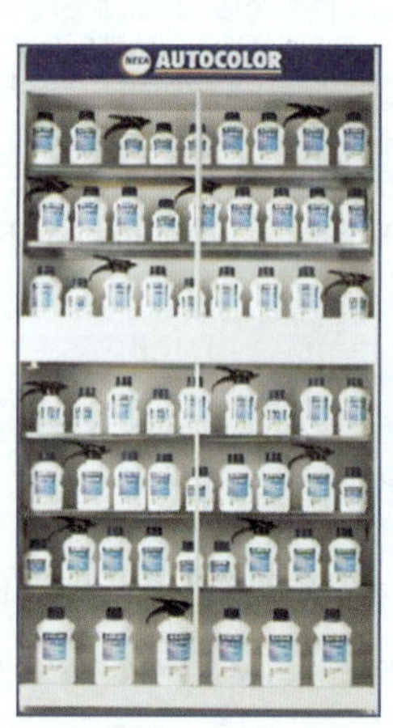

图 7-2-10　水性漆保温柜

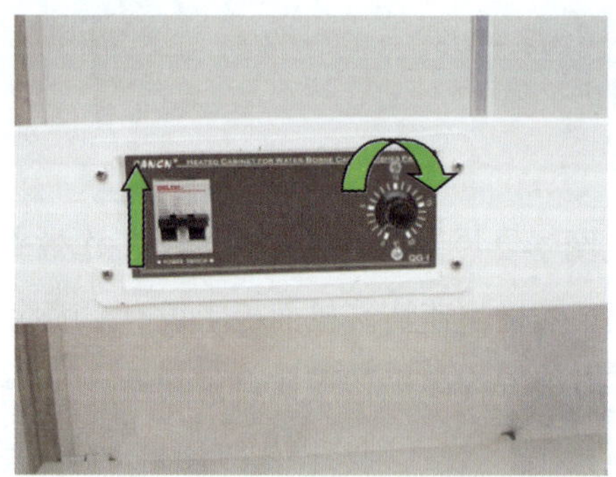

图 7-2-11　水性漆保温柜温度的设定

三、水性漆涂装工艺

目前，欧美水性漆涂装普遍采用阴极电泳漆 + 水性中涂底漆 + 水性底色漆 + 高固体分溶剂型罩光清漆的工艺体系。我国的水性漆涂装还在推广阶段，为了确保水性漆的涂装质量，大多采用水性底色漆加高固体分溶剂型罩光清漆工艺，其喷涂工艺与溶剂型漆大体一致，现代水性漆修补工艺流程见表 7-2-5。

表 7-2-5　　　　　　　　　　水性漆修补工艺流程

施工工序	工序步骤	作业要点	工艺参数
中涂底漆施工前处理	1. 清洁	（1）用红色菜瓜布打磨表面，用除尘枪吹净灰尘 （2）用除油剂沾湿高效擦拭布在修补面除油	选用溶剂型除油剂或水性表面清洁剂
	2. 打磨旧漆	（1）用 60# ~ 80# 干磨砂纸打磨，去除旧漆至裸金属 （2）用 120# 干磨砂纸打磨羽状边	—
	3. 施涂底漆	（1）除尘，遮盖修补边缘的非喷涂区域 （2）喷涂 1 ~ 2 层底漆，干燥后膜厚达 15 ~ 20 μm	选用溶剂型超快干无铬环氧底漆
	4. 施涂原子灰	（1）按照 100：1 ~ 100：3 的比例调配原子灰 （2）刮涂原子灰，填平板件的凹陷 （3）用红外线烤灯干燥	选用溶剂型万能原子灰（合金原子灰）
	5. 打磨原子灰	（1）施涂打磨指导层 （2）用 80# ~ 240# 干磨砂纸手磨原子灰 （3）用 240# ~ 320# 干磨砂纸机磨原子灰羽状边	—
	6. 除尘、检查针眼	（1）先用高效擦拭布擦去灰尘，然后用除尘枪除尘 （2）检查表面针眼，填补好针眼，干燥后打磨	细小针眼用溶剂型专用单组分原子灰填补
中涂底漆施工	7. 清洁与贴护	（1）根据喷涂需要进行仔细的吹尘、除油 （2）用专用遮盖纸 / 遮盖膜反向遮盖非喷涂区域	—
	8. 喷涂中涂底漆	（1）按照中涂底漆配制比例调配并过滤中涂底漆 （2）在中涂底漆喷涂区域除尘、除油、粘尘 （3）喷涂 2 ~ 4 层中涂底漆，层间闪干 5 ~ 7 min	选用溶剂型高固含量厚膜中涂底漆，喷涂黏度为 19 ~ 23 s，干燥后膜厚为 75 ~ 125 μm
	9. 干燥中涂底漆	（1）静置 10 ~ 15 min （2）采用强制干燥或自然干燥	用红外线烤灯干燥 8 ~ 12 min 用烤漆房（60 ℃）干燥 20 min 风干（20 ℃）2 ~ 3 h

续表

施工工序	工序步骤	作业要点	工艺参数
水性底色漆喷涂前准备	10. 面漆喷涂前表面处理	（1）施涂打磨指导层 （2）用 240# 或 320# 干磨砂纸手工打磨中涂底漆 （3）用 800# 或 1 000# 精棉砂纸机磨面漆驳口区域	面漆为素色漆时用 240# 干磨砂纸，面漆为金属漆时用 320# 干磨砂纸手工打磨中涂底漆
	11. 清洁与遮盖	（1）用高效擦拭布擦去灰尘，然后吹尘、除油 （2）用专用遮盖纸 / 遮盖膜遮盖非喷涂区域	—
	12. 准备水性底色漆	（1）按照规范调色程序进行水性底色漆调色 （2）按照产品说明配制，理想黏度为 22 ~ 26 s （3）使用 125 μm 网眼尼龙过滤器过滤水性底色漆	不同水性底色漆的配制比例也不同，要严格按照产品说明书的要求调配
	13. 准备喷涂环境	将喷漆房调到水性漆喷涂模式，达到温度 25 ℃、相对湿度 <70%、风速 0.2 ~ 0.6 m/s 的理想喷涂环境	—
	14. 清洁待涂表面	（1）用灰色菜瓜布擦拭并用除尘枪彻底吹除表面灰尘 （2）先用水性清洁剂，然后用除油剂清洁待喷涂表面 （3）用粘尘布擦拭待喷涂表面及周边，进行最后的除尘	—
水性底色漆喷涂	15. 水性漆遮盖喷涂	（1）使用驳口添加剂，从修补区边缘向外喷涂 50 mm （2）喷涂一个双遮盖层：薄喷一层，无须闪干，再喷一层中湿层。遮盖力不好的颜色需喷涂两层双遮盖层，两个双遮盖层间需要用吹风枪吹拂闪干 （3）使用吹风枪吹干涂层	喷涂参数：SATA 喷枪，出漆量打开 2 圈，喷幅打开 1/4，气压为 1.2 ~ 1.5 bar，喷涂距离为 15 cm
	16. 修整表面质量	（1）如果水性底色漆表面有脏点或其他缺陷，用 1 000# 精棉砂纸手工打磨，并补涂底色漆 （2）如有必要，用粘尘布轻轻擦拭驳口区域，以减少色差和灰尘	—

续表

施工工序	工序步骤	作业要点	工艺参数
水性底色漆喷涂	17. 水性漆雾罩喷涂	（1）调整好喷枪参数 （2）雾罩喷涂（水性素色漆无须雾罩喷涂） （3）使用吹风枪吹干水性底色漆涂层	喷涂参数：SATA喷枪，出漆量打开1圈，喷幅全部打开，气压为1.0 ~ 1.2 bar，喷涂距离为15 cm
清漆喷涂	18. 喷涂清漆	（1）在喷涂底色漆的区域喷涂清漆，闪干10 ~ 15 min （2）在整板上喷涂清漆 （3）将烤漆房升温，在60 ℃下烘烤20 ~ 30 min	选用极品清漆或高固体分清漆，按照溶剂型清漆喷涂规范喷涂
抛光处理	19. 抛光	（1）使用1 500# ~ 4 000#v砂纸手工湿打磨涂膜表面 （2）使用全能抛光蜡抛光	—

任务实施

利用已经学习的水性漆知识和技能，完成右前翼子板水性漆的修补操作。

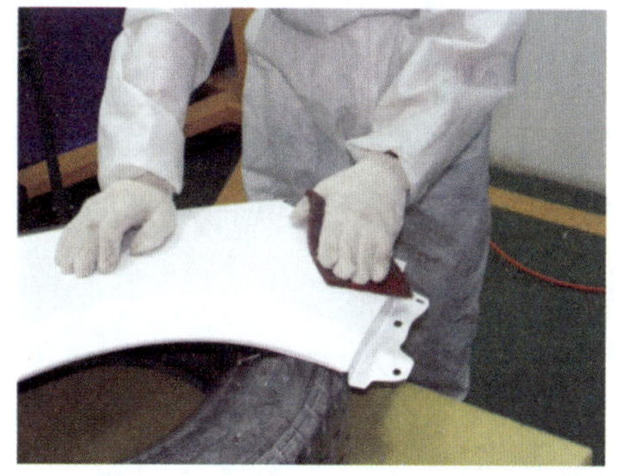

图7-2-12　用红色菜瓜布打磨修补区域

一、清洁待修补区域

用红色菜瓜布打磨修补区域，如图7-2-12所示，用除尘枪吹净表面的灰尘，将除油剂倒在全能高效擦拭布上擦拭工作表面，并马上用另一块擦拭布擦干。除油剂选用溶剂型除油剂或水性表面清洁剂。除油剂有快干除油剂和高温除油剂两种，要根据环境温度具体选用。

二、打磨旧漆

用60# ~ 80#干磨砂纸配合单动作打磨机或偏心距为7 mm的双动作打磨机，在修补区域去除旧漆至裸金属，如图7-2-13所示；用120#干磨砂纸和偏心距为5 mm的双动作打磨机，打磨裸金属边缘旧涂膜的羽状边。一般情况下，大面积除旧漆选用单动作打磨机，小范围除旧漆选用偏心距为 7 mm 的双动作打磨机。

三、施涂底漆

用除尘枪吹除打磨区的灰尘，用全能高效擦拭布除油，然后遮盖修补边缘的非喷涂区域；调配好底漆，在打磨的裸金属上喷涂 1 ~ 2 层（见图 7-2-14），使干燥后的涂膜厚度达到 15 ~ 20 μm。底漆选用溶剂型超快干无铬环氧底漆，按照产品说明书上的比例正确配制，涂膜干燥后无须打磨就可以直接进入下一道工序。

图 7-2-13　用打磨机除去破损的涂膜

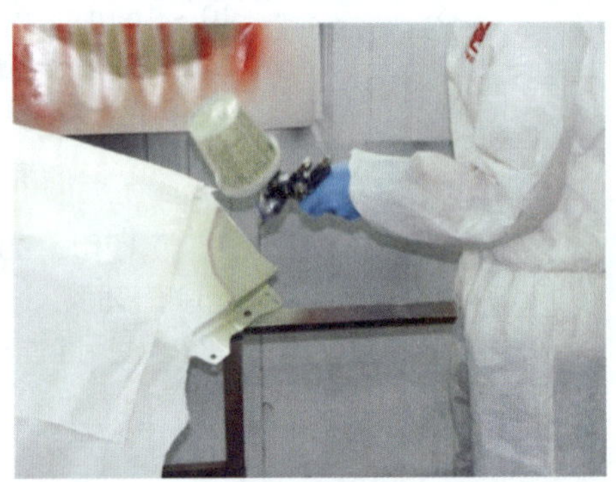
图 7-2-14　在裸金属上喷涂底漆

四、施涂原子灰

按照 100 : 1 ~ 100 : 3 的比例调配原子灰，在修补区域刮涂原子灰（见图 7-2-15），填平板件上的凹陷，用红外线烤灯干燥 5 ~ 10 min。原子灰选用溶剂型万能原子灰，薄薄地刮涂，一次不能填平则可以分几次刮涂，直到板件凹陷被填平且略高于旧涂膜表面。

五、打磨原子灰

施涂打磨指导层，逐级使用 80# ~ 240# 干磨砂纸手工打磨原子灰，每次换砂纸前都要施涂打磨指导层；用 240# ~ 320# 干磨砂纸配合打磨机打磨原子灰涂层周围的羽状边（见图 7-2-16），消除原子灰边缘接口处的台阶。打磨过程中要用手不断触摸原子灰涂层表面，检查表面的平整度，以防打磨不足或打磨过度。

六、除尘、检查针眼

用高效擦拭布抹去灰尘，然后用除尘枪彻底吹除打磨表面的灰尘；检查表面有无针眼（见图 7-2-17），如果有针眼则需要马上填补针眼，干燥后再打磨。用于填补针眼的原子灰一般要调配得比较稀，刮涂时要用力将原子灰压入针眼中。

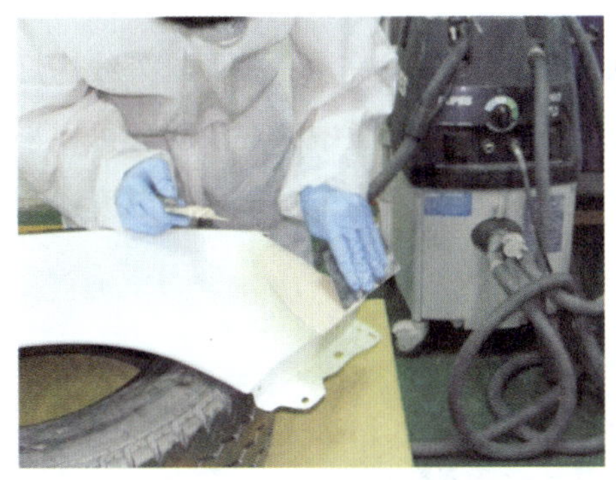
图 7-2-15　在修补区域刮涂原子灰

图 7-2-16　打磨原子灰周围的羽状边

七、清洁与贴护

根据喷涂要求进行仔细的吹尘、除油，用专用遮盖纸反向遮盖非喷涂区域（见图 7-2-18）。遮盖边界要设定在原子灰羽状边外的旧涂膜打磨区边缘，要对非喷涂区域进行全部遮盖。

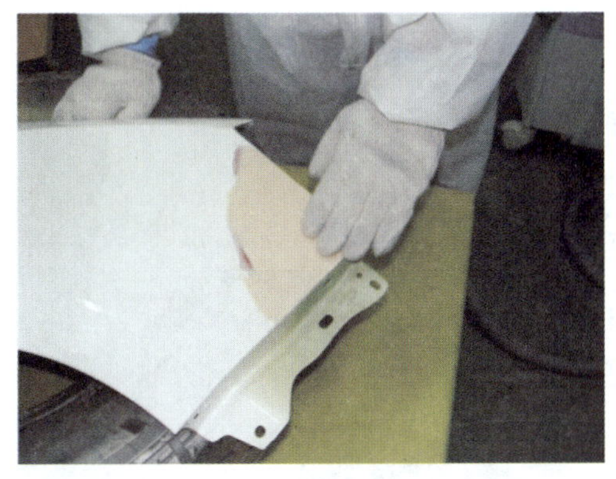
图 7-2-17　检查原子灰表面有无针眼

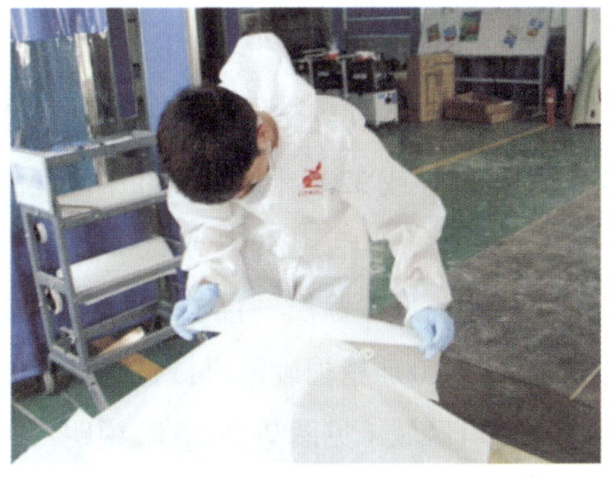
图 7-2-18　反向遮盖非喷涂区域

八、喷涂中涂底漆

按照中涂底漆的配制比例调配中涂底漆，选用合适的滤网过滤中涂底漆。在中涂底漆喷涂区域除尘、除油、粘尘，确保喷涂表面的清洁。喷涂 2 ~ 4 层中涂底漆（见图 7-2-19），保持 5 ~ 7 min 的层间闪干时间。底漆选用溶剂型高固含量厚膜中涂底漆，喷涂黏度为 19 ~ 23 s，干燥后膜厚为 75 ~ 125 μm。若选用可调灰度中涂底漆可以提高面漆的遮盖力，减少水性漆的用量。

九、干燥中涂底漆

中涂底漆喷涂结束后，静置 10 ~ 15 min，使溶剂尽量挥发完全；按照红外线烤灯的使用技术规范，强制干燥中涂底漆（见图 7–2–20）。强制干燥中涂底漆时，可以采用短波红外线干燥 8 ~ 12 min，也可以采用烤漆房升温烘烤，在车身金属板温度达到 60 ℃的条件下烘烤 20 min 即可。

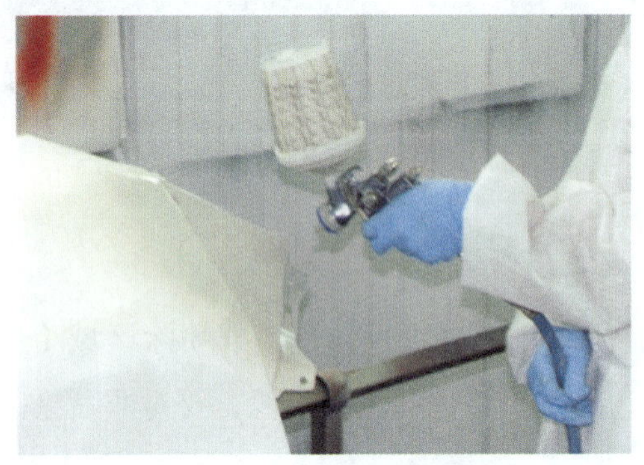
图 7–2–19　喷涂中涂底漆

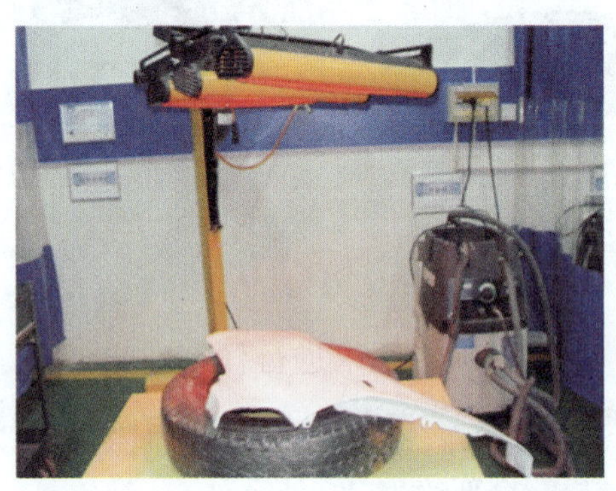
图 7–2–20　用红外线烤灯干燥中涂底漆

十、面漆喷涂前表面处理

在中涂底漆涂层上涂上碳粉作为打磨指导层，先用 240# 或 320# 干磨砂纸在中涂底漆涂层上手工打磨，然后用 400# 或 500# 干磨砂纸机械打磨中涂底漆涂层，直至表面平整光滑；用 800# 或 1 000# 精棉砂纸机械打磨水性底色面漆的驳口区域（见图 7–2–21）。说明：面漆为素色漆时用 400# 干磨砂纸，面漆为金属漆时用 500# 干磨砂纸机械修磨中涂底漆。

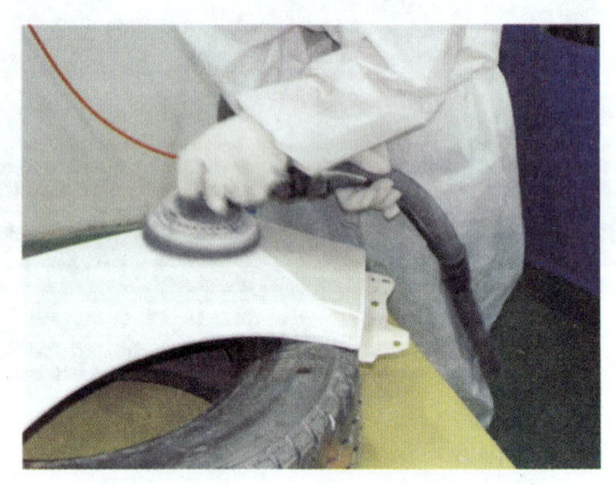
图 7–2–21　机械打磨驳口区域

十一、清洁与遮盖

用全能高效擦拭布抹去灰尘，用除尘枪吹尘，然后用除油剂彻底清除修补表面的油污（见图 7–2–22）。注意：就车修补要用专用遮盖纸遮盖非喷涂区域，遮盖完成后要仔细检查有无过度遮盖和遮盖不足，确保遮盖操作的质量。此处属于单块板件修补喷涂，不需要进行遮盖。

十二、准备水性底色漆

如图 7–2–23 所示，按照规范的调色程序进行水性底色漆的调色，尽可能保证调色的准确性。按照水性底色漆说明书的要求配制涂料，使涂料的黏度在 22 ~ 26 s 的范围，然后用 125 μm 网眼尼龙过滤器过滤水性底色漆。不同水性底色漆的配制比例也不同，要严格按照产品说明书的要求进行配制。

图 7–2–22 对板件进行除油操作

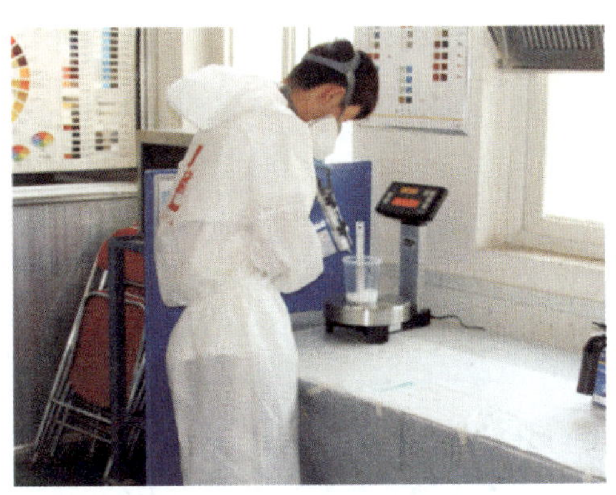

图 7–2–23 底色漆颜色的调配

十三、准备喷涂环境

打开喷漆房，将喷漆房调到水性漆喷涂模式，如图 7–2–24 所示。当喷漆房达到温度 25 ℃左右、相对湿度 <70%、风速为 0.2 ~ 0.6 m/s 的喷涂环境时，就可以喷涂水性底色漆了。喷漆房理想的喷涂环境是：温度为（23 ± 1）℃，相对湿度为（65 ± 5）%，流动风速为 0.30 m/s。

十四、清洁待涂表面

用全能高效擦拭布在待涂表面上擦拭，用除尘枪彻底吹除表面上的灰尘（见图 7–2–25），用水性清洁剂在待涂表面上除油，用粘尘布在待涂表面上进行最后一道除尘。注意：用粘尘布在待涂表面擦拭的动作一定要轻，不要将粘尘布上的黏性物质留在待涂表面上，否则会使涂膜产生缺陷。

十五、水性漆遮盖喷涂

使用水性漆驳口添加剂从修补区边缘向外喷涂约 50 mm，以帮助驳口并使驳口区域外围的擦痕最小化。喷涂一个双遮盖层（薄喷一层，无须闪干，再喷一层中湿层，如图 7–2–26 所示），遮盖力不好的颜色需喷涂两层双遮盖层，两层双遮盖层间需要用吹风枪吹拂闪干；使用吹风枪吹干底色漆的遮盖层。喷涂水性底色漆时使用 SATA 喷枪，出漆量打开 2 圈，喷幅打开 1/4，气压为 120 ~ 150 kPa（1.2 ~ 1.5 bar），喷涂距离为 15 cm。

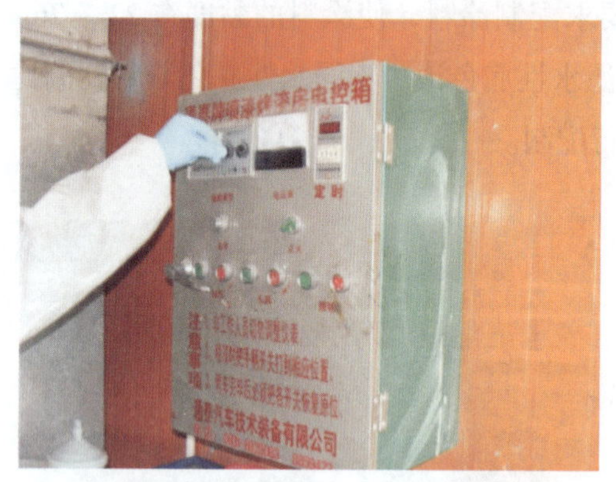

图 7-2-24　调节喷漆房的喷涂模式

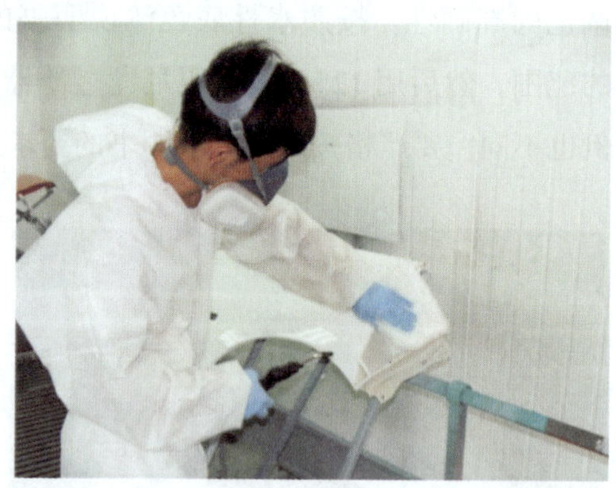

图 7-2-25　在待涂表面上除尘

十六、修整表面质量

检查水性底色漆遮盖层表面的缺陷，如果表面有脏点或其他缺陷，则用 1 000# 精棉砂纸手工打磨（见图 7-2-27），并补涂底色漆；在驳口区域用粘尘布轻轻擦拭，以减少驳口色差和驳口区域的灰尘。注意：打磨缺陷部位的动作幅度不要过大，以防止破坏周边良好的涂膜。

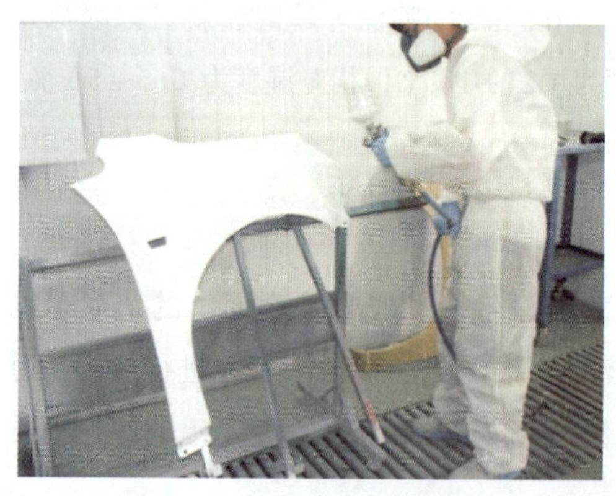

图 7-2-26　喷涂水性底色漆

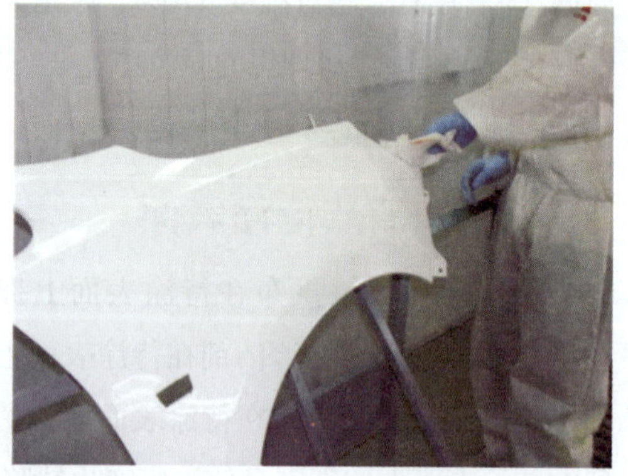

图 7-2-27　手工打磨脏点

十七、水性漆雾罩喷涂

按照雾罩喷涂规范调整好喷枪，进行水性底色漆喷涂，使用吹风枪吹干水性底色漆涂层，如图 7-2-28 所示。水性漆雾罩喷涂使用 SATA 喷枪，出漆量打开 1 圈，喷幅全部打开，气压为 100 ~ 120 kPa（1.0 ~ 1.2 bar），喷涂距离为 15 cm；吹风枪与板件成

45°，与板件距离约为 50 cm。

十八、喷涂清漆

在喷涂底色漆的区域喷涂清漆，静置闪干 5 ~ 10 min。按照溶剂型清漆整板喷涂规范，在整个板件上喷涂清漆，如图 7-2-29 所示。静置闪干 10 ~ 15 min 后，将烤漆房升温，在车身金属板件达到 60 ℃的条件下，烘烤 20 ~ 30 min。水性底色漆的表面一般选用极品清漆或高固体分清漆，以进一步减少 VOC 的排放。

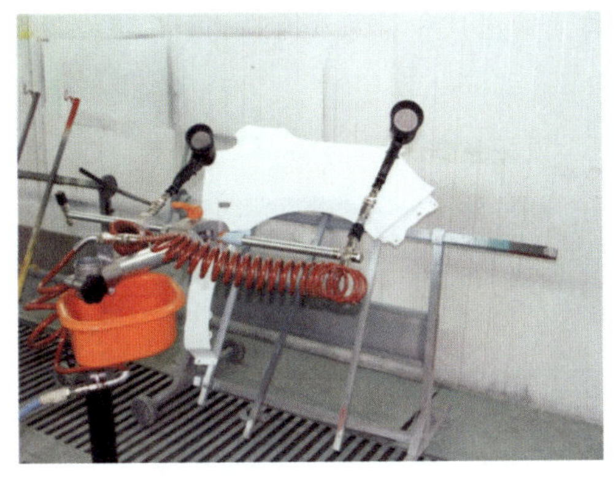

图 7-2-28　用吹风枪吹干水性底色漆

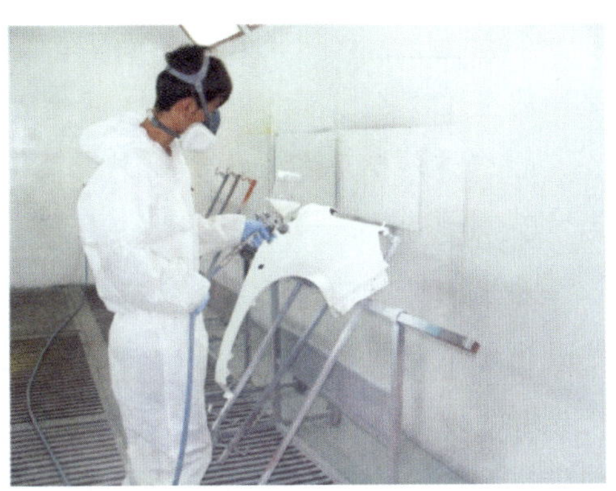

图 7-2-29　整板喷涂清漆

十九、抛光

根据具体情况，用 1 500# ~ 4 000# 砂纸手工湿打磨涂膜表面，以除去涂膜表面颗粒，如图 7-2-30 所示。使用全能抛光蜡配合海绵式抛光垫，对打磨区及周边进行抛光，使涂膜整体光洁亮丽。说明：是否进行抛光作业要根据修补的具体情况而定，一般来说，整板喷涂后涂膜质量良好不需要抛光，而局部驳口修补的驳口区域必须进行抛光。

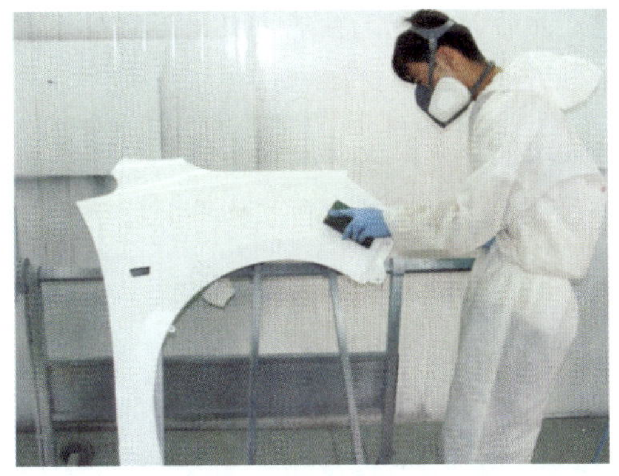

图 7-2-30　用手工湿打磨除去涂膜表面颗粒

思考题

一、选择题

1. 水性漆树脂一般能储存1年，加入稀释剂后的混合涂料最长能保存________个月。

A. 1　　B. 3　　C. 6　　D. 9

2. ________安装在喷漆房外的空气过滤单元的出口和环保水性漆速干系统控制板之间的空气管路上。

A. 气流转换开关　　B. 顶棚系统

C. 热电偶　　D. 电控箱

3. 通过水性漆速干系统的精确控制，喷漆房内的喷涂环境能够保证 RH________%的最佳相对湿度。

A.（35±5）　　B.（55±5）

C.（65±5）　　D.（75±5）

4. 干燥水性漆时，将吹风枪置于距离喷涂表面________cm 处。

A. 10～30　　B. 30～50

C. 60～80　　D. 90～120

5. 常见的水性漆保温柜具有________℃的温控功能。

A. 0～20　　B. 10～20

C. 0～30　　D. 10～30

二、判断题

1. 与溶剂型漆相比，水性漆在施工性能上要比溶剂型漆差。（　　）

2. 所有接触到水性漆的设备都需用铁质制品。（　　）

3. 干燥水性漆时，吹风枪与涂膜表面应成45°角。（　　）

4. 站立式吹风枪特别适合于水性漆大面积修补时的干燥。（　　）

5. 传统型喷枪和环保型喷枪均可以喷涂水性漆。（　　）

三、实践与练习

选用 PPG 公司的 Aquabase Plus 水性漆，对边角涂膜划伤的汽车门板进行就车修补喷涂，涂膜破损的车门如图 7-2-31 所示。

图 7-2-31 涂膜破损的车门

模块八

涂膜处理与缺陷防治

任务1 涂膜修饰

任务目标

- 熟悉漆面文字、图案涂装的方法和步骤。
- 掌握涂膜修整的方法和步骤。
- 掌握漆面抛光、打蜡的方法。

任务引入

在2008年中国奥运会期间，某车主要求汽车涂装车间将中国奥运会会徽（见图8–1–1）涂装到自己汽车的车门上，如图8–1–2所示为待施工的汽车。作为涂装车间的工作人员，为了满足顾客的需求，应该怎样进行施工？车身涂膜修整、漆面装饰、打蜡和抛光是涂膜修饰的常规性工作，那么，具体到某一工序该如何操作呢？

图 8-1-1 中国奥运会会徽

图 8-1-2 待施工的汽车

任务分析

在车门上喷涂各种徽标是汽车喷涂车间经常遇到的问题，属于涂膜修饰范畴。要完成本任务，其操作步骤如下：

1. 在车门上进行文字、图案的制作，然后喷涂清漆。

2. 检查漆面的喷涂质量，必要时进行涂膜的修整。

3. 对漆面进行抛光、打蜡处理。

上述操作涉及汽车漆面文字和图案的涂装、涂膜的修整、漆面抛光及打蜡等方面的知识，因此，为了能准确、及时地完成本任务，首先应进行相关知识的学习。

相关知识

一、漆面文字、图案的涂装

1. 文字、图案的刻制

（1）文字、图案的刻制工具

文字、图案的刻制工具包括刻刀和刻板，刻刀一般采用专用刻字刀（见图 8-1-3），也可以用美工刀代替；刻板经常采用铝板或玻璃板，如图 8-1-4 所示为铝制刻字板。

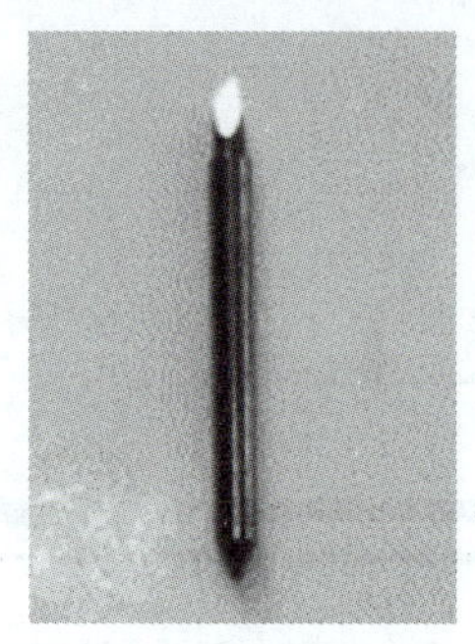
图 8-1-3　专用刻字刀

图 8-1-4　铝制刻字板

（2）文字、图案的刻制方法

涂装车身上的文字或图案时，首先应将文字或图案刻制成漏板，然后用喷涂法喷在车身上。刻制漏板的方法是将印好字样或图案的纸用胶带固定在一块平板玻璃或铝板上，然后用锋利的刻刀将原字样或图案刻除，留出相互之间的连接处。雕刻漏板时，手要握稳刻刀，平直的笔画可用钢直尺靠刻，圆曲的图案线条可用曲线板靠刻；同时刻刀必须彻底刻穿纸板，使纸样断面平滑，字样、图案的边口直线平直，圆弧柔顺。

刻制漏板的技术要领是必须留好连接处的连筋（见图 8-1-5，其中，图 8-1-5b 所示为刻制后的文字，图中灰色部分代表刻除的镂空部分），即除了应该刻除的部分以外，其余留用的部分都应该与原纸板连成一个整体，否则就不好用。连筋的留法在一个漏板上一定要统一，要有规律可循（连筋统一横向或竖向，对称分布），这样才不会影响美观。图案的刻制方法与文字的刻制方法相同。

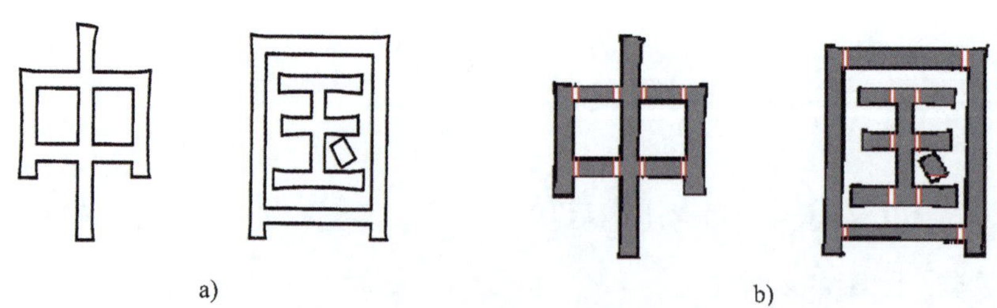

图 8-1-5　刻制前、后的文字
a）刻制前　b）刻制后

2. 文字、图案的涂装步骤

在进行车身图案的涂装时，由于各企业的涂装用材不同，现场施工条件和对质量的要求不同，各道工序在执行上也有差异。但涂装工艺的过程大同小异，典型的车身图案涂装工艺包括施工前准备、文字和图案漏板在车身上的定位、喷涂前遮盖、文字和图案的喷涂四个步骤。

二、涂膜的修整

面漆的喷涂工作结束后，涂装工作已经大部分完成，但还需要进行最后的修整工作。涂膜的修整包括涂膜小范围修理和漆面抛光两个步骤。

1. 涂膜修整所需要的材料和工具

（1）涂膜修整所需要的材料

在喷涂完面漆后，为了消除涂膜的表面缺陷，如涂膜颗粒（如脏点，见图 8–1–6）、虚漆和较大的橘皮（见图 8–1–7）等，要用抛光材料进行局部的抛光修饰。常用的抛光材料有以下几种：

图 8–1–6　涂膜表面的颗粒（脏点）

图 8–1–7　涂膜表面的橘皮

1）抛光蜡。汽车常用的抛光蜡如图 8–1–8 所示，其主要成分为水溶性蜡（也有油性蜡）内加研磨颗粒组成，按研磨颗粒的粗细程度不同一般分为几个等级。各种抛光蜡的用途、适用范围和抛光效果的比较见表 8–1–1。

2）上光蜡。汽车常用的上光蜡如图 8–1–9 所示，其中不含研磨颗粒，只起保护涂膜和上光作用。现在市场上有油性上光蜡和水性上光蜡两类。油性上光蜡和水性上光蜡的优缺点见表 8–1–2。

3）涂膜修整用其他辅助材料。在涂膜修整时经常用到砂纸、磨石、法兰绒抹布、毛巾和麂皮等辅助材料，如图 8–1–10 所示。

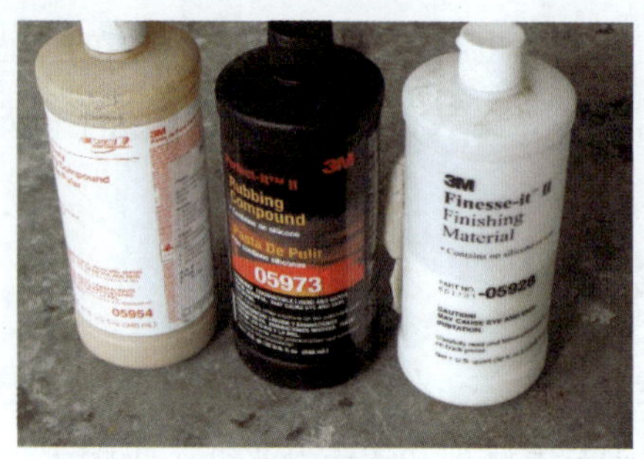

图 8-1-8　汽车常用的抛光蜡

表 8-1-1　各种抛光蜡的用途、适用范围和抛光效果的比较

抛光蜡	用途	适用范围	抛光效果
粗蜡	消除砂纸痕迹，使涂膜具有光亮，或对良好的失光旧涂膜进行抛光美容时使用	适用于对经过细砂纸（1 000# ~ 1 500# 干磨砂纸或 2 000# 水磨砂纸）打磨的部位进行更加细致的研磨	消除了砂纸痕迹，但涂膜的光亮程度和鲜映性不能达到要求
中粗蜡	消除粗蜡研磨的痕迹，使涂膜光亮	适用于经粗蜡研磨过的部位的抛光	涂膜光亮，鲜映性良好，无须做其他上光处理
细蜡	使涂膜最终达到反光效果，进一步提高鲜映性	适用于高档轿车的最终抛光处理和一般微小擦痕及划痕的抛光美容工作	涂膜光亮，鲜映性最好

图 8-1-9　汽车常用的上光蜡

表 8-1-2　油性上光蜡和水性上光蜡的优缺点

类型	优点	缺点
油性上光蜡	不易干燥，耐水性较好，保光时间长，可达一个星期左右	不溶于水，不易用水清理干净，脱蜡时须采用专门的除硅酮清洁剂；干燥慢，容易在车身上黏附很多细小沙尘，影响光亮，不推荐使用
水性上光蜡	可溶于水，干燥时间较短，车身上沾染细小沙尘后很容易用水洗的方法清理干净	耐水性差，保光时间较短，通常为两天到一个星期

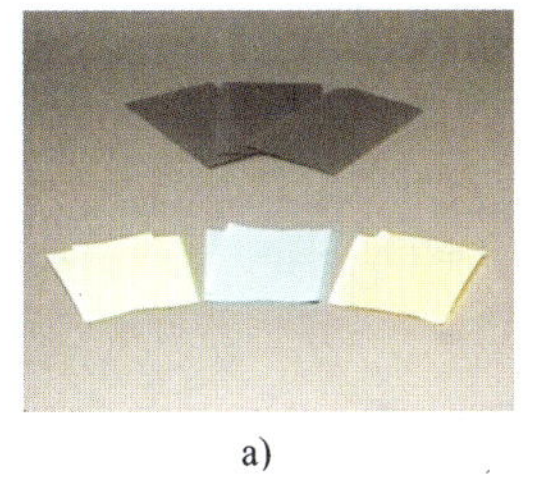
a)

b)

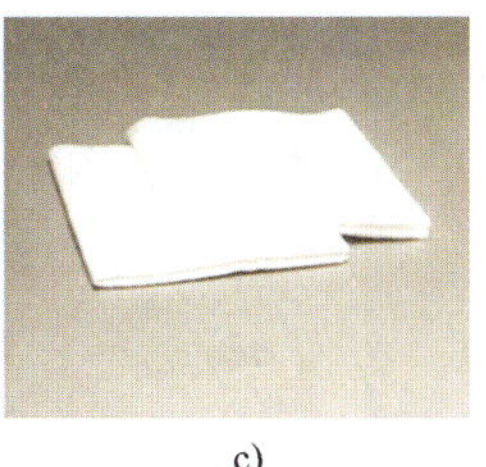
c)

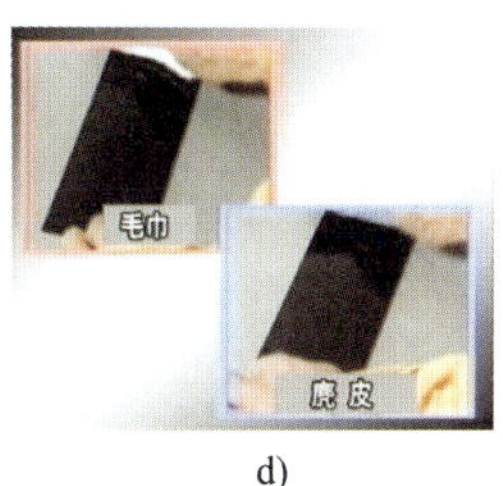

d)

图 8–1–10 涂膜修整用辅助材料

a）砂纸 b）磨石 c）法兰绒抹布 d）毛巾和麂皮

（2）涂膜修整所需要的工具和设备

1）抛光机。抛光机是利用抛光垫对已喷涂的外涂层进行光整加工的设备，有电动机驱动（简称电动）和压缩空气驱动（简称气动）两种形式，如图 8–1–11 所示。目前电动抛光机比气动抛光机用得普遍。两种抛光机的特点对比如下：电动抛光机转矩大，能保证在有负载的情况下旋转稳定，但需要较大的力来维持它的运动；气动抛光机在有负载时速度降低，只需要较小的力就可以维持它的运动。抛光机按转速大小可分为高速、中速及低速三种。

a)

b)

图 8–1–11 抛光机

a）电动机驱动抛光机 b）压缩空气驱动抛光机

2）抛光垫。抛光机的主要附件是抛光垫，按其与主机的连接方式不同可分为螺母盘、螺栓盘及吸盘三种。根据材料不同，抛光垫可分为毛巾式、毛绒式和海绵式三种，如图 8–1–12 所示。这三种抛光垫中，毛巾式抛光垫的研磨效率最高，它一般与中、粗颗粒的抛光剂配套使用；海绵式抛光垫留下的抛光痕迹最小，常用于修饰；毛绒式抛光垫则居于两者之间。

2. 涂膜的修理

喷涂过程中会由于种种原因在面漆表面造成一些微小的缺陷，如流挂、个别的涂膜颗粒（脏点）、微小划擦痕迹和凹坑等，从而影响涂膜装饰性，对此必须进行修理。

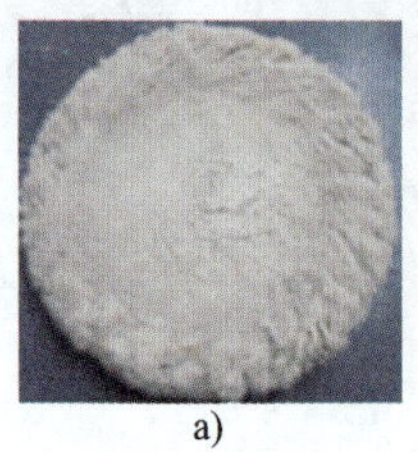
a)
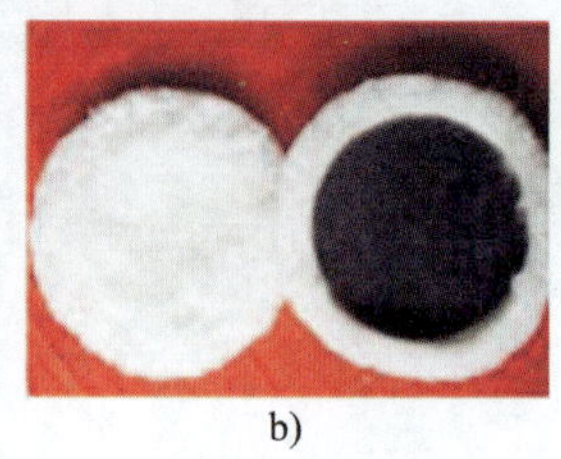
b)

c)

图 8-1-12 抛光垫
a）毛巾式 b）毛绒式 c）海绵式

（1）流挂和涂膜颗粒的处理

局部轻微流挂的修理

在喷涂过程中，流挂是非常常见的缺陷；另外，由于喷涂环境的影响，在涂膜表面有颗粒等也是不可避免的。若流挂的面积很小，涂膜表面颗粒很少，可以用单独修理的方法进行处理。修理必须是在涂膜完全干燥的情况下进行，处理过程如下：首先平整流挂或颗粒部位，然后用抛光的方法使修理部位与其他部位光泽一致，消除修理痕迹。

1）平整修理。平整流挂和小颗粒多采用打磨的方法修理，但对于流痕或颗粒比较大的情况，往往先用铲刀将流痕或大颗粒削平，然后再用较细的砂纸打磨，从而加快工作速度。打磨流挂部位一般使用 1 200# ~ 2 000# 水磨砂纸配合硬质打磨垫块来进行，如图 8-1-13 所示。有时需要打磨的区域比较大，为提高效率可以先用较粗的砂纸（如 800# ~ 1 000# 砂纸）先打磨一遍，待基本完成后再逐次用细一级的砂纸打磨，直到打磨痕迹可用抛光的方法消除为止，注意不要跨级使用砂纸。

打磨时要非常仔细，经常用胶质刮水片刮除打磨区域的水渍来观察打磨的程度，只要流挂部位消除并与周围涂膜齐平即可。千万不要磨穿涂膜或使涂膜过薄，要给抛光留出余量，并保证抛光后仍有足够的涂膜厚度。对于边角等涂膜比较薄且极易磨穿的地方尤其要小心。

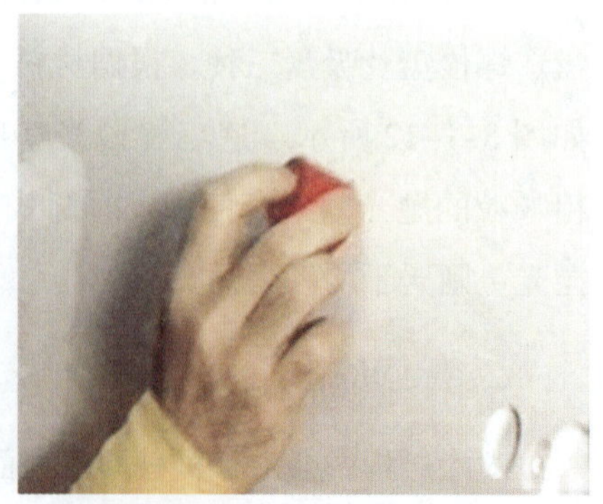
图 8-1-13 磨光流挂部位

对于涂膜颗粒等小范围的打磨，一般使用小型打磨垫块配合 1 500# ~ 2 000# 水磨砂纸来进行。打磨时与打磨流挂一样，须沿涂膜竖直运动并用肥皂水润滑，如图 8-1-14 所示。如果颗粒过大或流痕凸出部位非常明显，可以先用刮刀将凸出部位刮除，然后再用上述打磨方法进行打磨。用刮刀刮除的工作效率比较高，但操作上要求一定的技巧，刮削时刀刃应略向上方倾斜，不可切削过量，如图 8-1-15 所示。

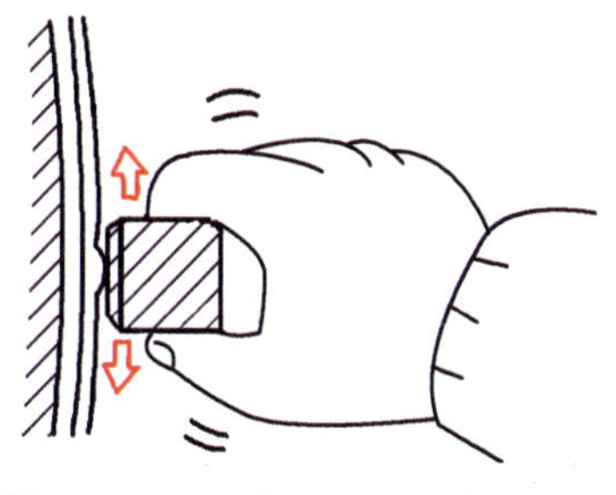

图 8-1-14 竖直移动打磨小颗粒

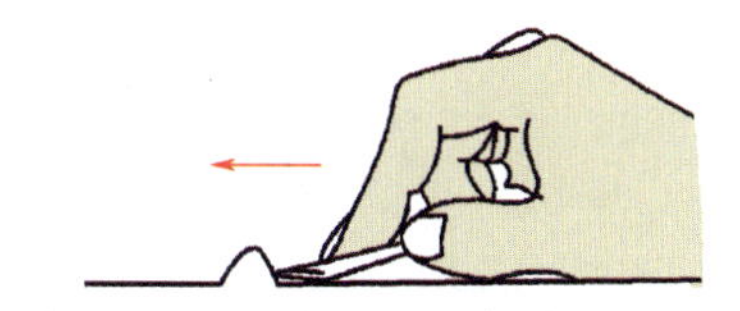

图 8-1-15 用刮刀刮平过大的颗粒或流痕

2）局部抛光。经过平整修理和打磨的区域必须进行抛光，对小范围修补区域一般使用手工抛光的方法即可，也可用机械抛光来提高效率。

手工抛光时，用法兰绒抹布蘸取少许粗抛光蜡或中粗抛光蜡，用力对打磨区域擦拭以消除打磨痕迹，运动轨迹以无序为好，尽量不要留下磨削的痕迹。待砂纸痕迹基本消除并具有一定的光泽后，将抛光区域和抛光布清理干净，不要留下粗抛光蜡痕迹，然后换用细抛光蜡再次进行细致的抛光。用细抛光蜡抛光的面积要比修理区域大 3 ~ 5 倍，使修理区域与未修理区域无明显的差异。最后，用上光蜡统一对整板进行上光即可。

用抛光机进行局部抛光与上述手工抛光的步骤相同。首先将中粗抛光蜡涂抹于修补区域，选用小型海绵式抛光垫以较低的转速对修理区域进行抛光，待修理区域基本消除打磨痕迹并显现出光泽后，逐渐提高转速并扩大抛光区域到修理区域的 3 ~ 5 倍，然后换用较大的抛光垫，用细抛光蜡对整板进行抛光、上光一体化操作，以消除光泽和颜色的差异。

（2）涂膜凹陷的修理

面漆喷涂完毕，涂膜上常常会有个别因喷涂表面不洁净，留有油渍、汗渍等造成涂膜张力变化而形成的小凹坑（鱼眼），或是清除遮盖物时造成的小范围涂膜剥落等现象。对这些地方进行补漆操作时，若缺陷位置不明显，一般不需要用空气喷枪，使用细毛笔或牙签等对凹陷部位进行填补就可以了。

用细毛笔或牙签填补凹陷最好在涂膜未干时操作，如果涂膜已经干燥，将会造成填补部位附着不良和颜色差异。具体操作如下：

1）若面漆涂膜已经基本干燥，则需要用清洁剂对需要填补的区域进行清洁。

2）用细毛笔或牙签蘸取少许面漆，迅速地滴到缺陷部位（鱼眼）或涂抹需要填补的部位，如图 8–1–16 所示。

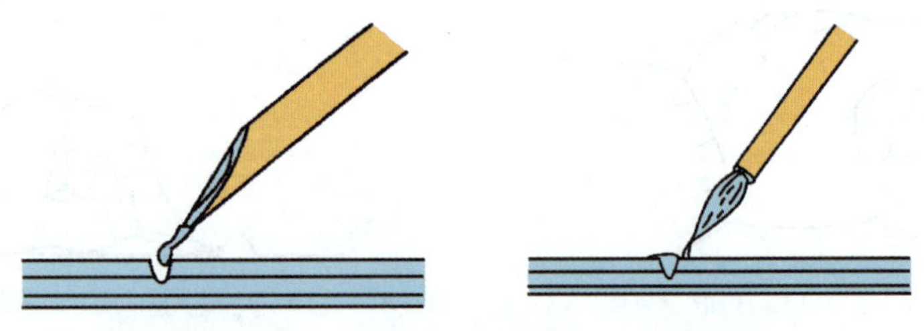

图 8–1–16　用细毛笔或牙签涂抹缺陷部位

3）用另一支细毛笔蘸取少许面漆稀释剂涂抹在修饰部位，以使修饰部位变得较为平整，并利用稀释剂的润开和溶解作用使修补部位与其周围相融合。

4）待完全干燥后可以稍稍进行打磨并进行抛光处理，方法同流挂及涂膜颗粒的修理。

3. 抛光与打蜡

（1）漆面抛光

所谓抛光就是通过打磨的方法，除去附着在涂膜表面的灰尘和小麻点，对表面粗糙和起皱处等平整度不良的部位进行修整，以达到使涂膜表面更加光亮且消除晕色的目的。抛光处理的最好时机是涂膜干燥程度为 90% 时，常温下涂膜一般在干燥 2 ~ 3 天后最适合抛光。

根据涂膜表面的具体情况，抛光可分为漆面流挂和颗粒修理后的抛光、晕色区域抛光和修复涂膜纹理抛光等。漆面流挂和颗粒修理后的抛光在前面已经详细介绍过，这里重点介绍晕色区域抛光和修复涂膜纹理抛光。

1）晕色区域抛光。进行晕色处理时应使用超细的研磨膏，薄薄地涂在晕色部位，然后用装有海绵式抛光垫的抛光机进行打磨，如图 8–1–17 所示。打磨时应注意：抛光垫只能轻轻接触涂膜，边观察光泽和涂膜状态，边仔细操作。要特别注意：晕色部位涂膜很薄，容易因磨穿而造成露底现象。对于双组分丙烯酸聚氨酯硝基涂膜和丙烯酸聚氨酯涂膜的晕色部位，在打磨前一定要用红外线加热器加热，使其完全干燥、固化（加热温度约为 60 ℃，时间为 30 min）。如果在半干状态下进行湿打磨，就会出现涂膜脱落、发白等现象。

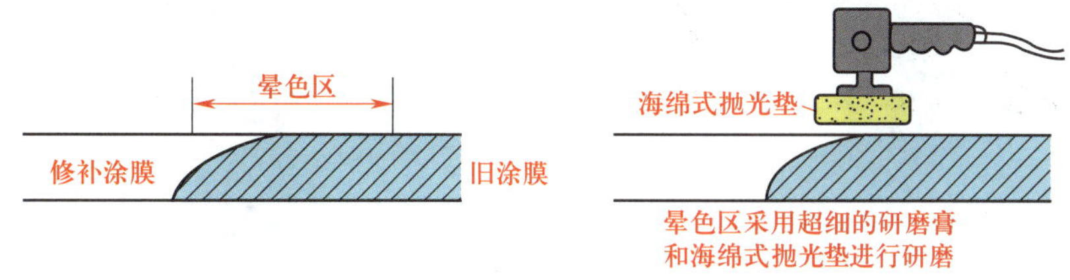

图 8–1–17 晕色区域抛光

2）修复涂膜纹理抛光。重涂表面的纹理与原始表面不同，除去重涂表面的部分凸起，以获得与原始涂层相似的表面的抛光称为修复涂膜纹理抛光。修复涂膜纹理抛光的步骤是：比较新、旧涂膜纹理，确定是否需要抛光→用水磨砂纸湿打磨重涂表面→用调整光泽的抛光剂抛光→用产生光泽的细抛光剂抛光。

（2）漆面打蜡

抛光作业完成后，应彻底清洗车身，待干燥后，才能给汽车涂膜打蜡。汽车打蜡的主要目的是保持车身漆面亮丽、整洁，保护车身涂膜。漆面打蜡分为手工打蜡和机械打蜡两种。打蜡的基本程序是：上蜡→凝固→抛光。

1）手工打蜡。手工打蜡首先是上蜡，将适量的车蜡涂在专用打蜡海绵上，每次按 0.5 m^2 的面积往复直线涂抹涂匀，每道涂抹时应与上道涂抹区域有 1/5 ~ 1/4 的重合度，以防止漏涂并保证均匀涂抹，注意在边角处的涂抹应避免超出漆面。上完蜡后，等待几分钟，待车蜡凝固。最后，用无纺布往复直线擦拭进行抛光，以达到光亮如新、清除剩余车蜡的目的。

2）机械打蜡。机械打蜡是将上光蜡均匀倒在抛光机的抛光垫上，如图 8–1–18 所示，每次按 0.5 m^2 的面积涂匀，直至打完全车为止。上完蜡后，等待几分钟，待车蜡凝固。确认绒线中无杂质，装上抛光垫，开启抛光机，将其轻放在车体上横向或纵向进行覆盖式抛光，如图 8–1–19 所示，直至漆面光泽令人满意为止。

要想达到理想的效果，在汽车打蜡作业时必须注意以下几点：

①打蜡时一定要擦干车身，否则会影响打蜡效果。

②打蜡作业环境要清洁，灰尘要尽可能少，要有良好的通风过滤装置。

图 8-1-18　将上光蜡均匀倒在蜡盘套上

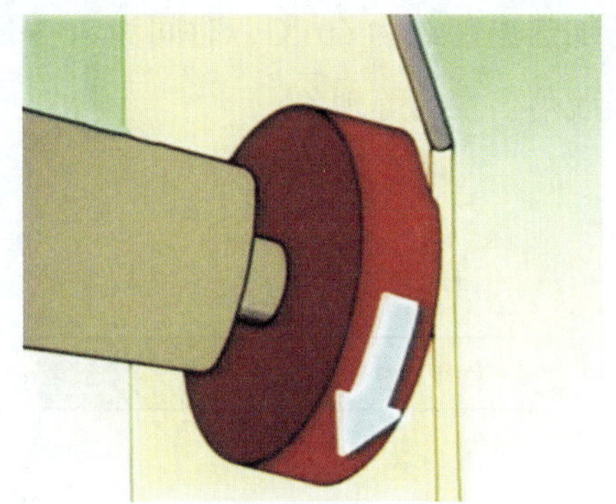
图 8-1-19　覆盖式抛光

③应在阴凉处给汽车打蜡，车表温度过高会使车蜡附着力下降，影响打蜡效果。

④打蜡时，手持式海绵及打蜡机海绵应进行直线往复运动，不宜环形涂抹，以防止由于涂层不均匀而造成强烈的环状漫反射。

⑤上蜡时应遵循先上后下的原则，即先涂抹车顶，后涂抹前、后盖板，最后涂抹车身侧面等。

⑥上蜡时，若海绵上出现与车漆相同的颜色，可能是车身漆面已经破损，应立即停止打蜡，并进行相应的修补处理。

⑦上蜡完成后，要遵循先上蜡的地方先抛光的原则，在规定时间内进行直线往复抛光。

⑧抛光结束后，要仔细检查，清除车牌、车灯、门边等处残存的车蜡，以防止产生腐蚀或影响整车美观。

⑨打蜡结束后，设备及用品要及时清洁，并妥善保存，抛光垫的清洗如图 8-1-20 所示，抛光机的放置如图 8-1-21 所示。

图 8-1-20　抛光垫的清洗

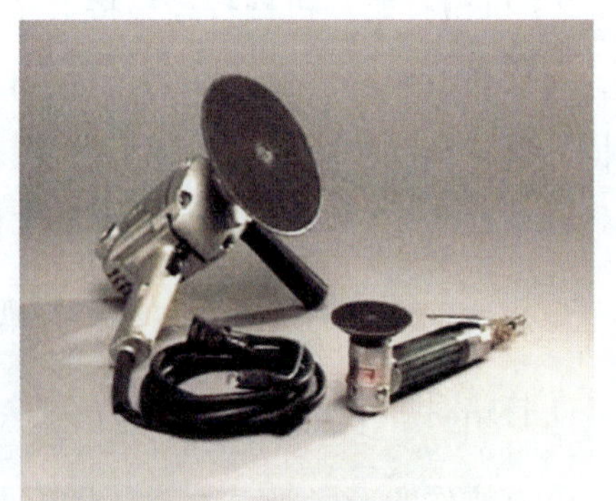
图 8-1-21　抛光机的放置

任务实施

一、中国奥运会会徽的涂装

1. 施工前的准备

（1）车身面漆的鉴别和图案涂料的选择

在一块干净的抹布上倒上面漆溶剂，选择保险杠底部反复擦拭，结果发现抹布上没有该车身面漆的颜色，说明原厂漆不是溶剂挥发干燥型涂料，不会出现“咬底”现象。考虑施工的简便性，选用聚丙酯－丙烯酸素色漆。

（2）文字、图案的刻制

在一张纸上打印出中国奥运会会徽的文字和图案（见图 8–1–22），用清漆在纸的正反面刷涂 2 ~ 3 遍，晾干，然后按照相关知识中的要求将文字和图案刻制成镂空板，如图 8–1–23 所示，黑色部分为刻除部分。

图 8–1–22 打印的中国奥运会会徽

图 8–1–23 刻制出来的镂空板

2. 文字、图案的定位

（1）用 2 000# 砂纸打磨车身上需喷涂图案的部位至表面无光，用干净的抹布擦去车身表面的灰尘，然后用除油剂擦拭待喷涂部位。

（2）将带有文字、图案的镂空板用贴护胶带定位在车门的合适位置，如图 8–1–24 所示。

（3）用特殊铅笔勾画出镂空的文字和图案的轮廓，如图 8–1–25 所示。

图 8-1-24　镂空板在车门上的定位

图 8-1-25　用特殊铅笔勾画出镂空的文字和图案的轮廓

3. 非喷涂区域的遮盖

将文字、图案的喷涂区域留出，其余部位应遮盖严实。

注意：不应喷到喷雾的部位均应用遮盖纸和遮盖胶带遮严，不得遗漏。遮盖完成后要仔细检查。

4. 文字、图案的喷涂

奥运会会徽的喷涂分四个步骤进行，分别是“中国印”的喷涂、奥运会会徽中文字的喷涂、奥运会会徽中“五环”的喷涂和车门整体清漆的喷涂。

（1）“中国印”的喷涂

“中国印”由白色和红色两部分组成，由于车身底色为白色，因此只需要喷涂红颜色图案即可。

1）“中国印”图案喷涂前的贴护如图 8-1-26 所示。

2）图案的喷涂。

3）图案的修整。由于“中国印”的边缘是不规则的印痕，在喷涂完毕去除图案轮廓贴护后，必须用细毛笔蘸上红色漆做适当的修整。

4）图案的干燥。为了加快施工进度，喷涂的图案必须用红外线烤灯干燥。只有图案彻底干燥后，才能进行下一道工序。

（2）奥运会会徽中文字的喷涂

由于奥运会会徽中文字的颜色均为黑色，只需一次贴护和一次喷涂。文字喷涂前的贴护如图 8-1-27 所示，施工方法和步骤与上面相同。

图 8-1-26 “中国印”图案喷涂前的贴护

图 8-1-27 文字喷涂前的贴护

（3）奥运会会徽中“五环”的喷涂

奥运会会徽中的“五环”由蓝、黄、黑、绿、红五种颜色的圆环组成，根据几种颜色分几次喷涂的原则，奥运会会徽中的“五环”必须经过五次喷涂才能完成。

1）蓝色圆环的喷涂

①蓝色圆环喷涂前的贴护如图 8-1-28 所示。

②蓝色圆环的喷涂。

③去除遮盖物后蓝色圆环的修整。

④蓝色圆环的干燥。

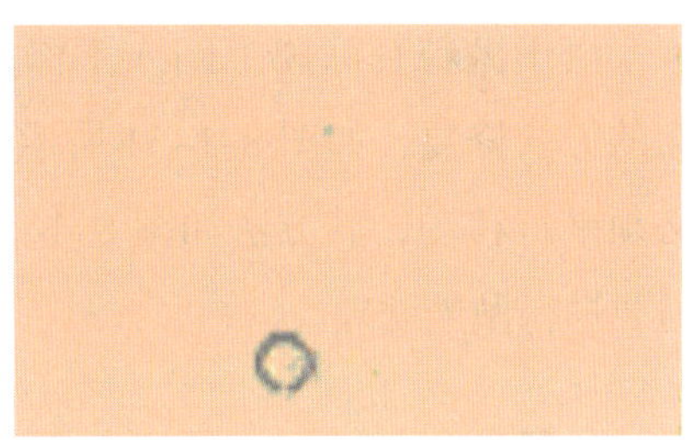
图 8-1-28 蓝色圆环喷涂前的贴护

2）其他四环的喷涂。其他四环的喷涂分四次进行，喷涂的方法和步骤与蓝色圆环的喷涂相同。

（4）车门整体清漆的喷涂

1）清漆的喷涂。奥运会会徽涂装完成后，必须在其表面喷涂一层清漆，以保证图案效果持久，同时提高整车的美感。

2）去除遮盖物。清漆喷涂结束后，静置 10 ~ 15 min，去除遮盖物。

3）清漆的干燥。为了便于涂膜的修理和漆面的抛光，清漆涂膜的干燥程度要在 90% 以上。在烤漆房内烘烤（见图 8-1-29），在 60 ℃下烘烤 45 min。

图 8-1-29 清漆的干燥

二、车门涂膜的修整

1. 涂膜的检修

（1）车门涂膜质量的检查

认真检查车门涂膜表面，发现车门上的涂膜表面有几点微粒，微粒陷入涂膜不深，可用油石打磨去除。从侧面利用反射光观察新、旧涂膜的纹理，发现有较大差别（见图 8–1–30），需要进行大面积抛光。

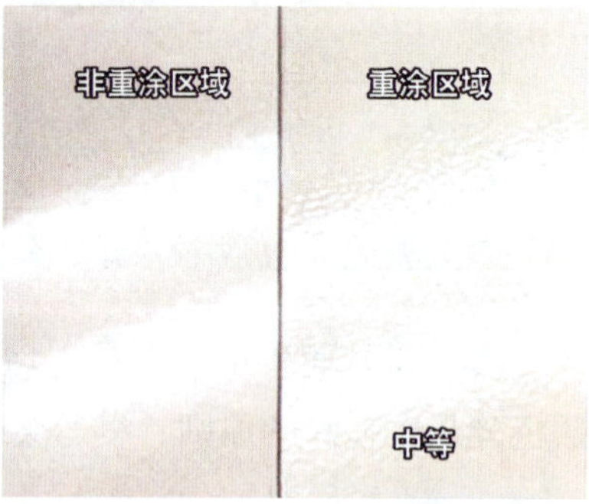

图 8–1–30　新、旧涂膜纹理的比较

（2）车门涂膜上微粒的修理

由于微粒在涂膜上陷入不深，可采用油石打磨的方法修复，如图 8–1–31 所示。用油石打磨时必须平行移动，其方法如图 8–1–32 所示，切忌在打磨过程中摇晃油石。打磨平整后需要进行抛光处理。

图 8–1–31　用油石打磨涂膜微粒

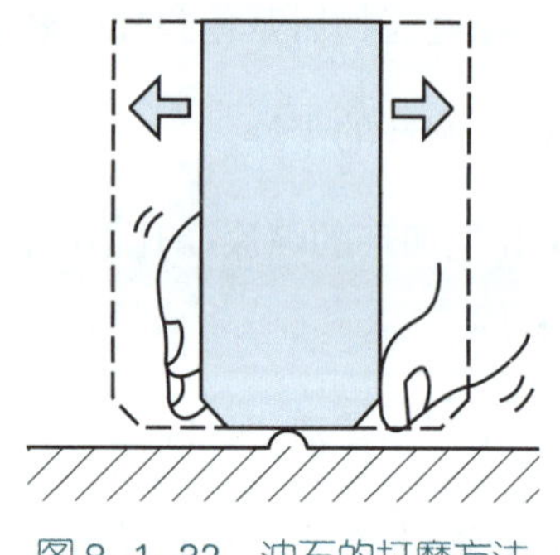

图 8–1–32　油石的打磨方法

2. 涂膜的抛光

为了使新、旧涂膜的颜色和纹理基本一致，需要进行抛光。

（1）涂膜纹理的调整

新、旧涂膜纹理相差较大，抛光分为用湿打磨修复纹理、用粗抛光剂和粗抛光垫调整纹理以及用细抛光剂和细抛光垫完成抛光三个步骤。

1）用湿打磨修复纹理。用 2 000# 细砂纸垫在打磨垫块上，湿打磨纹理粗糙的涂膜，湿打磨时要用到水及水桶，如图 8–1–33 所示。待打磨到新涂膜与旧涂膜纹理大致相当且较为粗糙时，停止打磨，用干净抹布擦去表面的尘粒。

2）用粗抛光剂和粗抛光垫调整纹理。装上粗抛光垫，在粗抛光垫上涂抹适量的粗抛光剂，对车门涂膜进行抛光，如图 8–1–34 所示。当新、旧涂膜纹理基本一致时，停止抛光，用水清洗车身表面，除去粗抛光剂。

图 8–1–33　用湿打磨修复纹理

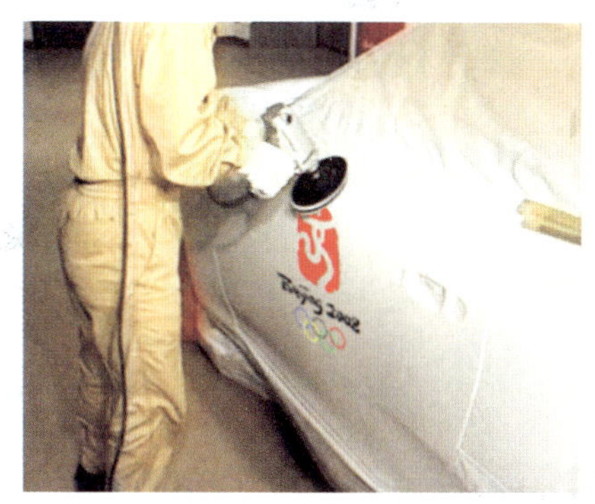
图 8–1–34　用粗抛光剂抛光

3）用细抛光剂和细抛光垫完成抛光。装上细抛光垫，在细抛光垫上涂抹细抛光剂，进行大面积抛光，如图 8–1–35 所示。整个板件达到了预期的纹理效果，抛光完成。

（2）晕色区抛光

晕色区可以用手工抛光，也可以用机械抛光，值得注意的是，抛光方向只能从重涂区域向非重涂区域进行，不能反向抛光，如图 8–1–36 所示。

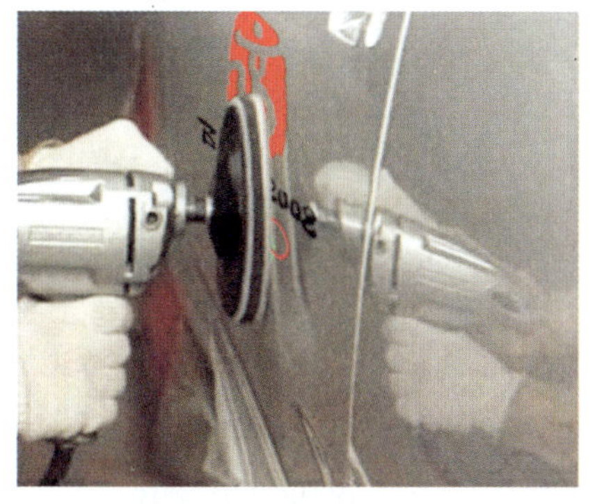
图 8–1–35　用细抛光垫进行大面积抛光

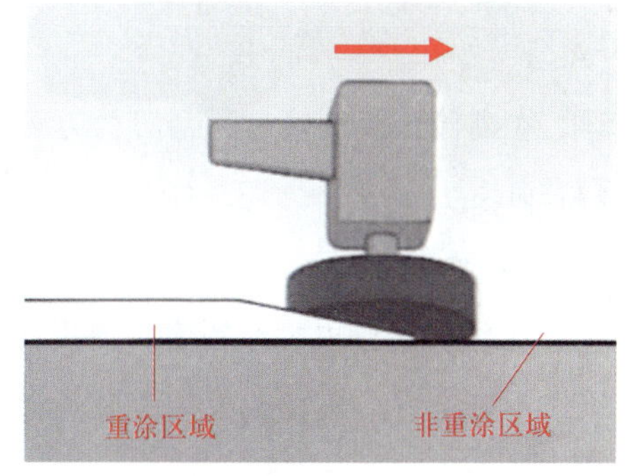

图 8–1–36　从重涂区域向非重涂区域抛光

3. 全车打蜡

将适量的车蜡涂在专用打蜡海绵上在车身上涂抹，防止漏涂，保证均匀涂抹，如

图 8-1-37 所示。打完蜡后等待几分钟，待车蜡凝固。最后用无纺布往复直线擦拭进行抛光，使打蜡后的车身光亮如新，如图 8-1-38 所示。

图 8-1-37　手工打蜡

图 8-1-38　打蜡后的车身

思考题

一、选择题

1. 用湿打磨修复涂膜纹理时应选用________砂纸。

A. 360#　　B. 800#　　C. 1 200#　　D. 2 000#

2. 机械打蜡时使用________抛光垫。

A. 毛巾式　　B. 毛绒式　　C. 海绵式　　D. 麂皮式

3. 在白色车身上涂装一面五星红旗时需要喷涂________次。

A. 1　　B. 2　　C. 3　　D. 4

4. 在刮除涂膜流痕时，刮刀的刀刃应该________倾斜。

A. 向左　　B. 向上　　C. 向下　　D. 向右

二、判断题

1. 在修补作业中喷涂图案，使用聚丙酯－丙烯酸涂料比较合适。（　　）

2. 一般涂膜干燥程度为 70% 时是抛光处理的最好时机。（　　）

3. 对于涂膜颗粒等小范围的打磨，一般使用 1 500#～2 000# 水磨砂纸。（　　）

4. 上蜡时，若海绵上出现与车漆相同的颜色，可能是车身漆面已经破损。（　　）

5. 采用细抛光蜡抛光可以调整车身涂膜的纹理。（　　）

三、实践与练习

1. 练习在汽车的发动机舱盖上涂装宝马汽车标志，如图 8-1-39 所示。

2. 练习修复涂膜上有尘埃杂质的车身板件，如图 8-1-40 所示。

图 8-1-39 宝马汽车标志

图 8-1-40 涂膜上有尘埃杂质的车身板件

任务 2 涂 膜 检 测

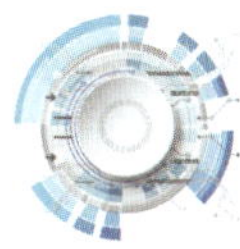

任务目标

- 了解涂膜质量检测的基本内容。
- 熟悉涂膜质量的测定方法和检测设备。
- 能根据要求进行涂膜样板的制备及涂膜质量的检测。

任务引入

某涂装工技师技能鉴定考试中有这样一道题：请考生利用规定的马口铁板制备涂膜测试样板，然后检测涂膜的性能。图 8-2-1 所示为用于测试涂膜质量的马口铁样板。

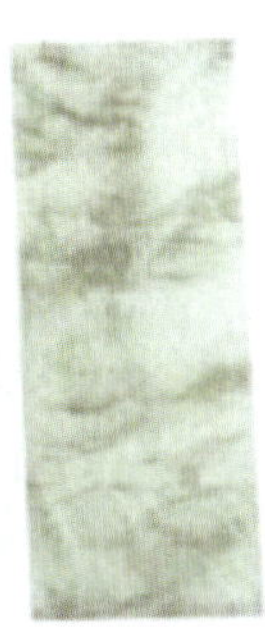

图 8-2-1 用于测试涂膜质量的马口铁样板

作为参加涂装工技师技能鉴定的考生，应该怎样进行涂膜测试样板的制备并以此为依据检测涂膜性能?

任务分析

涂膜质量的检测是取得优异的汽车涂装效果的重要保证。做好涂装质量检测工作，不仅能保证用户的汽车涂膜具有满意的外观装饰效果、优异的抗腐蚀性和耐久性，同时也是对企业负责，推动企业发展的有力保证。因此，作为涂装工技师，一定要善于检测涂膜质量，以确保涂装质量，节约时间和操作成本。

针对任务引入中的问题，必须熟悉涂膜样板的制备方法，合理地使用涂膜质量的检测设备，熟练地进行涂膜质量检测操作。

相关知识

一、涂膜质量检测的基本内容

涂膜质量检测包括涂膜附着力的检测、涂膜柔韧性的检测、涂膜耐冲击强度的检测、涂膜硬度的检测和涂膜光泽度的检测等内容。涂膜的附着力是指涂膜与被涂物表面之间的结合力，用它表示涂膜与被涂物之间结合的牢固程度。涂膜的柔韧性又称弹性或弯曲性，是指涂于一定规格金属板上的涂膜能够经受的最大弯曲程度（最小弯曲直径），即涂膜经过一定程度的弯曲而不发生破坏的性能，用弯曲直径（单位为 mm）来表示。涂膜的耐冲击强度是指涂膜能承受外来冲击而不损坏的程度。涂膜的硬度是指涂膜彻底干燥后具有的坚实性，即涂膜表面对作用于其上面的另一个硬度较高的物体所表现出的阻力。涂膜的光泽度是指涂膜表面把投射其上的光线朝向一个方向反射出去的能力，涂膜表面如果平整、光滑，光线向一个方向反射的能力就强，涂膜就越亮，其光泽度越好；反之就越差。

二、涂膜质量测定方法和检测设备

1. 涂膜附着力的测定方法和检测设备

涂膜附着力的好坏，一方面取决于涂料对基材表面的湿润程度和极性基团，另一方面与基材表面的处理方法和处理后的质量有关。如表面存有油污、灰尘、水分或其他杂质、异物等，都会严重影响涂膜与基材的附着力。

涂膜附着力的测定方法有综合性能测定法和剥落（离）测定法。综合性能测定法包括栅格法、交叉切痕法和划圆法；剥落（离）测定法包括扭开法和拉开法。目前，广大企业普遍使用综合性能测定法中的划圆法来测定涂膜的附着力，所得的结果也被广泛认同。划圆法即用涂膜附着力测定仪在喷涂样板上按圆滚线划出一圈一圈的划痕，然后通过查看划痕范围内涂膜的完整程度来进行评定。国家标准《漆膜附着力测定法》（GB/T 1720—1979）规定，涂膜附着力按照圆滚线范围内涂膜的完好程度进行评定，分级表示。

涂膜附着力测定仪如图 8-2-2 所示，其上有关部件的规格如下。

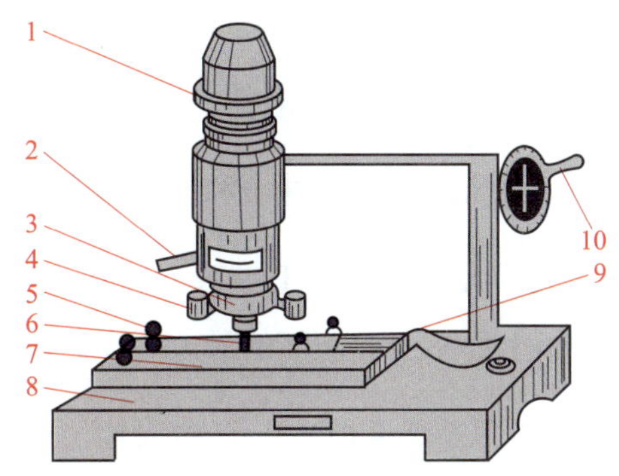

图 8-2-2 涂膜附着力测定仪

1—荷重盘 2—升降棒 3—卡针盘 4—回转半径调整旋钮 5—固定样板调整螺栓 6—转针 7—测试样板 8—试验台 9—试验台丝杆 10—摇柄

（1）试验台丝杆 9 的螺距为 1.5 mm，其转动与转针同步，即在转针转动的同时，丝杆带动试样移动，形成连续的划痕。

（2）转针采用三五牌唱针，其空载质量为 200 g。

（3）荷重盘上可根据实际情况放置不同质量的砝码，砝码有 100 g、200 g、500 g 和 1 000 g 四种。

（4）转针回转半径可调，标准回转半径为 5.25 mm。

在没有测试仪器的情况下可以使用栅格法进行涂膜附着力的测试。其方法是在完全干燥的样板上取不同的部位，分别用划格器或划针在 1 cm^2 范围内划横、竖各 11 条深至金属层的直线，将这一小块面积划分为 100 个 1 mm^2 见方的小方格，然后用黏度较高的塑料胶带粘贴在这些小方格上，用力撕下胶带，观察涂膜的剥落现象，从而评定涂膜的附着力。这种方法由于局限性比较大，所以只作为参考使用，不能作为评判的标准。但由于该方法简便易行，所以在涂装车间进行简单测试时经常采用。

2. 涂膜柔韧性的测定方法和检测设备

涂膜弯曲后的破坏现象有剥离、撕裂、变脆等。因此，涂膜的柔韧性不但与其弹性有关，而且与涂膜的附着力有关。

涂膜柔韧性的测定方法是将喷涂样板放在不同直径的轴棒上弯曲，直至找到弯曲后不引起涂膜破坏的最小轴棒为止，最小轴棒的直径即表示该涂膜的柔韧性数值。

涂膜柔软性测定仪如图 8-2-3 所示，它由粗细不同的 6 根钢制轴棒组成，轴棒固定在底座上，每根轴棒的长度为 35 mm。

3. 涂膜耐冲击强度的测定方法和检测设备

汽车在高速行驶过程中，经常受到机械冲击和振动，常使涂膜提前损坏。

国家标准《漆膜耐冲击性测定法》（GB/T 1732—1993）规定，涂膜耐冲击强度以重锤的重力与其落于涂膜样板上而不引起破坏的最大高度的乘积 N · cm 来表示。

涂膜耐冲击强度检测仪如图 8-2-4 所示，它由底座、垫块、重锤总成、滑竿标尺、高度调整装置及控制装置（控制重锤自由落下）等组成。

4. 涂膜硬度的测定方法和检测设备

涂装在物体表面上的涂膜应有一定的坚硬性，这样才能承受外界的机械损伤而达到保护物体表面的作用。涂膜硬度的测定方法有两种，即国家标准《色漆和清漆 摆杆阻尼试验》（GB/T 1730—2007）和《色漆和清漆 铅笔法测定漆膜硬度》（GB/T 6739—2006）。

摆杆硬度计如图 8-2-5 所示。摆杆硬度计的工作原理是：利用摆杆在不同物体表面上摆动时的衰减程度来间接测量硬度。物体表面越硬，摆杆衰减得就越慢；反之，衰减得就越快。被检测涂膜的硬度用置于该涂膜样板上一定质量的摆杆摆动衰减的时间与同一条件下摆杆在玻璃板上摆动衰减的时间的比值来表示。一般情况下，摆杆在玻璃板上从 6°～3°的摆动次数测定为（178±8）次，所需时间为（250±10）s。

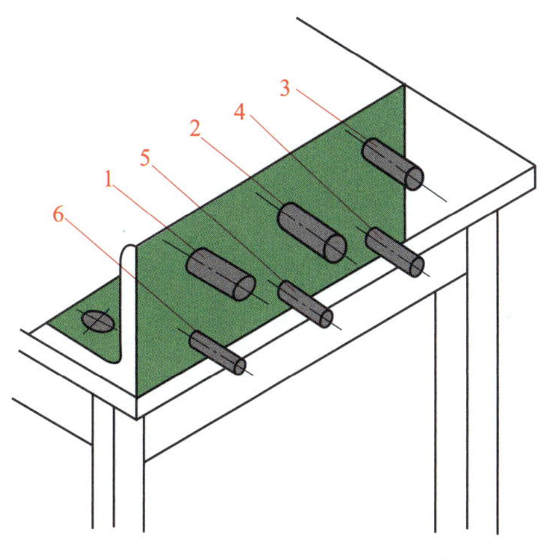

图 8-2-3　涂膜柔韧性测定仪

1～6—轴棒

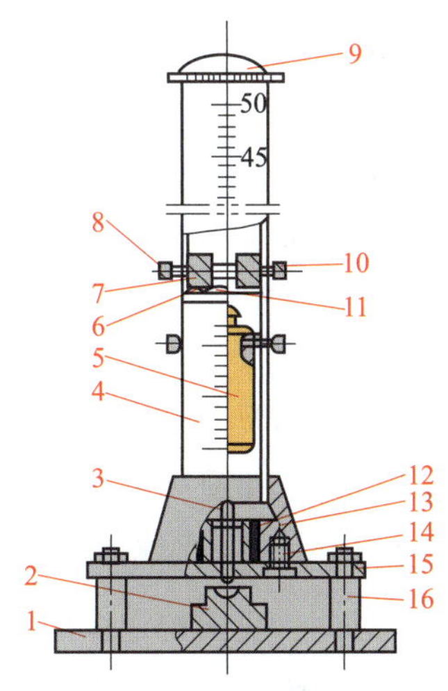

图 8-2-4　涂膜耐冲击强度检测仪

1—底座　2—垫块　3—冲击头　4—滑竿标尺　5—重锤总成　6、11—控制装置　7、8、10—高度调整装置　9—顶盖　12—导向杆　13—限位套　14—螺钉　15—板座　16—立柱

涂膜硬度——铅笔法的测定原理是：以一定硬度的铅笔刻画涂膜，以目测涂膜刻画的深浅程度来表示涂膜硬度。测试铅笔从 6H～6B 共 13 支，削成如图 8-2-6 所示的形状，从最软的铅笔开始，使铅笔与测试样板始终成 45°角，由后向前推进，如果

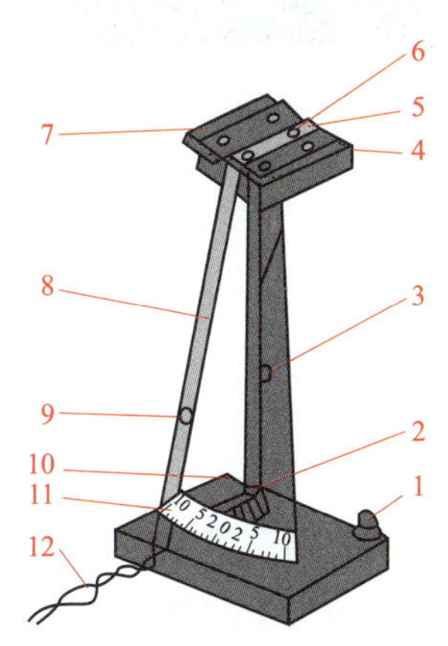

图 8-2-5　摆杆硬度计

1—底座调节螺钉　2—支座　3—铅锤　4—平台　5—钢片　6—连接片　7—框架　8—摆杆　9—重锤　10—底座　11—刻度尺　12—制动拉线

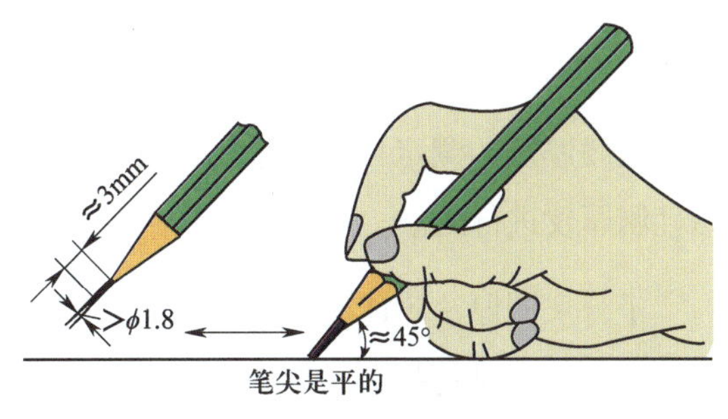

图 8-2-6　测试铅笔的形状

笔芯划破涂膜，则说明涂膜的硬度比该铅笔的硬度低一号。铅笔法测定的特点是：可直接对车身涂膜的硬度进行测定，无须再制备涂膜样板。若选择的测定部位较隐蔽，效果会更好。但因铅笔在制造过程中存在很大的差异，所以仅能做一般比较和简单检测使用，不能作为标准测定方法。

5. 涂膜光泽度的测定方法和检测设备

涂膜表面越平整、光滑，光线朝一个方向反射的能力就越强，光泽度也就越高；反之，表面粗糙，则反射的光线杂乱，方向不一，光泽度低。涂膜光泽度是反映车身涂装质量的重要指标之一，所以对涂膜光泽度的测定会经常用到。

涂膜表面反射光的强弱不但取决于涂膜表面的平滑或粗糙程度，还取决于涂膜表面对投射光的反射量和透过量的多少。在同一涂膜表面，以不同入射角投入的光会出现不同的反光强度。因此在测量光泽度时，不管是目测还是采用仪器，都必须先确定光的入射角。对此，我国规定采用的标准入射角为 45°。一般光泽度的大小均是相对的比较值，光泽计附有一块高光泽度标准样板（黑玻璃），规定该标准样板的光泽度为 100%，将被测涂膜的样板与之比较，其光泽度用百分比表示。

目前，测量涂膜光泽度的仪器有光电光泽计和投影光泽计两种，以光电光泽计为主，其外形如图 8–2–7 所示。

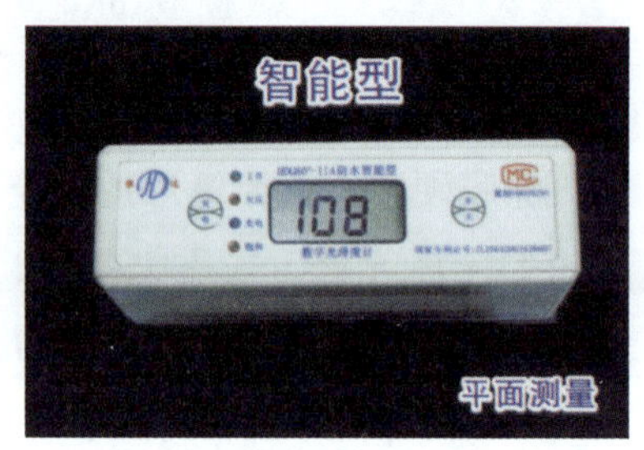

图 8–2–7　光电光泽计的外形

光电光泽计的检测原理是：按一定角度将光投射到水平放置的被测涂膜表面，通过透镜把反射的光线照向光电池，光电池将反射光线的强度转变为电流，再通过精密的检流计测定涂膜的光泽度。

6. 涂膜厚度的测定方法和检测设备

涂膜厚度的测定目前常采用两种方法，一种是利用千分尺进行测量，另一种是用磁性测厚仪进行测量。

千分尺测厚法不能直接测得被涂车辆的涂膜厚度，只能测量喷涂样板。将喷涂样板遮盖一半后进行喷涂，待干燥后用千分尺分别测量未喷涂部位的厚度与喷涂部位的厚度，两者之差就是涂膜厚度。对于被涂车辆车身上的涂膜厚度，通常采用磁性测厚仪进行测量。

磁性测厚仪的外形如图 8-2-8 所示，其使用方法是：选用一块与被测物底材相同的裸金属板，将金属板表面擦洗干净，把探头放在金属板上按下电钮，再按下磁芯，当磁芯跳开时如指针不在“0”位，则必须调整调零按钮使其归零，调零后即可以进行测量。用磁性测厚仪测量涂膜厚度也有缺点，它只能用于测量钢铁等导磁金属表面的涂膜厚度，对不导磁物体则无法测量。若汽车车身表面经过多次修复或原子灰层很厚，会影响导磁效果，从而导致测量不准确。

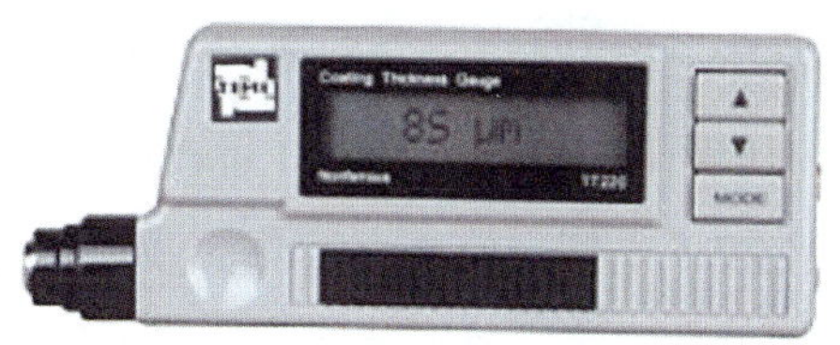

图 8-2-8　磁性测厚仪的外形

任务实施

一、涂膜测试样板的制备

在对涂膜进行性能测试前，应按照国家标准《漆膜一般制备法》（GB/T 1727—1992）的规定制备涂膜测试样板。制备方法如下：

1. 底板的表面处理

先将马口铁板用 200# 水磨砂纸打磨后除锈（可机械打磨或手工打磨），除掉镀锡层，再用溶剂将其洗净并擦拭干净。

2. 制备样板

在涂装前应对涂料试样进行充分搅拌，必要时用过滤网过滤。将涂料试样稀释到规定的施工黏度［在（25 ± 1）℃的条件下，以涂 -4 黏度计测量涂料的黏度，油基漆黏度为 20 ~ 30 s，挥发干燥型漆黏度为 15 ~ 25 s］，然后在规定的底板上喷涂成均匀的涂膜，且不得有漏底或流挂现象。将喷涂好的样板放在恒温、恒湿或鼓风恒温的干燥箱中干燥。

在对样板进行干燥前，应留有充分的晾干时间，以免在干燥过程中出现缺陷，影响制备的涂膜质量。对样板的干燥时间规定如下：自然干燥的漆，应在恒温、恒湿条件下干燥 48 h，挥发型漆应干燥 24 h；烘干漆按产品规定的时间烘干取出后，还应在恒温、恒湿条件下放置 0.5 ~ 1 h。

3. 检查涂膜厚度，挑选符合涂膜厚度要求的测试样板

取距样板边缘不小于 1 cm 的被涂物表面上的几个点进行测量。将探头放在被测涂膜上按下电钮，使之与被测涂膜完全吸合，此时显示窗口上数字跳动，待磁芯跳开，显示的数字稳定时即可读出涂膜的厚度值。取所测各点厚度的算术平均值作为被测涂膜的平均厚度。

对样板制备后各种涂膜的厚度要求见表 8–2–1。

表 8–2–1　各种涂膜的厚度要求　μm

名称	厚度	名称	厚度
丙烯酸清漆	13 ± 3	丙烯酸磁漆、底漆	18 ± 3
酯胶、酚醛、醇酸清漆	15 ± 3	乙烯磷化底漆	10 ± 3
沥青、环氧树脂漆、氨基树脂漆、过氯乙烯、硝基漆、有机硅耐热清漆	20 ± 3	厚漆	35 ± 5
磁漆、底漆、烘干漆	23 ± 3	原子灰	500 ± 20

二、涂膜质量的检测

1. 涂膜附着力的测试

（1）调整转针回转半径

调整转针的回转半径，直至其与标准回转半径（5.25 mm）的圆滚线相同为止。

（2）确定转针刺入涂膜的深度

将样板放在试验台上并固定，在荷重盘上酌情加砝码，使转针的尖端接触到涂膜并能划至金属层。

（3）在涂膜上划圆滚线

按顺时针方向均匀摇转摇柄，转速以 80 ~ 100 r/min 为宜，圆滚线划痕标准周长为（7.5 ± 0.5）cm。

（4）观察涂膜上的划痕并评定损伤等级

取出样板，用毛刷清除漆屑，以四倍放大镜观察划痕并做出评定。

（5）涂膜附着力大小的评定

以样板上划痕的上侧为检查的目标，依次标出 1，2，3，4，5，6，7 共七个部位（以划格的大小划分，划格越小，等级越高），相应地将其附着能力分为 7 个等级，用放大镜按顺序检查涂膜的完好程度。例如，部位 1 涂膜完好，则涂膜的附着力最佳，评定为一级；若部位 1 损坏，部位 2 完好，附着力评定为二级。以此类推，七级的附着力最差。标准划痕如图 8–2–9 所示。

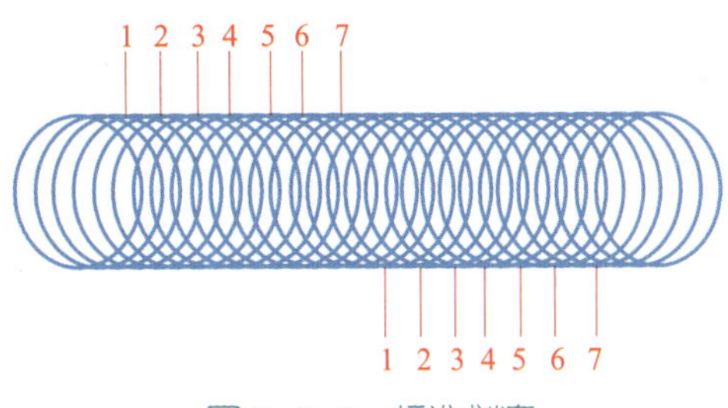

图 8–2–9 标准划痕

注意：测试的结果以至少两块测试样板的结果一致为准。这种方法在不同涂料或不同底材做附着力比较测试时较为常用。

2. 涂膜柔韧性的测试

（1）在马口铁样板涂膜彻底干燥后，在恒温、恒湿的条件下，将涂膜向上，用双手将样板紧压在某一直径的轴棒上，绕轴棒弯曲样板。

（2）弯曲时，双手的拇指应对称于轴棒的中心线，弯曲动作必须在 2 ~ 3 s 内完成。

（3）样板弯曲后，用四倍放大镜观察，不出现网纹、裂纹及剥落等现象的最小直径就是该涂膜的柔韧性数值。

3. 涂膜耐冲击强度的测试

（1）待测试样板上的涂膜彻底干燥后，在恒温、恒湿条件下，将涂膜面向上，样板放置在检测仪下部的铁砧上。样板承受冲击的部分距边缘不少于 15 mm，每次冲击点应相距 15 mm 以上。

（2）将重锤控制在规定的高度（通常为涂料产品标准规定的高度），按压控制按钮，重锤自由下落并冲击冲击头，冲击头冲击涂膜样板。

（3）提起重锤，取出样板，用四倍放大镜观察涂膜有无裂纹、皱纹和剥落等破坏现象。例如，产品规定的冲击强度为 40 cm，即选用 1 kg 的重锤，高度为 40 cm，观察冲击后的涂膜是否有损伤。若无损伤，则说明涂膜符合冲击强度的要求。

4. 涂膜硬度的测试

（1）试验条件的准备

测定涂膜硬度时，应在（25 ± 1）℃、相对湿度为（65 ± 5）% 的条件下进行。

（2）仪器的调校

每次使用摆杆硬度计前应进行校正，测定其玻璃值，即在未涂漆的玻璃板上摆杆从 6°衰减到 3°的时间，仪器的玻璃值应为（250 ± 10）s。此值是测量涂膜硬度时的对比基础，如果此值不对，就必须调校，使其达到规定值。

（3）测量摆杆的衰减时间

将已完全干燥的涂膜样板放在摆杆硬度计上，测量摆杆在其上从 6°衰减至 3°所需要的时间。

（4）计算涂膜的硬度

涂膜硬度为摆杆在涂膜样板上的摆动衰减时间与摆杆的玻璃值之比，即

涂膜硬度 = 摆杆在涂膜上的摆动衰减时间 / 玻璃值

注意：涂膜的硬度值应取两次测定的平均值，且两次测定结果之差应不大于平均值的 5%。由于是两种情况下的时间之比，因此，涂膜硬度（摆杆阻尼法）没有单位。通常涂膜比玻璃软，硬度值总是小于 1。该比值越接近 1，则证明涂膜的硬度值越高。

5. 涂膜光泽度的测试

（1）接通电源，使光电光泽计预热 10 min。

（2）在光电光泽计预热后，按下 100% 的量程选择按钮。拉动样板夹，将黑色标准样板插入空隙内夹好。慢慢转动旋钮，使表针指示标准样板所标定的光泽度值，取出样板。

（3）插入被测样板，读取指示值，并与标准样板的测试值进行比较，最后得出被测涂膜的表面光泽度。

如果光泽度低于 70%，应选择 70% 的量程按钮；在样板的三个不同位置进行测量，读数准确至 1%；各测量点的读数与平均值之差应不大于平均值的 5%；取三点读数的算术平均值为最终结果。每测量五块样板后，应用标准样板校对一次。

需要注意的是，标准样板是测量光泽度的参考基础，在测量和保管过程中不能破坏其表面，并应定期更换标准样板。

思考题

一、填空题

1. 涂膜的附着力是指涂膜与被涂物表面之间的________，用它表示涂膜与被涂物之间结合的牢固程度。

2. 涂膜的柔韧性又称________或________。

3. 涂膜表面如果平整、光滑，光线向一个方向反射的能力就________，涂膜就越亮，其________越好；反之就越差。

4. 涂膜比玻璃软，硬度值总是小于________。

5. 涂膜硬度 =________________________________/玻璃值。

二、判断题

1. 如果涂膜光泽度低于70%，应选择涂膜光电光泽计中100%的量程按钮。(　　)

2. 涂膜硬度值越接近1，则说明涂膜的硬度越高。(　　)

3. 在涂膜附着力等级中，七级的附着力最好。(　　)

4. 试件样板烘干取出后，还应在恒温、恒湿条件下放置3 h。(　　)

5. 样板上的原子灰层越厚，涂膜磁性测厚仪所测得的值越准确。(　　)

三、实践与练习

在图8-2-10所示的涂膜质量测试板上依次进行涂膜厚度、涂膜光泽度、涂膜硬度和涂膜附着力的检测。

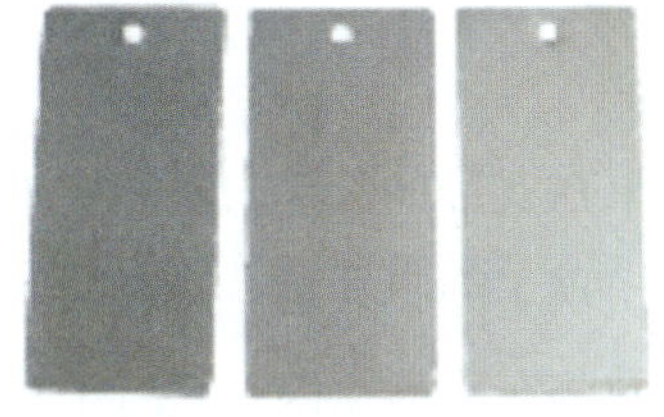

图8-2-10　涂膜质量测试板

任务3　涂膜弊病与缺陷防治

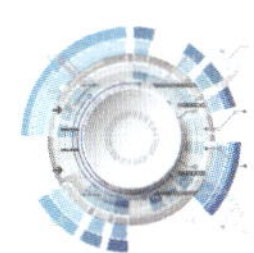

任务目标

- 熟悉涂膜缺陷产生时的外观现象。
- 掌握涂膜缺陷产生的主要原因及防治方法。
- 能针对具体的涂膜缺陷采取合理的防治措施。

任务引入

在面漆的喷涂过程中，涂装人员发现喷涂表面产生如图 8-3-1 所示的涂膜缺陷。为了避免缺陷的产生，涂装人员停止施工，待漆面稍干，再次喷涂，结果又出现相同的情况。涂膜上的这种现象是由哪些原因引起的？出现这种现象该如何处理？

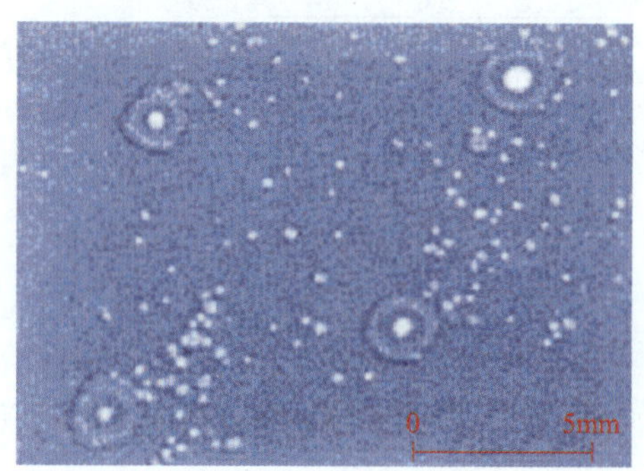

图 8-3-1　涂装过程中产生的涂膜缺陷

任务分析

在实际的涂装过程中，难免产生这样或那样的失误，这些失误反映在外涂层上，就出现了涂膜缺陷。涂膜缺陷产生的原因复杂，产生的形态各异，为了能正确分析涂膜缺陷产生的原因，及时采取防治方法和补救措施，首先要对涂膜常见缺陷有一个系统的了解，然后针对具体情况进行补救和防治。

相关知识

涂膜缺陷是在涂装过程中或涂装后不久产生的，它一般与被涂物的状态、选用的涂料、涂装方法、涂装工艺、涂装设备和涂装环境等因素有关。作为涂装人员，一定要具有分析涂膜缺陷产生原因的能力，并具备对各类缺陷进行补救的技能。汽车涂装过程中常见的涂膜缺陷及其防治方法见表 8-3-1。

表 8-3-1 汽车涂装过程中常见的涂膜缺陷及其防治方法

类别	现象	产生的原因	防治方法
1. 起皱	起皱是指在干燥过程中涂膜表面出现的皱纹，常出现凹凸不平且平行的线状或无规则线状的现象	（1）桐油制的油性漆易发生起皱现象 （2）在涂料中添加了过多的含钴和锰的催干剂 （3）升温过急，表面干燥过快 （4）涂膜过厚或在浸涂时产生“肥厚的边缘” （5）氨基漆晾干过度，表面干燥后再烘干，易产生起皱现象	（1）控制桐油的使用量 （2）减少含钴和锰的催干剂的用量 （3）控制升温速度，使涂膜表面干燥速度减慢 （4）每道漆控制在不产生起皱的厚度限值内，掌握浸涂技术，防止产生“肥厚的边缘” （5）采用防起皱剂，如改性的醇酸树脂漆过厚，在烘干时易起皱，可添加少量（5% 以下）氨基树脂作为防起皱剂
2. 气泡	气泡是指在涂装过程中涂膜表面呈泡状鼓起，或在涂膜中有气泡的现象。烘干型涂料易产生这一缺陷。气泡通常有水气泡、溶剂气泡和空气泡三种	（1）溶剂挥发快，涂料黏度高 （2）加热过急，晾干时间过短 （3）底材、底涂层中残留有溶剂、水分或气体 （4）搅拌时混入涂料中的气体未释放尽就进行涂装，或在刷涂时刷子走动过急而混入空气 （5）在木质底材上涂氨基醇酸树脂涂料	（1）使用指定溶剂，黏度应按涂装方法选择，不宜偏高 （2）涂层烘干时升温不宜过急 （3）底材、底涂层或被涂面应干燥、清洁，不含有溶剂和水分 （4）添加醇类溶剂或消泡剂 （5）选择与木质底材配套的涂料
3. 针孔	针孔是指在涂膜上产生针状小孔或像皮革毛孔状的现象。针孔的直径一般为 100 μm	（1）涂料的流动性差，流平性差，释放气泡性差 （2）涂料在储运时变质，例如，沥青涂料在低温下储运时，漆基的互溶性和溶解性变差，局部析出，引起颗粒或针孔弊病	（1）选用合适的涂料，对易产生针孔的涂料应加强进厂检验，避免不合格材料投入生产 （2）在储运过程中防止涂料变质，涂料使用前应做好质检工作

续表

类别	现象	产生的原因	防治方法
3. 针孔	针孔是指在涂膜上产生针状小孔或像皮革毛孔状的现象。针孔的直径一般为 100 μm	（3）涂料中混入不纯物，如溶剂型涂料中混入水分等 （4）涂装后晾干不充分，烘干时升温过急，表面干燥过快 （5）被涂物的温度过高或被涂物表面有污物和小孔 （6）环境空气湿度过高	（3）注意存漆容器与涂装工具的清洁以及溶剂的质量，防止不纯物混入涂料中 （4）涂装后应按规范晾干，添加挥发慢的溶剂使湿涂膜的表面干燥速度减慢 （5）改善涂装环境 （6）降低空气湿度
4. 鱼眼	鱼眼是指受被涂物表面存在（或混入涂料中）的异物（如油、水等）的影响，使涂料不能均匀附着，产生抽缩而露出被涂面的现象。这种缺陷产生在刚涂装完的湿漆上，有时在烘干后的干涂膜上才能发现	（1）所用涂料的表面张力偏高，流平性差，释放气泡性差，本身对缩孔的敏感性大 （2）调漆工具及设备不洁净，使有害异物混入涂料中 （3）被涂物表面不洁净，有水、油、灰尘、肥皂、硅酮、打磨灰等异物附着 （4）涂装环境空气不洁净，有灰尘、飞漆、硅酮、蜡雾等 （5）涂装工具、工作服、手套不干净 （6）旧涂膜表面打磨不充分	（1）在研制和选用涂料时，要注意涂料对缩孔的敏感性 （2）在涂装车间，无论是设备、工具还是生产用的辅助材料等，绝对不能带有对涂料有害的物质，尤其是硅酮类物质 （3）确保被涂物表面洁净 （4）应确保压缩空气清洁，无油、无水、无尘埃和油雾等 （5）严禁直接用手或用脏手套和脏抹布接触被涂物表面，确保被涂物表面洁净 （6）在旧涂膜上喷漆时，应用砂纸充分打磨，并擦拭干净
5. 拉丝	拉丝是指在喷涂时涂料雾化不良，呈丝状喷出，使涂膜表面呈丝状	（1）涂料的黏度高，或制漆用的合成树脂（如氯化橡胶、丙烯酸树脂等）的分子量偏高 （2）选用的溶剂溶解力不足 （3）易拉丝的树脂含量超过无丝喷涂的含量	（1）通过试验选择涂料最适宜的施工黏度或最适宜的施工固体分 （2）选用溶解力适当的（或较强的）溶剂 （3）使用分子量分布均匀的或分子量较低的树脂调整涂料配方，减少易拉丝树脂的含量

续表

类别	现象	产生的原因	防治方法
6. 发白	发白是指涂装过程中和刚涂装完毕的涂膜表面呈乳白色，产生云样的变白失光现象。多发生在涂装挥发性涂料的场合，严重时完全失光，涂层上出现微孔且力学性能下降	（1）施工场所的空气湿度太高（80% 以上） （2）所用有机溶剂的沸点低，而且挥发太快 （3）被涂物的温度低于室温 （4）涂料和稀释剂含水，或压缩空气带有水分 （5）溶剂和稀释剂的选用及配比不恰当，造成树脂在涂层中析出而变白 前 3 种原因使空气中的水分在被涂物表面上凝露，渗入涂层而发白	（1）涂装场地的环境温度最好为 15 ~ 25 ℃，相对湿度不高于 70% （2）选用沸点高和挥发速度较慢的有机溶剂，如添加防潮剂 （3）涂装前先将被涂物加热，使其比环境温度高 10 ℃左右 （4）防止通过溶剂和压缩空气带入水分 （5）防止树脂在成膜过程中析出
7. 咬底	喷涂面漆后，底涂层或中间涂层过分变软，产生皱纹、胀起、起泡等“咬底”现象。面漆（如硝基漆）中含强溶剂时易产生这种现象	（1）涂层未干透就涂下一道漆 （2）涂料不配套，底涂层的耐溶剂性差或面漆含有能溶解底涂层的强溶剂 （3）涂得过厚	（1）底涂层干透后再涂面漆 （2）改变涂料体系，另选用合适的底漆 （3）在易产生“咬底”现象的配套涂层场合，应先在底涂层上薄薄涂一层面漆，等稍干后再喷涂
8. 露底	由于漏涂、涂得薄或涂料遮盖力差未盖住底面（底色）而产生显露底材的现象称为露底	（1）所用涂料的遮盖力差或涂料在使用前未搅拌均匀 （2）涂料的施工黏度（或施工固体分）偏低，涂得过薄 （3）喷涂不仔细或被涂物外形复杂，发生漏涂现象 （4）底漆、面漆的色差过大，如在深色涂面上涂亮度高的浅色漆	（1）选用遮盖力强的涂料，增加涂层厚度或增加喷涂道数，且涂料在使用前应充分搅拌 （2）适当提高涂料的施工黏度或选用施工固体分高的涂料，每道漆应达到规定的喷涂厚度 （3）提高喷涂操作的熟练程度，谨慎操作 （4）底涂层的颜色应尽可能与面漆的颜色相近

续表

类别	现象	产生的原因	防治方法
9. 起粒	起粒是指涂膜中的凸起物呈颗粒状分布在整个或局部表面上的现象。由混入涂料中的异物或涂料变质而引起的称为涂料颗粒；在涂装时或刚涂装完毕的湿涂膜上附着的灰尘或异物称为尘埃	（1）涂装环境的空气清洁度差，调漆室、喷涂室、晾干室和烘干室内有灰尘 （2）被涂物表面不洁净 （3）操作人员的工作服、手套及涂装前擦拭用的材料掉纤维 （4）易沉淀的涂料未充分搅拌或过滤 （5）涂料变质，如漆基析出或返粗，颜料分散不佳或产生凝聚，有机颜料析出，闪光色漆的漆基中铝粉分散不良等	（1）送给调漆室、喷涂室、晾干室和烘干室的空气除尘要充分，确保涂装环境洁净 （2）被涂物表面应洁净，应用粘尘布擦净或用离子化空气吹净被涂物表面上因静电而吸附的灰尘 （3）操作人员要穿戴不掉纤维的工作服及手套 （4）供漆管路上要安装过滤器 （5）选用质量合格的涂料进行施工
10. 流挂	喷涂在垂直面上的涂料向下流动，使涂膜产生不均一的条纹和流痕的现象称为流挂。根据流痕的形状不同可分为下沉和流淌等	（1）所用溶剂挥发过慢或与涂料不配套 （2）一次涂得过厚，喷涂操作不当 （3）涂料黏度偏低 （4）环境温度过低或周围空气的溶剂蒸气含量过高 （5）涂料中含有密度大的颜料（如硫酸钡等） （6）在光滑的涂膜上涂布新漆时易发生流挂现象	（1）正确选择溶剂，注意溶剂的溶解能力和挥发速度 （2）提高喷涂操作的熟练程度，喷涂均匀，一次不宜喷涂过厚，一般控制在 20 μm 左右为宜 （3）严格控制涂料的施工黏度和温度 （4）加强换气，施工场所的环境温度应保持在 15 ℃以上 （5）调整涂料配方或加阻流剂 （6）在旧涂膜上涂新漆时要预先打磨

续表

类别	现象	产生的原因	防治方法
11. 发花	发花是指涂膜的颜色局部不均匀，出现斑痕、条纹和色相杂乱的现象。一般是由于涂料涂装不当以及涂料组分变质等引起的	（1）涂料中的颜料分散不良或两种以上的色漆相互混合不充分 （2）所用溶剂的溶解力不足或施工黏度不适当 （3）涂得太厚，使涂膜中的颜料产生里表对流 （4）在涂装场所有与涂膜发生作用的气体（如氨、二氧化硫等）	（1）选用分散性和互溶性良好的颜料 （2）选择适当的溶剂，采用符合工艺要求的涂装黏度及涂膜厚度 （3）调配复色漆时应使用同类型的涂料，最好用同一厂家生产的同一类型涂料，喷涂时注意控制涂膜厚度 （4）改善涂装环境
12. 浮色	由于涂料中各种颜料的粒度大小、形状、密度、分散性、内聚性等的不同，使涂膜表面和下层的颜料分布不均匀，各断面的色调有差异的现象称为浮色	（1）在涂装含两种以上颜料的复色涂料时，由于溶剂在涂层的里表发挥不一，易出现对流而产生浮色现象 （2）涂料中颜料的密度相差悬殊 （3）涂装方法及设备选用不合适	（1）改进涂料配方及制漆工艺，如选用不易浮色的、易分散的颜料，改进颜料的分散工艺等 （2）添加防浮色剂，如硅油对防止浮色有显著效果 （3）选用合适的涂装方法及设备
13. 渗色	渗色是指在一种涂膜上涂另一种颜色的涂料，底层涂膜部分渗入面层涂膜中而使面层涂膜变色的现象	（1）底层涂膜中含有的有机颜料或溶剂能溶解的色素渗入面涂层中 （2）底材（如木材等）含有有色物质或底层上附有着色物 （3）面漆含有溶解力强的溶剂（如酯类、酮类等），或底层涂膜未完全干透就涂面漆 （4）底涂层上有着色物质	（1）在含有有机颜料的涂层上不宜涂含有异种颜料的涂料 （2）为防止渗色，需增涂一层封底涂料 （3）面漆选用挥发快、对底层涂膜溶解力差的调配溶剂 （4）清除掉底涂层上的着色物质后再涂漆

续表

类别	现象	产生的原因	防治方法
14. 色差	色差是指修补部位涂膜的色调、明度和饱和度与标准色板有差异，或在补涂漆时与原漆色有差异	（1）所用涂料各批次之间有较大的色差 （2）在更换颜色时输漆管路未洗净 （3）干燥规范不一致，尤其是在烘干的场合 （4）补漆造成的斑印	（1）加强涂料进厂检验 （2）换色时输漆管路要洗净 （3）烘干规范（烘干时间、温度）应严格控制在工艺规定内 （4）力争少补漆，如需补漆则应对整个部件或有明确分界线的表面补漆
15. 掉色	掉色是指在用蜡和抹布擦拭漆面时，抹布上粘有涂层颜色的现象	主要是涂料中所含的颜料（尤其是有机颜料）渗透到涂膜表面所致	（1）改进涂料配方，选用不掉色的涂料 （2）在所选用的涂料中添加漆基或进行罩光
16. 沾污	沾污是指由于铁粉、水泥粉、沙尘和飞漆等异物的附着，使漆面变得粗糙，或是不同色素的沾污，使涂膜表面产生异色斑点等现象	（1）在涂层干燥过程中，周围环境中的铁粉、水泥粉、沙尘、飞漆等异物的侵入和附着 （2）涂层未干透就包装被涂物 （3）涂层接触沥青、焦油、酸性物质、树脂、昆虫、鸟粪、化学物质和有色素的物质等 （4）涂层在使用过程中发霉	（1）确保涂层干燥，场所清洁，消除污染物 （2）包装被涂物时涂层应完全干透 （3）防止涂层与污染介质接触，选用耐沾污性好的涂料 （4）选用防霉性强的涂料或向涂料中添加防霉剂
17. 吸收	吸收是指在涂装时涂料被底材过度吸收，出现无光或像未涂漆的现象。如在纤维板上涂漆时，刚涂完尚见涂膜，很快就消失了	被涂物为多孔材质，如松木板、纤维板和涂刮的原子灰层疏松等，把涂在其表面上的涂料吸入孔内，使涂层无光或不完整	（1）多孔材质的被涂物在涂装前应进行堵孔的涂装前处理 （2）对于刮过原子灰的表面，在打磨后应补涂底漆或中间涂料，以消除原子灰层对面层涂料的吸收 （3）增加涂层的道数，此措施仅适用于面层涂料较便宜的场合

续表

类别	现象	产生的原因	防治方法
18. 橘皮	橘皮是指在喷涂时不能形成平滑的干涂膜面而呈橘皮状的凹凸现象。凹凸度约为 3 μm	（1）涂料的黏度高，流平性差 （2）压缩空气压力低，出漆量过大，导致雾化不良 （3）被涂物和空气的温度偏高，喷涂室内风速过大，溶剂挥发过快 （4）晾干时间短，喷涂量不足 （5）喷涂距离不适当，太远	（1）选用合适的溶剂，添加流平剂或挥发较慢的高沸点有机溶剂，以改善涂料的流平性 （2）选择合适的喷涂压力，选择出漆量和雾化性能良好的喷涂工具，使涂料得到良好的雾化 （3）被涂物和喷漆室内气温应维持在 20 ℃左右 （4）一次喷涂到规定厚度，适当延长晾干时间，不宜过早进入烘干程序 （5）调整喷涂距离
19. “出汗”	“出汗”是指在涂膜表面析出一种或几种组分的现象。如普通硝基漆在 60 ℃以上烘干时，增塑剂呈汗珠状析出	（1）增塑剂与漆基的混溶性差，如硝基漆采用蓖麻油、樟脑增塑剂 （2）涂膜在打磨前未完全干透（溶剂未完全挥发） （3）涂膜中含有蜡、矿物油时，可能逐渐渗到涂膜表面	（1）选用与漆基混溶性好的增塑剂，降低增塑剂的黏度以及减少非溶剂型增塑剂的用量 （2）涂膜打磨前应干透 （3）喷涂前将涂膜上的蜡、矿物油清除干净
20. 缩边	缩边是指在涂装和烘干过程中涂膜收缩，使被涂物的边缘、角等部位的涂膜变薄的现象。在水性涂料施工时常出现这一缺陷	（1）漆基的内聚力大 （2）涂料黏度偏低，所用溶剂挥发慢	（1）添加阻流剂，降低内聚力 （2）在设计涂料配方时应注意消除缩边缺陷

续表

类别	现象	产生的原因	防治方法
21. 失光	失光是指涂层干燥后没有达到应有的光泽，或涂装后不久涂层出现光泽度下降、雾状朦胧的现象	（1）颜料的选择、分散和混合比不适当，树脂混溶性差，溶剂选配不当 （2）被涂面对涂料的吸收量大且不均匀 （3）被涂面粗糙且不均匀 （4）过度烘干或烘干时换气不充分 （5）喷涂虚雾附着或由补漆造成 （6）涂层未干透就进行抛光 （7）在高温、高湿或极低温的环境下涂装	（1）选择涂料厂指定的溶剂 （2）涂装相应的封底涂料，以消除被涂面对面漆的吸收 （3）细心打磨，降低被涂面的粗糙度 （4）严格遵守规定的烘干条件，烘干室换气要适当 （5）注意喷涂程度，确保厚度均匀，减少喷涂虚雾附着 （6）在涂层干透后再进行抛光 （7）改善并控制涂装环境
22. 银粉不均匀	银粉不均匀是指在喷涂金属闪光面漆时，因喷涂的厚度不均匀、流挂和所用溶剂与涂料不配套而引起铝粉分布不均匀、定向排列不均匀，导致涂膜外观颜色不均匀的现象	（1）涂料配方不当，如铝粉含量偏低，溶剂密度大，树脂分子量低，树脂的干燥速度慢等 （2）涂料黏度选择不当（过低或过高） （3）涂层过厚或涂膜厚度不均匀，雾化差，喷涂操作不熟练 （4）涂底色漆与罩光清漆采用“湿碰湿”工艺时，中间晾干时间过短 （5）环境温度低	（1）改进涂料配方，使用涂料指定的溶剂 （2）选择合适的涂料黏度 （3）提高喷涂操作的熟练程度，采用专用喷涂工具 （4）延长“湿碰湿”工艺的晾干时间，采用 60 ~ 80 ℃热风工序 （5）将喷涂时的环境温度调节到合适的范围
23. 丰满度差	丰满度差是指涂膜虽然涂得很厚，但从外表看仍然很薄，而且显得干瘪的现象	（1）使用高聚合度的漆基涂料，其本身丰满度差 （2）颜料含量少且涂料过稀 （3）被涂面不平滑且吸收涂料	（1）选用丰满度高的涂料 （2）选用固体分含量较高的涂料 （3）打磨后消除被涂面的粗糙度，喷涂封底涂料以消除底材对面层涂料的吸收

续表

类别	现象	产生的原因	防治方法
24. 落上飞漆	落上飞漆是指喷涂过程中飞漆飞溅或落在被涂面或涂膜上形成虚雾状，影响涂膜光泽度和外观装饰性	（1）喷涂操作不正确，如空气喷枪与被涂面的距离太远、喷流与被涂面不垂直等 （2）被涂件之间距离太近 （3）喷漆室气流混乱，风速太低（小于 0.3 m/s） （4）不需涂漆的表面未遮盖	（1）纠正不正确的喷涂操作 （2）被涂件之间应留有充足的距离，以防止飞溅 （3）喷漆室的气流应有一定的方向，风速在手工喷涂场合应在 0.5 m/s 以上 （4）不需涂漆的表面应遮盖
25. 原子灰残痕	原子灰残痕是指涂层表面刮过原子灰的部位产生断痕印或失光的现象	（1）对刮涂原子灰的部位打磨不充分 （2）刮涂原子灰的部位未涂封底漆，原子灰层的吸漆量大，或颜色与底涂层不同 （3）所用原子灰的收缩性大，固化后变形	（1）对刮涂原子灰的部位应充分打磨 （2）在刮涂原子灰的部位涂封底漆 （3）选用收缩性小的原子灰，硝基原子灰收缩性大，只适用于填平砂眼类缺陷
26. 打磨缺陷	打磨缺陷是指由于打磨不彻底，有漏磨表面以及打磨工具和砂纸所引起的涂膜缺陷	（1）打磨工具的技术状态不良或操作不认真 （2）砂纸质量差，有掉砂现象 （3）在打磨平面时未采用磨块，局部用力过猛 （4）打磨后未检查被打磨面的质量	（1）确保打磨工具的技术状态良好，认真操作 （2）选用优质砂纸 （3）在打磨平面时应采用磨块，并注意打磨方向 （4）打磨后应进行打磨质量的检查，如在湿打磨后浇水，借助水膜反光检查打磨质量
27. 气体裂纹	气体裂纹是指在涂层干燥时受酸性气体的影响，涂膜表面产生皱纹、浅裂纹的现象	（1）涂层干燥场所的空气中含有酸性气体（如二氧化硫、二氧化碳和一氧化碳等），在采用烟道气直接烘干的场合易产生这一缺陷 （2）所用涂料的耐酸性差	（1）查清原因，消除干燥场所的酸性气体或降低其浓度；采用烟道气直接烘干的场合应进行试验后再纳入工艺 （2）选用耐酸性好的涂料

续表

类别	现象	产生的原因	防治方法
28. 修补斑痕 	修补部位的新涂膜与其周围的旧涂膜在光泽、色相上有差别的现象称为修补斑痕	（1）修补涂料与原涂料的光泽和颜色不同，或修补涂料比原涂料耐老化性（如耐候性）差 （2）被修补部位打磨不良而导致光泽不均匀 （3）由局部修补造成	（1）修补涂料的颜色、光泽和耐老化性应与原涂料尽可能接近，最好仍采用原工艺和原涂料 （2）被修补部位应仔细打磨 （3）修补面应扩大到明显的几何分界线

任务实施

通过相关知识的学习，了解了常见涂膜缺陷的种类、产生原因和防治方法，下面针对任务引入中的涂膜缺陷进行具体的分析和补救。

一、涂膜缺陷的分析

1. 判断涂膜缺陷的类型

仔细观察涂膜表面，缺陷的形状大部分是空洞和凹坑，大凹坑单独出现，小凹坑以较小的密度成片出现，在凹坑的中心又有小的杂质颗粒。根据相关知识可知，此涂膜上产生了“鱼眼”缺陷。

2. 分析涂膜缺陷的产生原因及防治方法

“鱼眼”缺陷产生的主要原因是涂料的表面张力发生变化，在被涂物表面不能均匀附着。使涂料表面张力发生变化的物质有油、水、石蜡、硅酮等，这些异物存在于被涂物表面、涂料和压缩空气中。

为了防治“鱼眼”缺陷的产生，在实际生产中可以从以下几个方面入手：

（1）在进行车身底涂层和中间涂层涂装以及面漆喷涂前，一定要用除蜡、除油剂彻底清除底材表面的污物。

（2）在涂装车间，无论是设备、工具还是生产用的辅助材料等，绝不能带有对涂料有害的物质，尤其是硅酮类物质。

（3）确保涂装环境清洁，禁止在喷漆房内使用含硅酮类的抛光剂，空气中应无油雾、飞漆，注意喷漆房内的蒸气饱和度。

（4）在选用底漆时，一定要注意与面漆相匹配；在选用面漆时，要注意涂料对“鱼眼”的敏感性。

（5）在旧涂层上喷漆时，要用砂纸充分打磨并擦拭干净；喷涂前，在空气喷枪的涂料杯中加入适量的防“鱼眼”的走珠水。

（6）每天必须对压缩空气供给系统进行维护，及时排除压缩空气管道中的油和水。

二、涂膜缺陷的补救

任务引入中，涂装人员试图采用干喷覆盖的方法进行补救，没能取得成效，因此只能采取重新涂装的方法。重新涂装时采用快速修补的方法，其施工步骤是：

1. 干燥产生涂膜缺陷的区域。

2. 除去缺陷区域的涂膜。

3. 进行仔细的除油和去蜡操作。

4. 清洁压缩空气、喷漆房和车身。

5. 重新配制涂料，并在涂料中加入走珠水。

6. 进行面漆的重涂。

思考题

一、选择题

1. 在涂料中添加了过多的含________的催干剂会使涂膜起皱。

A. 铅和锰　　B. 钴和锰　　C. 钴和锌　　D. 铅和锌

2. 溶剂型涂料中混入水分会在涂膜上产生________。

A. 气泡　　B. 针孔　　C. 橘皮　　D. 缩边

3. 为了防止缩边，可以在涂料中加入________。

A. 阻流剂　　B. 抛光剂　　C. 走珠水　　D. 软化剂

4. 涂料中颜料的密度相差悬殊会产生________。

A. 色差　　B. 浮色　　C. 掉色　　D. 渗色

5. ________是产生“鱼眼”的重要污染物。

A. 铜　　B. 铅　　C. 铁　　D. 硅酮

二、判断题

1. 在木质底材上涂氨基醇酸树脂涂料容易产生针孔。（　）
2. 涂料黏度过低容易出现流挂。（　）
3. 失光是指涂膜的颜色局部不均匀，出现斑痕、条纹和色相杂乱的现象。（　）
4. 原子灰残痕是指涂层表面刮过原子灰的部位产生断痕印的现象。（　）
5. 若被涂物的温度低于室温，喷涂面漆时容易产生“咬底”现象。（　）

三、实践与练习

1. 对照图 8-3-2，分析涂膜产生流挂的原因。
2. 对照图 8-3-3，说明涂膜出现橘皮缺陷的防治方法。

图 8-3-2　涂膜产生流挂

图 8-3-3　涂膜出现橘皮缺陷

任务 4　涂膜破坏状态与缺陷防治

任务目标

- 熟悉涂膜被破坏时的外观现象。
- 掌握涂膜破坏状态产生的主要原因及防治方法。
- 能针对具体的涂膜破坏状态采取合理的防治措施。

任务引入

一辆别克汽车在会车时，车身与路边的护栏发生碰擦，后车门上产生轻微的划痕，涂膜的破坏状态如图 8-4-1 所示。汽车在使用过程中，车身涂膜遭到的破坏情形非常复杂，总体归纳起来有哪些破坏状态？就这辆别克汽车来说，出现的轻微划痕应怎样处理？

图 8-4-1　碰擦后产生的涂膜破坏状态

任务分析

涂膜的破坏状态是指涂膜在腐蚀介质的作用下或在特定的使用条件下产生的综合性能变化的外观表现。因为某些涂膜缺陷和涂膜破坏状态从外观形态来看非常相似，但两者产生的原因及其防治方法有很大差别，所以必须分辨清楚，才能有效进行防治。

相关知识

汽车在使用过程中由于涂膜本身隐藏的缺陷以及气候、道路和交通事故等原因，会导致涂膜发生破坏。汽车在使用过程中常见的涂膜破坏状态及其防治方法见表 8-4-1。

表 8-4-1　　汽车在使用过程中常见的涂膜破坏状态及其防治方法

类别	现象	产生的原因	防治方法
1. 起泡	起泡是指涂膜的一部分从被涂面或底涂层上浮起，且其内部充满着液体或气体，其直径为 1 ~ 5 mm，或呈大块浮起	（1）被涂物表面有油、汗、盐、碱、打磨灰等残存物质 （2）清洗被涂物表面的最后一道用水的纯度差，有杂质 （3）使用环境高温、高湿，如在梅雨季节涂膜易起泡 （4）所用涂料的涂膜耐水性或耐潮湿性差 （5）涂层干燥、固化不充分	（1）被涂物表面应清洁，不允许有亲水物质，尤其是水溶性的盐、碱残留 （2）喷涂前最后一道水洗程序应该用去离子水清洗 （3）改善使用环境 （4）根据施工件使用环境选用耐水性优良的涂料 （5）涂膜应干透
2. 斑点	斑点是指在涂膜表面发生与大部分表面颜色不相同的色斑或黏附着尘埃和脏物等异物的现象	（1）涂膜在使用过程中受热软化或回黏，从涂膜中析出异物 （2）受环境空气中污物（如灰尘、水泥灰、焦油、煤烟、酸性物质、昆虫和鸟类的粪便等）的侵入或沾污 （3）所用颜料不耐碱或发霉所致	（1）选用在使用过程中不受热回黏、不软化、不析出异物的涂料 （2）选用耐沾污性好的涂料，不把待涂物放置在污染源附近或使喷涂场所与污染源隔离 （3）合理选用涂料，严格控制涂料的质量
3. 黏结不牢	黏结不牢是指由于喷涂底材和涂层或涂层与涂层之间附着力不良，所产生的漆面剥落现象	（1）待涂物表面处理不当，有一些影响黏结的物质残留在待涂物表面上（如硅酮、油、脂肪、蜡、锈、抛光残留物等） （2）选用的底漆不合适 （3）待涂物表面打磨不充分或未进行打磨 （4）喷涂底漆或面漆时使用干喷方式或面漆喷得太厚 （5）喷涂银粉漆时，涂层间的相隔时间太短或涂料黏度高 （6）喷涂底材表面温度太高或太低	（1）打磨时要充分，彻底清洁待喷涂的区域，在有可能发生黏结不牢的待涂物表面，应遵照制造商的指示正确使用底漆，喷涂时保证涂膜厚度 （2）选用合适的底漆 （3）喷涂前应充分打磨 （4）避免喷涂时使用干喷方式，涂层不要喷得太厚 （5）按推荐的黏度喷涂，在喷涂每道涂层之间要有充足的闪干挥发时间 （6）合理控制喷涂的温度

续表

类别	现象	产生的原因	防治方法
4. 褪色	褪色是指在使用过程中涂膜颜色变浅的现象	（1）受日光、化学品、大气污染等作用，使涂膜表面的颜色减退 （2）受热、受紫外线的影响使树脂变质 （3）所选用涂料中所含颜料的耐候性差	（1）及时对车身涂膜进行保养和维护 （2）根据使用环境选用合适的涂料 （3）选用耐候性好的颜料
5. 返铜光	返铜光是指局部或整个涂膜表面在阳光照射下呈现忽绿忽紫的色彩（铜色彩），这是涂膜耐候性差的现象之一	（1）受日光、紫外线的照射或受高温影响 （2）由于红色、蓝色等颜料的迁移造成，尤其是在所用颜料颗粒约为 0.1 μm 以下的情况 （3）喷涂用的压缩空气中有油	（1）选用耐候性好的涂料 （2）在配色时应注意所用颜料的品种 （3）除净压缩空气中的油分
6. 涂膜开裂	涂膜开裂是指在涂膜表面上出现有向不同方向扩展的不同长度和宽度的裂纹的现象。根据裂缝的形态（大小、深度、宽度）不同，可分为发状裂纹、浅裂纹、龟裂、鳄皮裂纹和玻璃裂纹等几种	（1）涂层经受不住冷热、干湿或侵蚀液体的交替变化 （2）涂料在使用前未搅拌均匀 （3）涂层配套不适当，如底涂层涂膜比面涂层涂膜软 （4）面涂层涂得过厚，耐寒性或耐湿性不佳 （5）中涂层未干透就喷面漆 （6）涂层老化	（1）选用耐候性、耐湿性优良的涂料 （2）涂料在使用前应充分搅拌 （3）选择合适的涂层配套涂料 （4）涂料不能涂得过厚，应严格按工艺要求施工 （5）中涂层干透后再喷面漆 （6）及时进行涂膜的维护和保养，防止涂层老化
7. 锈蚀	锈蚀是指在金属表面产生氧化物和氢氧化物，在涂膜下面出现红丝或穿透涂膜的锈点的现象。涂膜下面出现红丝称为丝状腐蚀，涂膜下面出现锈点称为疤形腐蚀	（1）喷涂物的表面质量差，有锈蚀未除净就涂漆 （2）涂漆前表面处理质量差，磷化处理不完全或磷化膜与涂层配套不佳 （3）涂层不完整，有针孔、漏涂等缺陷，如点焊缝中未涂到漆的部分易产生黄锈	（1）涂漆前被涂面一定要清洁，绝不允许带锈涂漆 （2）黑色金属件在涂底漆前应进行磷化处理，并应与所喷涂层有良好的配套性 （3）喷涂物的所有表面（包括焊缝）都应涂到；焊缝和搭接缝处应涂密封剂

续表

类别	现象	产生的原因	防治方法
7. 锈蚀	锈蚀是指在金属表面产生氧化物和氢氧化物，在涂膜下面出现红丝或穿透涂膜的锈点的现象。涂膜下面出现红丝称为丝状腐蚀，涂膜下面出现锈点称为疤形腐蚀	（4）所用涂料的耐腐蚀性差 （5）使用环境差，如高温、高潮湿或有腐蚀介质（酸、碱、盐等）的侵蚀	（4）根据被涂物的使用环境选用合适的涂料 （5）及时进行涂膜的保养
8. 粉化	粉化是指涂膜表面受大气中的光、氧气和水分的作用，涂膜老化呈粉状脱离的现象	（1）涂膜在使用过程中受紫外线、氧气和水分的作用发生老化，漆基被破坏，露出颜料 （2）所用涂料的耐候性差	（1）根据被涂物的使用环境，选用合适的涂料，切勿将内用涂料用于户外 （2）加强涂膜的维护
9. 变脆	变脆是指涂膜弹性变差的现象，这是涂膜开裂或剥落的前兆	（1）因涂膜过度烘干造成 （2）涂层配套不合理 （3）附着力不好的涂膜易变脆 （4）涂膜过厚或使用环境温度过低	（1）选择合适的烘干规范 （2）选择配套性良好的涂层 （3）选择合适的喷涂前表面处理方法，提高涂膜的附着力 （4）根据使用条件和涂料的特性选择合适的涂膜厚度
10. 变色	变色是指在使用过程中涂膜的颜色发生变化，其色调、明度和饱和度明显地偏离标准色板的现象	（1）受阳光照射、高温、潮湿空气中的腐蚀性气体（如二氧化硫等）的作用所致 （2）所用涂料的耐候性差 （3）在涂膜老化、增塑剂析出等过程中有机颜料通过涂膜迁移	（1）定期对车身涂膜进行维护和保养 （2）选用耐候性优良的涂料 （3）根据被涂物的使用条件选用合适的涂料，在涂料配制时注意添加剂的使用

续表

类别	现象	产生的原因	防治方法
11. 失光	使用过程中涂膜表面出现光泽度减少的现象称为失光。这种失光是可逆的，可以借助抛光来消除	（1）涂装不良，未按工艺要求施工，喷涂过薄，过度烘干和被涂面粗糙等 （2）所选用涂料的耐候性差 （3）涂膜干燥收缩所致 （4）阳光照射、水汽（高温、高湿）作用和腐蚀气体的沾污	（1）严格按工艺要求或制造商推荐的施工条件进行涂装 （2）根据被涂物的使用条件选用耐候性优良的涂料 （3）如果所用涂料有抛光性，则通过抛光即可恢复光泽 （4）及时对涂膜进行保养和维护
12. 风化	风化是涂膜破坏现象，伴随涂膜厚度的减薄甚至露出底材，是比粉化更严重的涂膜破坏状态	（1）所用涂料的耐候性差 （2）被涂物使用时间长和使用环境条件恶劣	（1）根据被涂物使用条件选用耐候性优良的涂料 （2）根据涂膜破坏状态及时重新涂装
13. 溶解	溶解是指涂层在使用过程中受侵蚀性液态介质溶解而产生的涂膜破坏状态，伴随着涂膜厚度的减薄直至露出底材	（1）所用涂料不适应使用环境 （2）在使用过程中接触到某种有侵蚀性的液体或气体	（1）根据被涂物的使用条件，选用耐某种侵蚀介质性能强的涂料 （2）预防涂层与侵蚀性介质接触，避免受到侵蚀
14. 雨水痕迹	雨水痕迹是指由于下雨或清洗被涂物时，在涂膜上残留的水滴使涂膜表面产生白色痕迹	（1）所用涂料耐水、耐潮湿性差 （2）涂膜未经表面保护	（1）根据被涂物的使用条件，选用耐水、耐潮湿性好的涂料 （2）加强涂膜保护，涂一些防水性的保护剂

续表

类别	现象	产生的原因	防治方法
15. 膨胀	膨胀是指被涂物在使用过程中与溶剂、油和黏结剂等接触后，涂膜产生膨胀的现象	（1）所采用涂料耐溶剂、油和黏结剂等的沾污性差 （2）未及时清理涂膜	（1）根据被涂物的使用条件选用耐油污的涂料 （2）经常清理被涂物表面，消除沾染的异物
16. 划伤 	划伤是指被涂物在运输、装配和使用过程中受外力作用而产生涂膜伤痕，其中点伤痕称为啄伤，线伤痕称为划伤	（1）被涂物包装不好，受外力或相互冲击，损坏涂膜 （2）在装配和运输过程中不注意涂膜的保护，发生划伤事故 （3）在使用过程中受风沙和外物冲击 （4）涂层耐崩裂性差	（1）妥善包装被涂物 （2）在装配、运输被涂物过程中，加强涂膜的保护，轻拿轻放，注意吊装安全 （3）及时进行涂膜的维护和保养 （4）根据被涂物使用条件选用耐崩裂和耐划性好的涂料

任务实施

一、涂膜缺陷的分析

涂膜划痕是指车身涂膜与障碍物发生刮擦，在其表面留下深浅不同的沟槽的现象。根据沟槽深浅程度的不同，划痕可分为浅度划痕、中度划痕和深度划痕三种类型，如图 8-4-2 所示。浅度划痕是指表层面漆被轻微刮伤，障碍物穿过清漆层已伤及色漆层，但色漆层未被刮透；中度划痕是指色漆层已经被刮透，但未伤及底漆层；深度划痕是指底漆层已被刮透，可见车身的金属表面。

别克汽车车门表面涂膜只伤及色漆层，所以属于轻度划痕。

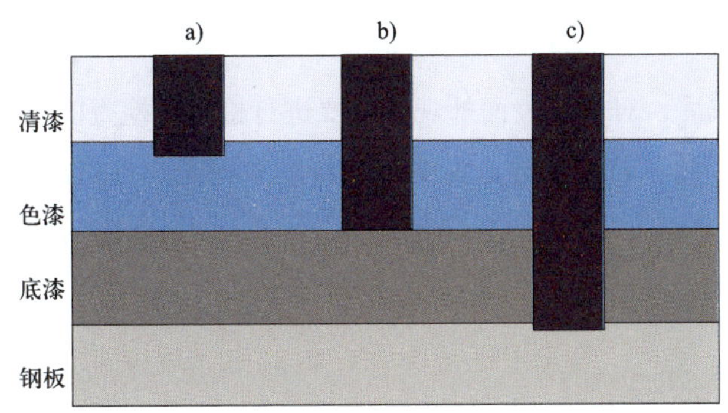

图 8-4-2 划痕的类型
a）浅度划痕 b）中度划痕 c）深度划痕

二、涂膜缺陷的补救

1. 清洗

除去面涂层的上光蜡薄膜层、油膜及其他异物，采用脱蜡清洗剂对刮伤部位进行清洗，然后晾干。

2. 打磨

根据划痕的大小和深度，选用适当的打磨材料。选用 1 500# 磨石或 1 000# ~ 1 500# 砂纸对刮伤的表层进行打磨。打磨时一般采用人工作业，也可用抛光机进行打磨及抛光。打磨时要注意不能磨穿面涂层，如果面涂层被磨穿，露出中间涂层，必须喷涂面漆进行补救。

3. 还原

用一小块无纺布将还原剂均匀地涂抹于被涂物表面，然后抛光，至面涂层与原来的涂层颜色完全一致为止。经打磨及抛光的被涂物表面已基本消除浅度划痕，对于打磨及抛光作业中残留的一些发丝划痕和旋印等，可以通过表面还原进行处理。

4. 打蜡

先将固体抛光蜡捣碎并放入汽油中热溶后备用，将待修补部位用洁净的棉纱先蘸汽油润湿，再蘸蜡涂满后进行擦拭，要反复多次擦拭，直至被涂物表面平整、光亮为止。

在打蜡时，也可同时对汽车整个表面进行抛光、打蜡。用洁净的棉纱将蜡质全部擦净后，再涂上光蜡，至被涂物表面清晰，光泽显目为止，最后再用绒布均匀擦拭一遍。

5. 质检

上述工序完成后，对修补表面外观质量要进行检查。检查的重点是涂层的色泽必须与原涂膜完全一致，若有差异，说明表面清理和抛光、打蜡没有完全按要求操作，必要时应进行返工。

思考题

一、填空题

1. 划伤中点伤痕称为________，线伤痕称为________。

2. 变色是指在使用过程中涂膜的颜色发生变化，其________、________和________明显地偏离标准色板的现象。

3. 粉化是指涂膜表面受大气中的光、________和________的作用，涂膜老化呈粉状脱离的现象。

4. 返铜光是涂膜________差的现象之一。

二、判断题

1. 由于涂料造成的失光可通过抛光加以修复。（　）

2. 涂料黏度过低可能造成涂膜溶解。（　）

3. 斑点和起粒是两种相同的缺陷。（　）

4. 雨水痕迹是指由于下雨或清洗被涂物时，在涂膜上残留的水滴使涂膜表面产生白色痕迹。（　）

三、实践与练习

1. 对照图 8-4-3，分析涂膜产生雨水痕迹的原因。

2. 对照图 8-4-4，说明涂膜出现锈蚀缺陷的防治方法。

图 8-4-3　雨水痕迹

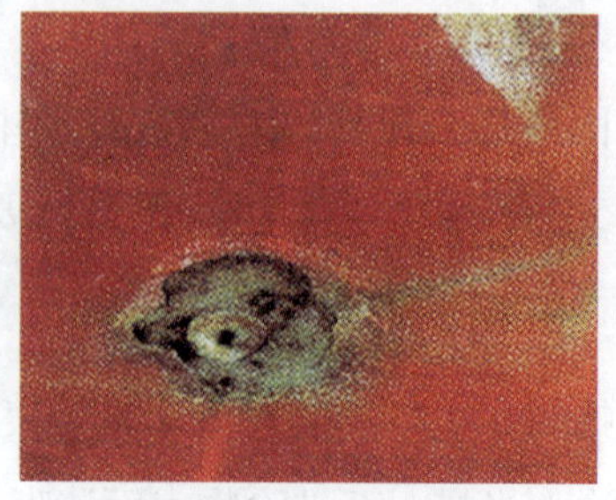

图 8-4-4　锈蚀

高等职业技术院校汽车类专业课程框架

汽车类通用基础平台

汽车机械制图
汽车机械基础
汽车电工电子技术基础
汽车材料
汽车专业英语
汽车概论
汽车文化
汽车构造
钳工与焊工实训
汽车驾驶技术

汽车检测与维修技术专业

汽车发动机构造与维修
汽车底盘构造与维修
汽车电气构造与维修
汽车空调构造与维修
汽车车身构造与维修
汽车发动机电控技术
汽车底盘电控技术
汽车车身电控技术
汽车故障检测与诊断
汽车使用性能与检测
汽车自动变速器
汽车制造工艺学
汽车发动机拆装实训
汽车底盘拆装实训
汽车电气检测与维修实训

汽车整形技术专业

汽车发动机构造与维修
汽车底盘构造与维修
汽车电气构造与维修
汽车车身构造与维修
汽车使用性能与检测
汽车美容与装饰
汽车钣金维修
汽车涂装技术
汽车装配与调整

汽车技术服务与营销专业

汽车发动机构造与维修
汽车底盘构造与维修
汽车电气构造与维修
汽车故障检测与诊断
汽车维修企业管理
汽车营销与服务
汽车配件销售实务
汽车保险与理赔
二手车鉴定与评估
汽车推销技巧

相关电子资源下载：

中国技工教育网 http: // jg.class. com. cn

天猫旗舰店

中国人力资源和社会保障出版集团

责任编辑 / 马　琳
责任校对 / 孙艳萍
责任设计 / 王利民

ISBN 978-7-5167-4846-6
9 787516 748466
定价：53.00元